21世纪高职高专能力本位型系列规划教材·财政金融系列

U0836058

税务代理实务

主　编　侯荣新　赵　晶

副主编　吴思莹　赵刘磊　王明睿

参　编　仰范来

北京大学出版社
PEKING UNIVERSITY PRESS

内容简介

本书编写以能力为本位，系统地阐述了税务代理的基础理论和基本技术的应用。本书突出职业教育特点，与税务代理职业资格考试相衔接，体现税务代理职业标准要求的执业者应具备的知识、技能和能力；突出案例教学，紧扣税收征管和税务代理实践，通过大量税务代理实务案例和税收征管表单，突出教材的实用性和可操作性；介绍了税务代理的基本理论、税务登记代理实务、发票代理实务、纳税申报代理实务、纳税审核代理实务、税务行政复议代理实务等内容。

本书可作为会计专业、财务管理专业的教材使用，也可作为会计、税务等各类从业人员的自学参考用书。

图书在版编目(CIP)数据

税务代理实务/侯荣新，赵晶主编. —北京：北京大学出版社，2013.7

(21 世纪高职高专能力本位型系列规划教材 • 财政金融系列)

ISBN 978-7-301-22848-7

Ⅰ. ①税… Ⅱ. ①侯…②赵… Ⅲ. ①税务代理—高等职业教育—教材 Ⅳ. ①F810.423

中国版本图书馆 CIP 数据核字(2013)第 158102 号

书　　名：税务代理实务

著作责任者：侯荣新　赵　晶　主编

责 任 编 辑：李　辉

标 准 书 号：ISBN 978-7-301-22848-7/F • 3678

出 版 发 行：北京大学出版社

地　　址：北京市海淀区成府路 205 号　100871

网　　址：http://www.pup.cn　新浪官方微博：@北京大学出版社

电 子 信 箱：pup_6@163.com

电　　话：邮购部 62752015　发行部 62750672　编辑部 62750667　出版部 62754962

印　刷　者：北京鑫海金澳胶印有限公司

经　销　者：新华书店

787 毫米×1092 毫米　16 开本　17.75 印张　414 千字

2013 年 7 月第 1 版　2013 年 7 月第 1 次印刷

定　　价：34.00 元

前　言

“税务代理实务”是一门边缘性、交叉性课程，是高等院校财经类专业的核心课程之一，具有很强的综合性，涉及税收法规和会计法规两大领域中的很多内容。为适应高等院校财经专业教学和经济管理人员学习的需要，我们在北京大学出版社的支持和配合下，编写了这本教材。

在国外，税务代理已经发展成为比较成熟的行业。在我国，税务代理是随着社会主义市场经济体制的建立与发展，以及税收征管体制改革的不断深化而发展起来的。实践证明，开展税务代理活动有利于纳税人维护合法权益、降低纳税风险、提高财务核算水平、减轻涉税事务负担、降低纳税成本，有利于降低征税成本、提高税收征管质量和效率、保护国家利益、维护经济秩序、促进经济健康发展。近两年我国进行了一系列重大税制改革，实行内外资企业统一的企业所得税法，个人所得税、增值税、资源税、土地使用税等都发生重大变化。随着财政、税收制度改革的不断深入、完善，以及税务服务市场的开放，税务代理市场日益扩大，税务代理业务日趋复杂，纳税人对税务代理的需求日益增加。

本书是编者积累多年的教学经验，密切联系我国税务改革实践，结合会计专业学生的特点，广泛参考各类文献资料，吸收了有关税务教学和科研的新成果而编写的。在编写过程中，既注意了税务代理实务本身的科学体系和内在联系，使读者可以从中了解和掌握税务代理实务的基本体系和要旨，又注意了将税务代理实务的理论知识与经济管理中的一些实际问题联系起来，使读者通过学习能真切体会到税务代理的实用性质和广泛的应用价值。本书在编写过程和编写内容方面具有以下特点：

（1）适应高等教育结构调整的需要，遵循“理论上够用、注重实际应用能力的培养”的原则，增强了实用性，充实和更新了实例。全书所举实例均采用了近几年最新的数据，技术方法更科学先进，例证更具体实用。并对教材中的重难点内容做了特别提示。

（2）根据经济管理类专业的特点，教学内容符合专业培养目标和课程教学基本要求，尽可能做到结构合理、概念明确、条理分明、深入浅出。

（3）在本书体例上，每章开篇设有学习目标和案例导入。每章选取了最能说明本章突出特点的案例，激发学生的学习兴趣。每章的学习目标中提出了教学要点和对学生提高税务代理能力的教学要求。每章末附有本章小结，对教学内容的重点进行了扼要的概括。在每章后还附有职业能力训练，以便学生更好地理解和掌握所学内容。

（4）本书的职业能力训练不设一般常见的简答题和论述题，而是通过判断题、选择题、计算题、案例分析及实训练习，来帮助学生掌握有关概念和计算方法并能更好地应用税务代理的基本理论和基础知识，既便于学生自学，同时又为其留有独立思考和独立完成作业的余地。本书出版之后，根据情况，我们还将编制该书的多媒体演示教学软件，提供给采用本书的教师使用。

本书由侯荣新（黑龙江工业学院）、赵晶（黑龙江工业学院）担任主编，吴思莹（黑龙江工业学院）、赵刘磊（黑龙江工业学院）、王明睿（黑龙江工业学院）担任副主编，仰范来（黑龙江工业学院）参编。侯荣新编写了第 1、3 章并承担了全书的编排统稿工作，赵晶编写了第 8、10、12 章，吴思莹编写了第 2、4、9 章，赵刘磊编写了第 5 章和第 7 章的增值税部分，王明睿编写了第 6 章和第 7 章的消费税、营业税部分，仰范来编写了第 11 章。鸡西市地税局的注册税务师、注册会计师、高级会计师张彦红对于实务操作部分的编写给予了大量的指导。另外本书在编写的过程中参考了国内外大量地专著、教材和文献资料，在此一并致谢！

虽然我们为提高教材的质量作了不少努力，但由于水平有限，加之时间仓促，书中难免有疏漏之处，恳请同行专家和读者不吝赐教，以便今后进一步修改与完善。

编　者

2013 年 3 月

目　　录

第 1 章　导论 1

1.1　税务代理制度的产生与发展 2
1.2　注册税务师及税务师事务所 3
1.3　税务代理的范围和规则 7
1.4　税务代理的法律关系与法律责任 8
本章小结 11
职业能力训练 11

第 2 章　税务管理概述 14

2.1　税务管理体制 15
2.2　税收征收管理程序及要求 17
2.3　征纳双方的权利、义务和责任 28
本章小结 35
职业能力训练 36

第 3 章　税务登记代理实务 40

3.1　企业税务登记代理实务 41
3.2　纳税事项税务登记代理实务 50
本章小结 57
职业能力训练 57

第 4 章　发票领购与审查代理实务 59

4.1　发票领购代理 60
4.2　发票填开的要求及操作要点 65
4.3　发票审查代理实务 68
本章小结 71
职业能力训练 72

第 5 章　建账建制代理实务 75

5.1　代理建账建制适用范围与基本要求 76
5.2　代理建账建制的基本内容和操作规范 78
本章小结 84
职业能力训练 84

第 6 章　代理纳税审查方法 87

6.1　纳税审查的基本方法 88
6.2　纳税审查的基本内容 89
6.3　账务调整的基本方法 91
本章小结 95
职业能力训练 95

第 7 章　货劳税的纳税申报和纳税审核 99

7.1　增值税纳税申报 100
7.2　增值税纳税审核 111
7.3　消费税会计核算及纳税申报 122
7.4　消费税纳税审核 131
7.5　营业税会计核算及纳税申报 135
7.6　营业税纳税审核 142
本章小结 149
职业能力训练 149

第 8 章　所得税的纳税申报与纳税审查代理实务 155

8.1　企业所得税的计算方法 156
8.2　企业所得税的纳税申报代理实务 157
8.3　企业所得税的纳税审核代理实务 164
8.4　个人所得税的计算方法 172
8.5　个人所得税的纳税申报代理实务 176
8.6　个人所得税的纳税审核代理实务 182
本章小结 186
职业能力训练 186

第 9 章　其他税种纳税申报代理实务 192

9.1　印花税、土地增值税纳税申报及纳税审核 193

9.2 房产税、城镇土地使用税纳税申报及纳税审核 208
9.3 资源税纳税申报及纳税审核 215
本章小结 220
职业能力训练 220

第 10 章 税务行政复议代理实务 225

10.1 税务行政复议概述 226
10.2 代理税务行政复议的基本前提与操作规范 234
本章小结 238
职业能力训练 238

第 11 章 税务代理执业风险与质量控制 241

11.1 税务代理的执业风险........242
11.2 税务师事务所的质量控制........243
本章小结........253
职业能力训练........253

第 12 章 其他涉税事宜代理实务 256

12.1 税务咨询与税务顾问........257
12.2 注册税务师执业文书概述........262
12.3 涉税服务报告和涉税鉴证报告........265
12.4 代理填报涉税文书操作规范........267
本章小结........268
职业能力训练........269

参考文献 274

第1章 导　论

DAOLUN

【学习目标】

知识目标：了解注册税务师的概念、税务师行业的特点、税务代理制度产生与发展的基本历程等基本内容，熟练掌握注册税务师的服务范围、注册税务师的执业原则、注册税务师资格的取得和税务师事务所的设立、变更等事宜、税务代理的范围和注册税务师的执业规则、税务代理的法律关系与法律责任等知识点。

能力目标：掌握注册税务师的报考条件及相关制度，税务代理人的权利和义务，税务代理的业务范围等知识内容。

【导入案例】

20 世纪 60 年代初，韩国的《税务士法》规定税务士主要从事代理纳税人制作税务方面的申报、申请、请求、异议申请和税务咨询。从 20 世纪 70 年代中期开始，韩国规定由税务士制作法人所得税的文书《税务调整计算书》和申报纳税前的审核，个人所得税申报表如能附送税务士审核后编制的《税务调整计算书》，则可免除税务调查。据韩国税务士会 1992 年度的统计资料，80%的法人所得税纳税人和近 30 万韩元的个人所得税的纳税人是通过税务士制作提交《税务调整计算书》而完成纳税申报的。另外英国 1920 年的税制改革中，由于税率的提高和税法内容的繁杂，纳税人为了避免因不能通晓税法而多缴税款，开始向专家请教。再有我国新修订的《中华人民共和国个人所得税法实施条例》明确规定，年所得 12 万元以上的纳税义务人，在年度终了后 3 个月内到主管税务机关办理纳税申报，对于很多纳税人来说这是个十分复杂的事情。

【思考】根据以上事件分析税务代理产生的原因。

1.1 税务代理制度的产生与发展

1.1.1 税务代理制度的历史渊源

税务代理大体分为两种模式：①以日本、韩国为代表的集中型代理模式；②以美国、加拿大为代表的松散型代理模式。

【知识链接】

税务代理制度的起源可以追溯到日本的明治时代。1896 年日本政府制定了《营业税法》，确定营业税以工商业者为纳税义务人。随着税收负担的加重，工商业者中的一些人向退职税务官吏及财会方面有造诣的人士寻求“关于税的商谈”和委托代理申报，以求得合理纳税。1904 年日俄战争爆发，日本政府为了筹措战争经费，采取增收营业税的办法，增加了纳税人计缴税款的难度和工作量，纳税人寻求税务咨询和委托代理申报的业务迅速增加，使专职于这种工作的人员有了较为稳定的市场，并以税务专家的职业固定下来。

1911 年，大阪首先制定出《税务代办监督制度》，这是日本税务代理制度的前身。在日本税务代理制度形成和发展的过程中，英美德法等一些欧美国家、韩国和我国的台湾、香港地区也相继推行了税务代理制度。尽管世界各国（地区）税务代理制度的内容与模式不同，但是，税务代理制度产生的历史渊源却是相近的。

我国的税务代理制度是适应国家建立和完善社会主义市场经济体制，税制改革特别是税收征管改革不断深化的要求，顺应纳税人的客观需求而逐步产生和发展的。20 世纪 80 年代初期，一些地区的离退休税务干部为帮助纳税人准确纳税，经批准组成了税务咨询机构，从事财务、会计、税法等方面的咨询工作，这是税务代理的雏形。1994 年，国家税务总局颁发了《税务代理试行办法》，要求各地有步骤地开展税务代理的试点工作，税务代理市场开始启动。为促进税收征管改革的深入开展，规范代理行为，提高代理质量，1996 年人事部和国家税务总局联合下发了《注册税务师资格制度暂行规定》，在税务代理行业实行执业准入控制，全面实施注册税务师制度，标志着注册税务师执业资格制度在我国的正式确立。2005 年，《注册税务师管理暂行办法》的出台标志着税务代理行业进入一个崭新的规范发展时期。

【导入案例分析】

税务代理产生的主要原因有三个方面：①寻求最小合理纳税的帮助；②寻求解决税收争议的帮助；③推行申报纳税制度的客观要求。

【例 1-1】税务代理制度最早起源于（　　）。

A．中国　　B．美国　　C．日本　　D．加拿大

1.1.2 注册税务师行业的现状

注册税务师行业作为一种社会中介服务行业，主要是在涉税市场业务中接受纳税人的委托，代理从事各项涉税事宜，具体贯穿于税收征纳的整个过程。注册税务师在从事其业务时，具有双重职责，主要是依法为委托人提供涉税服务，维护纳税人的合法权益；辅以监督税务机关的行政行为，维护国家税收权益。这种在税收征纳关系中的中介地位，决定了税务代理必须站在独立、客观、公正的立场上，以税法为准绳，以服务为宗旨，既为委托人正确履行纳税义务、维护其合法权益服务，又为税务机关依法征税、维护国家权益发挥辅助和监督制约作用。

近几年来，通过公布注册税务师资格考试和税务师事务所年检的信息，利用各类媒体开展形式多样的行业宣传，行业认知度得到提高，社会影响扩大。自 2005 年起，注册税务师考试首次对港澳地区居民开放。

注册税务师行业监管不断强化，管理水平不断提高。《注册税务师管理暂行办法》作为注册税务师行业的第一个部门规章，提高了行业管理的法律级别，行业制度建设取得重大进展。管理体制初步理顺，行业行政管理和行业自律管理得到加强。通过开展年度检查、专项检查和日常检查，加大对行业管理人员和执业人员的培训力度和强化行业宣传，注册税务师行业形象不断改善，行业人员的整体素质不断提高。

注册税务师行业作为具有涉税服务和涉税鉴证双重职能的社会中介机构，已经成为促进纳税人依法诚信纳税，推动我国社会主义税收事业发展的一支重要力量。

【例 1-2】注册税务师考试（　　）年对港澳地区开放。

A．2000　　B．2003　　C．2005　　D．2006

1.2 注册税务师及税务师事务所

1.2.1 注册税务师的概念

注册税务师是在中华人民共和国境内依法取得注册税务师执业资格证书，从事涉税服务和鉴证业务的专业人员。注册税务师执业应当精通税收法律及财务会计制度，能够熟练地承担税务代理、税收筹划等业务，具备进行实务操作的素质和技能。注册税务师在纳税人、扣缴义务人的委托之下，从事相关涉税事宜。

注册税务师执业，应当依托于税务师事务所。税务师事务所是依法设立并承办法律、法规、规章规定的涉税服务和鉴证业务的社会中介机构。注册税务师和税务师事务所承办业务，应当以委托方自愿为前提，以有关法律、行政法规、规章为依据，并受法律保护。税务师事务所及注册税务师应当对其出具的鉴证报告及其他执业行为承担法律责任。注册税务师的服务范围主要包括涉税服务和涉税鉴证两个方面。

注册税务师行业特点：主体资格的特定性；代理活动的公正性；法律约束性；执业活动的知识性与专业性；执业内容的确定性；税收法律责任的不转嫁性；执业有偿服务性。

注册税务师从事税务代理活动必须遵循以下原则：自愿委托原则；依法代理原则；独立、公正原则；维护国家利益和保护委托人合法权益的原则。

【例 1-3】甲为生产企业，2011 年与丙税务师事务所签订委托协议，委托丙税务师事务所代理全年的各税纳税申报及涉税事项的处理，具体代理业务由乙税务师完成。那么对于纳税申报及涉税事项的处理结果应当由（　　）承担税收法律责任。

A．乙税务师　　B．丙税务师事务所

C．乙税务师和丙税务师事务所　　D．甲企业

【例 1-4】注册税务师从事代理活动必须遵循的原则（　　）是错误的。

A．依法代理　　B．独立、公平　　C．自愿委托　　D．维护国家利益

1.2.2　注册税务师资格的取得

为了提高税务代理人员的执业素质，《注册税务师资格制度暂行规定》对从事税务代理业务的专业技术人员实行注册税务师制度，并将其纳入国家职业资格证书制度范畴，以促进税务代理的健康发展。

1．注册税务师资格考试制度

注册税务师应是精通税法和财务会计制度，并能熟练进行实务操作的专业技术人员，必须具备从事税务代理工作的素质和工作技能。实行注册税务师资格考试制度是保证执业准入控制的基本前提。

1）报名参加注册税务师资格考试的条件

凡中华人民共和国公民，遵纪守法并具备表 1-1 所列条件之一者，可申请参加注册税务师资格考试。

表 1-1　注册税务师报名条件

学历要求	工作时间要求
非经济类、法学类大专毕业	从事经济、法律工作满 8 年
经济类、法学类大专毕业，或非经济类、法学类大学本科毕业	从事经济、法律工作满 6 年
经济类、法学类大学本科毕业后，或非经济、法学类第二学士或研究生班毕业后	从事经济、法律工作满 4 年
经济类、法学类第二学位或研究生班毕业后，或获非经济类、法学类硕士毕业后	从事经济、法律工作满 2 年
获得经济类、法学类硕士学位	从事经济、法律工作满 1 年
获得经济类、法学类博士学位	
在全国实行专业技术资格考试前，按照国家有关规定已评聘了经济、会计、统计、审计和法律中级专业职务或参加全国统一考试，取得经济、会计、统计、审计专业中级专业技术资格者，从事税务代理业务满 1 年，可报名参加注册税务师全部科目考试	
按照国家有关规定已评聘经济、会计、统计、审计、法律等高级专业技术职务，从事税收工作满 2 年的，可免试《税法（一）》、《税法（二）》和《财务与会计》3 个科目	
按照人力资源和社会保障部办公厅、国家税务总局办公厅《关于香港居民参加注册税务师资格考试有关问题的通知》（人社厅发[2009]115 号）精神，从 2010 年起，凡在 2009 年 3 月 31 日前，成为香港会计师公会正式会员的香港居民，在参加注册税务师资格考试时，可免试《财务与会计》一个科目	
人事部和国家税务总局规定的其他条件	

【小知识】

有关报名条件的界定

(1)“非经济类、法学类”专业是指除经济、会计、统计、审计和法律专业以外的其他专业。

(2)“从事经济、法律工作”，“从事税收业务工作”，“从事税收代理业务”，“从事税收相关工作”的工作年限可以累加计算。在“满×年”的计算上，可以计算到考试当年的年底。

(3)“从事税收业务工作”是指具体从事税收的征收管理，计划统计，税收法律、法规的研究，政策执行及解释，税收的稽查、检查和调查，案件的办理、查处，办理有关涉税事宜及专门从事税收理论的研究、宣传和教育等项工作。“从事税务代理业务”是指在税务代理机构直接从事代理业务工作，以及在注册税务师管理机构从事业务工作。“从事税收工作”是指在税务部门或其他单位直接从事税收业务工作。“从事税务相关工作”即指从事经济、法律工作，具体包括从事经济、会计、统计、审计和法律等工作。

(4)申请参加考试的香港、澳门考生，其报名条件应符合上述规定，提交中华人民共和国教育行政部门认可的大学专科以上学历或学士以上学位证书，从事经济、法律或税务代理工作年限证明、香港会计师公会会员证明和居民身份证明。

【例 1-5】以下可以申请参加注册税务师考试的是（　　）。

A．甲某生物专业博士毕业 1 年

B．乙某会计专业本科毕业，从事会计工作 4 年

C．丙某计算机专业硕士毕业，从事经济类工作 3 年

D．丁某国际贸易专业专科，毕业后从事报关工作 10 年

2）注册税务师资格考试科目

注册税务师资格考试实行全国统一大纲、统一命题、统一组织的考试制度，原则上每年举行一次，具体考试办法由人事部与国家税务总局共同制定。考试科目共分 5 科：《税务代理实务》、《税法（一）》、《税法（二）》、《税收相关法律》、《财务与会计》。

3）考试周期

除免予部分科目考试者必须在一个考试年度通过 2 个考试科目外，参加全部 5 个考试科目人员必须在连续 3 个考试年度内通过全部 5 个科目的考试。

【特别提示】

连续 3 个考试年度是指第一年至第三年为一个周期，第二年至第四年为一个周期，依次类推。

2．注册税务师的备案制度

国家税务总局及其授权的省、自治区、直辖市和计划单列市注册税务管理中心为注册税务师的备案管理机构。按照《注册税务师资格制度暂行规定》的要求，通过考试取得中华人民共和国注册税务师资格证书者，必须在取得证书后 3 个月内到所在省、自治区、直辖市和计划单列市注册税务师管理中心申请办理备案手续。经注册税务师管理中心审核后，对在税务师事务所执业满 2 年的，给予执业备案，在证书备注栏加盖“执业备案”章；对在税务师事务所执业不满 2 年或者暂不执业的，给予非执业备案，在证书备注栏加盖“非执业备案”章。

3．注册税务师的权利与义务

注册税务师的权利与义务见表 1-2。

表 1-2　注册税务师的权利和义务

注册税务师执业，享有下列权利	注册税务师执业，需履行下列义务
注册税务师有权依照《注册税务师管理暂行办法》规定的范围，代理由委托人委托的代理事宜； 注册税务师对委托人违反税收法律、法规行为的委托，有权拒绝； 注册税务师依法从事税务代理业务，受国家法律保护，任何机关、团体、单位和个人不得非法干预； 注册税务师可以向税务机关查询税收法律、法规、规章和其他规范性文件； 注册税务师可以要求委托人提供有关会计、经营等涉税资料（包括电子数据），以及其他必要的协助； 注册税务师可以对税收政策存在的问题向税务机关提出意见和修改建议；可以对税务机关和税务人员的违法、违纪行为提出批评或者向上级主管部门反映； 注册税务师对行政处分决定不服的，可以依法申请复议或向人民法院起诉	注册税务师执业由税务师事务所委派，个人不得承接业务； 注册税务师应当在对外出具的涉税文书上签字盖章，并对其真实性、合法性负责； 注册税务师执业中发现委托人有违规行为并可能影响审核报告的公正、诚信时，应当予以劝阻；劝阻无效时，应当终止执业； 注册税务师对执业中知悉的委托人的商业秘密，负有保密义务； 注册税务师应当对业务助理人员的工作进行指导与审核，并对其工作结果负责； 注册税务师与委托人有利害关系的，应当回避；委托人有权要求其回避； 注册税务师应当不断更新执业所需的专业知识，提高执业技能，并按规定接受后续教育培训

【例 1-6】以下注册税务师的权利义务说法错误的是（　　）。

A．注册税务师负有保密的义务

B．注册税务师可以检查委托人的经营场地、会计资料等

C．注册税务师与委托人有利害关系的，应当回避

D．注册税务师对行政处分决定不服的，可以依法申请复议或向人民法院起诉

1.2.3　税务师事务所

税务师事务所是专职从事税务代理的工作机构，由注册税务师出资设立，其组织形式为有限责任制税务师事务所和合伙制税务师事务所，以及国家税务总局规定的其他形式。税务师事务所是实行独立核算、自负盈亏的经济实体，其收入要依法纳税。

（1）申请设立税务师事务所，应当向省以上注册税务师管理中心提出书面申请，并报送下列有关资料：税务师事务所的名称、组织机构、业务场所；税务师事务所主要负责人的姓名、简历及有关证明文件；税务师事务所的从业人员情况，包括注册税务师的姓名、简历及有关证明文件；税务师事务所章程、合同和协议；注册税务师管理中心要求的其他资料。

（2）税务师事务所应当就本所注册税务师变动情况，向省注册税务师管理中心备案；省注册税务师管理中心应当将本地区当年注册税务师变动情况汇总，上报国家税务总局注册税务师管理中心。

（3）税务师事务所应当依法纳税，并建立健全内部管理制度，严格财务管理，建立职业风险基金，办理职业保险。

（4）税务师事务所承接委托业务，应当与委托人签订书面合同并按照国家价格主管部门的有关规定收取费用。

（5）税务师事务所在工商行政管理部门办理合并、变更、注销等手续后，应当到省注册税务师管理中心备案。对合并、变更的税务师事务所，符合设立条件的，核发新的税务师事务所执业证；不符合设立条件的，收回税务师事务所执业证，不再核发。注销的税务师事务所，由省注册税务师管理中心核销税务师事务所执业证。

（6）合并、变更、注销的税务师事务所，省注册税务师管理中心办理完相关手续后，应

当在30日内报国家税务总局注册税务师管理中心备案。省注册税务师管理中心应当将已办理完相关备案手续的税务师事务所通报税务师事务所所在地主管税务机关并向社会公告。

1.3 税务代理的范围和规则

1.3.1 税务代理的含义及作用

1. 税务代理的含义

税务代理是注册税务师从事的主要业务，是注册税务师执业的基本内容。代理是指代理人以被代理人的名义在代理权限内进行直接对被代理人发生法律效力的法律行为。《中华人民共和国民法通则》（以下简称《民法通则》）依照代理权产生的根据不同，将代理分为委托代理、法定代理和指定代理。税务代理是代理业的一个组成部分，具有代理的一般共性，是一种专项代理，属于民事代理中委托代理的一种。因此，注册税务师必须通过委托人的委托和授权才能以委托人（被代理人）的名义进行税务事宜的代理。

税务代理是指注册税务师在国家法律规定的代理范围内，以税务师事务所的名义，接受纳税人、扣缴义务人的委托，代为办理税务事宜的各项行为的总称。税务代理的兴起，适应了社会经济发展的需要，成千上万个企业和个人都可能通过税务代理履行纳税义务，量大面广，因此税务代理具有广泛的社会性。

2. 税务代理在税收征纳关系中的作用

税务代理是税务机关和纳税人之间的桥梁和纽带，通过具体的代理活动，不仅有利于纳税人正确履行纳税义务，而且对国家税收政策的正确贯彻落实具有积极作用。首先，税务代理有利于促进依法治税；其次，税务代理有利于完善税收征管的监督制约机制；再次，税务代理有利于增强纳税人自觉纳税的意识；最后，税务代理有利于保护纳税人的合法权益。

1.3.2 税务代理的范围

税务代理的范围是指按照国家有关法律规定，允许注册税务师事务所从事的业务内容。尽管世界各国所规定的业务不尽相同，但其基本原则是大致一样的，即税务代理的业务范围主要是纳税人所委托的各项涉税事宜。

《注册税务师管理暂行办法》规定，注册税务师可以接受委托人的委托从事表1-3所述范围内的业务代理。

表1-3 税务代理范围

涉税服务	代办税务登记
	办理纳税、退税和减免税申报
	建账记账
	办理增值税一般纳税人资格认定申请
	利用主机共事服务系统为增值税一般纳税人代开增值税专用发票
	代为制作涉税文书
	开展税务咨询（顾问）、税收筹划、涉税培训等涉税服务业务

续表

涉税鉴证	企业所得税汇算清缴纳税申报的鉴证
	企业税前弥补亏损和财产损失的鉴证
	国家税务总局和省税务局规定的其他涉税鉴证业务

根据现行有关法律的规定，注册税务师不能违反法律、行政法规的规定行使税务机关的行政职能。同时，对税务机关规定必须由纳税人、扣缴义务人自行办理的税务事宜，注册税务师不得代办。

【例 1-7】下列情形中，不属于税务代理范围的是（　　）。

A．代办变更税务登记

B．办理一般纳税人资格认定申请

C．代为制作涉税文书

D．为小规模纳税人代开增值税专用发票

1.3.3　税务代理中注册税务师的执业规则

（1）注册税务师执业时，遇有下列情形之一的，应当拒绝出具有关报告：委托人示意其作不实报告或者不当证明的；委托人故意不提供有关资料和文件的；因委托人有其他不合理的要求，致使注册税务师出具的报告不能对涉税的重要事项做出正确的表述的。

（2）注册税务师执业，应当按照业务规程确定的工作程序建立工作底稿、出具有关报告。

注册税务师出具报告时，不得有下列行为。

① 明知委托人对重要涉税事项的处理与国家税收法律、法规及有关规定相抵触，而不予指明。

② 明知委托人对重要涉税事项的处理会损害报告使用人或者其他利害关系人的合法权益，而予以隐瞒或者作不实的报告。

③ 明知委托人对重要涉税事项的处理会导致报告使用人或者其他利害关系人产生重大误解，而不予指明。

④ 明知委托人对重要涉税事项的处理有其他不实内容，而不予指明。

（3）注册税务师不得有下列行为：执业期间，买卖委托人的股票、债券；索取、收受委托合同约定以外的酬金或者其他财物，或者利用执业之便，谋取其他不正当的利益；允许他人以本人名义执业；向税务机关工作人员行贿或者指使、诱导委托人行贿；其他违反法律、行政法规的行为。

1.4　税务代理的法律关系与法律责任

税务代理的法律关系是指纳税人、扣缴义务人委托注册税务师办理纳税事宜而产生的委托方与受托方之间的权利、义务和责任关系。注册税务师以委托方的名义进行代理工作。其代理过程中所产生的法律后果直接归属委托方，税务代理法律关系的确定以委托代理协议书的签订为标志。同时，委托代理项目、委托期限等的变化，将直接影响双方的权利、义务关系，税务代理法律关系将随之发生变更。

1.4.1 税务代理的法律关系

1．税务代理关系确立的前提

税务代理不同于一般民事代理，税务代理关系的确立，应当以双方自愿委托和自愿受理为前提，同时还要受代理人资格、代理范围及委托事项的限制。

（1）委托项目必须符合法律规定。

《注册税务师管理暂行办法》明确规定，注册税务师可以接受纳税人、扣缴义务人的委托从事规定范围内的业务代理，注册税务师不得超越法律规定范围进行代理，并严禁代理偷税、骗税行为。

（2）受托代理机构及专业人员必须具有一定资格。

税务代理是一项政策性较强、法律约束较高的工作，因此，受托代理机构及从业人员必须取得一定资格。按现行规定，从事税务代理的机构只能是经国家税务总局及其授权部门确认批准的有限责任的税务师事务所和合伙税务师事务所，其他机构不得从事税务代理业务。同时，税务代理专业人员必须经考试取得中华人民共和国注册税务师执业资格证书并经省、自治区、直辖市和计划单列市注册税务师管理机构备案，方可从事代理业务。

（3）注册税务师承办业务必须由所在的税务师事务所统一受理。

（4）签订委托代理协议书。

税务代理关系确立必须书面签订委托代理协议书，而不得以口头或其他形式。未经签订委托代理协议书而擅自开展代理业务的，不受法律保护。

2．税务代理关系确立程序及形式

税务代理关系确立大致有准备阶段和签约阶段两个阶段。

（1）税务代理关系的准备阶段，主要就委托内容与权利义务进行洽谈。

税务代理关系确立前代理双方应就委托项目及服务标准协商一致，并对双方权利义务进行商定，特别是应由纳税人、扣缴义务人提供的与委托税务事宜有关的情况、数据、证件、资料等必须如期、完整、准确地提供。同时，双方应就代理费收取等事宜协商一致。这一阶段，注册税务师处于税务代理关系确立前主导地位，必须向委托人阐明税务代理业务范围、税务代理责任、双方权利义务及税务代理收费等，取得委托人认同。

（2）委托代理协议书签约阶段，即委托代理关系确立阶段。

在委托方、受托方就协议约定内容取得一致意见后，委托方、受托方应就约定内容签订委托代理协议书。委托代理协议书应当载明委托方、受托方名称、代理事项、代理权限、代理期限及其他应明确的事项，并由注册税务师及其所在的税务代理机构和委托方签名盖章。协议书经委托方、受托方签章后，正式生效。

3．税务代理关系的变更

委托代理协议书签订后，注册税务师及其助理人员应按协议约定的税务代理事项进行工作，但遇有下列问题之一的，应由协议双方协商对原订协议书进行修改和补充。

（1）委托代理项目发生变化的。这里有两种情况：①原委托代理项目有了新发展，代理内容超越了原约定范围，经双方同意增加或减少代理内容的。如原来签订的是单项代理，后改为综合代理；②由于客观原因，委托代理内容发生变化，需要相应修改或补充原协议内容的。

（2）注册税务师发生变化的。

（3）由于客观原因，需要延长完成协议时间的。

上述内容的变化都将使税务代理关系发生变化，因此，必须先修订委托代理协议书，并经过委托方和受托方及注册税务师共同签章后生效，修订后的协议书具有同等法律效力。

4．税务代理关系的终止

税务代理委托协议约定的代理期限届满或代理事项完成，税务代理关系自然终止。

有下列情形之一的，委托方在代理期限内可单方终止代理行为：税务代理执业人员未按代理协议的约定提供服务；税务师事务所被注销资格；税务师事务所破产、解体或被解散。

有下列情形之一的，税务师事务所在代理期限内可单方终止代理行为：委托人死亡或解体、破产；委托人自行实施或授意税务代理执业人员实施违反国家法律、法规行为，经劝告仍不停止其违法活动的；委托人提供虚假的生产经营情况和财务会计资料，造成代理错误的。

委托关系存续期间，一方如遇特殊情况需要终止代理行为的，提出终止的一方应及时通知另一方，并向当地主管税务机关报告，终止的具体事项由双方协商解决。

【例 1-8】税务代理关系变更的原因有（　　）。

A．委托代理项目发生变化的

B．税务师事务所被注销资格

C．由于客观原因，需要延长完成协议时间的

D．注册税务师发生变化的

E．注册税务师提前完成代理项目

1.4.2　税务代理的法律责任

为了维护税务代理双方的合法权益，保证税务代理活动顺利进行，使税务代理事业能够在法制的轨道上健康发展，必须明确税务代理的法律责任。

规范税务代理法律责任的法律是我国《民法通则》、《中华人民共和国合同法》（以下简称《合同法》）、《中华人民共和国税收征收管理法》（以下简称《税收征管法》）及《中华人民共和国税收征管法实施细则》（以下简称《税收征管法实施细则》）和其他有关法律、行政法规，承担的法律责任既包括民事法律责任，也包括刑事法律责任。

1．委托方的法律责任

根据《合同法》规定，当事人一方不履行合同义务或者履行合同义务不符合约定的，应当承担继续履行、采取补救措施或者赔偿损失等违约责任。因此，如果委托方违反代理协议的规定，致使注册税务师不能履行或不能完全履行代理协议，由此而产生法律后果的法律责任应全部由委托方承担，其中，纳税人除了应按规定承担本身承担的税收法律责任以外，还应按规定向受托方支付违约金和赔偿金。

2．受托方的法律责任

（1）《民法通则》第六十六条规定：代理人不履行职责而给被代理人造成损害的应当承担民事责任。根据这项规定，税务代理如因工作失误或未按期完成税务代理事务等未履行税务代理职责，给委托方造成不应有的损失的，应由受托方负责。

（2）《税收征管法实施细则》第九十八条规定：税务代理违反税收法律、行政法规，造成纳税人未缴或者少缴税款的，除由纳税人缴纳或者补缴应纳税款、滞纳金外，对税务代理人处纳税人未缴或者少缴税款 50%以上 3 倍以下的罚款。

（3）《注册税务师管理暂行办法》规定，对注册税务师及其所在机构违反该规定的行为，分别按下列规定进行处理。

第一，注册税务师有下列行为之一的，由省税务局予以警告或者处1 000元以上5 000元以下罚款，责令其限期改正，限期改正期间不得对外行使注册税务师签字权；逾期不改正或者情节严重的，应当向社会公告，公告办法另行规定：①执业期间买卖委托人股票、债券的；②以个人名义承接业务或者收费的；③泄露委托人商业秘密的；④允许他人以本人名义执业的；⑤利用执业之便，谋取不正当利益的；⑥在一个会计年度内违反《注册税务师管理暂行办法》规定2次以上的。

第二，税务师事务所有下列行为之一的，由省税务局予以警告或者处1 000元以上1万元以下罚款。责令其限期改正；逾期不改正或者情节严重的，向社会公告：①未按照《注册税务师管理暂行办法》规定承办相关业务的；②未按照协议规定履行义务而收费的；③未按照财务会计制度核算，内部管理混乱的；④利用执业之便，谋取不正当利益的；⑤采取夸大宣传、诋毁同行、以低于成本价收费等不正当方式承接业务的；⑥允许他人以本所名义承接相关业务的。

第三，注册税务师和税务师事务所出具虚假涉税文书，但尚未造成委托人未缴或者少缴税款的。由省税务局予以警告并处1 000元以上3万元以下的罚款，并向社会公告。

3．对属于共同法律责任的处理

《民法通则》第六十七条规定：代理人知道被委托代理的事项违法，仍进行代理活动的，或者被代理人知道代理人的代理行为违法，不表示反对的，由被代理人和代理人负连带责任。根据这项规定，注册税务师与被代理人如果互相勾结、偷税抗税、共同违法，应按共同违法论处，双方都要承担法律责任。涉及刑事犯罪的，还要移送司法部门依法处理。

本章小结

本章主要内容包括税务代理制度的产生和发展、税务代理制度最早产生于日本。

注册税务师的报考条件、备案制度，以及注册税务师享有的权利和应尽的义务。

注册税务师事务所的成立条件、类型。税务师事务所是专职从事税务代理的工作机构，由注册税务师出资设立，其组织形式为有限责任制税务师事务所和合伙制税务师事务所，以及国家税务总局规定的其他形式。

税务代理的范围包括涉税服务和涉税鉴证。

税务代理的法律责任：委托方责任、受托方责任和共同责任。

职业能力训练

一、单项选择题

1．以下对于注册税务师理解不正确的是（　　）。

A．注册税务师是在我国境内依法取得注册税务师执业资格证书，从事涉税服务和鉴证业务的专业人员

B．注册税务师需要精通税收法律及财务会计制度

C．注册税务师应主动为纳税人、扣缴义务人提供相关涉税服务事宜

D．税务师事务所及注册税务师应当对其出具的鉴证报告及其他执业行为承担法律责任

2．注册税务师在从事税务代理活动中，不属于税务代理必须遵循的原则是（　　）。

A．自愿委托原则　　B．依法代理原则

C．独立、公平原则　　D．独立、公正原则

3．税务代理是代理业的一个组成部分，具有代理的一般共性，是一种（　　），属于民事代理中（　　）的一种。

A．依法代理、委托代理　　B．依法代理、专项代理

C．指定代理、委托代理　　D．专项代理、委托代理

4．税务代理是税务机关和纳税人之间的桥梁和纽带，其在税收征纳关系中具有重要的作用，但不包括（　　）。

A．有利于完善税收征管的监督制约机制

B．有利于促进依法治税

C．有利于增强纳税人自觉纳税的意识

D．有利于保护纳税人的所有权益

5．下列事项中，（　　）不属于税务代理关系变更的原因。

A．单项代理要改为全面代理　　B．注册税务师发生变化的

C．税务代理机构被解散的　　D．由于客观原因，需要延长完成协议时间的

二、多项选择题

1．注册税务师行业的特点包括（　　）。

A．主体资格的特定性　　B．法律约束性

C．内容约定性　　D．无偿服务性

E．执业活动的知识性与专业性

2．以下对注册税务师行业特点的理解正确的是（　　）。

A．代理人必须是经批准具有税务代理执业资格的注册税务师和注册税务师事务所

B．注册税务师站在客观、公正的立场上，既为维护纳税人合法权益服务，又为维护国家税法的尊严服务

C．注册税务师行业是一种知识密集型专业活动

D．注册税务师不得代理，应由税务机关行使的行政职权

E．因为税收法律责任的不转嫁性，所以，注册税务师在执业过程中对纳税人、扣缴义务人的权益不负责任

3．关于注册税务师执业的描述，下列说法中正确的是（　　）。

A．作为税务代理人一方必须是经批准具有税务代理执业资格的注册税务师和税务师事务所

B．税务代理是负有法律责任的契约行为

C．在代理活动中产生的税收法律责任，注册税务师应当按责任承担

D．注册税务师的税务代理业务范围由委托人自行决定

4．税务代理的基本特征包括（　　）。

A．主体资格的特定性　　B．代理活动的公正性

C．法律约束性　　D．税收法律责任的不转嫁性

E．执业服务义务性

5．税务代理是社会中介服务，因此，注册税务师在从事税务代理活动中，必须遵循以下原则：（　　）。

A．自愿委托原则　　B．依法代理原则

C．独立、公平原则　　D．维护国家利益和保护委托人合法权益的原则

三、判断题

1．我国的税务代理行业起步于 20 世纪 90 年代。（　　）

2．注册税务师可以在多个税务师事务所担任职务。（　　）

3．税务代理协议一经签订不得发生任何改变，否则视为违约。（　　）

4．税务代理违反税收法律、行政法规，造成纳税人未缴或者少缴税款的，除由纳税人缴纳或者补缴应纳税款、滞纳金外，对税务代理人处纳税人未缴或者少缴税款 50%以上 3 倍以下的罚款。（　　）

5．所谓税务代理是指注册税务师在国家法律规定的代理范围内，以税务师事务所的名义，接受纳税人、扣缴义务人的委托，代为办理税务事宜的各项行为的总称。（　　）

第2章

税务管理概述

SHUIWU GUANLI GAISHU

【学习目标】

知识目标：了解我国分税制财税管理体制；熟悉我国现行国税、地税税务管理机构的设置及职能划分；掌握税务登记管理、账簿凭证管理、纳税申报和纳税评估；熟悉税务机关征收税款的基本方法，税务检查的基本形式；熟悉在征纳关系中税务机关的权利、义务，纳税人、扣缴义务人的权利、义务；掌握纳税人、扣缴义务人的法律责任。

能力目标：通过本章理论知识的学习，能够熟练掌握税务登记管理、账簿凭证管理、纳税申报和纳税评估；掌握纳税人合并、分立的税务处理。

【导入案例】

某事业单位按照税法规定为个人所得税的扣缴义务人。该单位认为自己是行政事业单位，因此，虽经税务机关多次通知，还是未按照税务机关确定的申报期限报送《扣缴个人所得税报告表》，被主管地方税务机关责令限期改正并处以罚款500元。对此，该单位负责人非常不理解，认为自己不是个人所得税的纳税义务人，而是替税务机关代扣税款，只要税款没有少扣，晚几天申报不应受到处罚，故派财务人员前往某税务师事务所进行政策咨询。

【思考】税务机关的处罚决定是否正确？为什么？

2.1 税务管理体制

税务管理是国家税务机关依照税收政策、法令、制度对税收分配全过程所进行的计划、组织、协调和监督控制的一种管理活动。它是保证财政收入及时、足额入库，实现税收分配目标的重要手段。税务管理可分为两个层次：①税收政策、法令、制度的制定，即税收立法；②税收政策、法令、制度的执行，也就是税收的征收管理，即税收执法。

2.1.1 税务管理体制的概念

1. 税务管理体制

税务管理体制是指在中央与地方，以及地方各级政府之间划分税收管理权限的一种制度，是税收管理制度的重要组成部分。税收管理权限包括税收立法权和税收管理权两个方面。

1）税收立法权

税收立法权是指国家最高权力机关依据法定程序赋予税收法律效力时所具有的权力。税收立法权包括：税法制定权、审议权、表决权和公布权。

2）税收管理权

税收管理权是指贯彻执行税法所拥有的权限，它实质上是一种行政权力，属于政府及其职能部门的职权范围。税收管理权见表2-1，包括：税种的开征与停征权、税法的解释权、税目的增减与税率的调整权、减免税的审批权。

表2-1 税收管理权限

类　型	具体内容
税收立法权	税法制定权、审议权、表决权和公布权
税收管理权（行政权力）	税种的开征与停征权、税法的解释权、税目的增减与税率的调整权、减免税审批权

2. 分税制下的税务管理体制

分税制是指在划分中央与地方政府事权的基础上，按照税种划分中央与地方财政收入的一种财政管理体制。分税制不仅是财政管理体制的目标模式，同时也是税务管理体制改革的重要内容。实行分税制，有利于进一步理顺中央与地方的财政分配关系，更好地发挥国家财政的职能作用，增强中央的宏观调控能力，促进社会主义市场经济体制的建立和国民经济又好又快发展。

分税制的内容包括以下几点。

（1）合理划分中央和地方政府的事权范围。中央政府主要负责国防、外交、武警、国家重点建设、中央国家机关经费以及实施宏观调控所必需的支出；地方政府主要承担地区政权机关经费及本地区经济和各种事业发展所需支出。

（2）合理划分税种，按税种划分中央与地方收入。将国家开征的全部税种划分为中央税、中央与地方共享税和地方税。属于维护国家权益、实施宏观调控所必需的税种划为中央税；属于与经济发展密切相关的主要税种划为中央与地方共享税；属于适合地方征管，有利于调动地方积极性的税种划为地方税。

（3）分设国家税务局和地方税务局两套税务机构。为了保证分税制的顺利实施，我国将原来的一套税务机构分设为国家税务局和地方税务局两套机构，国家税务局隶属中央政府，负责中央税、中央与地方共享税的征收和管理；地方税务局隶属于地方各级政府，负责地方税的征收和管理。

2.1.2 我国税务管理机构设置及其职能划分

1．税务管理机构的设置

为了适应分税制改革的要求，保证中央财政与地方财政的收入，国家按税种分设了国家税务局和地方税务局，分别负责中央税、中央与地方共享税和地方税的征收管理工作，从而形成了国家税务局和地方税务局相对独立的税收管理组织体系。国家税务总局是我国税务管理工作的最高职能机构，代表国家实施税务管理的职能。

国家税务总局在各省、自治区、直辖市设国家税务局；各省、自治区、直辖市下属地区、省辖市、自治州（盟）设国家税务局；各地区、省辖市、自治州（盟）在下属（县）市、自治区（旗）设国家税务局（分局）。与国家税务局相对应的是地方税务局，各省、自治区、直辖市设地方税务局，归属地方人民政府领导；各省、自治区、直辖市下属地区、省辖市、自治州（盟）设地方税务局；各地区、省辖市、自治州（盟）在下属县（市）、自治县（旗）设地方税务局（分局）。国家税务局系统实行国家税务总局垂直领导管理体制，从 1998 年起省以下地方税务局也实行垂直管理。

2．税收征收范围的划分

税收征收范围的划分见表 2-2。

表 2-2　税收征收范围的划分

税　　种	国家税务局	地方税务局
增值税、消费税	由国税局征管，含进口产品消费税、增值税、直接对台贸易调节税（委托海关代征），境内外商投资企业和外国企业的增值税、消费税，集贸市场和个体户的增值税、消费税；出口产品退税的管理	
营业税、城建税、教育费附加	铁道、各银行总行、保险总公司集中缴纳的营业税、城市维护建设税和教育费附加	其余
资源税	海洋石油企业资源税	其他资源税
印花税	证券交易税（未开征，目前对在上海、深圳证券交易所交易的证券征收印花税）	其余印花税
滞补罚收入	中央税的滞补罚收入	地方税的滞补罚收入

续表

税　　种	国家税务局	地方税务局
企业所得税	2009 年以后新增的纳增值税的企业的企业所得税	2009 年以后新增的纳营业税的企业的企业所得税
个人所得税、土地增值税、车船税、房产税、屠宰税、城镇土地使用税、固定资产投资方向调节税、筵席税等		地税局负责征收

【特别提示】

①企业所得税全额为中央收入的企业和在国家税务局缴纳营业税的企业，其企业所得税由国家税务局管理；②银行（信用社）、保险公司的企业所得税由国家税务局管理，除上述规定外的其他各类金融企业的企业所得税由地方税务局管理；③外商投资企业和外国企业常驻代表机构的企业所得税仍由国家税务局管理。

【例 2-1】以下（　　）的企业所得税由地方税务局系统征收。

A．境内外商投资企业和外国企业常驻代表机构

B．2005 年 5 月 25 日成立的企业

C．2001 年 3 月 25 日成立的地方企业

D．2009 年 5 月 18 日成立的服装制造企业

2.2 税收征收管理程序及要求

2.2.1 税务登记管理

税务登记是指纳税人为依法履行纳税义务就有关纳税事宜依法向税务机关办理登记的一种法定手续，它是整个税收征收管理的首要环节。纳税人必须按照税法规定的期限办理设立税务登记、变更税务登记或注销税务登记。税务登记包括设立税务登记、变更税务登记、注销税务登记 3 个部分的内容。

1．设立税务登记

企业、企业在外地设立的分支机构和从事生产经营的场所，个体工商户和从事生产、经营的事业单位（统称从事生产、经营的纳税人）及非从事生产经营但依照法律、行政法规的规定负有纳税义务的单位和个人，均需办理税务登记。

2．变更税务登记

变更税务登记的适用范围：①改变纳税人名称、法定代表人的；②改变住所、经营地点的（不含改变主管税务机关的）；③改变经济性质或企业类型的；④改变经营范围、经营方式的；⑤改变产权关系的；⑥改变注册资金的。

3．注销税务登记

注销税务登记的适用范围：①纳税人发生解散、破产、撤销的；②纳税人被工商行政管理机关吊销营业执照的；③纳税人因住所、经营地点或产权关系变更而涉及改变主管税务机关的；④纳税人发生的其他应办理注销税务登记情况的。

【特别提示】

改变经营住所和经营地点，仍由同一主管税务机关管辖的作变更登记；改变经营住所和经营地点，涉及不同主管税务机关管辖的作注销登记，再到新址办理设立税务登记。

2.2.2 账簿、凭证管理

纳税人、扣缴义务人应按照有关法律、行政法规和国务院财政、税务主管部门的规定设置账簿，根据合法、有效凭证记账，进行核算。

1．设置账簿的范围

同类型纳税人设置账簿的要求见表 2-3 所列，设置账簿的范围主要分为以下 3 个方面。

（1）从事生产、经营的纳税人应自其领取工商营业执照之日起 15 日内按照国务院财政、税务部门的规定设置账簿。所称账簿是指总账、明细账、日记账及其他辅助性账簿。总账、日记账应当采用订本式。

（2）扣缴义务人应当自税收法律、行政法规规定的扣缴义务发生之日起 10 日内，按照所代扣、代收的税种，分别设置代扣代缴、代收代缴税款账簿。纳税人、扣缴义务人会计制度健全，能够通过计算机正确、完整计算其收入和所得或者代扣代缴、代收代缴税款情况的，其计算机输出的完整的书面会计记录，可视同会计账簿。纳税人、扣缴义务人会计制度不健全，不能通过计算机正确、完整计算其收入和所得或者代扣代缴、代收代缴税款情况的，应当建立总账及与纳税或者代扣代缴、代收代缴税款有关的其他账簿。

（3）生产经营规模小又确无建账能力的纳税人，可以聘请经批准从事会计代理记账业务的专业机构或者经税务机关认可的财会人员代为建账和办理账务。聘请上述机构或者人员有实际困难的，经县以上税务机关批准，可以按照税务机关的规定，建立收支凭证粘贴簿、进货销货登记簿或使用税控装置。

表 2-3 同类型纳税人设置账簿的要求

<table>
<tr><th>类　型</th><th>要　求</th></tr>
<tr><td>从事生产、经营的纳税人</td><td>应自其领取工商营业执照之日起 15 日内按规定设置账簿</td></tr>
<tr><td>扣缴义务人</td><td>应当自扣缴义务发生之日起 10 日内，按照所代扣、代收的税种，分别设置代扣代缴、代收代缴税款账簿</td></tr>
<tr><td colspan="2">纳税人、扣缴义务人会计制度健全，能够通过计算机正确、完整计算其收入和所得或者代扣代缴、代收代缴税款情况的，其计算机输出的完整的书面会计记录，可视同会计账簿</td></tr>
<tr><td>生产经营规模小又确无建账能力的纳税人</td><td>可以聘请经批准从事会计代理记账业务的专业机构或者经税务机关认可的财会人员代为建账和办理账务。聘请上述机构或者人员有实际困难的，经县以上税务机关批准，可以按照税务机关的规定，建立收支凭证粘贴簿、进货销货登记簿或税控装置</td></tr>
</table>

2．对纳税人财务会计制度及其处理办法的管理

从事生产、经营的纳税人应当自领取税务登记证件之日起 15 日内，将其财务、会计制度或者财务、会计处理办法和会计核算软件报送税务机关备案。纳税人使用计算机记账的，应当在使用前将会计电算化系统的会计核算软件、使用说明书及有关资料报送主管税务机关备案。纳税人建立的会计电算化系统应当符合国家有关规定，并能正确、完整核算其收入或者所得。从事生产、经营的纳税人、扣缴义务人的财务、会计制度或者财务、会计处理办法与

国务院或者国务院财政、税务主管部门有关税收的规定抵触的，依照国务院或者国务院财政、税务主管部门有关税收的规定计算应纳税款、代扣代缴和代收代缴税款。

【例 2-2】下列关于账簿设置的表述，正确的是（　　）。

A．扣缴义务人应当自扣缴义务发生之日起 15 日内，按照所代扣、代收的税种，分别设置代扣代缴、代收代缴税款账簿

B．从事生产、经营的纳税人应自其领取税务登记证之日起 15 日内按照国务院财政、税务部门的规定设置账簿

C．纳税人、扣缴义务人会计制度健全，能够通过计算机正确、完整计算其收入和所得或者代扣代缴、代收代缴税款情况的，其计算机储存的会计记录可视同会计账簿，不必打印成书面资料

D．生产经营规模小又确无建账能力的纳税人，若聘请专业机构或者人员有实际困难的，经县以上税务机关批准，可以按照规定建立收支凭证粘贴簿、进货销货登记簿或者安装税控装置

【例 2-3】从事生产、经营的纳税人应当自领取税务登记证件之日起（　　）日内将财务、会计制度和会计核算软件等有关资料报送税务机关备案。

A．10　　B．15　　C．30　　D．45

3．账簿、凭证的保存和管理

从事生产、经营的纳税人、扣缴义务人必须按照国务院财政、税务主管部门规定的保管期限保管账簿、记账凭证、完税凭证及其他有关资料。除法律、行政法规另有规定外，账簿、会计凭证、报表、完税凭证及其他有关资料应当保存 10 年。账簿、记账凭证、报表、完税凭证、发票、出口凭证及其他有关涉税资料应当合法、真实、完整，不得伪造、变造或者擅自损毁。

【例 2-4】对各种账簿、凭证、表格必须保存（　　）年以上，销毁时须经主管税务机关审验和批准。

A．5　　B．10　　C．15　　D．20

【税务代理案例】

某企业于 2012 年 1 月 10 日领取了《工商营业执照》正式成立（工商执照上的颁发日期为领证当天），请问该企业应该在几月几日前到税务机关办理税务登记？几月几日前设置账本？其于 2 月 12 日开具了银行基本户，请问企业应该在几月几日前到主管税务机关书面报告？2 月 25 日，该企业增加了经营范围，并在当日办好了工商登记变更，请问企业应该在几月几日前到主管税务机关变更税务登记变更？5 月 10 日该企业不慎遗失了税务登记证副本，请问该企业应该怎么做？

【案例解析】

（1）该企业应该在领取《工商营业执照》30 天内，即 2 月 9 日前到税务机关办理税务登记（注意 1 月有 31 天）。

（2）企业应该从领取工商执照 15 天内，即 1 月 25 日前设置账本。

（3）新开银行账户，需要在 15 天内，即 2 月 27 日前到主管税务机关书面报告。

（4）增加经营范围属于税务登记变更，需要在 30 天内，即 3 月 26 日前（2012 年 2 月有 29 天）到主管税务机关办变更。

（5）纳税人遗失税务登记证件的，应当在 15 日内（5 月 25 日前）书面报告主管税务机关，并登报声明作废。

2.2.3 纳税申报

1. 纳税申报的概念

纳税申报是指纳税人按照税法规定定期或按次就计算缴纳税款的有关事项向税务机关提出的书面报告，是税收征收管理的一项重要制度。

纳税人必须依照法律、行政法规规定或者税务机关依照法律、行政法规的规定确定的申报期限、申报内容如实办理纳税申报，报送纳税申报表、财务会计报表及税务机关根据实际需要要求纳税人报送的其他纳税资料。

扣缴义务人必须依照法律、行政法规的规定或者税务机关依照法律，行政法规的规定确定的申报期限、申报内容，如实报送代扣代缴，代收代缴税款报告表及税务机关根据实际需要要求扣缴义务人报送的其他相关资料。

2. 纳税申报的方式

经税务机关批准，纳税人、扣缴义务人可以直接到税务机关办理纳税申报或者报送代扣代缴、代收代缴税款报告表，也可以按照规定采取邮寄，数据电文方式办理上述申报、报送事项。申报的方式见表 2-4。

表 2-4 纳税申报的方式

申报的方式	特　　点
自行申报	纳税人、扣缴义务人按照规定的期限自行到主管税务机关办理纳税申报手续
邮寄申报	经税务机关批准，纳税人、扣缴义务人可以采取邮寄申报的方式，将纳税申报表及有关的纳税资料通过邮局寄送主管税务机关
电文方式	数据电文方式，是指税务机关确定的电话语音，电子数据交换和网络传输等电子方式。纳税人采取电子方式办理纳税申报的，应当按照税务机关规定的期限和要求保存有关资料，并定期书面报送主管税务机关
代理申报	纳税人、扣缴义务人委托注册税务师代为办理纳税申报

【例 2-5】纳税申报方式中，下列属于数据电文方式的是（　　）。

A. 邮寄　　B. 网络传输　　C. 电话语音　　D. 电子数据交换

3. 纳税申报的具体要求

（1）纳税人、扣缴义务人不论当期是否发生纳税义务，除经税务机关批准外，均应按规定办理纳税申报或者报送代扣代缴、代收代缴税款报告表。

（2）实行定期定额方式缴纳税款的纳税人，可以实行简易申报，简并征期等申报纳税方式。

（3）纳税人享受减税、免税待遇的，在减税、免税期间应当按照规定办理纳税申报。纳税人、扣缴义务人按照规定的期限办理纳税申报或者报送代扣代缴、代收代缴税款报告表确有困难，需要延期的，应当在规定的期限内向税务机关提出书面延期申请，经税务机关核准，在核准的期限内办理。

经核准延期办理前款规定的申报，报送事项的，应当在纳税期内按照上期实际缴纳的税额或者税务机关核定的税额预缴税款，并在核准的延期内办理税款结算。

【特别提示】

延期申报与延期纳税的区别如下所述。

（1）延期申报：指企业的资金周转没问题，但是税款的数字计算不出来。
（2）延期纳税：指由于企业资金周转不开，需要延期缴税。

【例 2-6】下列纳税人，可以实行简易申报方式的是（　　）。
A．当期未发生纳税义务的纳税人　　B．当期开始享受免税待遇的纳税人
C．实行定期定额方式缴纳税款的纳税人　　D．不能按期缴税且有特殊困难的纳税人

【知识链接】

正常情况下的税务管理程序如图 2.1 所示。

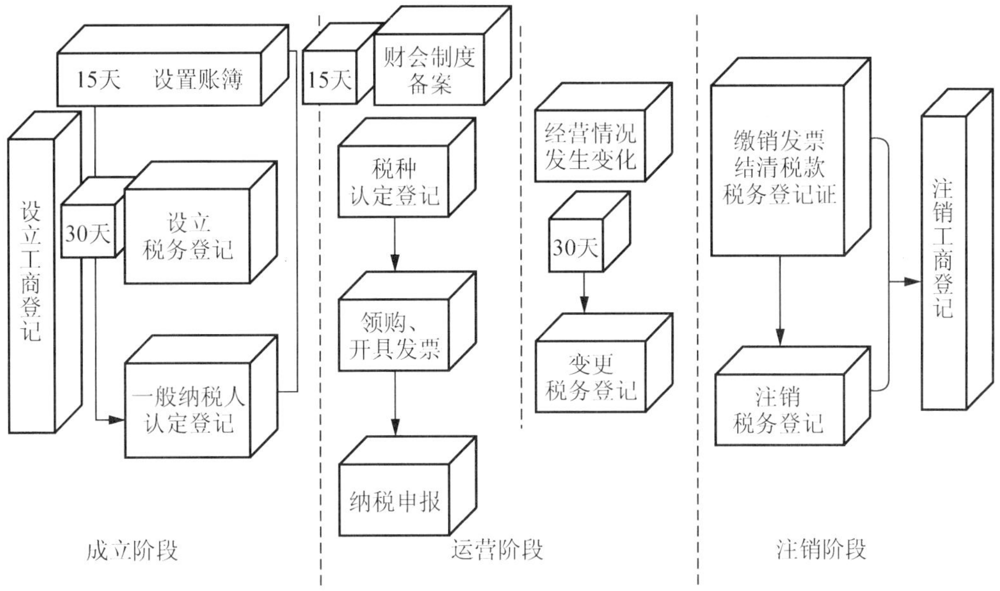

图 2.1　正常情况下的税务管理程序

（1）依法成立：领取营业执照。
（2）从领取营业执照之日起 15 日内设置账簿。
（3）从依法成立之日起 30 日内办理设立税务登记——领取税务登记证。
在办理税务登记的同时办理一般纳税人的认定手续。
领取税务登记证后，办理纳税申报前，办理税种的认定手续。
（4）从领取税务登记证之日起 15 日内将财务会计制度及处理办法报送税务机关备案。
（5）办理发票领购手续——《发票领购簿》。
（6）发生纳税义务或代扣代缴税款义务后，办理纳税申报——税务机关审核，开具缴款书或完税证——纳税人到银行以划账方式缴纳税款。
（7）如果发生变更，从依法变更之日起 30 日内办理变更税务登记。
若要终止：
（8）缴销发票，结清税款。
（9）办理注销税务登记。
（10）办理注销工商登记。

【税务代理案例】

张某和李某在 2007 年 1 月 15 日经过协商后，拟在某直辖市高新技术开发区内设立一家高新技术有限责任公司，名称暂定为超智现代高新技术有限责任公司（以下简称超智公司），由张某担任公司法定代表人。超智公司主营业务为新型建材产品的生产和加工，共投入注册资本金 600 万元。张某出资 60%，其中 200 万元为厂房投资；李某出资 40%，其中 80 万元为设备，100 万元为 2 辆载重 30 吨的卡车。2007 年 2 月 8 日，经过申请，企业的营业执照正式下发，不清楚税务登记的办理流程规定，他们应该如何办理税务登记及税种认定手续，并说明税法规定及应该注意的问题。

【案例解析】

1．办理税务登记的程序

（1）根据税法规定，纳税人应自领取营业执照之日起 30 日内向主管税务机关申请办理税务登记。所以注册税务师应该在 2007 年 3 月 9 日前向超智公司注册地的税务机关申请办理税务登记手续。

（2）注册税务师代理超智公司办理税务登记时，应向主管税务机关报送税务登记申请报告和下列资料：超智公司的工商营业执照原件及复印件；企业的合同、协议、章程原件及复印件；组织机构统一代码证书原件及复印件；张某的身份证原件及复印件；当地直辖市税务机关确定的其他资料。

（3）注册税务师应代理纳税人填写税务登记表及附表。

（4）税务机关对超智公司的《税务登记表》及资料进行审核，对于税务机关检查有疑问的地方，注册税务师要协助超智公司进行解释或修改。

（5）税务机关将税务登记资料审核完毕，发放税务登记证件时，注册税务师应及时到税务机关领取税务登记证件，并将其交给超智公司，进行税务登记证管理方面的辅导。

2．办理税种认定的有关程序

（1）注册税务师在将《税务登记证》交给超智公司后，要协助超智公司到主管税务机关的征收管理科申请办理税种认定登记，填写《纳税人税种登记表》。

（2）取得主管税务机关税种认定的通知之后，注册税务师应指导超智公司具体的办税事宜。

2.2.4 纳税评估

纳税评估是指税务机关运用数据信息对比分析的方法，对纳税人和扣缴义务人（以下简称纳税人）纳税申报（包括减免缓抵退税申请，下同）情况的真实性和准确性作出定性和定量的判断，并采取进一步征管措施的管理行为。

纳税评估工作主要由基层税务机关的税源管理部门及其税收管理员负责，重点税源和重大事项的纳税评估也可由上级税务机关负责。

1．纳税评估的工作内容

纳税评估的主要工作内容包括：根据宏观税收分析和行业税负监控结果，以及相关数据设立评估指标及其预警值；综合运用各类对比分析方法筛选评估对象；对所筛选出的异常情况进行深入分析并作出定性和定量的判断；对评估分析中发现的问题分别采取税务约谈、调查核实、处理处罚、提出管理建议、移交稽查部门查处等方法进行处理；维护更新税源管理数据，为税收宏观分析和行业税负监控提供基础信息等。

2．纳税评估的指标

纳税评估指标是税务机关筛选评估对象，进行重点分析时所选用的主要指标，分为通用分析指标和特定分析指标两大类。

各地税务机关应根据实际情况确定纳税评估指标，测算纳税评估指标预警值。纳税评估分析时，要综合运用各类指标，并参照评估指标预警值进行配比分析。

3．纳税评估的对象

纳税评估的对象为税务机关负责管理的所有纳税人及其应纳所有税种。筛选纳税评估对象可采用计算机自动筛选、人工分析筛选和重点抽样筛选等方法。筛选纳税评估对象，要依据税收宏观分析、行业税负监控结果等数据，结合各项评估指标及其预警值和税收管理员掌握的纳税人实际情况，参照纳税人所属行业、经济类型、经营规模、信用等级等因素进行全面、综合的审核对比分析。

4．纳税评估的方法

纳税评估工作根据国家税收法律、行政法规、部门规章和其他相关经济法规的规定，按照属地管理原则和管户责任开展，对同一纳税人申报缴纳的各个税种的纳税评估要相互结合、统一进行，避免多头重复评估。

纳税评估的主要依据及数据来源包括以下几点。

（1）“一户式”存储的纳税人各类纳税信息资料，主要包括：纳税人税务登记的基本情况，各项核定、认定、减免缓抵退税审批事项的结果，纳税人申报纳税资料，财务会计报表及税务机关要求纳税人提供的其他相关资料，增值税交叉稽核系统各类票证比对结果等。

（2）纳税评估可根据所辖税源和纳税人的不同情况采取灵活多样的评估分析方法。

（3）对纳税人申报纳税资料进行审核分析时，要包括以下重点内容：纳税人是否按照税法规定的程序、手续和时限履行申报纳税义务，各项纳税申报附送的各类抵扣、列支凭证是否合法、真实、完整；纳税申报主表、附表及项目、数字之间的逻辑关系是否正确，适用的税目、税率及各项数字计算是否准确，申报数据与税务机关所掌握的相关数据是否相符；收入、费用、利润及其他有关项目的调整是否符合税法规定，申请减免缓抵退税，亏损结转、获利年度的确定是否符合税法规定并正确履行相关手续；与上期和同期申报纳税情况有无较大差异；税务机关和税收管理员认为应进行审核分析的其他内容。

（4）对实行定期定额（定率）征收税款的纳税人及未达起征点的个体工商户，可参照其生产经营情况，利用相关评估指标定期进行分析，以判断定额（定率）的合理性和是否已经达到起征点并恢复征税。

5．评估结果的处理

对纳税评估中发现的问题，应区别情况作出相应的处理。

1）提请纳税人自行改正

对纳税评估中发现的计算和填写错误、政策和程序理解偏差等一般性问题，或存在的疑点问题经约谈、举证、调查核实等程序认定事实清楚，不具有偷税等违法嫌疑，无须立案查处的，可提请纳税人自行改正。

2）约谈纳税人

对纳税评估中发现的需要提请纳税人进行陈述说明、补充提供举证资料等问题，应由主管税务机关约谈纳税人。

税务约谈要经所在税源管理部门批准并事先发出《税务约谈通知书》，提前通知纳税人。

税务约谈的对象主要是企业财务会计人员。因评估工作需要，必须约谈企业其他相关人员的，应经税源管理部门批准并通过企业财务部门进行安排。

纳税人因特殊困难不能按时接受税务约谈的，可向税务机关说明情况，经批准后延期进行。

纳税人可以委托税务代理人进行税务约谈。税务代理人代表纳税人进行税务约谈时，应向税务机关提交纳税人委托代理合法证明。

【特别提示】

税务约谈的对象主要是企业财务会计人员。纳税人可以委托具有执业资格的税务代理人进行约谈。

3）实地调查核实

对评估分析和税务约谈中发现的，必须到生产经营现场了解情况、审核账目凭证的，应经所在税源管理部门批准，由税收管理员进行实地调查核实。对调查核实的情况要认真记录。需要处理处罚的，要严格按照规定的权限和程序执行。

4）移交税务稽查部门处理

发现纳税人有偷税、逃避追缴欠税、骗取出口退税、抗税或其他需要立案查处的税收违法行为嫌疑的，要移交税务稽查部门处理。

发现外商投资和外国企业与其关联企业之间的业务往来不按照独立企业业务往来收取或支付价款、费用，需要调查、核实的，应移交上级税务机关国际税收管理部门（或有关部门）处理。

5）作出评估分析报告

对纳税评估工作中发现的问题要作出评估分析报告，提出进一步加强征管工作的建议，并将评估工作内容、过程、证据、依据和结论等记入纳税评估工作底稿。

2.2.5 税款征收

1．税款征收的概念

税款征收是指税务机关依照法律、行政法规的规定将纳税人应纳的税款组织入库的一系列活动的总称，是税收征收管理工作中的中心环节。

2．税款征收的方式（表 2–5）

表 2-5 税款征收方式及其特点

征收的方式	特　点
查账征收	查账征收是指税务机关对账务健全的纳税人，依据其报送的纳税申报表、财务会计报表和其他有关纳税资料，计算应纳税款，填写缴款书或完税证，由纳税人到银行划解税款的征收方式
查定征收	查定征收是指对账务不全，但能控制其材料、产量或进销货物的纳税单位或个人，由税务机关依据正常条件下的生产能力对其生产的应税产品查定产量、销售额并据以征收税款的征收方式
查验征收	查验征收是指税务机关对纳税人的应税商品、产品，通过查验数量，按市场一般销售单价计算其销售收入，并据以计算应纳税款的一种征收方式
定期定额征收	定期定额征收是指对小型个体工商户采取定期确定营业额、利润额并据以核定应纳税额的一种征收方式
代扣代缴	代扣代缴是指按照税法规定，负有扣缴税款义务的单位和个人，负责对纳税人应纳的税款进行代扣代缴的一种方式。即由支付人在向纳税人支付款项时，从所支付的款项中依法直接扣收税款并代为缴纳
代收代缴	代收代缴是指按照税法规定，负有收缴税款义务的单位和个人，负责对纳税人应纳的税款进行代收代缴的一种方式。即由与纳税人有经济业务往来的单位和个人在向纳税人收取款项时依法收取税款
委托代征	委托代征是指受委托的有关单位按照税务机关核发的代征证书的要求，以税务机关的名义向纳税人征收零散税款的一种征收方式

【例 2-7】税务机关对小型个体工商户税款征收的基本方法是（　　）。

A．代扣代缴　　B．定期定额　　C．查定征收　　D．查账征收

3．税款征收的措施

1）由主管税务机关调整应纳税额

纳税人有下列情形之一的，税务机关有权核定其应纳税额：①依照法律、行政法规的规定可以不设置账簿的；②依照法律、行政法规的规定应当设置但未设置账簿的；③擅自销毁账簿或者拒不提供纳税资料的；④虽设置账簿，但账目混乱或者成本资料、收入凭证、费用凭证残缺不全，难以查账的；⑤发生纳税义务，未按照规定的期限办理纳税申报，经税务机关责令限期申报，逾期仍不申报的；⑥纳税人申报的计税依据明显偏低，又无正当理由的。

2）关联企业纳税调整

纳税人与关联企业业务往来时，应当按照独立企业之间的业务往来收取或者支付价款、费用；不按照独立企业之间的业务往来收取或者支付价款、费用，而减少其应纳税的收入或者所得额的，税务机关有权进行合理调整。

3）责令缴纳

对未按照规定办理税务登记的从事生产、经营的纳税人以及临时从事经营的纳税人，由税务机关核定其应纳税额，责令缴纳；不缴纳的，税务机关可以扣押其价值相当于应纳税款的商品、货物。扣押后缴纳应纳税款的，税务机关必须立即解除扣押，并归还所扣押的商品、货物；扣押后仍不缴纳应纳税款的，经县以上税务局（分局）局长批准，依法拍卖或者变卖所扣押的商品、货物，以拍卖或者变卖所得抵缴税款。

4）责令提供纳税担保

税务机关有根据认为从事生产、经营的纳税人有逃避纳税义务行为的，可以在规定的纳税期前责令纳税人限期缴纳应纳税额，在限期内发现纳税人有明显的转移、隐匿其应纳税的商品、货物及其他财产或者应纳税的收入的迹象的，税务机关可责成纳税人提供纳税担保。

5）采取税收保全措施

税务机关责令纳税人提供纳税担保而纳税人拒绝提供纳税担保或无力提供纳税担保的，经县以上税务局（分局）局长批准。税务机关可以采取下列税收保全措施。

（1）书面通知纳税人开户银行或者其他金融机构冻结纳税人的金额相当于应纳税款的存款。

（2）纳税人在规定的限期内缴纳税款的，税务机关必须立即解除税收保全措施；限期期满仍未缴纳税款的，经县以上税务局（分局）局长批准，税务机关可以书面通知纳税人开户银行或者其他金融机构从其冻结的存款中扣缴税款，或者依法拍卖或者变卖所扣押、查封的商品、货物或者其他财产，以拍卖或者变卖所得抵缴税款。

（3）个人及其所扶养家属维持生活必需的住房和用品，不在税收保全措施范围之内。

6）采取强制执行措施

从事生产、经营的纳税人、扣缴义务人未按照规定的期限缴纳或者解缴税款，纳税担保人未按照规定的期限缴纳所担保的税款，由税务机关责令限期缴纳，逾期仍未缴纳的，经县以上税务局（分局）局长批准，税务机关可以采取下列强制执行措施：①书面通知其开户银行或者金融机构从其存款中扣缴税款；②扣押、查封，依法拍卖或者变卖其价值相当于应纳税款的商品、货物或者其他财产，以拍卖或者变卖所得抵缴税款。

税务机关采取强制执行措施时，对纳税人、扣缴义务人、纳税担保人未缴纳的滞纳金同时强制执行。

税收保全措施与税收强制措施的比较见表 2-6。

表 2-6 税收保全措施与税收强制措施的比较

区别点	税收保全措施	税收强制措施
适用条件	责令纳税人提供纳税担保，但纳税人拒绝或者无力提供担保	从事生产、经营的纳税人、扣缴义务人未按期缴税； 纳税担保人未按期缴纳担保的税款
批准人	县级以上（含县级）税务局（分局）局长	相同
具体措施	冻结纳税人开户银行或者其他金融机构金额相当于税款的存款； 扣押、查封相当于税款的商品、货物、其他财产	书面通知扣缴税款； 依法拍卖或者变卖商品、货物、其他财产，以拍卖或者变卖所得抵缴税款
不可保全或者强制的范围	个人及其扶养家属维护生活必需的住房和用品； 扶养的范围含与纳税人共同居住生活的配偶、直系亲属及无生活来源并由纳税人抚养的其他亲属； 维持生活必需的住房，不包括豪华住宅或者一处以外的住房； 维持生活必需的用品不包括机动车辆、金银饰品、古玩字画； 单价 5 000 元以下的其他生活用品不采取保全和强制	相同

【例 2-8】当需要采取税收保全措施时，下列资产中，不能纳入税收保全范围的是（　　）。

A．被执行人拥有的唯一一辆机动车　　B．被执行人自有的金银首饰

C．被执行人新购入的价值 4 000 元家具　　D．被执行人名下的别墅

7）阻止出境

欠缴税款的纳税人或者其法定代表人在出境前未按照规定结清应纳税款、滞纳金或者提供纳税担保的，税务机关可以通知出入境管理机关阻止其出境。

【例 2-9】下列表述中，不符合《税收征收管理法》规定的有（　　）。

A．税收强制措施是指税务当事人不履行税收法律、行政法规规定的义务，有关税务机关采用法定的强制手段，强迫当事人履行义务的行为

B．纳税评估是指税务机关运用数据信息对比分析的方法，对纳税人纳税申报情况的真实性和准确性做出定性和定量的判断，并据此征收税款的行为

C．税款征收方式是指税务机关根据各税种的不同特点、征纳双方的具体条件而确定的计算征收税款的方法和形式，主要包括查账征收、定期定额征收、委托代征等方式

D．税务机关采取强制执行措施时，对纳税人、扣缴义务人、纳税担保人未缴纳的滞纳金同时强制执行

4．税收优先的规定

税务机关征收税款，税收优先于无担保债权，法律另有规定的除外，纳税人欠缴的税款发生在纳税人以其财产设定抵押、质押或者纳税人的财产被留置之前的，税收应当先于抵押权、质权、留置权执行。

纳税人欠缴税款，同时又被行政机关决定处以罚款、没收违法所得的，税收优先于罚款、没收违法所得。

税务机关应当对纳税人欠缴税款的情况定期予以公告。

纳税人有欠税情形而以其财产设定抵押、质押的，应当向抵押权人、质权人说明其欠税情况。抵押权人、质权人可以要求税务机关提供有关的欠税情况。

5. 纳税人有合并、分立情形的税收规定

纳税人有合并、分立情形的，应当向税务机关报告，并依法缴清税款。纳税人合并时未缴清税款的，应当由合并后的纳税人继续履行未履行的纳税义务；纳税人分立时未缴清税款的，分立后的纳税人对未履行的纳税义务应当承担连带责任。

【例 2-10】下列主管税务机关对欠税的纳税人作出的行为中，符合《税收征收管理法》及有关政策规定的有（　　）。

A. 在报纸上定期公告其欠税情况

B. 通知出入境管理机关阻止其办税人员出境

C. 不允许其领购发票

D. 应抵押贷款银行要求向银行提供其有关的欠税情况

E. 向人民法院申请以税务机关名义代其行使债权抵缴税款

【例 2-11】甲公司与乙商场采用新设丙公司的方式进行合并重组，符合企业所得税特殊性税务处理的条件。乙商场未缴清的税款，应（　　）。

A. 由丙公司继续履行，甲公司股东和乙商场股东不承担连带责任

B. 由乙商场股东继续履行，甲公司股东和丙公司股东承担连带责任

C. 由丙公司继续履行，乙商场股东承担连带责任

D. 由乙商场股东继续履行，丙公司承担连带责任

2.2.6 税务检查

1. 税务检查的概念

税务检查是税务机关依照税收法律、行政法规的规定，对纳税人、扣缴义务人履行纳税义务或者扣缴义务及其他有关税务事项进行审查、核实、监督活动的总称。它是税收征收管理工作的一项重要内容，是确保国家财政收入和税收法律法规贯彻落实的重要手段。

2. 税务检查的范围

（1）查账权。检查纳税人的账簿、记账凭证、报表和有关资料；检查扣缴义务人代扣代缴、代收代缴税款账簿、记账凭证和有关资料。

（2）场地检查权。到纳税人的生产、经营场所和货物存放地检查纳税人应纳税的商品、货物或者其他财产；检查扣缴义务人与代扣代缴、代收代缴税款有关的经营情况。

【特别提示】

税务机关无权到纳税人的生活区检查。

（3）责成提供材料权。责成纳税人、扣缴义务人提供与纳税或者代扣代缴、代收代缴税款有关的文件、证明材料和有关资料。

（4）询问权。询问纳税人、扣缴义务人与纳税或者代扣代缴、代收代缴税款有关的问题和情况。

（5）查证权。到车站、码头、机场、邮政企业及其分支机构检查纳税人托运、邮寄应纳税商品、货物或者其他财产的有关单据、凭证和有关资料。

（6）检查权。经县以上税务局（分局）局长批准，凭全国统一格式的检查存款账户许可证明，查核从事生产、经营的纳税人、扣缴义务人在银行或者其他金融机构的存款账户；税

务机关在调查税收违法案件时，经设区的市、自治州以上税务局（分局）局长批准，可以查询案件涉嫌人员的储蓄存款，税务机关查询所获得的资料，不得用于税收以外的用途。

【特别提示】

根据《征管法实施细则》第 72 条规定：上述存款，包括独资企业投资人、合伙企业合伙人、个体工商户的储蓄存款以及股东资金账户中的资金等。

【税务代理案例】

某县级国税局 2012 年发生以下涉税事项，请判断其是否合理，并简述理由。

（1）对某账务健全企业采用定期定额方式征税。

（2）某纳税人账目混乱或者成本资料、收入凭证、费用凭证残缺不全，难以查账；对其核定应纳税额。

（3）经下属某税务所所长批准，对某纳税人采取税收保全措施。

（4）对欠缴税款的某企业财务负责人阻止出境。

（5）某企业分立，尚有未结清税款，故向分立后的各纳税人追缴税款。

（6）经县税务局长批准，凭全国统一格式检查存款账户许可证明，查询涉嫌人员的储蓄存款。

【案例解析】

（1）处理不正确，账务健全企业应该采用查账征收方式征税；定期定额适用于小型个体工商户。

（2）处理正确，符合规定。

（3）处理不正确，对纳税人采取税收保全措施需要县级税务局长批准。

（4）处理不正确，阻止出境适用于纳税人及其法定代表人，不能扩大范围，不适用于财务负责人。

（5）处理正确，分立时有未缴清的税款，分立后的纳税人负有连带责任。

（6）处理不正确，税务机关在调查税收违法案件时，经设区的市、自治州以上税务局（分局）局长批准，可以查询案件涉嫌人员的储蓄存款。

2.2.7 税务行政复议

为维护和监督税务机关依法行使税收执法权，防止和纠正违法或者不当的税务具体行政行为，保护纳税人和其他税务当事人的合法权益，根据《税收征管法》及其实施细则和《行政复议法》的有关规定，纳税人和其他税务当事人认为税务机关的具体行政行为侵犯了其合法权益，可向税务行政复议机关申请复议。

因此，税务行政复议就成为税收征收管理过程中的一项重要工作。有关税务行政复议的具体内容将在本书以后章节阐述。

2.3 征纳双方的权利、义务和责任

2.3.1 税务机关的权利、义务和责任

1．税务机关的权利

税务机关作为主管国家税务工作的职能部门，代表国家行使征税权力，主要有以下几点，见表 2-7。

（1）税收法律、行政法规的建议权，税收规章的制定权。

（2）税收管理权。税务机关有权对纳税人进行税务登记管理、账簿和凭证管理、纳税申报管理等。

（3）税款征收权。这是税务机关在税款征收管理过程中享有的最主要的职权，主要包括：依法计征权、核定税款权、税收保全和强制执行权及追征税款权。

（4）批准税收减、免、退、延期缴纳税款权。税务机关有权在法律、行政法规规定的权限内，对纳税人的减免税申请予以审批，但不得违反法律、行政法规的规定，擅自作出减税免税的规定。

（5）税务检查权。这是税务机关查处税收违法行为的职权，包括查账权、场地检查权、询问权、责成提供资料权、存款账户核查权等。

（6）处罚权。即对税收违法行为进行行政处罚的权力，如罚款等权力。

（7）国家赋予的其他权利。

表 2-7　税收机关的权利

纳税人、扣缴义务人未缴或者少缴税款的原因		处理措施
税务机关的责任		税务机关在3年内可以要求纳税人、扣缴义务人补缴税款，但是不得加收滞纳金
纳税人、扣缴义务人	计算错误等失误	税务机关在3年内可以追征税款、滞纳金；有特殊情况的，追征期可以延长到5年
	对偷税、抗税、骗税的	税务机关追征其未缴或者少缴的税款、滞纳金或者所骗取的税款，税务机关可以无限期追征

【例 2-12】因纳税人、扣缴义务人计算错误等失误，未缴或者少缴税款的，税务机关在3年内可以追征税款、滞纳金；有特殊情况的，追征期可以延长到（　　）。

A．5年　　B．7年　　C．10年　　D．无限期

【例 2-13】下列有关追征税款的说法不正确的有（　　）。

A．因税务机关的责任，致使纳税人、扣缴义务人未缴或少缴税款的，税务机关可以在3年内追征税款和滞纳金

B．因纳税人计算错误等失误，未缴或者少缴税款的，税务机关可以在10年内追征税款

C．对偷税的，税务机关追征其未缴或少缴的税款、滞纳金，税务机关应在20年内追征

D．对骗税的，税务机关可以无限期追征其未缴或少缴的税款、滞纳金

E．因纳税人、扣缴义务人计算错误等失误，未缴或者少缴税款的，税务机关在3年内可以追征税款、滞纳金

2．税务机关的义务

税务机关的义务包括①宣传、贯彻、执行税收法规，辅导纳税人依法纳税的义务；②为检举人保密的义务；③为纳税人办理税务登记、发给税务登记证件的义务；④受理减、免、退税申请及延期缴纳税款申请的义务；⑤受理税务行政复议的义务；⑥保护纳税人合法权益的义务；⑦国家规定的其他义务。

3．税务人员的法律责任

（1）税务人员与纳税人、扣缴义务人勾结，唆使或者协助纳税人、扣缴义务人犯罪的，依照《刑法》关于共同犯罪的规定处罚；未构成犯罪的，给予行政处分。

（2）税务人员利用职务上的便利，收受或者索取纳税人、扣缴义务人财物，构成犯罪的，依照《刑法》受贿罪追究刑事责任；未构成犯罪的，给予行政处分。

（3）税务人员玩忽职守，不征或者少征应征税款，致使国家税收遭受重大损失的，依照《刑法》渎职罪追究刑事责任；未构成犯罪的，给予行政处分。

（4）税务人员滥用职权，故意刁难纳税人、扣缴义务人的，给予行政处分；构成犯罪的，依照《刑法》渎职罪追究刑事责任。

（5）税务人员违反法律、行政法规的规定，擅自决定税收的开征、停征或者减税、免税、退税、补税的，除按《税收征管法》的规定撤销其擅自作出的决定外，补征应征未征税款，退还不应征而征收的税款，并追究直接责任人员的行政责任。

（6）税务人员私分扣押、查封的商品、货物或者其他财产，情节严重、构成犯罪的，依法追究刑事责任；尚不构成犯罪的，依法给予行政处分。

2.3.2 纳税人的权利、义务和责任

1．纳税人的权利

（1）享受税法规定的减税免税优待。一般可分为两种情况：①根据国家经济政策，为支持和鼓励某些产业、产品和经营项目的发展，在税收法律、法规规定的一定条件和范围内给予的扶持性减税、免税；②纳税有特殊困难或遭受自然灾害，税务机关根据纳税人的申请给予的困难性减税、免税。

（2）申请延期申报和延期缴纳税款的权利。

（3）依法申请收回多缴的税款。

（4）认为税务机关具体行政行为不当，使纳税人的合法利益遭受损失的，纳税人有权要求税务机关赔偿。

（5）纳税人有权要求税务机关对自己的生产经营和财务状况及有关资料等保守秘密。

（6）纳税人按规定不负有代收、代扣、代缴义务的，有权依法拒绝税务机关要求其执行代收、代扣、代缴税款义务。

（7）纳税人对税务机关作出的具体行政行为有申请复议和向法院起诉及要求听证的权利。

（8）纳税人有权对税务机关及其工作人员的各种不法行为进行揭露、检举和控告；有权检举违反税收法律、行政法规的行为。

（9）国家法律、行政法规规定的其他权利。

【例 2-14】纳税人超过应纳税额多缴纳的税款，自结算税款之日起（　　）年内发现的，可以向税务机关要求退还多缴的税款，并加算银行同期存款利息。

A．1　　B．2　　C．3　　D．4

【例 2-15】《税收征管法》规定，纳税人应享有的权利包括（　　）。

A．享受国家税法规定的减免税优待

B．要求税务机关对自己的财务情况保守秘密

C．依法申请退回多缴的税款

D．认为税务机关具体行政行为不当，纳税人有权拒绝履行纳税义务

E．申请延期申报和延期缴纳税款

2．纳税人的义务

（1）依照税法规定申请办理税务登记、变更或注销税务登记，并按照规定使用税务登记证件，不得转借、涂改、损毁、买卖或者伪造税务登记证件。

（2）纳税人必须按规定设置账簿，个体工商户确实不能设置账簿的，需报经税务机关批准。

（3）纳税人必须按税法的规定办理纳税申报，报送纳税申报表、财务会计报表及税务机关要求纳税人报送的其他资料。因特殊情况不能按期办理的，需报经税务机关批准。

（4）纳税人必须按照税法规定的纳税期限缴纳税款。因特殊情况不能按期缴纳的，经省、自治区、直辖市国家税务局、地方税务局批准，可以延期缴纳税款，但是最长不得超过 3 个月。

税务机关应当自收到申请延期缴纳税款报告之日起 20 日内作出批准或者不予批准的决定；不予批准的，从缴纳税款期限届满之日起加收滞纳金。

【例 2-16】纳税人不能按照税法规定的纳税期限缴纳税款，（　　），不足以缴纳税款的，可申请延期纳税。

A．当期银行存款在扣除应付职工工资、社会保险费后

B．当期货币资金在扣除应付职工工资、社会保险费后

C．当期货币资金在扣除银行存款及各项上交款项后

D．当期货币资金在扣除应付职工工资和应计提的公益金、公积金以后

【税务代理实例】

某纳税人 2 月应纳税款 1 万元，按税法规定应于 3 月 15 日前计缴该税款，该纳税人于 3 月 1 日申请延期缴纳，3 月 18 日税务机关作出不予批准的决定，若企业于 3 月 20 日缴纳此项税款，仍要加收 5 天（3 月 16～20 日）的滞纳金。

（5）纳税人要按照税收法律与行政法规的规定保管和使用发票。

（6）欠缴税款的纳税人或者其法定代表人在出境前应按照规定结清应纳税款、滞纳金或者提供纳税担保。

（7）纳税人要接受税务机关的税务检查，如实反映情况，提供有关证明资料，不得拒绝、隐瞒。

（8）纳税人、扣缴义务人、纳税担保人同税务机关在纳税上发生争议时，必须先依照税务机关的纳税决定缴纳或者解缴税款及滞纳金或者提供相应的担保，然后可以依法申请行政复议；对行政复议决定不服的，可以依法向人民法院起诉。

（9）国家法律、行政法规规定的其他义务。

（10）纳税人享有的权利和承担的义务，一般也适用于法律规定的代扣代缴、代收代缴义务人。

3．纳税人、扣缴义务人的法律责任

1）违反税务管理的行为及处罚

（1）纳税人有下列行为之一的，由税务机关责令限期改正，可以处以 2 000 元以下的罚款，情节严重的，处以 2 000 元以上 1 万元以下的罚款：①未按照规定的期限申报办理税务登记、变更或注销登记的；②未按照规定设置，保管账簿或者保管记账凭证和相关资料的；③未按照规定将财务，会计制度或财务会计处理办法和会计核算软件报送税务机关备案的；④未按照规定将其全部银行账号向税务机关报告的；⑤未按照规定安装、使用税控装置，或者损毁或者擅自改动税控装置的；⑥纳税人未按照规定办理税务登记证件验证或者换证手续的。

（2）纳税人不办理税务登记的，由税务机关责令限期改正；逾期不改正的，税务机关提请工商行政管理机关吊销其营业执照。

纳税人未按照规定使用税务登记证件，或者转借、涂改、损毁，买卖、伪造税务登记证件的，处2 000元以上1万元以下的罚款；情节严重的，处1万元以上5万元以下的罚款。

（3）扣缴义务人未按规定设置、保管代扣代缴、代收代缴税款账簿或者保管代扣代缴、代收代缴税款记账凭证及相关资料的，由税务机关责令改正，可处以 2 000 元以下的罚款；情节严重的，处以2 000元以上3 000元以下的罚款。

（4）纳税人、扣缴义务人未按规定的期限办理纳税申报和报送纳税资料的，或者扣缴义务人未按照规定的期限向税务机关报送代扣代缴、代收代缴税款报告表和有关资料的，由税务机关责令限期改正，可处以2 000元以下的罚款；情节严重的，可处以2 000元以上1万元以下的罚款。

【导入案例解析】

(1) 税务机关的处罚决定是正确的。

(2)《税收征管法》第 25 条规定："扣缴义务人必须依照法律、行政法规或者税务机关依照法律、行政法规的规定确定的申报期限、申报内容，如实报送代扣代缴、代收代缴税款报告表以及税务机关根据实际需要要求扣缴义务人报送的其他有关资料。"因此，该事业单位作为扣缴义务人与纳税人一样，也应按照规定期限进行申报。

(3) 根据《税收征管法》第 62 条规定："纳税人、扣缴义务人未按照规定的期限办理纳税申报和报送纳税资料的，或者扣缴义务人未按照规定的期限向税务机关报送代扣代缴、代收代缴报告表和有关资料的，由税务机关责令限期改正，可处以 2 000 元以下的罚款；情节严重的，可处以 2 000 元以上 1 万元以下的罚款。"因此，税务机关作出的处罚决定是正确的。

2）欠税、偷税、抗税、行贿、骗税行为及处罚

（1）欠税是指纳税人、扣缴义务人逾期未缴纳税款的行为。

（2）偷税是指纳税人采取伪造、变造、隐匿、擅自销毁账簿，记账凭证，在账簿上多列支出或者不列、少列收入，或者经税务机关通知申报而拒不申报或者进行虚假的纳税申报的手段，不缴或者少缴应纳税款的行为。

【知识链接】

2009 年 2 月 28 日，十一届全国人大常委会第七次会议通过了《中华人民共和国刑法修正案（七）》，对现行《刑法》第 201 条规定的偷税罪的定罪量刑标准进行了修改。

修订后的《刑法》第 201 条规定：纳税人采取欺骗、隐瞒手段进行虚假纳税申报或者不申报，逃避缴纳税款数额较大并且占应纳税额 10%以上的，处 3 年以下有期徒刑或者拘役，并处罚金；数额巨大并且占应纳税额 30%以上的，处 3 年以上 7 年以下有期徒刑，并处罚金。

扣缴义务人采取前款所列手段，不缴或者少缴已扣、已收税款，数额较大的，依照前款的规定处罚。

对多次实施前两款行为，未经处理的，按照累计数额计算。

有第一款行为，经税务机关依法下达追缴通知后，补缴应纳税款，缴纳滞纳金，已受行政处罚的，不予追究刑事责任；但是 5 年内因逃避缴纳税款受过刑事处罚或者被税务机关给予 2 次以上行政处罚的除外。

（3）抗税是指纳税人、扣缴义务人以暴力威胁方法拒绝缴纳税款的行为。

（4）纳税人向税务人员行贿，不缴或者少缴应纳税款的行为。

（5）骗税是纳税人用假报出口等虚构事实或隐瞒真相的方法，经过公开的合法的程序，利用国家税收优惠政策，骗取减免税或出口退税的行为。

欠税、偷税、抗税、行贿、骗税行为及处罚比较见表2-8。

表2-8 欠税、偷税、抗税、行贿、骗税行为及处罚比较

类型	界　定	处　罚	
		经济处罚	有期徒刑或拘役的年限
欠税	逾期未缴纳税款的行为	(1)对纳税人的处罚：由税务机关追缴欠缴的税款、滞纳金，并处以欠缴税款50%以上5倍以下的罚款 (2)对扣缴义务人的处罚：由税务机关向纳税人追缴税款，对扣缴义务人处应扣未扣、应收未收税款50%以上3倍以下罚款。(对扣缴义务人的处罚轻一些)	构成犯罪的，依法追究刑事责任
偷税和逃税	手段：①纳税人采取伪造、变造、隐匿、擅自销毁账簿、记账凭证；②在账簿上多列支出或者不列、少列收入；③经税务机关通知申报而拒不申报；④进行虚假的纳税申报； 结果：不缴或者少缴应纳税款的行为	(1)对纳税人和扣缴义务人的处罚相同：处不缴或者少缴的税款50%以上5倍以下的罚款。纳税人不进行纳税申报，也按上述规定处罚 (2)纳税人、扣缴义务人编造虚假计税依据的，由税务机关责令限期改正，并处5万元以下罚款	纳税人采取欺骗、隐瞒手段进行虚假纳税申报或者不申报，逃避缴纳税款数额较大并且占应纳税额10%以上的，处3年以下有期徒刑或者拘役，并处罚金；数额巨大并且占应纳税额30%以上的，处3年以上7年以下有期徒刑，并处罚金。对扣缴义务人依照前款的规定处罚； 对多次实施前两款行为，未经处理的，按照累计数额计算； 有第一款行为，经税务机关依法下达追缴通知后，补缴应纳税款，缴纳滞纳金，已受行政处罚的，不予追究行政责任；但是5年内因逃避缴纳税款受过刑事处罚或者被税务机关给予2次以上行政处罚的除外
抗税	以暴力威胁方法拒绝缴纳税款的行为	情节轻微、未构成犯罪的，处以拒缴税款1倍以上5倍以下的罚款或罚金	构成犯罪的，处3年以下有期徒刑拘役，并处罚金；情节严重的，处3年以上7年以下有期徒刑，并处罚金。以暴力方法抗税，致人重伤或者死亡的，按伤害罪、杀人罪从重处罚，并处罚金
行贿	纳税人向税务人员行贿，不缴或者少缴应纳税款的行为	依照行贿罪追究刑事责任，并处不缴或者少缴的税款5倍以下的罚金	对犯行贿罪的，处5年以下有期徒刑或拘役；因行贿谋取不正当利益，情节严重的，或者使国家利益遭受重大损失的，处5年以上10年以下有期徒刑；情节特别严重的，处10年以上有期徒刑或者无期徒刑，可以并处没收财产
骗税	纳税人用假报出口等虚构事实或隐瞒真相的方法，经过公开的合法的程序，利用国家税收优惠政策，骗取减免税或出口退税的行为	由税务机关追缴其骗取的出口退税款，并处骗取税款1倍以上5倍以下的罚款或罚金；对骗取国家出口退税款的，税务机关可以在规定的期间内停止为其办理出口退税	构成犯罪的，处5年以下有期徒刑或者拘役，并处罚金，数额巨大或者有其他严重情节的，处5年以上10年以下有期徒刑，并处罚金；数额特别巨大或者有其他特别严重情节的，处10年以上有期徒刑，或者无期徒刑，并处罚金或者没收财产

3）其他违法行为及处罚

（1）非法印制、转借、倒卖、变造或者伪造完税凭证的，由税务机关责令改正，处2 000元以上1万元以下的罚款；情节严重的，处1万元以上5万元以下的罚款；构成犯罪的，依法追究刑事责任。

（2）银行及其他金融机构未依照《税收征管法》的规定在从事生产、经营的纳税人的账户中登录税务登记证件号码，或者未按规定在税务登记证件中登录从事生产、经营的纳税人的账户账号的，由税务机关责令限期改正，处2 000元以上2万元以下的罚款；情节严重的，处2万元以上5万元以下的罚款。

（3）为纳税人、扣缴义务人非法提供银行账户、发票、证明或者其他方便，导致未缴、少缴税款或者骗取国家出口退税款的，税务机关除没收违法所得外，还可以处未缴、少缴或者骗取的税款1倍以下的罚款。

（4）税务机关依照《税收征管法》，到车站、码头、机场、邮政企业及其分支机构检查纳税人有关情况时，有关单位拒绝的，由税务机关责令改正。可以处1万元以下的罚款、情节严重的，处1万元以上5万元以下的罚款。

【例 2-17】扣缴义务人未按规定设置、保管代扣代缴、代收代缴税款账簿或者保管代扣代缴、代收代缴税款记账凭证及有关资料的，由税务机关责令改正；逾期不改正且情节严重的，处以（　　）的罚款。

A．2 000元以下　　B．2 000元以上5 000元以下

C．2 000元以上10 000元以下　　D．10 000元以上50 000元以下

【例 2-18】纳税人未按规定的期限申报办理税务登记、变更或注销登记的，情节严重的，处以（　　）的罚款。

A．2 000元以上5 000元以下　　B．1 000元以上10 000元以下

C．2 000元以上10 000元以下　　D．1 000元以上5 000元以下

【税务代理案例】

个体工商户甲在某集贸市场从事服装经营。2009年1月，甲以生意清淡经营亏损为由，没有在规定的期限办理纳税申报，所在地税务所责令其限期申报，但甲逾期仍不申报。随后，税务所核定其应缴纳税款1 000元，限其于15日内缴清税款。甲在限期内未缴纳税款，并对核定的税款提出异议，税务所不听其申辩，直接扣押了其价值1 500元的一批服装。扣押后甲仍未缴纳税款，税务所遂将服装以1 000元的价格委托某商店销售，用以抵缴税款。

问题：

（1）根据税法规定，应如何处理甲的行为？

（2）分析税务所的执法行为有何不妥。

【案例解析】

（1）甲发生纳税义务，未按规定期限办理纳税申报，经税务机关责令限期申报，逾期仍不申报的，税务机关有权核定其应纳税额。

（2）税务所执法行为的不妥之处在于以下几点。

① 税务所未经批准采取强制执行措施，做法不妥。

② 税务所未听其申诉，做法不妥。

③ 税务所核定甲某的应纳税款为1 000元，而扣押了甲某价值1 500元的一批服装，扣押货物的价值超过了应纳税款的价值，该做法不妥。

④ 所扣押的商品未依法拍卖或变卖，而自行委托商店销售，做法不妥。

【税务代理实例】

某县地税局2012年2月处理了以下涉税问题，请分析判断其是否符合税收征管相关规定。

(1) 因本局原因，致使纳税人2011年未缴税款1万元，通知纳税人补缴税款，并加收1千元滞纳金及2 000元罚款；

(2) 某纳税人发现其于2009年8月多缴税款5 000元，要求税务机关退还，并加算银行同期存款利息，该局以超过3年为由给予拒绝；

(3) 某纳税人与该局在纳税上发生争议，拒不缴纳税款，也不申请复议，该局决定采取强制执行措施；

(4) 某纳税人未按规定的期限办理税务登记，决定给予500元处罚；

(5) 某纳税人擅自销毁账本、凭证，致使税款少缴1万元，相应的滞纳金为1 000元，该局决定按规定追缴该纳税人少缴税款1万元，滞纳金1 000元，罚款55 000元的处罚。

【案例解析】

第一项处理不符合规定，因税务机关的责任未缴或者少缴税款；3年内补缴税款，不得加收滞纳金，也不得罚款；

第二项处理不符合规定，纳税人超过应纳税额缴纳的税款，纳税人自结算税款之日起3年内发现的，可以向税务机关要求退还多缴的税款并加算银行同期存款利息，本例结算税款是2009年8月，到2012年8月尚未超过3年，故应该依法退还多缴税款，并加算利息；

第三项税局的处理是正确的，当事人对税务机关的处罚决定逾期不申请行政复议也不向人民法院起诉、又不履行的，作出处罚决定的税务机关可以采取强制执行措施，或者申请人民法院强制执行；

第四项税局的处理是正确的，纳税人未按规定的期限办理税务登记，由税务机关责令限期改正，可以处以2 000元以下的罚款；情节严重的，处以2 000元以上1万元以下的罚款。

第五项税局的处理是不正确的，纳税人擅自销毁账本、凭证，致使少缴税款，按偷税处理，追缴其不缴或少缴的税款、滞纳金，并处不缴或者少缴的税款50%以上5倍以下的罚款；构成犯罪的，依法追究刑事责任。

本章小结

本章主要内容包括税务管理体制、税收征收管理程序及要求、征纳双方的权利、义务和责任。

税收征收范围的划分——哪些税由国税局征收，哪些税由地税局征收。

设立税务登记、变更税务登记、注销税务登记的范围和期限及设置账簿凭证的范围、时间、保管时限。

纳税申报方式、纳税申报的具体要求，注意延期申报的有关规定及纳税评估的有关内容。

纳税人合并、分立的税务处理。

税务检查的范围。

税务机关的权利、义务及纳税人的权利、义务。

延期缴纳税款的规定。

纳税人、扣缴义务人的法律责任。

职业能力训练

一、单项选择题

1．以下纳税人发生的情形中，不属于变更税务登记的情况是（　　）。
A．甲企业由于股东变动，法定代表人由李平换为张方
B．乙企业由于进行股份制改造，由有限责任公司变更为股份有限公司
C．由于经济效益良好，丙企业的股东决定追加投资，从 500 万元增资为 700 万元
D．丁企业由于经营范围扩大，总机构从河北迁至北京

2．以下说法错误的是（　　）。
A．除法律、行政法规另有规定外，账簿、会计凭证、报表、完税凭证及其他有关资料应当保存 15 年
B．从事生产、经营的纳税人应自其领取工商营业执照之日起 15 日内按照有关规定设置账簿
C．纳税人会计制度健全，能够通过计算机正确、完整计算其收入和所得，其计算机输出的完整的书面会计记录，可视同会计账簿
D．从事生产、经营的纳税人应当自领取税务登记证件之日起 15 日内，将其财务、会计制度或者财务、会计处理办法和会计核算软件报送税务机关备案

3．税务机关实施保全措施时，下列不在税收保全措施之内的物品是（　　）。
A．被执行人拥有的豪华住宅
B．单价 10 000 元的生活用品
C．被执行人所扶养的直系亲属所拥有的金银饰品
D．被执行人所扶养亲属维持生活的必需品

4．下列有关税款征收措施说法错误的是（　　）。
A．扣押后缴纳应纳税款的，税务机关必须立即解除扣押，并归还所扣押的商品、货物
B．扣押后仍不缴纳应纳税款的，经省以上税务局（分局）局长批准，依法拍卖或者变卖所扣押的商品、货物，以拍卖或者变卖所得抵缴税款
C．纳税人与关联企业业务往来时，应当按照独立企业之间的业务往来收取或者支付价款、费用
D．不按照独立企业之间的业务往来收取或者支付价款、费用，而减少其应纳税的收入或者所得额的，税务机关有权进行合理调整

5．根据《税收征管法》的规定，税务检查的范围不包括（　　）。
A．到纳税人的生产、经营场所和货物存放地检查纳税人应纳税的商品、货物或者其他财产
B．到车站、码头、机场、邮政、电信企业及其分支机构检查纳税人托运、邮寄应纳税商品、货物或其他财产的有关单据、凭据和有关资料
C．到扣缴义务人的经营场所检查与代扣代缴、代收代缴税款有关的经营情况
D．经县以上税务局（分局）局长批准，凭全国统一格式的检查存款账户许可证明，查核从事生产、经营的纳税人、扣缴义务人在银行或者其他金融机构的存款账户

6．下列纳税人享有的权利中，说法错误的是（　　）。

A．纳税人由于客观原因不能按期办理纳税申报的，经税务机关核准，可以延期申报

B．纳税人认为税务机关的具体行政行为不当，使纳税人的合法利益遭受损失的，有权要求税务机关赔偿

C．纳税人对税务机关做出的具体行政行为有申请复议和向法院起诉及要求听证的权利

D．纳税人不得要求税务机关对自己的生产经营情况保密

7．《税收征管法实施细则》第十四条规定：纳税人税务登记内容发生变化的，应当自工商行政管理机关或者其他机关办理变更登记之日起30日内，持有关证件向原税务登记机关申报办理变更税务登记。未按照规定的期限申报办理变更税务登记的，由税务机关责令限期改正，可以处以（　　）的罚款。

A．20 000元　　B．2 000元以上

C．2 000元以下　　D．2 000～5 000元

8．扣缴义务人采取虚假申报的手段不缴或少缴已扣、已收税款，税务机关可以处以不缴或少缴税款（　　）的罚款，构成犯罪的，应依法追究刑事责任。

A．50%以上3倍以下　　B．50%以上5倍以下

C．1倍以上3倍以下　　D．1倍以上5倍以下

9．由国家税务局系统负责征收的税种范围不包括（　　）。

A．增值税、消费税　　B．外商投资企业所得税

C．土地增值税　　D．中央税的滞补罚收入

二、多项选择题

1．以下税款属于由地税机关负责征收的有（　　）。

A．外国企业常驻代表机构的企业所得税

B．消费税　　C．房产税

D．城镇土地使用税　　E．车辆购置税

2．2012年10月，税务机关对所属纳税人进行定期检查时，发现甲企业2011年4月的应纳增值税款20万元，至今没有缴纳，同时发现企业有以下债务，则该项税款应优先于（　　）项执行。

A．2010年8月，从银行贷款50万元，期限为2年，贷款方式为无担保贷款，至今未还

B．2012年9月，以赊销方式采购材料一批，款项尚未支付

C．2011年1月，以企业设备作为抵押物贷款50万元，期限2年

D．2012年10月，因废气泄漏，被环保部门罚款20万元

E．2012年5月，企业委托加工企业加工产品一批，由于未付加工费，产品被加工企业留置

3．税款征收的方式包括（　　）。

A．查定征收　　B．查验征收

C．核查征收　　D．代扣代缴

E．委托代征

4．纳税人不能按照税法规定的纳税期限缴纳税款，可以申请延期缴纳税款的特殊情况有（　　）。

A．因不可抗力，导致纳税人发生较大损失，正常生产经营活动受到较大影响的

B. 当期货币资金在扣除应付职工工资、社会保险费后，不足以缴纳税款的

C. 因停电，使正常生产经营活动受到影响的

D. 当期货币资金在扣除应付职工工资、社会保险费及当期企业财产保险后不足以缴纳税款的

E. 当期流动资产小于流动负债

5. 甲企业在某工商银行开设了基本存款账户，但是银行没有在甲企业的账户中登录税务登记证件号码，则银行可能面临的处罚有（　　）。

A. 处以 2 000 元以下的罚款

B. 处以 2 000 元以上 1 万元以下的罚款

C. 处以 2 000 元以上 2 万元以下的罚款

D. 处以 1 万元以上 5 万元以下的罚款

E. 处以 2 万元以上 5 万元以下的罚款

6. 纳税人有下列（　　）行为之一的，由税务机关责令限期改正，可以处 2 000 元以下的罚款；情节严重的，处 2 000 以上 1 万元以下的罚款。

A. 未按照规定将其全部银行账号向税务机关报告的

B. 未按照规定设置、保管账簿或者保管记账凭证和有关资料的

C. 未按照规定将财务、会计制度或者财务会计处理办法和会计核算软件报送税务机关备案的

D. 擅自改动税控装置的

E. 偷税数额巨大且占应纳税额 30%以上的

7. 税收立法权不包括（　　）。

A. 税法制定权

B. 税法解释权

C. 税目的增减权

D. 税率的调整权

E. 税法公布权

8. 以下税种属国家税务局系统征收范围的有（　　）。

A. 海洋石油企业的资源税

B. 集贸市场和个体户缴纳的增值税、消费税

C. 保险总公司集中缴纳的营业税

D. 中央企业缴纳的房产税

E. 海洋石油企业缴纳的所得税

9. 纳税人在下列情形下须办理注销税务登记的有（　　）。

A. 纳税人发生解散、破产、撤销的

B. 纳税人因住所、经营地点变更涉及改变主管税务机关的

C. 纳税人被工商行政管理机关吊销营业执照的

D. 纳税人改变注册资金的

E. 纳税人法定代表人变更

10. 下列 2011 年新增的企业所得税纳税人中，应该向国税局缴纳企业所得税的有（　　）。

A. 保险公司

B. 外商投资企业

C. 应缴纳营业税的企业

D. 在国家税务局缴纳营业税的企业

E. 典当公司

三、简答题

某电器有限公司2012年3月10日，在省外某市设立销售分公司并领取营业执照。分公司由电器公司在当地与相关单位签订了两年的房屋租赁合同，并由电器公司预付了一年的租金。2012年6月15日，电器公司收到分公司所在地国税局的责令限期改正通知，要求电器公司在6月底前到分公司所在地国税局办理税务登记，并支付罚款1 000元。电器公司认为分公司尚未开展业务，也未取得收入，不需要办理税务登记手续，更不能接受处罚。2012年7月30日，电器公司又接到分公司所在地国税局处罚决定书，要求电器公司办理其分公司的税务登记，并支付罚款5 000元。

电器公司于是向当地A税务师事务所进行咨询，询问该事项为何需要办理税务登记、税务行政处罚的依据是什么、该处罚是否正确、是否可以对税务机关的处罚行为提起税务行政复议，以及税务师事务所是否可以接受委托代理。请就上述问题做出回答。

第 3 章

税务登记代理实务

SHUIWU DENGJI DAILI SHIWU

【学习目标】

知识目标：了解设立、变更、注销税务登记的基本规程；掌握代理企业税务登记的操作要点；了解增值税一般纳税人认定登记的管理制度；掌握代理增值税一般纳税人认定登记的操作要点；了解代理税种认定登记的基本内容与操作要点。

能力目标：通过本章理论知识的学习，能够熟练掌握代理企业税务登记、增值税一般纳税人认定登记、代理税种认定登记的操作。

【导入案例】

甲公司系食品生产企业，成立于2010年5月，注册资本50万元，为小规模纳税人。由于业务发展较快，2011年该公司年销售额为85万元，为应对企业高速成长对资金的需求，股东会于2011年12月20日通过增加注册资本120万元的决议，并于2012年1月5日办理了工商登记变更手续。

【思考】

（1）对于该公司的情况，需要办理哪些具体涉税业务？

（2）具体说明上述业务的操作要点。

（3）如果该公司未及时办理相关业务，将产生何种后果？

3.1 企业税务登记代理实务

企业税务登记的范围主要涉及两个方面：企业、企业设在外地的分支机构和从事生产、经营场所，个体工商户和从事生产、经营的事业单位的税务登记；企业特定税种、纳税事项的税务登记。

3.1.1 税务登记

1．税务登记管理规程

税务登记管理规程见表3-1。

以下情况需进行税务登记。

（1）企业，企业设在外地的分支机构和从事生产、经营的场所，个体工商户和从事生产、经营的事业单位（以下统称为从事生产、经营的纳税人），向生产、经营所在地税务机关申报办理税务登记：①从事生产、经营的纳税人领取工商营业执照（含临时工商营业执照）；②从事生产、经营的纳税人未办理工商营业执照但经有关部门批准设立；③从事生产、经营的纳税人未办理工商营业执照也未经有关部门批准设立；④有独立的生产经营权、在财务上独立核算并定期向发包人或者出租人上交承包费或租金的承包承租人；⑤从事生产、经营的纳税人外出经营；⑥境外企业在中国境内承包建筑、安装、装配、勘探工程和提供劳务。

上述规定以外的其他纳税人，除国家机关、个人和无固定生产、经营场所的流动性农村小商贩外，均应当自纳税义务发生之日起30日内，向纳税义务发生地税务机关申报办理税务登记，税务机关核发税务登记证及副本。

表3-1 税务登记管理规程

纳税人类型	设立税务登记时限	税务登记证类型
领取工商营业执照（含临时工商营业执照）	自领取工商营业执照之日起30日内	税务登记证及副本（或临时税务登记证）
未办理工商营业执照但经有关部门批准设立的	自有关部门批准设立之日起30日内	税务登记证及副本
临时登记户重点变化 应领未领营业执照临时经营	自领取营业执照之日起30日内	申请转办正式税务登记 不办理临时税务登记
承包承租人	自承包承租合同签订之日起30日内，向其承包承租业务发生地税务机关申报办理税务登记	临时税务登记证及副本

续表

纳税人类型	设立税务登记时限	税务登记证类型
外出经营，自其在同一县（市）实际经营或提供劳务之日起，在连续的12个月内累计超过180天的	自期满之日起30日内，向生产、经营所在地税务机关申报办理税务登记	临时税务登记证及副本
境外企业在中国境内承包建筑、安装、装配、勘探工程和提供劳务的	自项目合同或协议签订之日起30日内，向项目所在地税务机关申报办理税务登记	临时税务登记证及副本
其他纳税人，除国家机关、个人和无固定生产、经营场所的流动性农村小商贩外	自纳税义务发生之日起30日内，向纳税义务发生地税务机关申报办理税务登记	税务登记证及副本

【特别提示】

注意区分哪些应核发税务登记证，哪些应核发临时税务登记证。

（2）纳税人在申报办理税务登记时，应当根据不同情况向税务机关如实提供以下证件和资料：①工商营业执照或其他核准执业证件；②有关合同、章程、协议书；③组织机构统一代码证书；④法定代表人或负责人或业主的居民身份证、护照或者其他合法证件。

纳税人在申报办理税务登记时，应当如实填写税务登记表。

【特别提示】

纳税人在申报办理税务登记时，提供的证件和资料不包括银行账号。

（3）税务登记表的主要内容包括：①单位名称、法定代表人或者业主姓名及其居民身份证、护照或者其他合法证件的号码；②住所、经营地点；③登记类型；④核算方式；⑤生产经营方式；⑥生产经营范围；⑦注册资金（资本）、投资总额；⑧生产经营期限；⑨财务负责人、联系电话；⑩国家税务总局确定的其他有关事项。

（4）税务登记证件的主要内容包括：纳税人名称、税务登记代码、法定代表人或负责人、生产经营地址、登记类型、核算方式、生产经营范围（主营、兼营）、发证日期、证件有效期等。

2．代理税务登记操作规范

1）代理税务登记申报

代理企业的名义向税务机关办理税务登记申报，应注意以下3个问题。

（1）按法定期限即30日内申报登记，时间不能滞后。

（2）《申请税务登记报告书》应详细写明申请税务登记的原因和要求。

（3）提供办理税务登记所必备的资料和复印件。

2）代理填报《税务登记表》

《税务登记表》分3种类型，分别适用于单位纳税人、个体经营、临时任务登记纳税人、企业分支机构、个体工商户和其他单位。

适用于单位纳税人的税务登记表，具体格式见表3-2。注册税务师应根据企业的经济类型领取相应的表式，填写完毕后将登记表及有关资料报送税务机关审核。

表 3-2 税务登记表

（适用单位纳税人）

填表日期：

纳税人名称			纳税人识别号		
登记注册类型			批准设立机关		
组织机构代码			批准设立证明或文件号		
开业（设立）日期	生产经营期限		证照名称	证照号码	
注册地址			邮政编码	联系电话	
生产经营地址			邮政编码	联系电话	

核算方式	请选择对应项目打“√” □独立核算 □非独立核算	从业人数	其中外籍人数
单位性质	请选择对应项目打“√” □企业 □事业单位 □社会团体 □民办非企业单位 □其他		
网站网址		国标行业	□□□□□□□□
适用会计制度	请选择对应项目打“√” □企业会计制度 □小企业会计制度 □金融企业会计制度 □行政事业单位会计制度		

经营范围	请将法定代表人（负责人）身份证件复印件粘贴在此处					
项目 内容 联系人	姓名	身份证件		固定电话	移动电话	电子邮箱
		种类	号码			
法定代表人（负责人）						
财务负责人						
办税人						

税务代理人名称	纳税人识别号	联系电话	电子邮箱

注册资本或投资总额	币种	金额	币种	金额	币种	金额

投资方名称	投资方经济性质	投资比例	证件种类	证件号码	国籍或地址
自然人投资比例		外资投资比例		国有投资比例	

分支机构名称	注册地址	纳税人识别号

续表

总机构名称			纳税人识别号		
注册地址			经营范围		
法定代表人姓名		联系电话		注册地址邮政编码	
代扣代缴、代收代缴税款业务情况	代扣代缴、代收代缴税款业务内容		代扣代缴、代收代缴税种		
附报资料：					
经办人签章： 年 月 日		法定代表人（负责人）签章： 年 月 日		纳税人公章： 年 月 日	

以下由税务机关填写					
纳税人所处街乡				隶属关系	
国税主管税务局		国税主管税务所（科）		是否属于国税、地税共管户	
地税主管税务局		地税主管税务所（科）			
经办人（签章）： 国税经办人： 地税经办人： 受理日期： 年 月 日		国家税务登记机关 （税务登记专用章）： 核准日期： 年 月 日 国税主管税务机关：		地方税务登记机关 （税务登记专用章）： 核准日期： 年 月 日 地税主管税务机关：	
国税核发《税务登记证副本》数量： 本 发证日期： 年 月 日					
地税核发《税务登记证副本》数量： 本 发证日期： 年 月 日					

3）代理领取税务登记证件

税务机关将税务登记资料审核完毕，发放税务登记证件时，注册税务师应及时到税务机关领取税务登记证件，并将其交给企业，进行税务登记证使用管理方面的辅导。

【例 3-1】注册税务师以企业名义向税务机关办理开业税务登记申报时，应当注意（　　）。

A．《申请税务登记报告书》应详细写明申请税务登记的原因和要求

B．按领取营业执照之日起 60 日内申报登记，时间不能滞后

C．提供工商营业执照、企业合同、章程及协议书

D．提供开户银行账号证明

3.1.2 变更税务登记

变更税务登记是指纳税人办理税务登记后，需要对原登记内容进行更改，而向税务机关申报办理的税务登记。其适用范围主要有以下几种：①改变名称；②改变法人代表；③改变经济性质；④增设或撤销分支机构；⑤改变住所或经营地点（涉及主管税务机关变动的办理注销登记；⑥改变生产、经营范围或经营方式；⑦增减注册资本；⑧改变隶属关系；⑨改变生产经营期限；⑩改变开户银行和账号；⑪改变生产经营权属，以及改变其他税务登记内容。

【特别提示】

注意改变住所或经营地点涉及主管税务机关变动的办理注销税务登记。

1. 变更税务登记管理规程

（1）纳税人税务登记内容发生变化的，应当向原税务登记机关申报办理变更税务登记。

纳税人已在工商行政管理机关办理变更登记的，应当自工商行政管理机关变更登记之日起30日内，向原税务机关如实提供下列证件、资料，申报办理变更税务登记：①工商登记变更表及工商营业执照；②纳税人变更登记内容的有关证明文件；③税务机关发放的原税务登记证件（登记证正、副本和登记表等）；④其他有关资料。

（2）纳税人按照规定不需要在工商行政管理机关办理变更登记，或者其变更登记的内容与工商登记内容无关的。

应当自税务登记内容实际发生变化之日起 30 日内，或者自有关机关批准或者宣布变更之日起 30 日内，持下列证件到原税务登记机关申报办理变更税务登记：①纳税人变更登记内容的有关证明文件；②税务机关发放的原税务登记证件（登记证正、副本和税务登记表等）；③其他有关资料。

【特别提示】

(1) 税务机关应当自受理之日起 30 日内审核办理变更税务登记。

(2) 股权转让交易双方均为非居民企业且在境外交易的，被转让股权的境内企业在依法办理变更税务登记时，应将股权转让合同复印件报送主管税务机关。企业所得税的所得来源地确定原则：权益性投资资产转让所得按照被投资企业所在地确定。

2. 代理变更税务登记操作要点

1）代理变更税务登记申报

纳税人在工商行政管理机关办理变更登记的，应当自工商行政管理部门办理变更登记之日起30日内，向原税务机关如实提供下列证件、资料，申报办理变更税务登记：①工商变更登记表及工商营业执照复印件；②纳税人变更登记内容的决议及有关证明文件；③税务机关发放的原税务登记证件（登记证正、副本和登记表等）；④其他有关资料。

纳税人按照规定不需要在工商行政管理机关办理变更登记，或者其变更登记的内容与工商登记内容无关的，应当自税务登记内容实际发生变化之日起30日内，或者自有关机关批准或者宣布变更之日起 30 日内，持下列证件到原税务登记机关申报办理变更税务登记：①纳税人变更登记内容的有关证明文件；②税务机关发放的原税务登记证件（登记证正、副本和税务登记表等）；③其他有关资料。

2）代理填写《变更税务登记表》提交税务机关审核

领取《变更税务登记表》（表 3-3）以后，应根据企业的实际情况，详细填写纳税人识别号、纳税人名称、填表日期、变更登记事项及其变更前后的内容，并办理签章手续。

3）领取变更后的税务登记证及有关资料

注册税务师应及时到税务机关领取重新核发的税务登记证件及有关资料，送交企业存档。

表 3-3　变更税务登记表

纳税人名称		纳税人识别号		
变更登记事项				
序号	变更项目	变更前内容	变更后内容	批准机关名称及文件
送缴证件情况：				
纳税人 经办人： 年　月　日		法定代表人（负责人）： 年　月　日		纳税人（签章） 年　月　日
经办地税机关审核意见： 经办人： 年　月　日		法定代表人（负责人）： 年　月　日		纳税人（签章） 年　月　日

【例 3-2】企业变更税务登记的适用范围包括（　　）。

A．改变纳税人名称、法定代表人的　　B．改变经济性质或企业类型的

C．改变注册资金的

D．因住所、经营地点或产权关系变更而涉及改变主管税务机关的

【例 3-3】纳税人税务登记内容发生变化时，应在工商行政管理机关办理变更登记之日起，或经有关部门批准之日起（　　）日内，持相关证件向税务局申请办理变更税务登记。

A．15　　B．30　　C．10　　D．45

3.1.3 停业、复业登记

1．停业、复业登记管理规程

（1）实行定期定额征收方式的个体工商户需要停业的、应当在停业前向税务机关申报办理停业登记。纳税人的停业期不得超过一年。

（2）纳税人在申报办理停业登记时，应如实填写停业申请登记表，说明停业理由、停业期限、停业前的纳税情况和发票的领、用、存情况，并结清应纳税款、滞纳金、罚款。税务机关应收存其税务登记证件及副本、发票领购簿、未使用完的发票和其他税务证件。

（3）纳税人在停业期间发生纳税义务的，应当按照税收法律、行政法规的规定申报缴纳税款。

（4）纳税人应当于恢复生产经营之前，向税务机关申报办理复业登记，如实填写《停业复业（提前复业）报告书》，领回并启用税务登记证件、发票领购簿及其停业前领购的发票。

（5）纳税人停业期满不能及时恢复生产经营的，应当在停业期满前向税务机关提出延长停业登记申请，并如实填写《停业复业（提前复业）报告书》（表3-4）。

表3-4 停业复业（提前复业）报告书

填表日期： 年 月 日

<table>
<tr><td rowspan="2">纳税人基本情况</td><td colspan="3">纳税人名称</td><td colspan="2">纳税人识别号</td><td colspan="2">经营地点</td></tr>
<tr><td colspan="3"></td><td colspan="2"></td><td colspan="2"></td></tr>
<tr><td>停业期限</td><td colspan="3"></td><td>复业时间</td><td colspan="3"></td></tr>
<tr><td rowspan="4">缴回发票情况</td><td>种类</td><td>号码</td><td>本数</td><td rowspan="4">领回发票情况</td><td>种类</td><td>号码</td><td>本数</td></tr>
<tr><td></td><td></td><td></td><td></td><td></td><td></td></tr>
<tr><td></td><td></td><td></td><td></td><td></td><td></td></tr>
<tr><td></td><td></td><td></td><td></td><td></td><td></td></tr>
<tr><td rowspan="2">缴存税务资料情况</td><td>发票领购簿</td><td>税务登记证</td><td>其他资料</td><td rowspan="2">领用税务资料情况</td><td>发票领购簿</td><td>税务登记证</td><td>其他资料</td></tr>
<tr><td>是（否）</td><td>是（否）</td><td>是（否）</td><td>是（否）</td><td>是（否）</td><td>是（否）</td></tr>
<tr><td rowspan="2">结清税款情况</td><td>应纳税款</td><td>滞纳金</td><td>罚款</td><td rowspan="2">停业期是（否）纳税</td><td>已缴应纳税款</td><td>已缴滞纳金</td><td>已缴罚款</td></tr>
<tr><td>是（否）</td><td>是（否）</td><td>是（否）</td><td>是（否）</td><td>是（否）</td><td>是（否）</td></tr>
</table>

纳税人（签章）：

年 月 日

税务机关复核	经办人： 年 月 日	负责人： 年 月 日	税务机关（签章） 年 月 日

2．代理停业、复业登记操作要点

1）代理停业、复业登记申报

注册税务师应按照规定的期限以纳税人的名义向税务机关办理停业、复业登记申报，填报停业、复业报告书，并提交相关证明文件和资料。

2）代理填报停业、复业登记表

根据企业实际情况，填写停业、复业登记表。

3）代理领取企业停业、复业登记的有关批件

【例 3-4】下列关于停业的税务管理，表述正确的是（　　）。

A．定期定额征收方式的个体工商户停业期不得超过半年

B．若停业期间发生经营行为时，不需要申报缴纳税款

C．纳税人办理停业登记，税务机关收存其税务登记证正本，纳税人保留副本

D．一旦纳税人申请停业，其未使用完的发票由税务机关予以收存

【例 3-5】下列关于停业的税务管理，表述正确的是（　　）。

A．定期定额征收方式的个体工商户停业期不得超过 1 年

B．若停业期间发生经营行为时，不需要申报缴纳税款

C．纳税人办理停业登记，税务机关收存其税务登记证件

D．其未使用完的发票由税务机关予以收存

E．停业登记适合于实行定期定额征收方式的个体工商户和个人独资企业及小型微利企业

3.1.4 注销税务登记

1．注销税务登记管理规程

表 3-5 中所列情况需办理注销税务登记：①纳税人发生解散、破产、撤销及其他情形；②纳税人被工商行政管理机关吊销营业执照或者被其他机关予以撤销登记；③纳税人因住所、经营地点变动，涉及改变税务登记机关；④境外企业在中国境内承包建筑、安装、装配、勘探工程和提供劳务。

纳税人办理注销税务登记前，应当向税务机关提交相关证明文件和资料，结清应纳税款，多退（免）税款，滞纳金和罚款，缴销发票、税务登记证件和其他税务证件，经税务机关核准后，办理注销税务登记手续。

表 3-5　注销税务登记管理规程

具体情形	办理注销税务登记的要求
发生解散、破产、撤销及其他情形	应当在向工商行政管理机关或者其他机关办理注销登记前，向原税务登记机关申报办理注销税务登记
按规定不需要在工商行政管理机关或者其他机关办理注册登记的	应当自有关机关批准或者宣告终止之日起 15 日内
被工商行政管理机关吊销营业执照或者被其他机关予以撤销登记的	应当自营业执照被吊销或者被撤销登记之日起 15 日内
纳税人因住所、经营地点变动，涉及改变税务登记机关的	应当在向工商行政管理机关或其他机关申请办理变更、注销登记前，或者住所、经营地点变动前，持有关证件和资料，向原税务登记机关申报办理注销税务登记，并自注销税务登记之日起 30 日内向迁达地税务机关申报办理税务登记
境外企业在中国境内承包建筑、安装、装配、勘探工程和提供劳务的	应当在项目完工、离开中国境内前 15 日内

【特别提示】

纳税人办理注销税务登记前，应当结清应纳税款、多退（免）税款、滞纳金和罚款，缴销发票、税务登记证件和其他税务证件。

2．代理注销税务登记操作要点

1）代理注销税务登记申报

注册税务师应按照规定的期限以纳税人的名义向税务机关办理注销税务登记申报，填报《注销税务登记申请审批表》（表 3-6）并提交相关证明文件和资料。

2）代理填报《注销税务登记申请审批表》

根据企业的实际情况填写《注销税务登记申请审批表》，经企业盖章后报送税务机关办理审批手续。将已领购的或已购未用的发票《发票领购簿》、《税务登记证》等税收票证交回税务机关审验核销。

3）代理领取注销税务登记的有关批件

税务机关在纳税人结清全部纳税事项后，核发《注销税务登记通知书》，注册税务师应及时到税务机关领回有关注销税务登记的批件、资料，交给纳税人。

表 3-6　注销税务登记申请审批表

<table>
<tr><td>纳税人名称</td><td colspan="2"></td><td>纳税人识别号</td><td colspan="2"></td></tr>
<tr><td>注销原因</td><td colspan="5"></td></tr>
<tr><td rowspan="3">附送资料</td><td colspan="3"></td><td colspan="2"></td></tr>
<tr><td colspan="3"></td><td colspan="2"></td></tr>
<tr><td colspan="3"></td><td colspan="2"></td></tr>
<tr><td colspan="2">纳税人
经办人：
年　月　日</td><td colspan="2">法定代表人（负责人）：
年　月　日</td><td colspan="2">纳税人（签章）
年　月　日</td></tr>
<tr><td colspan="6">以下由税务机关填写</td></tr>
<tr><td>受理时间</td><td colspan="3">经办人：
年　月　日</td><td colspan="2">负责人：
年　月　日</td></tr>
<tr><td>清缴税款、滞纳金、罚款情况</td><td colspan="3">经办人：
年　月　日</td><td colspan="2">负责人：
年　月　日</td></tr>
<tr><td>缴销发票情况</td><td colspan="3">经办人：
年　月　日</td><td colspan="2">负责人：
年　月　日</td></tr>
<tr><td>税务检查意见</td><td colspan="3">经办人：
年　月　日</td><td colspan="2">负责人：
年　月　日</td></tr>
<tr><td rowspan="3">收缴税务证件情况</td><td>种类</td><td>税务登记证正本</td><td>税务登记证副本</td><td>临时税务登记证正本</td><td>临时税务登记证副本</td></tr>
<tr><td>收缴数量</td><td></td><td></td><td></td><td></td></tr>
<tr><td colspan="3">经办人：
年　月　日</td><td colspan="2">负责人：
年　月　日</td></tr>
<tr><td>批准意见</td><td colspan="3">部门负责人：
年　月　日</td><td colspan="2">税务机关（签章）
年　月　日</td></tr>
</table>

【例 3-6】关于注销税务登记管理规程的说法，正确的有（　　）。

A．纳税人发生解散、破产等情形，按规定不需要在工商行政管理机关或者其他机关办理注销登记的，应当自有关机关批准或者宣告终止之日起 30 日内，持有关证件和资料向原税务机关申报办理注销税务登记

B．纳税人被工商行政管理机关吊销营业执照或者被其他机关予以撤销登记的，应当自营业执照被吊销或者被撤销登记之日起 30 日内，向原税务机关申报办理注销税务登记

C．纳税人因住所、经营地点变动，涉及改变税务登记机关的，应先向原税务登记机关申报办理注销税务登记，并自注销税务登记之日起 30 日内向迁达地税务机关申报办理税务登记

D．纳税人被工商行政管理机关吊销营业执照或者被其他机关予以撤销登记的，应当自营业执照被吊销或者被撤销登记之日起 15 日内，向原税务机关申报办理注销税务登记

E．境外企业在中国境内承包建筑、安装、装配、勘探工程和提供劳务的，应当在项目完工、离开中国境内前 15 日内，持有关证件和资料，向原税务登记机关申报办理注销税务登记

【例 3-7】下列企业变动情形中，需要注销原有税务登记的是（　　）。

A．某企业由国有企业改制为股份制企业　　B．某企业被工商局吊销营业执照

C．某企业改变经营范围　　D．李某接替张某担任公司法人代表

3.2 纳税事项税务登记代理实务

3.2.1 增值税一般纳税人认定登记

1．增值税一般纳税人认定登记管理规程

（1）符合增值税一般纳税人条件的企业，应在向税务机关办理税务登记的同时，申请办理一般纳税人认定手续；已开业经营的小规模企业（商业零售企业除外），若当年应税销售额超过小规模纳税人标准的，应在次年 1 月底之前，申请办理一般纳税人认定手续。

【例 3-8】B 公司为外商独资企业，2011 年 1 月办理开业税务登记手续，2011 年 7 月开始生产经营，产品全部外销。B 公司预计年出口销售额为 160 万美元，2011 年 7—12 月累计出口销售额 60 万美元，按规定 B 公司应于（　　）申请办理增值税一般纳税人认定登记手续。

A．2011 年 1 月　　B．2011 年 7 月　　C．2011 年 12 月　　D．2012 年 1 月

（2）企业申请办理一般纳税人认定手续，应向所在地主管国税局提出书面申请，说明企业的经济形式、生产经营范围、产品名称及用途、企业注册资本、会计核算等问题，经税务机关审核后填写《增值税一般纳税人申请认定表》（表 3-7）。

（3）企业总、分支机构不在同一县市的，应分别向其机构所在地主管税务机关申请办理一般纳税人认定登记手续。企业总机构已被认定为增值税一般纳税人的，其分支机构可持总机构为增值税一般纳税人的证明，向主管税务机关申请认定为一般纳税人。除商业企业以外，纳税人总分支机构实行统一核算，其总机构年应税销售额超过小规模企业标准，但分支机构年应税销售额未超过小规模企业标准的，其分支机构可申请办理一般纳税人认定手续。在办理认定手续时，须提供总机构所在地主管税务机关批准其总机构为一般纳税人的证明。

表 3-7 增值税一般纳税人申请认定表

纳税人名称			纳税人识别号		
法定代表人（负责人、业主）		证件名称及号码		联系电话	
财务负责人		证件名称及号码		联系电话	
办税人员		证件名称及号码		联系电话	
生产经营地址					
核算地址					
纳税人类别：企业、企业性单位□ 非企业性单位□ 个体工商户□ 其他□					
纳税人主业：工业□ 商业□ 其他□					
认定前累计应税销售额（连续不超过12个月的经营期内）			年 月至 年 月共 元。		
纳税人声明	上述各项内容真实、可靠、完整。如有虚假，本纳税人愿意承担相关法律责任。 （签章）： 年 月 日				
以下由税务机关填写					
受理意见	受理人签名： 年 月 日				
查验意见	查验人签名： 年 月 日				
主管税务机关意见	（签章） 年 月 日				
认定机关意见	（签章） 年 月 日				

【例 3-9】某企业总机构在甲地，分支机构在乙地，其增值税一般纳税人认定手续应在（　　）主管税务机关申请办理。

A．甲地　　B．乙地

C．各自机构所在地　　D．总机构的上级主管部门所在地

【例 3-10】下列关于增值税一般纳税人认定登记管理规程规定正确的表述有（　　）。

A．符合增值税一般纳税人条件的企业，应在向税务机关办理开业税务登记的同时，申请办理一般纳税人的认定手续

B．企业申请办理一般纳税人认定手续，应向所在地地方税务机关提出书面申请

C．企业总分支机构不在同一县市的，应分别向其机构所在地主管税务机关申请办理一般纳税人认定登记手续

D．企业总机构已被认定为增值税一般纳税人，其分支机构可持总机构为增值税一般纳税人的证明，办理有关手续

（4）县级以上国家税务机关对经审核符合增值税一般纳税人条件的企业，在《增值税一般纳税人申请认定表》上签署意见，并将企业的《税务登记证》副本首页上方加盖“增值税一般纳税人”戳记。对从事商业经营的新办企业和小规模企业，一般是先认定为“增值税临时一般纳税人”，经过3个月或半年时间的考核后，再转为正式的一般纳税人。

（5）新办小型商贸企业是指新办小型商贸批发企业。由于新办小型商贸批发企业尚未进行正常经营，对其一般纳税人资格，一般情况下需要经过一定时间的实际经营才能审核认定。对新办工业企业增值税一般纳税人的认定，主管税务机关也应及时组织对纳税人的实地查验，核实是否拥有必要的厂房、机器设备和生产人员，是否具备一般纳税人财务核算条件。在2004年6月30日前已办理税务登记并正常经营的属于小规模纳税人的商贸企业，按其实际纳税情况核算年销售额实际达到180万元后，经主管税务机关审核，可直接认定为一般纳税人，不实行辅导期一般纳税人管理。

【知识链接】

2009年1月1日起施行的修订后的《增值税暂行条例》和《增值税暂行条例实施细则》，降低了小规模纳税人标准。小规模纳税人的标准，由原来的年应税销售额工业100万元以下和商业180万元以下分别降低为工业50万元以下和商业80万元以下。根据国税函[2008]079号文件规定，2008年应税销售额超过新标准的小规模纳税人向主管税务机关申请一般纳税人资格认定的，主管税务机关应按照现行规定为其办理一般纳税人认定手续。2009年应税销售额超过新标准的小规模纳税人，应当按照《增值税暂行条例》及其实施细则的有关规定向主管税务机关申请一般纳税人资格认定。

2．代理增值税一般纳税人认定登记操作要点

（1）针对《增值税一般纳税人申请认定表》的主要内容，注册税务师应要求企业提供有关资料，如企业设立的合同、章程，企业申办工商登记、税务登记的报表和证件，企业已实现销售的情况，会计、财务核算的原始资料等。对企业可能实现或已经实现的年度应税销售额，企业会计、财务处理的方法和管理制度，企业财务人员的办税能力能否具备增值税一般纳税人的条件等问题，写出有关增值税一般纳税人认定登记的核查报告，作为《增值税一般纳税人申请认定表》的附件，报送主管国税局。

（2）对于税务机关审核后认定为正式一般纳税人的企业，注册税务师可将加盖一般纳税人戳记的《税务登记证》副本、《增值税一般纳税人申请认定表》交企业存档，并告知增值税一般纳税人办税的要求。如果企业暂被认定为临时一般纳税人，应指导企业准确核算增值税的进项税额、销项税额，待临时一般纳税人期满后，向税务机关提出转为正式一般纳税人的申请。

（3）纳税人在办现开业登记时，可以按预计销售额填写，经主管税务机关审核后，认定为增值税一般纳税人，享有增值税一般纳税人的所有权利及义务。一个会计年度结束后，纳税人根据实际经营情况，据实填写《增值税一般纳税人申请认定表》，交主管税务机关审核。

【导入案例解析】

1．具体涉税业务

1）代理变更税务登记

企业增加注册资本，注册税务师应当自企业变更工商登记之日起，即2012年1月5日起的30日内代办变更税务登记。

2）代理增值税一般纳税人认定登记

该公司为小规模纳税人，按照增值税暂行条例及其实施细则的规定，当年应税销售额已经达到一般纳税人的标准，注册税务师应于 2012 年 1 月底之前代为办理增值税一般纳税人认定手续。

2. 操作要点

1）代理变更税务登记的操作要点

（1）纳税人在工商行政管理机关办理变更登记的，应当自工商行政管理机关变更登记之日起 30 日内，向原税务机关提供以下资料、证件，申报办理变更税务登记：工商登记变更表及工商营业执照；纳税人变更登记内容的有关证明文件（股东会决议）；税务机关发放的原税务登记证件（登记证正、副本和登记表等）；

（2）代理填写《变更税务登记表》，提交税务机关审核；

（3）领取变更后的税务登记证及有关资料，交委托方。

2）增值税一般纳税人认定登记

（1）针对《增值税一般纳税人申请认定表》的主要内容，注册税务师应要求企业提供有关资料，对企业可能实现或已经实现的年度应税销售额，企业会计、财务管理的方法和管理制度，企业财务人员的办税能力能否具备增值税一般纳税人的条件等问题，写出有关增值税一般纳税人认定登记的核查报告，作为《增值税一般纳税人申请认定表》的附件，报送主管国税局；

（2）代理填写《增值税一般纳税人申请认定表》，并递交主管税务机关审核；

（3）对于税务机关审核后认定为正式一般纳税人的企业，注册税务师可将加盖一般纳税人戳记的税务登记证副本、《增值税一般纳税人申请认定表》交企业存档，并告知增值税一般纳税人办税的要求。

3. 如果该公司未及时办理相关业务，将产生的后果

1）未及时办理变更税务登记

纳税人未按照规定的期限申报办理税务登记、变更或注销登记的，税务机关责令限期改正，可以处以 2 000 元以下的罚款；情节严重的，处以 2 000 元以上 1 万元以下的罚款。

2）未及时办理一般纳税人认定的

年应税销售额超过新标准的小规模纳税人，应向主管税务机关申请办理一般纳税人资格认定。未申请办理一般纳税人手续的，应按销售额依照增值税税率计算应纳税额，不得抵扣进项税额，也不得使用增值税专用发票。

3.2.2 税种认定登记代理实务

税种认定登记是在纳税人办理了开业税务登记和变更税务登记之后，由主管税务局（县级以上国税局、地税局）根据纳税人的生产经营项目，进行适用税种、税目、税率的鉴定，以指导纳税人、扣缴义务人办理纳税事宜。

1. 税种认定登记管理规程

（1）纳税人应在领取《税务登记证》副本后和申报纳税之前，到主管税务机关的征收管理部门申请税种认定登记，填写《纳税人税种登记表》（表 3-8）。纳税人如果变更税务登记的内容涉及税种、税目、税率变化的，应在变更税务登记之后重新申请税种认定登记，并附送申请报告。

（2）税务机关对纳税人报送的《纳税人税种登记表》及有关资料进行审核，也可根据实际情况派人到纳税人的生产经营现场调查之后，对纳税人适用的税种、税目、税率、纳税期限、纳税方法等做出确认，在《纳税人税种登记表》的有关栏目中注明，或书面通知纳税人税种认定结果，以此作为办税的依据。

【例 3-11】下列有关办理税务登记的做法，正确的有（　　）。

A．纳税人如变更税务登记的内容涉及税种、税率、税目变化的，应在变更税务登记之后重新申请税种认定登记，并附送申请报告

B．纳税人被工商行政管理机关吊销营业执照的，应自营业执照被吊销之日起 30 日内，向原税务登记机关申报办理注销税务登记

C．纳税人在办理注销登记后，应当向税务机关结清应纳税款、滞纳金、罚款、缴销发票和其他税务证件

D．纳税人因住所变动涉及改变税务登记机关的，应向原税务登记机关申报办理注销税务登记，并向迁达地税务机关申请办理税务登记

2．代理税种认定登记操作要点

（1）代理税种认定登记，注册税务师应在核查纳税人有关资料的基础上，结合纳税事项深入调查。特别是对于增值税企业的混合销售行为，兼营非应税劳务的纳税事项，生产加工应税消费品的企业消费税适用税目、税率的纳税事项，外商投资企业生产性与非生产性的认定，以及产品出口企业、高新技术企业的认定，应详细核查纳税人的合同、章程有关的批文和证件，会计科目处理及原始凭证等资料，逐一核实认定后，再向主管税务机关提交核查报告和《纳税人税种认定表》，履行申报手续。

（2）在取得主管税务机关税种认定的通知之后，注册税务师应指导纳税人具体的办税事宜。如果纳税人对税务机关的认定提出异议，应进一步调查并提出意见，提交主管税务机关重新加以认定。对于税种认定涉及国税、地税两套税务机构的纳税人，应分别申办税种认定手续。

表 3-8　纳税人税种登记表

纳税人识别号 □□□□□□□□□□□□□□□

纳税人名称：

一、增值税：

类别	1．销售货物□ 2．加工　　□ 3．修理修配□ 4．其他　　□	货物或项目名称	主营	
			兼营	
纳税人认定情况	1．增值税一般纳税人□　2．小规模纳税人□　3．暂定增值税一般纳税人□			
经营方式	1．境内经营货物□　2．境内加工修理□　3．自营出口□ 4．间接出口　□　5．收购出口　□　6．加工出口□			
备注：				

二、消费税：

类别	1．生产　　□ 2．委托加工□ 3．零售　　□	应税消费品名称	1．烟□　2．酒及酒精□　3．化妆品□　4．护肤、护发品□ 5．贵重首饰及珠宝玉石□　6．鞭炮、烟火□　7．汽油□ 8．柴油□　9．汽车轮胎□　10．摩托车□　11．小汽车□
经营方式	1．境内销售□　2．委托加工出口□　3．自营出口□　4．境内委托加工□		
备注：			

续表

三、营业税：			
经营项目	主营		
	兼营		
备注：			
四、企业所得税、外商投资企业和外国企业所得税：			
法定或申请纳税方式	1. 按实纳税□ 3. 按经费支出换算收入计算纳税□ 5. 航空、海运企业纳税方式□	2. 核定利润率计算纳税□ 4. 按佣金率换算收入纳税□ 6. 其他纳税方式□	
非生产性收入占总收入的比例（%）			
备注：季度预缴方式：1. 按上年度四分之一□		2. 按每季度实际所得□	
五、资源税：			
产品名称		应税项目	
备注：			
六、土地增值税：			
七、房产税：			
计税类别	1. 自有房产□	2. 出租房产□	
备注：			
八、车船税：			
车船类别	1. 机动船□　2. 非机动船□	3. 机动车□　4. 非机动车□	
九、屠宰税：			
屠宰类别	1. 猪□　2. 牛□	3. 羊□	
备注：			
十、城镇土地使税：			
税额类别	1. 大城市□　2. 中等城市□	3. 小城市□　4. 县城、建制镇、工矿区□	
备注：			
十一、城市维护建设税：1. 市区□　2. 县城镇□　3. 其他□			
十二、教育费附加：			
十三、基金：			
十四、矿区使用费：			
原油	1. 不超过一百万吨□ 4. 二百万吨至三百万吨□	2. 一百万吨至一百五十万吨□ 5. 三百万吨至四百万吨□	3. 一百五十万吨至二百万吨□ 6. 四百万吨以上□
天然气	1. 不超过二十亿立方米□ 3. 三十五亿至五十亿立方米□	2. 二十亿至三十五亿立方米□ 4. 五十亿立方米以上□	
预缴方式	1. 分次□	2. 分期□	
十五、其他费用：			

以上内容纳税人必须如实填写，如内容发生变化，应及时办理变更登记。

续表

以下由税务机关填写																
税种	税目或品目	子目	申报期限	纳税期限	征收率或单位税额	征收项目分类	申报方式	征缴方式	预算款名	预算项名	级次分配比例					是否单独纳税
											中央	省	市	县、区	乡、街	
鉴定人			鉴定日期				录入人				录入日期					

【税务代理案例】

××管件有限公司委托××税务师事务所代理增值税一般纳税人登记手续。经查，该公司根据合同规定生产，经营规模为每年加工生产各种铸铁件 1 200 吨，其产品全部由合资韩方在中国境外销售，年出口销售额 200 万美元，销售利润率应保持在 16%以上。该公司会计年度采用历年制，按照工业企业会计制度和外商投资企业财务会计核算的有关规定进行财务处理。公司财务会计 2 人，均有会计师执业证书。

××管件有限公司的产品于 2012 年 10 月开始出口销售。注册税务师经审核该公司出口产品销售收入明细账、增值税应缴税金明细账、出口产品原始单据等资料，确认该公司 2012 年 10 月出口销售额 26.20 万美元，按当月 1 日汇率折算人民币 215.10 万元。出口产品销售成本 179.40 万元，产品销售毛利率 16.60%，公司财务核算制度较为健全。注册税务师经过上述调查向主管国税局提交“关于××管件有限公司申请认定增值税一般纳税人的核查报告”。

注册税务师向主管国税局提交的核查报告样式如下。

关于××管件有限公司申请认定增值税一般纳税人的核查报告

××国税局对外税务分局：

××管件有限公司是中韩合资经营企业，于 2012 年 7 月办理税务登记，生产经营所在地是××镇××村，注册资本额为 320 万元人民币。其中中外双方固定资产投资额为 248.2 万元。该公司主要生产各种铸铁管件，由合资外方负责销售韩国、欧美等市场，设备生产能力为年加工铸铁管件 120 吨，预计出口销售额 200 万美元。经我所调查核实，该公司自 10 月正式投产经营以来加工出口各式铸件 26.20 万美元，生产设备的运转和出口销售额基本可达预计指标，国外市场销售渠道稳定。

该公司已按外商投资企业、工业企业财务、会计制度的规定设置了有关账簿，增值税专用发票抵扣联的取得与进项税额的计算符合要求。企业财务主管和办税员均有会计师资格证书和会计人员上岗证。根据上述调查资料，我所认为 XX 管件有限公司符合增值税一般纳税人认定的条件，报请贵局审查批准。

××税务师事务所注册税务师××

2012 年 11 月 5 日

本章小结

本章主要内容包括企业税务登记代理实务、纳税事项税务登记代理实务。

设立、变更、注销税务登记的时限要求。

区分注销税务登记和变更税务登记。

停业、复业登记——定期定额征收方式的个体工商户，停业期限和办理程序一般纳税人的认定时间、主管税务机关、地点，一般纳税人和小规模纳税人的标准，以及未认定一般纳税人的管理措施。

税种认定登记的时间。

职业能力训练

一、单项选择题

1．某县政府在发放政府工作人员工资时，应代扣代缴个人所得税，则其应在（　　）内，向当地税务机关办理扣缴税款登记。

A．设立之日起 15 日　　B．设立之日起 30 日

C．扣缴义务发生之日起 15 日　　D．扣缴义务发生之日起 30 日

2．以下纳税人发生的情形中，不属于变更税务登记的情况是（　　）。

A．甲企业扩大经营范围，由单一生产销售 A 电子产品转为生产销售

B．乙企业由于进行股份制改造，由有限责任公司变更为股份有限公司

C．由于经济效益良好，丙企业的股东决定追加投资，从 500 万元增资为 700 万元

D．丁企业由于经营范围扩大，总机构从内蒙古迁至北京

3．实行定期定额征收方式的个体工商户需要停业的，可以在停业之前向税务机关申报办理停业登记，停业期限不得（　　）。

A．超过半年　　B．超过 1 年

C．超过 3 个月　　D．超过 2 年

4．下列项目中，不需要办理注销税务登记的是（　　）。

A．纳税人被吊销营业执照　　B．纳税人因资不抵债而破产

C．纳税人因经营地点变更而离开原主管税务机关管辖区

D．纳税人变更经营范围

二、多项选择题

1．根据税务登记的相关规定，下列说法正确的是（　　）。

A．已办理税务登记的扣缴义务人应该自扣缴义务发生之日起 15 日内，向税务登记地税务机关申报办理扣缴税款登记

B．纳税人已在工商行政管理机关办理变更登记的，应当自工商行政管理机关变更登记之日起 15 日内，向原税务登记机关办理变更税务登记

C．已办理税务登记的扣缴义务人应该自扣缴义务发生之日起 30 日内，向税务登记地税务机关申报办理扣缴税款登记，税务机关不再核发扣缴税务登记证件

D. 可不办理税务登记的扣缴义务人应该自扣缴义务发生之日起30日内，向税务登记地税务机关申报办理扣缴税款登记，税务机关并核发扣缴税务登记证件

E. 可不办理税务登记的扣缴义务人应该自扣缴义务发生之日起15日内，向税务登记地税务机关申报办理扣缴税款登记

2. 纳税人进行税种认定登记一般是在（　　）之后，由主管税务机关根据纳税人的生产经营项目确定的。

A. 设立税务登记　　B. 纳税申报

C. 注销税务登记　　D. 停业、复业登记

E. 变更税务登记

3. 下列关于增值税一般纳税人认定登记的说法，正确的有（　　）。

A. 纳税人应当向主管地税局申请办理一般纳税人认定手续

B. 从事货物生产的纳税人，年应税销售额超过50万元的，应当向税务机关申请办理一般纳税人认定手续

C. 商贸企业，年应税销售额超过50万元的，应当向税务机关申请办理一般纳税人认定手续

D. 纳税人应税销售额超过一般纳税人标准，未申请办理一般纳税人认定手续的，应按销售额依照增值税税率计算应纳税额，可以抵扣进项税额，可以使用增值税专用发票

E. 企业总、分支机构不在同一县市的，应分别向其机构所在地主管税务机关申请办理一般纳税人认定手续

4. 以下关于停业、复业登记说法正确的是（　　）。

A. 停业、复业登记是针对于实行定期定额征收方式的个体工商户而言的，对于其他企业一般不适用

B. 停业期限最长不得超过一年，且不得延长期限

C. 纳税人停业期满的，直接进行生产经营，并按期进行纳税申报即可，不需要履行其他涉税手续

D. 停业期间，纳税人的税务登记证正本交由税务机关保管，副本可以自己留存

E. 办理停业登记时，应该结清应纳税款、滞纳金、罚款

第 4 章

发票领购与审查代理实务

FAPIAO LINGGOU YU SHENCHA DAILI SHIWU

【学习目标】

知识目标：了解发票种类、适用范围与发票管理权限的划分，熟悉发票领购操作规定，熟悉发票填井的具体要求和操作要点，熟悉代理审查增值税专用发票、普通发票的基本内容，掌握代理审查发票的操作要点。

能力目标：通过本章理论知识的学习，能够熟练掌握发票填开及代理审查发票的操作要点。

【导入案例】

工程师高某接受某市区的企业委托设计一项新型生产技术。高某历时3个月完成所有设计任务，按原约定可向该企业收取设计费50 000元。在向该企业要求支付报酬时，企业财务人员告知高某必须提供合法的票据。

【思考】

（1）高某应如何取得合法的票据?

（2）高某在取得合法票据时应缴纳哪些税费?分别是多少?

4.1 发票领购代理

发票是指一切单位和个人在购销商品、提供或者接受劳务服务及从事其他经营活动时，所提供给对方的收付款的书面证明。它是财务收支的法定凭证，是会计核算的原始凭据，是税务检查的重要依据。

注册税务师代理发票领购事宜，首先要了解发票的种类与适用范围，税务机关有关发票管理权限的划分，发票领购的管理制度等各项规定，根据纳税人适用的发票种类和领购发票的方式，办理发票领购事宜。

4.1.1 发票的种类与使用范围

根据《中华人民共和国发票管理办法》和国家税务总局的有关规定，发票的管理权限按流转税主体税种划分。

（1）增值税纳税人使用的发票由国家税务局管理，如增值税专用发票，工业、商业企业销货发票，加工修理发票等。

（2）营业税纳税人使用的发票由地方税务局管理，如服务业、建筑安装业、运输业、金融保险业等开具的结算营业收入的各种发票。

（3）有的发票对于增值税或营业税纳税人都适用，如临时经营发票用于临时经营单位销售货物，或提供营业税应税劳务时使用。因此，增值税企业发票领购到国税局办理，营业税企业发票领购到地税局办理。如果一个企业以增值税为主并兼有营业税的经营项目，就应该分别到国税和地税主管税务机关办理。

发票种类繁多，主要是按行业特点和纳税人的生产经营项目分类，每种发票都有特定的使用范围。

【特别提示】

增值税纳税人使用的发票由国家税务局管理，营业税纳税人使用的发票由地方税务局管理。如果一个企业以增值税为主并兼有营业税的经营项目，就应该分别到国税和地税主管税务机关办理。

1. 增值税专用发票

增值税专用发票（以下简称专用发票）只限于增值税一般纳税人领购使用，增值税小规模纳税人和非增值税纳税人不得领购使用。从行业划分来讲，它是工业、商业企业用于结算销售货物和加工、修理修配劳务使用的发票。根据《关于修订〈增值税专用发票使用规定〉的通知》（国税发[2006]156号），一般纳税人有下列情形之一的，不得领购开具专用发票（表4-1）。

（1）会计核算不健全，不能向税务机关准确提供增值税销项税额、进项税额、应纳税额数据及其他有关增值税税务资料的。

（2）有《税收征管法》规定的税收违法行为，拒不接受税务机关处理的。

（3）有下列行为之一，经税务机关责令限期改正而仍未改正的：①虚开增值税专用发票；②私自印制专用发票；③向税务机关以外的单位和个人买取专用发票；④借用他人专用发票；⑤未按规定开具专用发票；⑥未按规定保管专用发票和专用设备；⑦未按规定申请办理防伪税控系统变更发行；⑧未按规定接受税务机关检查。

（4）销售的货物全部属于免税项目者。

（5）从1995年7月1日起，一般纳税人经营商业零售的烟、酒、食品、服装、鞋帽（不包括劳保专用的部分）、化妆品等消费品不得开具专用发票；一般纳税人生产经营机器、机车、汽车、轮船、锅炉等大型机械电子设备，凡直接销售给使用单位的，不再开具专用发票，而改用普通发票。从2003年7月1日起，增值税一般纳税人必须通过防伪税控系统开具专用发票，同时全国统一废止增值税一般纳税人所用的手写版专用发票。

表4-1　一般纳税人不得开具专用发票的情形

类　型	具体规定
下一环节不得抵扣进项税额	（1）一般纳税人经营零售的烟、酒、食品、服装、鞋帽（不包括劳保专用的部分）、化妆品等消费品不得开具专用发票
	（2）向消费者销售应税项
	（3）向小规模纳税人销售应税项目，可以不开专用发票
	（4）将货物用于非应税项目
	（5）将货物用于集体福利或个人消费
	（6）将货物无偿赠送他人；（有些情况不是可以开具专用发票的，下一环节可以抵扣进项税额的，如企业接受捐赠转入的货物进项税额的账务处理）
不属于增值税征税范围或有免税待遇	（1）销售免税货物，法律、法规及国家税务总局另有规定的除外
	（2）销售报关出口的货物，在境外销售应税劳务
	（3）提供非应税劳务（应当征收增值税的除外）、转让无形资产或销售不动产
简易征收办法	（1）销售自己使用过的不得抵扣且未抵扣进项税额的固定资产 不得抵扣且未抵扣进项税额的固定资产： ① 2009年1月1日后购进的、不得抵扣且未抵扣进项税额的固定资产 ② 2008年12月31日以前购入的未抵扣进项税额的固定资产
	（2）销售旧货

【特别提示】

有形动产、不动产与流动资产、固定资产是按不同的分类方法进行的分类。有形动产≠流动资产；不动产≠固定资产。

（6）根据国家税务总局公告（2008年第1号）规定，自2009年1月1日起，从事废旧物资回收经营业务的增值税一般纳税人销售废旧物资，不得开具印有"废旧物资"字样的增值税专用发票。纳税人取得的2009年1月1日以后开具的废旧物资专用发票，不再作为增值税扣税凭证。

【例4-1】增值税一般纳税人在（　　）情形下，可以开具增值税专用发票。

A．某商场零售化妆品

B．某机械厂销售2009年1月5日购进的、作为固定资产管理的机床

C．某服装公司销售作为固定资产管理的汽车，该汽车于2003年5月购入

D．某手机生产企业销售使用过的、接送职工上下班的班车

2. 普通发票

行业发票普通发票主要由营业税纳税人和增值税小规模纳税人使用，增值税一般纳税人在不能开具专用发票的情况下也可使用普通发票，所不同的是具体种类要按适用范围选择。如普通发票中的商业批发零售发票、加工修理修配发票是由增值税纳税人使用的，而属于结算服务收入、运输收入等的普通发票主要由营业税纳税人使用。普通发票由行业发票和专用发票组成。行业发票适用于某个行业的经营业务；专用发票仅适用于某一经营项目，可以说是在行业发票划分的基础上再细分，其作用在于控制一些特定经营项目的税收征管和进行社会经济管理。除此以外，其结算内容在票面设计上也有特殊要求，如广告费用结算发票、出售地下水专用发票、商品房销售发票等。

1）增值税纳税人使用的普通发票

增值税纳税人使用的普通发票主要有：工业企业产品销售统一发票，工业企业材料销售统一发票，工业企业加工产品统一发票，工业加工修理统一发票，商业零售统一发票，商业批发统一发票，农林牧水产品收购统一发票，废旧物资收购发票，机动车专项修理专用发票，电业局电力销售专用发票，自来水公司水销售专用发票，公共事业联合收费处缴费专用发票，临时经营发票等。

2）营业税纳税人使用的普通发票

营业税纳税人使用的普通发票主要有：建筑安装企业统一发票，旅店业统一发票，饮食业统一发票，广告业统一发票，社会服务业统一发票，代理购销业务统一发票，商品房销售专用发票，社会办医疗机构收费统一发票，产权交易专用发票，房屋出租专用发票，全国联运行业统一发票，水路货运结算发票，临时经营发票等。

3）货物运输发票

2003 年 10 月，国家税务总局发布《货物运输业营业税征收管理办法》和《运输发票增值税抵扣管理试行办法》。从 2003 年 11 月 1 日起，提供货物运输劳务的纳税人必须经主管地方税务局认定方可开具货物运输业发票。凡未经地方税务局认定的纳税人开具货物运输业发票不得作为记账凭证和增值税抵扣凭证。“两法”主要内容如下。

（1）纳税人的认定：①从事货物运输的承包人、承租人、挂靠人和个体运输户不得认定为自开票纳税人；②铁路运输（包括中央、地方、工矿及其他单位所属铁路）、管道运输、国际海洋运输业务，装卸搬运及公路、内河客运业务的纳税人不需要进行向开票纳税人资格认定，不需要报送货物运输业发票清单。

（2）关于办理税务登记前发生的货物运输劳务征税问题。单位和个人在领取营业执照之日起 30 日内向主管地方税务局申请办理税务登记的，对其自领取营业执照之日至取得税务登记证期间提供的货物运输劳务，办理税务登记手续后，主管地方税务局可为其代开货物运输业发票。

（3）关于货运发票开具问题：①按代开票纳税人管理的所有单位和个人（包括外商投资企业、特区企业和其他单位、个人），凡按规定应当征收营业税，在代开货物运输业发票时一律按开票金额 3%征收营业税，按营业税税款 7%预征城市维护建设税，按营业税税款 3%征收教育费附加。同时按开票金额 25%预征所得税，预征的所得税年终时进行清算。但代开票纳税人实行核定征收企业所得税办法的，年终不再进行所得税清算；②提供了货物运输劳务但按规定不需办理工商登记和税务登记的单位和个人，凭单位证明或个人身份证在单位机构所在地或个人车籍地由代开票单位代开货物运输业发票。

（4）关于税款核定征收问题：①按照《运输发票增值税抵扣管理试行办法》的规定，对代开票纳税人实行定期定额征收方法。凡核定的营业额低于当地确定的营业税起征点的，不征收营业税；凡核定的营业额高于当地确定的营业税起征点的，代开发票时按规定征收税款；②单位和个人利用自备车辆偶尔对外提供货物运输劳务的，可不进行定期定额管理，代开票时对其按次征税。

（5）关于货运发票的抵扣问题：①增值税一般纳税人外购货物和销售应税货物所取得的出自开票纳税人或代开票单位为代开票纳税人开具的货物运输业发票准予抵扣进项税额；②增值税一般纳税人取得税务机关认定为自开票纳税人的联运单位和物流单位开具的货物运输业发票准予计算抵扣进项税额。准予抵扣的货物运费金额是指自开票纳税人和代开票单位为代开票纳税人开具的货运发票上注明的运费、建设基金和现行规定允许抵扣的其他货物运输费用；装卸费、保险费和其他杂费不予抵扣，货运发票应当分别注明运费和杂费，对未分别注明，而合并注明为运杂费的不予抵扣。

3．专业发票

专业发票是指国有金融、保险企业的存贷、汇兑、转账凭证，保险凭证；国有邮政、电信企业的邮票、邮单、话务，电报收据；国有铁路、民用航空企业和交通部门、国有公路、水上运输企业的客票、货票等。经国家税务总局或者省、自治区、直辖市税务机关批准，专业发票可由政府主管部门自行管理，不套印税务机关的统一发票监制章，也可根据税收征管的需要纳入统一发票管理。

【例 4-2】下面几种发票类型中，属于专业发票类型的是（　　）。

A．废旧物资收购发票　　B．增值税专用发票

C．国有电信企业的电报收据　　D．产权交易专用发票

4.1.2 发票领购管理规程

1．发票领购的适用范围

（1）依法办理税务登记的单位和个人，在领取《税务登记证》后可以申请领购发票，属于法定的发票领购对象；如果单位和个人办理变更或者注销税务登记，则应同时办理发票和发票领购簿的变更、缴销手续。

（2）依法不需要办理税务登记的单位，发生临时经营业务需要使用发票的，可以凭单位介绍信和其他有效证件，到税务机关代开发票。

（3）临时到本省、自治区、直辖市以外从事经营活动的单位和个人，凭所在地税务机关开具的《外出经营活动税收管理证明》，在办理纳税担保的前提下，可向经营地税务机关申请领购经营地的发票。

【例 4-3】跨省、自治区、直辖市从事临时经营活动的单位和个人需要领购发票的，应向经营地税务机关提供《外出经营活动税收管理证明》，并（　　）。

A．缴纳纳税保证金　　B．预缴税款

C．提供纳税担保　　D．提供工商营业执照副本及税务登记证副本

2．发票领购手续

根据国家税务总局《关于普通发票行政审批取消和调整后有关税收管理问题的通知》（国

税发[2008]15 号）规定：取消普通发票领购行政审批事项，纳税人领购普通发票的审核将作为税务机关一项日常发票管理工作。纳税人办理了税务登记后，即具有领购普通发票的资格，无须办理行政审批事项。纳税人可根据经营需要向主管税务机关提出领购普通发票申请。需要临时使用发票的单位和个人，可以直接向税务机关申请办理发票的开具。

对于跨省、自治区、直辖市从事临时经营活动的单位和个人申请领购发票，税务机关应要求提供保证人，或者缴纳不超过 1 万元的保证金，并限期缴销发票。

【导入案例解析】

（1）高某应向当地税务机关申请代开劳务费普通发票。

（2）高某在税务机关为其代开劳务费普通发票时，应当按服务业计算缴纳营业税，同时根据缴纳的营业税缴纳相应的城建税及教育费附加，并按劳务报酬所得缴纳个人所得税。

应缴纳营业税＝50 000×5%＝2 500（元）

应缴纳城建税＝2 500×7%＝175（元）

应缴纳教育费附加＝2 500×3%＝75（元）

应缴纳个人所得税：

应纳税所得额＝（50 000－2 500－175－75）×（1－20%）＝37 800（元）

因此，高某应缴纳个人所得税 37 800×30%－2 000＝9 340（元）。

4.1.3 代理领购发票操作要点

1．代理自制发票审批程序与操作要点

《中华人民共和国发票管理办法实施细则》规定：有固定生产经营场所、财务核算和发票管理制度健全的纳税人，发票使用量较大的单位或统一发票式样不能满足业务需要的，可以向省以上税务机关申请印有本单位名称的发票。

（1）要求用票单位根据业务特点和经营需要，设计发票式样，预计使用数量。

（2）代理填写《企业自制发票申请审批表》，写明所需发票的种类、名称、格式、联次和需求数量，连同发票式样一同提交主管税务机关审批。

（3）取得税务机关核准的《发票印制通知书》后，到指定的印刷厂印制。

（4）根据《国家税务总局关于办理印有企业名称发票变更缴销手续问题的批复》（国税函[2008]929 号）规定，印有企业名称发票，在企业办理变更税务登记的同时，办理发票变更手续，并重新办理印有企业名称发票的行政审批手续。

2．代理统印发票领购操作要点

1）统印发票的领购方式

（1）批量供应。税务机关根据用票单位业务量对发票需求量的大小，确定一定时期内的合理领购数量，用量大的可以按月领购，用量不太大的可以按季领购，防止其积存较多发票而引起管理上的问题。这种方式主要适用于财务制度较健全、有一定经营规模的纳税人。

（2）交旧购新。用票单位交回旧的（即已填用过的）发票存根联，经主管税务机关审核后留存，才允许领购新发票。

（3）验旧购新。这种方式与交旧购新基本相同，主要区别是税务机关审验旧发票存根以后，由用票单位自己保管。

后两种方式适用于财务制度不太健全、经营规模不大的单位和个体工商户，以便于税务机关能及时检查并纠正其发票使用过程中出现的问题。

【特别提示】

注意3种领购方式的区别及各种方式的适用情况。

2）统印发票领购操作要点

（1）注册税务师应根据用票单位适用的发票领购方式，办理发票领购手续。在初次办理统印发票的领购时，应填写《发票领购申请审批表》，经核准后，持《普通发票领购簿》、单位公章、经办人印章等到主管税务机关办理发票领购手续，按规定缴纳发票工本费，并取得收据。

（2）发票领购以后，注册税务师应将其与《发票领购簿》记载的种类、数量、字轨号码进行核对，确认无误后交给用票单位并履行签收手续。

（3）对于再次领购发票的用票单位，注册税务师应按税务机关发票保管与使用的规定，认真审查发票存根联的各项内容，对于发现的问题应提示用票单位予以纠正后，再按用票单位适用的购票方式办理发票领购手续。

（4）对于用票单位已经发生的发票丢失、发票使用不符合规范等问题，注册税务师应指导用票单位向主管税务机关提交检查报告，并办理有关手续。

【例 4-4】财务制度较健全、有一定经营规模的纳税人适用（　　）发票购领方式。

A．交旧购新　　B．验旧购新　　C．限量供应　　D．批量供应

4.2 发票填开的要求及操作要点

注册税务师在代理建账建制、办理账务、开展税务咨询、受聘税务顾问等业务过程中，必然涉及企业在经济业务往来中如何开具和取得发票的问题。因此，对于发票的开具要求和填开的操作要点也是注册税务师必备的专业技术要求。

4.2.1 发票的开具要求

1．发票开具使用的要求

任何填开发票的单位和个人必须在发生经营业务并确认营业收入时，才能开具发票，未发生经营业务一律不得开具发票；不得转借、转让或者代开发票；未经税务机关批准，不得拆本使用发票，也就是说不能将一本发票拆成一份一份使用；不得自行扩大专用发票的使用范围，如将增值税专用发票用于非增值税一般纳税人。

2．发票开具时限的要求

增值税专用发票开具的时限见表4-2。

表4-2　增值税专用发票开具的时限

结算方式	开具增值税专用发票的时间
预收货款、托收承付、委托银行收款	货物发出的当天
交款发货	收到货款的当天
赊销、分期收款	合同约定的收款日期的当天
将货物交给他人代销	收到受托人送交的代销清单的当天
其他视同销售货物行为	货物移送的当天

【特别提示】

自2009年1月1日起，先开具发票的，纳税义务发生时间为发票开具的当天。

【例 4-5】增值税一般纳税人发生下列结算方式中，不以发货当天作为销项税额确认时限的有（　　）。

A．托收承付，已办妥托收手续　　B．交款发货

C．预收货款　　D．分期收款

3．发票开具地点的要求

发票限于领购单位和个人在本省（自治区、直辖市）范围内开具，有些省级税务机关规定仅限于在本县、市内开具；有些省级税务机关虽然规定在本省（自治区、直辖市）跨县、市开具，但附有限定条件。任何单位和个人未经批准，不得跨规定的使用区域携带、邮寄或者运输发票，更不得携带、邮寄或者运输发票出入国境。

4．电子计算机开具发票的要求

用票单位使用电子计算机开具发票，必须报经主管税务机关批准，并使用税务机关统一监制的机外发票，即经税务机关批准的在定点印制发票企业印制的供电子计算机开具的发票。同时，开具后的存根联应当按照顺序号装订成册，以备税务机关检查。

4.2.2　发票填开的操作要点

1．发票的开具

任何单位和个人销售商品、提供服务及从事经营活动时，对外发生经营业务收取款项，收款方应当向付款方开具发票。特殊情况下，由付款方向收款方开具发票：①收购单位收购货物或者农副产品付款时，应当向收款人开具发票；②扣缴义务人支付个人款项时，应当向收款人开具发票。

【例 4-6】下列项目中，应由付款方向收款方开具发票的是（　　）。

A．商场向消费者个人零售商品　　B．小商品市场向经销商批发商品

C．转让专利技术的某科研所向受让方收取款项

D．收购单位向农民收购农副产品支付款项

2．发票的填写

开具发票应当按照规定的时限、顺序，逐栏、全部联次一次性如实填开，即必须做到按号码顺序填开，填写项目齐全，内容真实，字迹清楚，全部联次一次性复写或打印，内容完全一致，并在发票联或者抵扣联加盖单位财务印章或发票专用章。填写专用发票还要求：字迹不得涂改；票面品名与货物相符，票面金额与实际收取的金额相符；各项目内容正确无误，发票联和抵扣联盖财务专用章或发票专用章；按照《增值税专用发票使用规定（试行）》第6条所规定的时限开具专用发票；不得拆本使用专用发票，以及不得开具票样与国家税务总局统一制定的票样不相符的专用发票。同时，填写发票应当使用中文；民族自治地方可以同时使用当地通用的一种民族文字；外商投资企业和外国企业可以同时使用一种外国文字。

3．发票的取得

为了便于进行会计核算，任何单位和从事生产经营活动的个人在购买商品、接受服务及从事其他经营活动中支付款项，应当向收款方索取发票。根据《发票管理办法》规定，在取

得发票时，不得要求变更品名和金额。同时，不符合规定的发票，一律不得作为财务报销凭证，任何单位和个人有权拒收。

4．发票的作废

关于专用发票作废和开具红字增值税专用发票的规定见表4-3。

用票单位和个人开具发票发生错填、误填等需要重新开具发票的，可在原发票上注明“作废”字样后，重新开具发票；如果发生销货退回需开红字发票，必须收回原发票并注明“作废”字样或者取得对方的有效凭证；发生销售折让的，在收回原发票并注明“作废”字样后，重新开具销售发票。开具专用发票填写有误的，应当另行开具，并在误填的专用发票上注明“误填作废”四字；如专用发票开具后因购货方不索取而成为废票，也应按填写有误办理。

表4-3　关于专用发票作废和开具红字增值税专用发票的规定

处理类型	具体规定	
作废	作废条件是指同时具有下列情形： （1）收到退回的发票联、抵扣联时间未超过销售方开票当月； （2）销售方未抄税并且未记账； （3）购买方未认证或认证结果为“纳税人识别号认证不符”、“专用发票代码、号码认证不符”	
开具红字增值税专用发票	购买方应向主管税务机关填报《开具红字增值税专用发票申请单》的情形	一般纳税人取得专用发票后，发生销货退回、开票有误等情形不符合作废条件的，或因销货部分退回及发生销售折让的
	销售方须在专用发票认证期限内向主管税务机关填报申请单	因开票有误购买方拒收专用发票的

【例4-7】下列关于企业开具和使用发票的说法中，正确的是（　　）。

A．属于民族自治区的企业，必须同时使用中文和民族文字开具发票

B．可以拆本使用专用发票

C．发票的字迹可以涂改，但金额绝对不能涂改

D．发票的全部联次必须一次性如实填开

【例4 8】以下属于可以由付款方向收款方开具发票的有（　　）。

A．甲造纸厂向农业生产者收购林木

B．乙啤酒厂向废品收购站收购旧啤酒瓶

C．某工业企业向自由职业者张某支付5 000元劳务费时

D．丁是独立核算的白酒经营部，从关联酒厂购进白酒

【例4-9】关于发票的填写，纳税人的下列行为中，表述不正确的是（　　）。

A．甲商店销售货物，由于购买者无法确定其单位全称，要求甲商店不要填开购货方单位名称，由购买者单位的会计补填发票联；之后再打电话告知具体单位名称，由甲商店补填剩余联次

B．甲商店零售货物，某企业采购了20余种办公用品，由于发票样式中产品品种行次不够，所以在发票中统一填写为其中一种办公用品，不列明其他办公用品

C．甲商店销售货物开具发票时，由于开票人失误，忘记加盖发票专用章，第二天取回原发票补盖发票专用章

D．甲商店销售货物按规定应开具增值税专用发票，由于开票人的错误，将对方单位的税务登记证号填错，对方单位将发票送回重开时，开票人在原发票上注明“作废”字样后重新开具专用发票

4.3 发票审查代理实务

发票检查是税收检查的重要内容和发票管理的重要环节。注册税务师开展发票审查业务属于用票单位自查，可以有效地指导用票单位的发票管理，减少纳税风险。

4.3.1 代理发票审查的基本内容

代理发票审查一般不单独进行，而是注册税务师在计算填报纳税申报表和办理发票领购手续之前所做的准备工作。当然，在审查纳税情况时，代理发票审查也是不可缺少的环节。

注册税务师接受纳税人委托进行发票审查时，首先应明确发票审查的目的和要求，以及审查的对象和范围，然后深入纳税人的生产经营场所进行实地审查。

1．普通发票代理审查操作要点

1）审查发票基础管理情况

发票基础管理工作的状况，直接影响到发票使用、保管等各个环节的管理成效。发票基础管理工作包括用票单位发票管理人员的配备、发票存放的安全性、发票取得与开具管理环节的严密性等。

2）审查发票领购、发放、保管情况

对发票领购环节主要审查发票领购的手续是否合法，有无私印、私售发票的问题；对发票发放环节主要审查发票的发放是否符合规定的范围，按序时登记并有领取人的签收手续；对发票保管环节主要审查发票存根、库存未用的发票是否保存完整，账面数与实际库存数是否相等，有无发生丢失、霉烂等情况；已用的发票存根联及作废发票是否完整保存，是否按规定造册登记并报税务机关销毁。

3）审查发票使用情况

注册税务师审查发票的使用情况，主要从 3 个方面入手：①审查发票开具内容是否真实；②审查发票有无超经济范围填开的问题，填开的方法是否符合规定要求；③审查发票取得是否符合发票管理制度的规定，有无转借、代开或虚开发票的问题。对于从中国境外取得的发票如有疑问，可要求纳税人提供境外公证部门或注册会计师的确认证明。

2．增值税专用发票代理审查操作要点

增值税专用发票是纳税人经济活动中的重要原始凭证，是兼记销货方纳税义务和购货方进项税额的合法证明，对增值税的计算和管理起着决定性的作用。因此，做好增值税专用发票的代理审查工作，对保证纳税人正确核算应纳税额十分重要。增值税专用发票的审查除上述审查普通发票的操作要点以外，还应侧重以下几个方面：①增值税专用发票开具的范围；②增值税专用发票抵扣联的取得；③增值税专用发票的缴销。

4.3.2 代理发票审查的基本方法

注册税务师审查发票的方法可以因事而异，其目的是帮助纳税人严格按照发票管理制度的规定取得和开具发票，保证原始凭证的真实性与合法性。

1．对照审查法

对照审查法是将出票单位发票使用的实际情况与《发票领购簿》及发票领用存的情况核对，审查私印发票、丢失发票、转借发票、虚开发票、代开发票、使用作废发票和超经营范围填开发票的问题。

【税务代理案务】

XX税务师事务所受托对亚桑公司2011年10月至2012年12月的发票使用情况进行审查。注册税务师通过增值税应交税费明细账与增值税专用发票抵扣联等进项原始凭证核对，其他业务收入与开出发票的记账联核对等方法，发现问题如下。

2011年12月筹建期内采购低值易耗品，从某商场取得增值税专用发票未附“销货清单”3份。

2012年2月5日、11日、23日从某生铁厂采购原料取得的增值税专用发票抵扣联3份为旧版专用发票，应予以缴销金额为124 000元，已计提进项税额21 080元。

2011年10—12月销售边角余料取得其他业务收入74 100元，已作销售处理，但是开具企业事业单位往来结算收据，属于以非经营性票据结算经营性收入。

2012年10—12月该公司采购原材料，取得运费发票6份未加盖财务专用章，金额25 070元。

【案例解析】

针对上述问题，注册税务师提出如下建议。

对旧版作废发票，应要求销货方收回并重新开具增值税专用发票；对未开具销货清单和未加盖财务专用章的问题，要求销售方予以补正。否则，应将已提取的进项税额从增值税应交税费明细账的贷方转出，补缴增值税。对于销售边角余料应到主管国税机关申请购买工业企业产品销售普通发票，用以结算收入。

2．票面逻辑推理法

这是根据发票各个栏目所列内容之间，发票与用票单位有关经济业务之间的关系进行分析审核，从中发现问题的一种审查方法。

（1）利用发票的各项内容之间的逻辑关系进行分析审核。发票所列各项内容之间，有其内在的逻辑关系或规律性，如果违背了这些规律，就说明发票使用存在问题。

（2）利用发票和企业经济业务的关系进行分析审核。发票与企业的购销业务有着直接的联系，而购销业务与企业存货数量及货币资金（包括债权、债务）的增减变化有着一定的对应关系，利用这一逻辑关系就可以审查发票使用有无问题。

3．发票真伪鉴别方法

在实际工作中，用票单位和个人往往会遇到真伪发票的鉴别问题。因此，注册税务师学会鉴别真伪发票的方法，对于指导纳税人依法取得合法有效的结算凭证，保护自身的经济利益十分有益。

1）普通发票真伪鉴别方法

（1）发票监制章是识别发票真伪的法定标志之一，全国统一启用的新版发票的“发票监制章”，其形状为椭圆形，上环刻制“全国统一发票监制章”字样，下环刻制“税务局监制”字样，中间刻制国税、地税税务机关所在地的省、市全称或简称，字体为正楷，印色为大红色，套印在发票联的票头正中央。

（2）从发票联底纹、发票防伪专用纸等方面识别。这些防范措施也是识别发票真伪的重要依据。

（3）采用发票防伪鉴别仪器，识别是否为统一的防伪油墨。

2）增值税专用发票真伪鉴别方法

为鉴别增值税专用发票的真伪，首先应了解其防伪措施，然后，采取特定的审查方法来鉴别其真伪。

（1）对照光线审查增值税专用发票的发票联和抵扣联，看是否为国家税务总局统一规定的带有水印图案的防伪专用纸印制。

（2）用紫外线灯和发票鉴别仪鉴别无色和有色荧光防伪标志。

【例 4-10】关于发票审查代理的内容，下列说法正确的是（　　）。

A．纳税人要按规定的期限缴纳专用发票，对于填开有误的专用发票要加盖“作废”章后予以缴销

B．代理发票审查一般不单独进行，而是注册税务师在计算填报纳税申报表和办理发票领购手续之前所做的准备工作

C．发票审查中票面逻辑推理法是指利用发票票面所列的各项内容之间的逻辑关系进行分析审核

D．用紫外线灯和发票鉴别仪鉴别无色和有色荧光防伪标志是对增值税专用发票的一种特定的审查方法

E．对照审查法是将用票单位的《发票领购簿》与发票领用存登记表的情况进行核对

【税务代理案例】

××科学仪器有限公司是高新技术企业，生产高分子光谱科学仪器。该公司除销售产品外，还提供计算机软件和光谱分析服务，属于增值税混合销售并有营业税纳税义务的企业。为了能指导企业正确区分纳税义务，准确认定销售和经营收入适用税种、税目，××税务师事务所按季度审查该公司发票使用及计税情况，2009 年第四季度审查后的资料如下。

1．取得采购计算机增值税专用发票金额 30 万元，原材料、包装物、低值易耗品增值税专用发票价税合计 129 万元，已按票面注明税额计提进项税额。其中：有 6 台计算机（单价 4 500 元）用于光谱分析服务，随同材料采购支付的运输费用 2.2 万元，已按 7%计提进项税额，其中有 3 份套印××市国税局发票监制章的发票，运费金额 0.62 万元。

2．2012 年第四季度销售产品和提供光谱分析服务开具发票情况如下。

（1）销售光谱分析增值税专用发票价税合计 375 万元。

（2）销售外购计算机和光谱分析计算机软件产品，开具增值税专用发票价税合计 112 万元，同时提供的软件产品分析服务，开具服务业收入发票金额合计 28 万元，并按 5%计算缴纳营业税。

（3）向医院、高新技术企业提供光谱分析服务，开具服务业收入发票结算收入 44.10 万元。

（4）向科研单位和大专院校提供光谱分析服务，以往来款项结算凭证“企事业单位收款收据”结算收入 26 万元，挂在往来款项未作计税收入。

3．发票开具与取得其他方面的问题如下：

（1）营销部租用金鼎大厦写字间租赁费 8 万元，取得的原始凭证为服务业收入发票。

（2）外购低值易耗品取得增值税专用发票 7 份，小写金额未封顶 3 份。

（3）该公司销售软件产品的同时发生的混合销售行为，未在同一张增值税专用发票或产品销售发票上开具并分别列示计税收入。

【案例解析】

根据上述资料编制××科学仪器有限公司代理发票审查报告如下。

关于××科学仪器有限公司代理发票审查的报告

××科学仪器有限公司：

我们接受委托对贵公司 2012 年第四季度发票开具、取得及相关纳税情况进行审查，根据贵公司提供的原始凭证和财务核算资料，经审查发现问题如下。

一、贵公司采购计算机中的 6 台用于非应税劳务，每台计算机的价税合计金额 4 500 元，按《增值税暂行条例》的规定其进项税额不予抵扣，应作为固定资产计入采购成本，并应作出增值税应交税费明细账进项税额转出 3 923.0 元的会计处理。

二、贵公司销售计算机软件的同时提供分析服务应按混合销售计算缴纳增值税，而不是按开出发票的类别区分适用的税种，已纳营业税税额应按增值税进行调整，今后凡有类似业务应开具增值税专用发票或工业企业产品销售统一发票。

三、贵公司向大专院校科研单位提供光谱分析服务，应以服务业收入统一发票进行核算并记入营业收入账户，已取得劳务收入 26 万元，应按服务业 5%的税率缴纳营业税 1.3 万元。

四、运费发票按××市发票管理制度的规定：从 2008 年 1 月 1 日起，凡用于结算营业税收入的发票均由地方税务局管理，统一套印××市地方税务局发票监制章，原套印××市国税局发票监制章的运输费用统一结算发票应予以作联缴销。因此，贵公司取得的已作废的运费发票应要求提供劳务的单位重新开具。否则，不予以列支成本、费用和计提进项税额。

五、贵公司营销部租用写字间，提供房屋使用权的单位应到主管地方税务机关开具“房屋租赁统一发票”，并按租金收入 5%缴纳营业税，12%缴纳房产税。收款方开具的服务业统一发票不能作为费用列支凭证。

六、贵公司开具发票所涉及销售产品或非应税劳务应作明确的列示。

第一，销售产品、计算机、计算机软件收入为增值税的应税销售额，如果同时提供光谱分析服务应为混合销售，在同一张发票上应分别填写计税金额，计算缴纳增值税。而且，只能使用增值税专用发票或工业企业产品销售发票与付款方结算。

第二，单独提供光谱分析服务包括提供技术资料和培训服务，在与接受应税劳务的单位进行结算时，一律开具服务业统一发票，其项目应填写光谱分析服务，计算缴纳营业税。

七、贵公司采购和财务人员在取得发票作为原始凭证入账前，应认真审核其发票的类别所适用的业务范围，发票的版本是否为旧版发票，发票各栏目的填写和印章有无错误或缺漏，如有问题应及时与收款方沟通解决。

上述问题请贵公司尽快予以纠正。有关税额计算和会计处理的调整，在年度汇算清缴所得税前，由我所协助贵公司进行。

××税务师事务所
注册税务师××
2013 年 1 月 18 日

本章小结

本章主要内容包括发票的管理权限——按增值税和营业税的征税范围划分；增值税专用发票管理的规定——不得领购、不得开具；货物运输发票的管理规定及抵扣问题。

发票领购的适用范围；自制发票的审批程序；统印发票的领购方式。

发票开具的时间、地点、计算机开具发票的要求。

付款方向收款方开具发票的情形。

开具发票时使用文字的要求。

增值税专用发票作废和开具红字专用发票的规定。

发票审查代理。

职业能力训练

一、单项选择题

1. 以下人员，可以认定为货物运输发票自开票纳税人的是（　　）。
   A. 从事货物运输的承包人　　B. 从事货物运输的承租人
   C. 从事货物运输的挂靠人　　D. 从事内河货运服务的纳税人

2. 以下情况可以开具增值税专用发票的是（　　）。
   A. 某防盗门生产企业将自产防盗门用于集体宿舍
   B. 某制药厂向某药品连锁企业捐赠自产保健食品
   C. 某服装厂向日本销售服装
   D. 某汽车公司为国内某知名人士定做的小汽车

3. 以下不属于营业税纳税人使用的普通发票的是（　　）。
   A. 机动车专项修理专用发票　　B. 建筑安装企业统一发票
   C. 代理购销业务统一发票　　D. 饮食业统一发票

4. 以下属于增值税纳税人使用的普通发票的是（　　）。
   A. 自来水公司水销售专用发票　　B. 海关完税凭证
   C. 水上运输企业的客票　　D. 水路货运结算发票

5. 临时到本省、自治区、直辖市以外从事经营活动的单位和个人，凭所在地税务机关开具的“外出经营活动税收管理证明”，在（　　）的前提下，可向经营地税务机关申请领购经营地发票。
   A. 预缴 20 000 元的保证金　　B. 预缴税款
   C. 办理纳税担保　　D. 提供工商营业执照副本及税务登记证副本

6. 某大型企业，销售业务量大，想申请印有企业名称发票，以下关于自制发票的说法不正确的是（　　）。
   A. 可以申请增值税专用发票及普通发票的自制
   B. 应填写《企业自制发票申请审批表》，写明所需发票的种类、名称、格式、联次和需求数量，连同发票式样一同提交主管税务机关审批
   C. 取得税务机关核准的《发票印制通知书》后，到指定的印刷厂印制
   D. 可以自行设计本单位的发票式样，报经县（市）以上税务机关批准到指定的印刷厂印制

7. 对于发票的开具使用，以下说法错误的是（　　）。
   A. 单位和个人应该在发生经营业务并确认营业收入时，才能开具发票，未发生经营业务一律不得开具发票
   B. 单位和个人不得转借、转让或者代开发票
   C. 一律不得拆本使用发票
   D. 不得倒买或者倒卖发票

8. 以下关于增值税专用发票的抵扣的规定正确的是（　　）。
   A. 应在增值税专用发票开具之日起 180 日内到税务机关办理认证，并在认证通过的次月申报期内，向主管税务机关申报抵来扣进项税额

B. 应在增值税专用发票开具之日起 90 日内到税务机关办理认证，并在认证通过的次月申报期内，向主管税务机关申报抵扣进项税额

C. 应在增值税专用发票开具之日起 180 日内到税务机关办理认证，并在认证通过的当月申报期内，向主管税务机关申报抵扣进项税额

D. 应在增值税专用发票收到之日起 180 日内到税务机关办理认证，并在认证通过的次月申报期内，向主管税务机关申报抵扣进项税额

9. 以下关于代理发票审查的理解不正确的是（　　）。

A. 代理发票审查一般不单独进行，而是注册税务师在计算填报纳税申报表和办理发票领购手续之前所做的准备工作

B. 发票发放环节是否按序时登记并有会计负责人的签收手续

C. 对发票发放环节主要审查发票的发放是否符合规定的范围

D. 对发票保管环节主要审查发票存根、库存未用的发票是否保存完整，账面数与实际库存数是否相等

二、多项选择题

1. 以下关于专业发票的表述中，正确的有（　　）。

A. 专业发票是增值税专用发票另一种分类的名称

B. 专业发票可以不套印税务机关的统一发票监制章

C. 专业发票可以由政府主管部门自行管理，也可以根据税收征管的需要纳入统一发票管理

D. 邮票、邮单、电报收据均属于专业发票

E. 代理购销业务统一发票是专业发票的一种

2. 有下列（　　）情形者，不得开具增值税专用发票。

A. 向小规模纳税人销售应税项目　　B. 销售报关出口货物

C. 将货物用于非应税项目　　D. 将货物用于集体福利或个人消费

E. 将货物用于投资入股

3. 某生产企业，为增值税一般纳税人，取得如下货运发票，注册税务师认为可以抵扣的有（　　）。

A. 销售产品取得由代开票纳税人提供的货物运输业发票

B. 物流单位开具的货物运输业发票

C. 涉外交易中取得的国际货运发票

D. 联运单位开具的运费发票，注明运杂费为 10 000 元

E. 外购货物取得的运费定额发票

4. 关于货运发票的抵扣问题，下列说法中正确的有（　　）。

A. 增值税一般纳税人取得的代开票单位为代开票纳税人开具的货物运输业发票准予抵扣进项税额

B. 增值税一般纳税人取得的自开票纳税人的联运单位开具的货物运输业发票准予计算抵扣进项税额

C. 增值税一般纳税人取得的货物运输发票上如果分别注明运费和杂费的，可以根据运费计算抵扣进项税额

D．增值税一般纳税人取得的货物运输发票上注明为运杂费的，由税务机关根据实际情况进行划分，计算准予抵扣的进项税额

E．增值税一般纳税人取得的自开票纳税人的物流单位开具的货物运输发票准予计算抵扣进项税额

5．下列关于发票开具要求的表述中，正确的有（　　）。

A．如果未发生经营业务，一律不得开具发票

B．任何填开发票单位和个人不得转借、转让或者代开发票

C．任何填开发票的单位和个人一律不得拆本使用发票

D．任何单位和个人未经批准，不得跨规定的使用区域携带、邮寄或者运输发票，更不得携带、邮寄或者运输发票出入国境

E．填开发票单位如果有特殊需要，可以自行扩大专用发票的适用范围

6．以下情况需要由付款方向收款方开具发票的有（　　）。

A．某小规模食品公司向一般纳税人的商场销售自产食品

B．某小规模制药厂向农民收购自产中药材

C．某白酒厂受托为某航空公司加工生产白酒

D．某行政单位将办公楼出租给某企业

E．某饮料公司为增值税一般纳税人向农民收购柑橘

第 5 章

建账建制代理实务

JIANZHANG JIANZHI DAILI SHIWU

【学习目标】

知识目标：了解代理建账记账的适用范围，熟悉代理建账建制的基本要求，熟悉代制记账凭证、代作账务处理、代理编制会计报表的操作规范。

能力目标：能够运用本章所学的理论知识为个体和私营经济业主代理建账建制工作。学习本章时应该重点掌握代理建账建制的基本内容和操作规范。

【导入案例】

某汽车修配厂是一家私营企业，老板在办理完相应法定手续后，朋友提醒要按照规定做账，但老板说其不会做账，朋友遂告知可以从税务师事务所情人代理记账。已知该汽车修配厂的月销售额是 45 000 元。

【思考】代理建账建制的内容是什么？应如何代理记账？

5.1 代理建账建制适用范围与基本要求

5.1.1 代理建账建制适用范围

代理建账建制指税务代理人接受纳税人的委托，根据纳税人的生产经营情况建立相应的会计核算和财务管理制度。

根据国务院批转国家税务总局《关于加强个体私营经济税收征管强化查账征收工作的意见》。个体、私营业户可自行建账，也可以聘请社会中介机构代理建账，具体范围如下：①有固定经营场所的个体、私营经济业户；②名为国有或集体实为个体、私营经济业户；③个人租赁、承包经营企业。

对于经营规模小、确无建账能力的业户，经县以上税务机关批准，可暂不建账或不建置账簿。

【特别提示】

建账、建制、代理记账是注册税务师执业的一项内容，其主要面对的服务对象是财务核算制度不健全，缺少合格会计人员的集体、私营中小企业，还有数量庞大的个体工商户。

5.1.2 代理建账建制基本要求

在实际工作中，大多数个体、私营业户存在着从业人员素质普遍偏低、服务人员短缺、自行建账困难的共性问题，并且查账征收的方法涉及面广、综合性强，要想在个体、私营业户中全面实行建账，单凭税务机关独立运作则难以实现有效的控制和监管。此时，税务代理等社会中介机构介入到这项工作中就显得尤为重要。注册税务师首先应了解国家有关代理记账的管理制度。在代理建账建制过程中，主动接受税务机关的监督与管理，区别不同的业户实施分类建账。对于达到一定经营规模的个体工商户，按定期定额征收的私营企业，各类名为国有、集体实为个体或私营的企业，个人租赁承包经营的企业要建立复式账，其他业户要建立简易账。

1．复式账建账建制的基本要求

符合下列情形之一的个体工商户，应当设置复式账。

（1）注册资本金在 20 万元以上的。

（2）销售增值税应税劳务的纳税人或营业税纳税人月销售（营业）额在 40 000 元；从事货物生产的增值税纳税人月销售额在 60 000 元以上；从事货物批发货零售的增值税纳税人月销售额在 80 000 元以上的。

（3）省级税务机关确定应设置复式账的其他情形。

【特别提示】

建立复式账的个体工商户应按《个体工商户会计制度（试行）》的规定设置总分类账、明细分类账、日记账等，进行财务会计核算，如实记载财务收支情况。成本、费用列支和其他财务核算规定按照《个体工商户个人所得税计税办法（试行）》执行。

简而言之，符合上述条件的个体工商户要建立复式账。依据会计准则中会计账簿的规定，复式账簿中的现金日记账、银行存款日记账和总分类账，必须使用订本式账簿，其他账簿可根据业务的实际发生情况选用活页账簿。建制要遵循《个体工商户会计制度（试行）》和《个体工商户个人所得税计税办法（试行）》。

2. 简易账建账建制的基本要求

符合下列情形之一的个体工商户，应当设置简易账，并积极创造条件设置复式账。

（1）注册资本金在 10 万元以上 20 万元以下的。

（2）销售增值税应税劳务的纳税人或营业税纳税人月销售（营业）额在 15 000～40 000 元；从事货物生产的增值税纳税人月销售额在 30 000～60 000 元；从事货物批发或零售的增值税纳税人月销售额在 40 000～80 000 元的。

（3）省级税务机关确定应当设置简易账的其他情形。

【导入案例解析】

由于该汽车修配厂的月销售额是 45 000 元，所以该汽车修配厂应建立简易账。

【特别提示】

设置简易账的个体工商户应当设置经营收入账、经营费用涨、商品（材料）购进账、库存商品（材料）盘点表和利润表，以收支方式记录、反应生产、经营状况并进行简易会计核算。简易账簿均采用订本式，设置简易账簿核算的个体工商户，其会计制度和财务制度应与设立复式账的个体工商户相同，只是会计核算科目、核算方法要简单许多。

将建账建制的两个基本要求对比来看，得出表 5-1。

表 5-1 建账建制的两个基本要求对比

内　容	建立复式账的条件（满足其一即可）	建立简易账的条件（满足其一即可）
注册资金	20 万元以上	10 万～20 万元
销售增值税应税劳务的纳税人或营业税纳税人月销售（营业）额	40 000 元以上	15 000～40 000 元
从事货物生产的增值税纳税人月销售额	60 000 元以上	30 000～60 000 元
从事货物批发或零售的增值税纳税人月销售额	80 000 元以上	40 000～80 000 元

【例 5-1】（多选）以下情形之一的个体工商户，需要设置复式建账建制的有（　　）。

A．注册资金 18 万元

B．销售增值税应税劳务月销售额 30 000 元

C．从事货物生产的增值税纳税人月销售额 70 000 元

D．从事货物批发的增值税纳税人销售额 70 000 元

E．营业税纳税人月营业额 60 000 元

5.2 代理建账建制的基本内容和操作规范

5.2.1 代理建账建制的基本内容

我国现行财务会计制度体系是以企业财务通则与企业会计准则为基本法规，在“两则”下按行业设置13种会计制度和财务制度来规范行业的财务核算与管理。本节主要介绍代理建账建制的基本内容。主要针对应按个体工商户会计制度、财务制度核算的纳税单位，就个体工商户的会计制度与个人所得税计税办法而言，属于按经济性质设置会计与财务制度。虽然其核算的基本原则与方法趋同于现行财务、会计制度，但是具体会计科目的运用、税前成本费用列支的标准都有一定差别。

1．代建个体工商户复式账会计制度

注册税务师为个体工商户建立复式账簿，应按个体户会计制度的规定，设置和使用会计科目（表5-2）、简易会计科目（表5-3）。也可以根据实际情况自行增加、减少或合并某些会计科目，按月编制资产负债表（表5-4）、应税所得表（表5-5）和留存利润表（表5-6），报送主管财税机关。

表5-2　个体工商户会计科目

顺序号	编　号	科目名称	顺序号	编　号	科目名称
		一、资产类			三、业主权益类
1	101	现金	16	301	业主投资
2	102	银行存款	17	311	本年应税所得
3	111	应收款项	18	312	留存利润
4	121	存货			
5	131	待摊费用			
6	141	待处理财产损失			四、成本类
7	151	固定资产	19	401	生产成本
8	152	累计折旧			
9	153	固定资产清理			五、损益类
10	154	在建工程	20	501	营业收入
11	161	无形资产	21	502	营业成本
		二、负债类	22	503	营业税金
12	201	借入款项	23	504	营业费用
13	211	应付款项	24	501	营业外收支
14	212	应付工资	25	521	税后列支费用
15	213	应交税费			

表 5-3 个体工商户简易会计科目

顺序号	编　号	科目名称
1	01	现金及存款
2	02	应收款项
3	03	存货
4	06	长期资产
5	10	应付款项
6	11	应交税费
7	21	业主资金
8	22	本年应税所得
9	31	营业收入
10	32	营业费用

【特别提示】

个体户有的会计科目是简化的，如三项期间费用（管理费用、销售费用、财务费用）均统一在“营业费用”科目中核算；同时，有一个科目是“税后列支费用”用于核算老板的工资支出及其他应由老板自己承担的费用。

表 5-4 个体工商户资产负债表

编制单位：　　××年　　单位：元

资　产	金　额	负债及业主权益	金　额
资　产：		负　债：	
现　金		借入款项	
银行存款		应付款项	
应收款项		应付工资	
存　货		应交税费	
待摊费用		负债合计	
待处理财产损失			
固定资产原价			
减：累计折旧		业主权益：	
固定资产净值		业主投资	
固定资产清理		留存利润	
在建工程		业主权益合计	
无形资产			
资产总计		负债及业主权益总计	

表 5-5 个体工商户复式账应税所得表

编制单位：　　××年　　单位：元

项　目	行　次	金　额
营业收入		
减：营业税金及附加		
营业成本		
营业费用		
营业外收支（净收益以“－”号表示）		
本年经营所得（如为经营亏损以“－”号表示）		
减：应弥补的以前年度亏损		
本年应税所得（如为亏损以“－”号表示）		

表 5-6　个体工商户留存利润表

编制单位：　　××年　　单位：元

项　　目	行　　次	金　　额
本年应税所得		
减：个人所得税		
税后列支费用		
转入逾期亏损		
加：年初留存利润		
年末留存利润		

2．代建个体工商户简易账会计制度

建立简易账簿的个体工商户，生产经营的特点是规模小、收入少，因而核算内容从会计科目（表 5-2）的设置到编制会计报表都大大简化，主要是控制收支两方面的核算和反映盈亏。注册税务师代为建账建制除设置简易会计科目核算外，还要按月编制个体工商户所得税年度申报表（表 5-7），在办理当期纳税申报时向主管财政、税务机关报送。

表 5-7　个体工商户所得税年度申报表

填表日期：×年×月×日

纳税人识别号：　　　　金额单位：元（列至角分）

<table>
<tr><td colspan="3">业主姓名：×××</td><td>地址</td><td colspan="2"></td></tr>
<tr><td colspan="6">户名：××</td></tr>
<tr><td>业别：</td><td>开始生产经营日期</td><td></td><td>银行账号</td><td>电话</td><td></td></tr>
<tr><td colspan="5">项目</td><td>金额</td></tr>
<tr><td rowspan="6">应纳税所得额</td><td colspan="4">1．全年收入额</td><td></td></tr>
<tr><td colspan="4">2．成本</td><td></td></tr>
<tr><td colspan="4">3．费用</td><td></td></tr>
<tr><td colspan="4">4．税金</td><td></td></tr>
<tr><td colspan="4">5．损失</td><td></td></tr>
<tr><td colspan="4">6．应纳税所得额 1－（2＋3＋4＋5）</td><td></td></tr>
<tr><td rowspan="5">应纳个人所得税额的计算</td><td colspan="4">7．税率</td><td></td></tr>
<tr><td colspan="4">8．速算扣除数</td><td></td></tr>
<tr><td colspan="4">9．应纳所得税额（6×7－8）</td><td></td></tr>
<tr><td colspan="4">10．全年预缴税额</td><td></td></tr>
<tr><td colspan="4">11．应补（退）所得税额（9－10）</td><td></td></tr>
<tr><td>授权代理人</td><td colspan="2">（如果你已委托代理申报人，请填写下列资料）为代理一切税务事宜，现授权____（名称）____为本企业代理申报人。任何与本申报表有关的来往文件都可寄予此人。
授权人签字：</td><td>声明</td><td colspan="2">我声明：此纳税申报表是根据《中华人民共和国个人所得税法》的规定填报的，我确信它是真实的、可靠的、完整的。
声明人签字：</td></tr>
<tr><td colspan="3">纳税人（签字或盖章）：</td><td colspan="3">代理申报人（签字）：</td></tr>
<tr><td colspan="6">以下由税务机关填写</td></tr>
<tr><td>收到申报表日期</td><td colspan="2"></td><td>接收人</td><td colspan="2"></td></tr>
</table>

3. 代建个体工商户财务制度

长期以来，个体、私营业户税款征收的基本方法是定期定额，查账征收所占比例较低。改变所得税的计算方法实行查账征收，不仅要建立个体工商户的会计制度，还必须有规范的财务核算制度。凡是按个体工商户进行税务登记管理的，均以每一纳税年度的收入总额减除成本、费用和损失后的余额为应纳税所得额，作为计算个人所得税的依据。

（1）收入确认的原则是根据权责发生制，确认从事生产经营以及与此相关活动所取得的各项收入。

（2）成本的列支范围是个体户从事生产经营所发生的各项直接支出和应计入成本的间接费用。包括实际消耗的各种原材料、辅助材料、备品配件，外购半成品、燃料、动力、包装物等直接材料；实际发生的商品进价成本、运输费、装卸费、包装费；实际支出的折旧费、修理费、水电费、差旅费、租赁费（不包括融资租赁）、低值易耗品等，以及支付给生产经营从业人员的工资。

（3）费用的列支范围是个体户从事生产经营过程中所发生的三项期间费用即销售费用、管理费用和财务费用。

（4）损失的列支范围包括存货、固定资产盘亏、报废毁损和出售的净损失，自然灾害或者意外事故损失。此外，还包括在营业外支出科目中核算的赔偿金、违约金、公益救济性捐赠等。

（5）下列税前不允许扣除的各项支出，要从成本费用中剔除，包括：①资本性支出：包括为购置和建造固定资产、无形资产及其他资产的支出，对外投资的支出；②被没收的财物支付的罚款；③缴纳的个人所得税及各种税收的滞纳金、罚款；④各种赞助支出；⑤自然灾害或者意外事故损失有赔偿的部分；⑥分配给投资者的股利；⑦用于个人和家庭的支出；⑧与生产经营无关的其他支出；⑨国家税务总局规定不准扣除的其他支出。

【特别提示】

支付给生产经营从业人员的工资中不得包含业主的工资。

【导入案例解析】

注册税务师代汽车修配厂建简易账的基本内容为除设置简易会计科目核算外，还要按月编制个体工商户所得税年度申报表（表5-7），在办理当期纳税申报时向主管财政、税务机关报送。

【例5-2】（多选）个体工商户的下列支出，税收制度中不允许税前扣除的有（　　）。

A．用于个人和家庭的支出　　B．赞助支出

C．分配股利　　D．经营性支出

E．由于自然灾害造成损失的赔偿部分

5.2.2 代理建账建制的操作规范

凡是进行代理记账的工作人员，应购领统一格式的账簿凭证，启用账簿是送主管税务机关审验盖章。账簿和凭证要按发送的时间先后顺序填写、装订或粘贴，凭证和账簿不得涂改、销毁、挖补。对各种账簿、凭证、表格必须保存10年以上，销毁是须经主管税务机关审验和批准。

1．代制会计凭证

会计凭证是记录经济业务、明确经济责任的书面证明，是登记账簿的依据。会计账簿按其填制的程序和用途不同，分为原始凭证和记账凭证两种，代制会计凭证要在审核原始凭证的基础上代制记账凭证。

1）审核原始凭证

原始凭证是进行会计核算的原始资料，它根据来源的不同分为自制原始凭证和外来原始凭证两种。例如，个体户销售货物提供应税劳务所开具的发票，材料验收入库时填制的收料单，产品（商品）出库时填制的出库单等。代理记账人员代理记账但不代客户制作原始凭证，仅指导其正确填制或依法取得有效的原始凭证。为了保证记账凭证的真实合法性，应注意从以下几个方面审核原始凭证。

（1）原始凭证内容的真实性与完整性。原始凭证所记录的经济业务应与实际情况相符，各项内容应填写齐全。例如，开具或取得的发票，其客户名称、业务内容、单位价格、金额等栏目应真实完整地反映某项经济业务的来龙去脉，凡属名与真实情况不符或项目填列不全的发票，代理记账人员应指导纳税单位加以改正。

（2）原始凭证取得的时效性与合法性。原始凭证入账的时间有一定的时限要求，其凭证上注明的时间应与会计核算期间相符，凭证的取得也应符合现行财务和税收征管法规的要求。

2）代制记账凭证

记账凭证是根据合法的、审核无误的原始凭证或原始凭证汇总表编制的，它是登记账簿的依据。代理记账人员应根据纳税单位原始凭证的多寡和简繁情况，按月或按旬到户代制记账凭证。记账凭证可以根据每一张原始凭证单独填制，也可以按反映同类经济业务的若干原始凭证汇总填制。应注意以下3个方面的内容。

（1）根据原始凭证简要概括业务内容，填入“摘要”栏内，有助于登记账簿和日后查阅凭证。

（2）根据会计科目的内容正确编制会计分录，做到账户对应关系清晰。

（3）将记账凭证连续编排号码并附上原始凭证，按月装订成册。

【特别提示】

会计凭证是重要的经济资料和会计档案，代理记账人员在完成记账凭证的编制后，应帮助纳税单位建立立卷归档制度，并指定专人保管。

2．代为编制会计账簿

代理记账人员根据记账凭证所确定的会计分录，分别在日记账和分类账的有关账户中进行登记的工作简称为记账。代理简易账的记账工作是以收支方式记录、反映生产情况并进行简易会计核算，在编制记账凭证后根据业务内容按时间顺序记入相关账户，实际上是俗称的流水账。代记复式账的操作应根据会计账户的特点来进行。

（1）现金日记账和银行存款日记账，应由纳税单位的出纳人员登记，代理记账人员审核有关凭证和登记内容，使其能逐日反映库存现金和银行存款收入的来源、支出与结存的情况，保证账实相符。

（2）总分类账一般应采用借、贷、余额三栏式的订本账，它既可以直接根据各种记账凭证逐笔进行登记，也可以先编制汇总记账凭证或科目汇总表，再据以登记。

（3）明细分类账是总分类账的明细科目，一般采用活页式账簿。代理记账人员应根据个体、私营业户所属经营行业的特点，经营项目的主要范围，设置分类连续的记录和反映个体户资产、负债、所有者权益、成本、费用、收入等明细情况的分类账。

代理记账人员将上述账簿登记编制完毕，还要分别进行账证核对、账账核对和账实核对的对账工作，在会计期末即月份、季度和年度终了时进行结账，以确定本期收入成本、费用和应税所得，同时也为编制会计报表准备数据。

【特别提示】

个体工商户会计科目中的“本年应税所得”、“留存利润”是不同于企业会计制度的科目。期末企业的各项收入、成本费用转入本年应税所得，不能在税前列支的成本费用通过“税后列支费用”，转入“留存利润”。

【例 5-3】下列关于代理建账建制记账业务的说法，符合有关规定的是（　　）。

A．注册税务师代理记账不包括代理制作原始凭证

B．注册税务师为个体工商户建账时，应严格按个体工商户会计制度的规定，不得自行减少会计科目

C．注册税务师不得代理客户进行对账和结账工作

D．注册税务师可代理登记银行存款日记账

3．代为编制会计报表

会计报表是提供会计资料的重要途径。个体工商户的会计报表和企业的相比要简单许多。设置复式账的个体工商户需要编报资产负债表、应税所得表和留存利润表；设置简易账的仅要求编报应税所得表，它除可以总括反映业户的资产负债情况外，最重要的是为个人所得税的计算提供真实可靠的依据。

【例 5-4】注册税务师为个体工商户代建复式账簿，在办理年度个人所得税申报时，按《个体工商户会计制度（试行）》的规定，应代为编制（　　），报送主管财税机关。

A．资产负债表、损益表、现金流量表

B．资产负债表、应税所得表、损益表

C．资产负债表、留存利润表、现金流量表

D．资产负债表、应税所得表、留存利润表

4．代理纳税申报

有关增值税、营业税、房产税、印花税、土地使用税等税种纳税申报操作规范，纳税申报表的计算填报方法在以后章节中有详细介绍，本章不再重复。关于个体工商户的所得税，应单独填报《个体工商户所得税年度申报表》，它要依据应税所得表按月填报并附送有关财务报表，在年度终了后 3 个月内汇算清缴，实行多退少补。如果分月、分次取得所得并已预缴税款，可在年度汇算时计算应补退税额。

5．代理纳税审查

代理纳税审查的意义是帮助个体户正确、完整地履行纳税义务，避免因不了解税法或财务会计制度的规定而漏缴税款。代理纳税审查工作的重点，就是审查应税所得表所列各项是否符合个体工商户财务会计制度的规定。

【特别提示】

会计科目余额表中，注意与企业会计制度不一样的科目：①存货，不区分原材料和产成品；②业主投资，相当于股本或实收资本；③留存利润，相当于利润分配——未分配利润。

本章小结

本章主要内容包括代理建账建制适用范围与基本要求；代理建账建制的基本内容和操作规范。

代理建账建制指税务代理人接受纳税人的委托，根据纳税人的生产经营情况建立相应的会计核算和财务管理制度。代理建账建制适用范围包括 3 点：①有固定经营场所的个体、私营经济业户；②名为国有或集体实为个体、私营经济业户；③个人租赁、承包经营企业。代理建账建制的基本要求根据纳税人建账方式的不同而不同。

代理建账建制的基本内容分为个体工商户复式账会计制度、简易账会计制度和个体工商户财务制度。

代理建账建制的操作规范包括代制会计凭证、代为编制会计账簿、代为编制会计报表、代理纳税申报、代理纳税审查。

职业能力训练

一、单项选择题

1. 下列个体工商业户中，按规定应当建立复式账的是（　　）。

A. 李某开了一家花店，店中有聘请的服务人员 13 人

B. 徐某夫妻合伙投资便民餐厅，注册资金 30 万元

C. 张某下岗后，在所在小区门口设立一便民超市，每月可取得销售收入 50 000 元以上

D. 刘某辞职后和家中兄弟开一小型生产企业，注册资金为 12 万元，每月产品销售收入可达到 50 000 元以上

2. 根据个体工商户财务制度规定，下列支出中允许在个体工商户税前列支的有（　　）。

A. 对外投资的支出　　B. 分配给投资人的股利

C. 实际发生的折旧费　　D. 用于个人和家庭的支出

E. 自然灾害或者意外事故损失有赔偿的部分

3. 以下个体工商户，应当设置复式账的是（　　）。

A. 注册资金 15 万元

B. 注册资金 30 万元

C. 从事应税劳务月营业额在 5 000 元以下的或月销售收入在 10 000 元以下的

D. 从事应税劳务月营业额在 5 000 元至 15 000 元，或者月销售收入在 10 000 元以下的

4. 某个体工商户，2012 年 12 月列支招待费用 8 000 元，其中 50%为业主招待亲属的费用，则正确的会计分录应该为（　　）。

A. 借：管理费用　　8 000

　　贷：银行存款　　8 000

B．借：管理费用　　4 000
　　税后列支费用　　4 000
　　贷：银行存款　　8 000

C．借：营业费用　　8 000
　　贷：银行存款　　8 000

D．借：营业费用　　4 000
　　税后列支费用　　4 000
　　贷：银行存款　　8 000

二、多项选择题

1．下列项目在计算个体工商户应纳税所得额时，不得在税前列支的有（　　）。

A．广告费支出　　B．人民银行罚款

C．赞助贫困生学费支出　　D．业主生病住院费用

E．公益救济性捐赠超过限额的部分

2．以下个体工商户，应当设置复式账的有（　　）。

A．提供加工劳务，月销售额 50 000 元

B．注册资金在 35 万元

C．从事生产收音机，月销售额 55 000 元

D．从事货物批发，月销售额 70 000 元

E．从事餐饮业，月营业额 45 000 元

3．以下关于代建个体工商户复式账的规定，理解正确的有（　　）。

A．应按个体户会计制度的规定，设置和使用会计科目

B．可以根据实际情况自行增加、减少或合并某些会计科目

C．按月编制资产负债表、应税所得表和留存利润表，报送主管财税机关

D．按季编制资产负债表、应税所得表和留存利润表，报送主管财税机关

E．按月编制资产负债表、应税所得表和现金流量表，报送主管财税机关

4．注册税务师代理个体工商户建账、记账的工作内容有（　　）。

A．代制原始凭证　　B．审核原始凭证

C．代为编制会计报表　　D．代为编制现金日记账

E．代制记账凭证

5．以下个体工商户，应当设置简易账的有（　　）。

A．个体工商户李某注册资金 30 万元

B．个体工商户王某每月的营业税劳务营业额 10 000 元

C．个体工商户张某每月的货物批发收入 70 000 元

D．个体工商户郭某生产小工艺制品月销售额 40 000 元

E．个体工商户袁某每月商品零售收入 30 000 元

6．根据国务院转批的国家税务总局《关于加强个体私营经济税收征管强化查账征收工

作的意见》，个体、私营业主可自行建账，也可以聘请社会中介机构代理建账，具体范围包括（　　）。

A．有固定经营场所的个体业户　　B．名为国有实为私营经济业户
C．个人租赁经营企业　　D．有限责任公司
E．股份有限公司

7．按个体工商户财务制度规定，下列支出属于损失列支范围的有（　　）。

A．修理费　　B．固定资产盘亏
C．自然灾害造成的损失　　D．意外事故损失
E．折旧费

三、简答题

注册税务师代制会计凭证要注意哪些问题？

第6章

代理纳税审查方法

DAILI NASHUI SHENCHA FANGFA

【学习目标】

知识目标：本章知识点需要记忆的比较多，因此要注意掌握其中的规律、基本原则和基本方法。特别是查账、调账方法与企业所得税、增值税结合的综合分析题，应当引起充分重视。

能力目标：通过本章的学习，使学生掌握代理纳税审核的基本方法及其相互关系；掌握调账基本方法和基本原则；掌握对当期和以往年度错误会计账目进行调整的方法。

【导入案例】

某税务师事务所2012年审查2011年某企业的账簿记录，发现2011年12月多转材料成本差异50 000元（借方超支数），而消耗该材料的产品已完工入库，该产品于2012年售出。

【思考】此种类型应如何处理？

6.1 纳税审查的基本方法

纳税审查有很多种方法，每种方法各有特点，概括地说，主要分为顺查法和逆查法、详查法和抽查法、核对法和查询法、比较分析法和控制计算法。在实际审查中，应根据审查的时间、范围和对象的不同，灵活运用各种方法，见表6-1。

表6-1　纳税审查基本方法

分　类	查账方法	含　义	特点与优缺点	适用对象
按照会计核算顺序	顺查法	按照会计核算程序，从审查原始凭证开始，顺次审查账簿，核对报表，最后审查纳税情况的审查方法	特点：全面、系统 优点：运用简单，不易遗漏问题 缺点：工作量大，重点不突出	业务量较少的纳税人与扣缴义务人
	逆查法	以会计核算的相反顺序，从分析审查会计报表开始，对于有疑点的地方再进一步审查账簿和凭证	特点：逆会计核算程序，目的明确 优点：重点突出、迅速突破问题 缺点：检查面窄、易遗漏问题	注册税务师对其税务状况较为了解的纳税人与扣缴义务人
按照检查的范围	详查法	对纳税人、扣缴义务人在审查期内的所有会计凭证、账簿、报表进行全面、系统、详细的审查的一种方法	特点：全面、系统、详细 优点：一定程度上保证了纳税审查质量 缺点：工作量大，时间长	业务量较少的纳税人与扣缴义务人
	抽查法	对纳税人、扣缴义务人的会计凭证、账簿、报表有选择性地抽取一部分进行审查	特点：按一定方法选择检查样本 优点：检查用时短，效率高 缺点：风险高，运用不当影响检查质量	业务量较大，检查时间有限制的纳税人与扣缴义务人
按照会计资料的勾稽关系	核对法	根据凭证、账簿、报表之间的相互关系，对账证、账表、账账、账实的相互勾稽关系进行审查的一种方法	特点：会计资料的内在联系进行检查 优点：易于发现问题，比较简便易行 缺点：检查时间较长	对其有关会计处理结果之间的对应关系有所了解的纳税人与扣缴义务人
	查询法	根据查账线索，通过询问或调查的方式，取得必要的资料或旁证的一种审查方法	特点：面询或函询 优点：便于了解情况，通常与其他方法一起使用 缺点：时间相对较长	各种情况纳税人与扣缴义务人
按照经济数据的相互联系	比较分析法	将纳税人、扣缴义务人审查期间的账表资料和账面同历史的、计划的、同行业、同类的相关资料进行对比分析，找出存在问题的一种审查方法	特点：利用经济业务的相互关系查找问题 优点：易于查找问题，效率高 缺点：只能为进一步的审查提供线索	基础财务制度健全和核算水平较高的纳税人与扣缴义务人

续表

分　类	查账方法	含　义	特点与优缺点	适用对象
按照经济数据的相互联系	控制计算法	根据账簿之间、生产环节等之间的必然联系，进行测算以证实账面数据是否正确的审查方法	特点：利用科学实验数据或经验数据查找问题 优点：运用得当，易于查找问题，效率高 缺点：只能为进一步的审查提供线索	各种情况纳税人与扣缴义务人

6.2 纳税审查的基本内容

6.2.1 会计报表的审核

会计报表是综合反映企业一定时期财务状况和经营结果的书面文件。目前我国企业的会计报表主要包括资产负债表、损益表、现金流量表、各种附表及附注说明。

审查会计报表是纳税审查的重要环节，在通常情况下，纳税审查是从审查和分析会计报表开始的，来了解纳税人经济活动的全部情况，同时，通过对各种报表的相关指标及相互关系的审查分析，可发现存在的问题，进一步确定审查的重点。

1．资产负债报表审核

资产负债表是反映企业在某一特定日期(月末、年末)全部资产、负债和所有者权益的财务状况报表。通过对该报表的审查，可以了解企业资产构成情况，资产的使用和分布是否合理，经营管理上有无问题，为进一步审查企业有无偷税漏税、违反财经纪律提供线索。

审查方法主要是比较分析法，对照上期或前期资产负债表的相同项目，来观察该项目的数字是否有突变性的变化，从反常状态中发现问题。

2．损益表的审查

损益表是反映企业在一定时期内利润（亏损）的报表。审查重点是销售收入、成本费用和利润总额等项目。

3．现金流量表的审核

现金流量表的审核应注意审核核对现金流量表有关项目数字来源及计算的正确性，即主要核对经营活动、投资活动和筹资活动产生的现金流量。

6.2.2 会计账簿的审核与分析

会计账簿可分为序时账、总分类账和明细分类账。

1．序时账的审核与分析

序时账有库存现金日记账与银行存款日记账。

对库存现金的审核，应注意企业库存现金日记账是否做到日清月结，账面余额与库存现金是否相符，有无白条抵库现象，库存现金是否在规定限额之内，现金收入和支付是否符合现金管理的有关规定，有无坐支或挪用现金的情况，有无私设小金库的违法行为等。

对银行存款日记账的审核，应注意将企业银行存款日记账与银行对账单进行核对，审核企业有无提前结账、隐藏收入等情况。

2．总分类账的审核与分析

总分类账是按照会计制度一级科目设置的账簿，简称总账。它可以提供企业在一定会计期间各类资金总括的动态资料和生产经营活动情况，每月终了结出各科目的期末余额，作为编制会计报表的依据。对总账的审核方法如下所述。

（1）将本期各科目发生额与上期进行比较，看其是否有突增突减的变化和异常情况，从中发现线索，为进一步审查提供方向和重点。

（2）将各账户期初、期末余额与前期、本期会计报表进行核对，看两者数字是否相符，以验证报表有关金额的项目是否正确。特别是对纳税有关的账户，要进行认真审查和核对。

（3）将总分类账本期发生额和期末余额所属明细分类账逐一核对，看其记账内容、记账方法和记账金额是否相符。

（4）将有对应关系的账户数字进行相互核对，看其是否一致。

3．明细分类账的审核与分析

明细分类账是按明细科目分类核算登记某类经济业务，详细反映企业各种资金和物资的动态和余额账簿，对总账起补充说明的作用。对明细账的审核方法如下所述。

（1）审核总分类账与所属明细分类账记录是否相吻合，借贷方向是否一致，金额是否相符。

（2）审核明细账的业务摘要，了解每笔经济业务是否真实合法，若发现疑点应进一步审核会计凭证，核实问题。

（3）审核各账户年初余额是否同上年年末余额相衔接，有无利用年初建立新账之机，采取合并或分设账户的办法，故意增减或转销某些账户的数额，弄虚作假、偷税漏税。

（4）审核账户的余额是否正常，计算是否正确，如果出现反常余额或红字余额，应注意核实是核算错误还是弄虚作假所造成的。

（5）审核实物明细账的计量、计价是否正确，采取按实际成本计价的企业，各种实物增减变动的计价是否准确合理。

6.2.3 会计凭证的审核与分析

会计凭证是具有一定格式，用以记录经济业务和完成情况，明确经济责任，具有法律效力的书面证明文件，也是纳税审核中核实问题的重要依据。

【知识链接】

在日常经济活动中，会计凭证的种类繁多，形式多样。按照填制程序和用途不同，会计凭证可分为原始凭证和记账凭证两种。原始凭证是在经济业务发生时填制的、载明经济业务的执行和完成情况的书面证明，它是会计资料中最具有法律效力的一种证明文件。例如：领料单、收库单、各种车、船和飞机票、购买货物从销货单位取得的发票等。

1．原始凭证的审核

原始凭证是根据经济业务内容直接取得的最初书面证明，按其取得的来源不同可分为自制的原始凭证和外来的原始凭证两种，主要审核其真实性和合法性。审核中，为进一步查明问题，还应当把被查的凭证同其他有关的凭证相互核对，若有不符或其他问题，应进一步分析落实。具体的审核内容和方法如下所述。

（1）审核内容是否齐全，注意审核凭证的合法性。看凭证记录的经济内容是否符合政策、法规和财务会计制度规定的范围和标准：①审核凭证的真实性；②审核凭证的完整性；③审核自制的原始凭证手续是否完备，应备附件是否齐全。

（2）审核有无技术性或人为性的错误。其主要通过对产品（库存商品）、原材料(材料物资）等出入库凭证的检查，看有无产品（商品）销售后取得的现金不入账、减少当期投入的情况；有无多列、虚列材料（商品）成本的情况；通过对成本类原始凭证的检查，看纳税人是否区分了本期的收支与非本期的收支，基本业务收支与营业外支出，资本性支出与收益性支出等。有无因此而影响当期或后期计税所得额的情况。

（3）审核有无白条入账的情况。要注意审核自制凭证的种类、格式及使用是否符合财会制度的规定，审批手续是否健全，有无白条代替正式凭证的现象。对收款凭证要注意其号码是否连续，如发现缺本、缺页、审批手续不全的，应进一步查明原因。在审核支出凭证所记载的内容是否遵守制度规定的开支范围和标准时，要注意有无白条作支出凭证的情况。

2. 记账凭证的审核

记账凭证是由会计人员对原始凭证归类整理而编制的，是登记账簿的依据。记账凭证的审核主要从以下方面进行。

（1）审核所附原始凭证有无短缺，两者的内容是否一致。要注意记账凭证与原始凭证的数量、金额是否一致。

（2）审核会计科目及其对应关系是否正确。会计事项的账务处理及其科目的对应关系在会计制度中一般有明确规定，如果乱用会计科目或歪曲会计科目，就可能出现少缴或未缴税款的情况。

（3）审核记账凭证的会计科目与原始凭证反映的经济业务内容是否相等。应注意会计凭证的摘要说明与原始凭证的经济业务是否相符，如有不符，注意纳税人是不是有意的。

6.3 账务调整的基本方法

账务调整的原则：①账务处理的调整与现行财务会计准则相一致，与税法的有关会计核算相一致的原则；②账务处理的调整与会计原理相符合的原则。贯彻这一原则，就要在账务调整中要做到：一是反映错账的来龙去脉，清晰表达调整思路；二是核算准确、数字可靠；三是正确反映企业的财务状况和生产经营真实情况；四是使各会计期间的上下期数据保持连续性和整体性；③从实际出发，简便易行地从简账务调整原则。账务处理的基本方法：在一个会计年度结账前，注册税务师查出纳税人的错账或漏账，可以在当期的有关账户直接进行调整。

6.3.1 红字更正法

红字更正法又称为红字冲销法，是指在审核时发现，记账凭证中会计科目有错误或会计科目正确，只是所记金额大于应记金额，造成账簿记录错误，应采用红字更正法更正。

更正方法：用红字冲销原错误会计分录，再用蓝字重新编制正确的会计分录，重新登记账簿。

【例 6-1】 某税务师事务所审查某工业企业的纳税情况时发现，该企业将自制产品用于建造不动产类固定资产，所用产品成本为 1 000 元，不含税销售价为 2 000 元，增值税税率为 17%，企业账务如下，是否正确？

借：在建工程	2 340	
贷：产成品		2 000
应交税费——应交增值税（销项税）		340

6.3.2 补充登记法

审核时发现记账凭证中会计科目的名称和应借、应贷科目方向填制正确，只是所记录的金额小于应记金额，应采用补充登记法更正。

更正方法：通过编制转账分录，将调整金额直接入账，以更正错账。

【例 6-2】 某税务师事务所审查某工业企业的纳税情况，发现该企业本月应摊销待摊费用 5 000 元，实际摊销 3 800 元，在本年度纳税审查中发现少摊销了 1 200 元，企业的账务处理如下，是否正确？

借：制造费用	3 800	
贷：待摊费用		3 800

6.3.3 综合账务调整法

综合账务调整法是将红字更正法与补充登记法综合运用的账务调整方法。它一般适用于错用会计科目的情况，而且主要用于所得税纳税审核后的账务调整，如果涉及会计所得，可以直接调整“本年利润”账户。综合账务调整法一般适用于一方会计科目用错，而另一方会计科目没有错的情况。

更正方法：正确一方不调整，错误一方用错误科目转账调整，同时使用正确科目予以调整。

【例 6-3】 某税务师事务所审查某工业企业的纳税情况发现，企业将专项工程耗用材料列入管理费用 4 000 元，企业的账务处理如下，是否正确？

借：管理费用	4 000	
贷：原材料		4 000

如果上例的错账是在月后发现的，而企业又是按月结算利润的，则影响利润的项目还应通过“本年利润”科目调整。

借：在建工程	4 000	
贷：管理费用		4 000
借：管理费用	4 000	
贷：本年利润		4 000

6.3.4 错账的类型及调整范围

根据错账发生的时间不同，可将错账分为当期发生的错账和以往年度发生的错账。其发生的时间不同，调整的方法也有所不同。

1. 对当期错误会计账目的调账方法

在审查中发现的当期错误会计账目，可根据正常的会计核算程序，采用红字更正法、补充登记法、综合调整法予以调整。对于按月结转利润的纳税人，在本月内发现的错账，调整错账本身即可；在本月以后发现的错账，由于以前年份已结转利润，所以影响利润的账项还需要先通过相关科目最终结转到本年利润科目调整。

2．对上一年度错误会计账户的调账方法

（1）对上一年度错账并且对上年度税收发生影响的，分以下两种情况。

① 如果在上一年度决算报表编制前发现的，可直接调整上年度账项，这样可以应用上述几种方法加以调整，对于影响利润的错账需要一并调整"本年利润"科目核算的内容。

② 如果在年度决算报表编制之后发现的，一般不能应用上述方法，而按正常的会计核算对有关账户进行一一调整。这时需要区别不同情况，按简便实用的原则进行调整。

【特别提示】

对于不影响上一年利润的项目，可以直接进行调整。

【例 6-4】在所得税的汇算清缴中，税务代理人受托对某企业所得税纳税情况进行审核，发现该企业将用于职工福利支出的 30 000 元记入"在建工程"账户，审核期是在年终结账后进行的。经过认真审核，确定该笔业务应通过"管理费用"科目核算，因企业基建工程尚未完工交付使用，故不影响当期所得税的缴纳。如何调整？

【特别提示】

对于影响上一年利润的项目，因为会计年度账已经结账，所以不能通过"本年利润"调整，而应该通过"以前年度损益调整"科目进行调整。

【例 6-5】某税务师事务所 2012 年 5 月对某公司 2011 年度纳税情况审核，企业财务账已结，发现企业多提租房费用 10 000 元。所做会计分录如下：

借：管理费用	10 000	
贷：银行存款		10 000

如何调整？

（2）对上一年度错账且不影响上一年度的税收，但与本年度核算和税收有关的，可以根据上一年度账项的错漏金额影响本年度税项情况，相应调整本年度有关账项。

【导入案例分析】

导入案例中的错误账项虚增了 2011 年 12 月的产品生产成本，由于产品未销售，不需结转销售成本，未对 2011 年度税收产生影响，但是由于在 2012 年售出，此时虚增的生产成本会转化为虚增销售成本，从而影响 2011 年度的税项。

如果是在决算报表编制前发现且产品还未销售，那样可应用转账调整法予以调整上年度账项，即：

借：材料成本差异	50 000	
贷：库存商品		50 000

如果是在决算报表编制后发现且产品已经销售，由于上一年度账项已结平，这时可直接调整本年度的"主营业务成本"或"本年利润"账户，作调整分录为：

借：材料成本差异	50 000	
贷：主营业务成本（或本年利润）		50 000

3．不能直接按审查出的错误数额调整利润情况的账务调整方法

审查出的纳税错误数额，有的直接表现为实现的利润，不需进行计算分摊，直接调整利润账户；有的需经过计算分摊，将错误的数额分摊到相应的账户内，才能确定应调整的利润数额。后一种情况主要是在材料采购成本、原材料成本结转和生产成本的核算中发生的错误，如果尚未完成一个生产周期，其错误额会依次转入原材料、在产品、产成本、销售成本及利润中，导致虚增利润，使纳税人多缴当期的所得税。因此，应将错误额根据具体情况在期末原材料、在产品、产成品和本期销售产品之间进行合理分摊。

计算分摊的方法是：应按产品成本核算过程逐步剔除挤占因素，即将审查出的需分配的错误数额，按材料、自制半成品、在产品、产成品、产品销售成本等核算环节的程序，一步一步往下分配。将计算出的各环节应分摊的成本数额，分别调整有关账户，在期末结账后，当期销售产品应分摊的错误数额应直接调整利润数。在实际工作中一般较多地采用“按比例分摊法”。其计算步骤如下。

1）计算分摊率

$$分摊率=\frac{审查出的错误额}{期末材料结存成本+期末在产品结存成本+期末产成品结存成本+本期产品销售成本}$$

上述公式是基本计算公式，具体运用时，应根据错误发生的环节，相应地选择某几个项目进行计算分摊，不涉及的项目则不参加分摊。

（1）在“生产成本”账户贷方、“产成品”账户借方查出数额，只需要在期末产成品、本期产品销售成本之间分摊。

（2）在“材料”账户贷方、“生产成本——基本生产成本”账户借方查出的错误额，即多转或少转成本的问题，应在公式中后 3 个项目之间分摊。

（3）在“材料”账户借方查出的问题，即多记或少材料成本，要在公式中的 4 个项目之间分摊。

2）计算分摊额

（1）期末材料应分摊的数额＝期末材料成本×分摊率。

（2）期末在产品成本应分摊的数额＝期末在产品成本×分摊率。

（3）期末产成品应分摊的数额＝期末产成品成本×分摊率。

（4）本期销售产品应分摊的数额＝本期销售产品成本×分摊率。

3）调整相关账户

将计算出的各环节应分摊的成本数额，分别调整有关账户，在期末结账后，当期销售产品应分摊的错误数额应直接调整利润数。

【例 6-6】税务代理人受托对某企业进行纳税审查，发现该企业某月份将基建工程领用的生产用原材料 30 000 元计入生产成本，由于当期期末既有期末在产品，也有生产完工产品，完工产品当月对外销售一部分。因此，多计入生产成本的 30 000 元，已随企业的生产经营过程分别进入了生产成本、产成品、产品销售成本之中。经核实，期末在产品成本为 150 000 元，产成品成本为 150 000 元，产品销售成本为 300 000 元。税务代理人如何计算分摊各环节的错误数额，并作相应调账处理？

本章小结

一、了解顺查法和逆查法，详查法和抽查法，核对法和查询法，比较分析法和控制计算法。

二、了解纳税审查的基本内容。

三、熟悉账务调整的基本方法——红字更正法、补充登记法、综合账务调整法。

四、掌握错账的类型及调整范围（重要）：

1）明确什么时候需要调账，区分以下几种情况。

（1）符合会计制度的规定、税会无差异、不需补税——不调账。

（2）符合会计制度的规定、税会有差异、需补税——调整纳税申报表，针对补税作出分录。

（3）不符合会计制度的规定——直接调账。

2）调账的方法——最终科目余额和发生额还原为正确处理的情形。

（1）当年。①当月——所有的科目均应当使用原来的科目。②非当月——损益类科目通过“本年利润”调整，非损益类科目使用原有科目。

（2）跨年——损益类科目通过“以前年度损益调整”调整，非损益类科目使用原有科目。

职业能力训练

一、单项选择题

1．根据账簿之间、生产环节等之间的必然联系，提供测算以证实账面数据是否正确的审查方法属于（　　）。

A．核对法　　B．比较分析法

C．控制计算法　　D．查询法

2．注册税务师对某企业纳税情况审核时，发现该企业计提当年 12 月折旧时少计了上月新购固定资产产生的折旧 1 000 元，则较为恰当的调账方法是（　　）。

A．红字冲销法　　B．蓝字更正法

C．补充登记法　　D．综合账务调账法

3．注册税务师受托对某企业进行纳税审核，发现该企业某月份将福利部门领用的原材料 20 000 元，计入生产费用，经核实当月期末材料结存成本为 50 000 元，期末在产品结存成本为 80 000 元，期末产成品结存成本为 120 000 元，本期销售成本发生额为 200 000 元，则注册税务师采用“按比例分摊法”计算的分摊系数为（　　）。

A．0.08　　B．0.05

C．0.04　　D．0.044 4

4．下列各项中，不属于代理纳税审查的基本内容的是（　　）。

A．审查其核算是否符合《企业财务通则》和分行业财务制度及会计制度

B．审查计税是否符合税收法规，重点是审查计税依据和税率

C．审查纳税人有无不按纳税程序办事，违反征管制度的情况

D．对审查过程中发现的问题，提出改进的措施，帮助企业改善经营管理

5. 某注册税务师2013年3月对企业2012年纳税审核时，发现企业在2012年12月结转完工产品成本时，多结转成本20 000元，进一步检查出、入库凭证等原始凭证时，确定该批产品已经在2013年3月出售了50%，则该企业在2013年的调整分录为（　　）。

A. 借：生产成本　20 000
　　贷：库存商品　20 000

B. 借：生产成本　20 000
　　贷：主营业务成本　10 000
　　　　库存商品　10 000

C. 借：生产成本　20 000
　　贷：以前年度损益调整　10 000
　　　　库存商品　10 000

D. 借：生产成本　20 000
　　贷：利润分配——未分配利润　20 000

二、多项选择题

1. 下列检查方法，按不同分类标准，组合正确的有（　　）。

A. 顺查法与抽查法　　B. 详查法与逆查法
C. 核对法与查询法　　D. 详查法与抽查法
E. 控制计算法与比较分析法

2. 账务调整的原则是（　　）。

A. 账务处理调整方法的运用中补充调整法不能替代冲销调整法
B. 账务处理的调整要与现行财务会计准则相一致，要与税法的有关会计核算相一致
C. 账务处理的调整要与会计原理相符合
D. 调整错账的方法应从实际出发，简便易行
E. 对于审查中的纳税人的错账和漏账，可以在当期的有关账户中直接调整

3. 下列纳税审查方法的陈述，正确的有（　　）。

A. 逆查法是按照会计核算程序，从审查原始凭证开始，顺次审查账簿，核对报表，最后审查纳税情况的审查方法
B. 查询法是在查账过程中，根据查账的线索，通过询问或调查的方式，取得必要的资料或旁证的一种审查方法
C. 比较分析法是将纳税人、扣缴义务人审查期间的账表资料和账面历史的、计划的、同行业、同类的相关资料进行对比分析，找出存在问题的一种审查方法
D. 控制计算法是根据账簿之间、生产环节等之间的必然联系，提供测算以证实账面数据是否正确的审查方法
E. 抽查法是对纳税人、扣缴义务人的会计凭证、账簿、报表有选择性地抽取一部分进行审查

4. 对于原始凭证的纳税审查中，作为注册税务师，对以下的原始凭证进行判断，其中存在错误的有（　　）。

A. 购买办公用品取得普通发票，发票抬头填写的是本公司下设非独立核算生产分厂的名称
B. 支付汽车修理费，取得服务业发票

C．市场部人员报销差旅费时，直接填写了差旅费报销单进行报销，未附报销相关住宿、车旅发票等相关证明资料

D．会计购买会计账簿，由于金额较小，对方开具自制收据代替正规发票

E．会计核算生产成本时，采用生产部门领料时的经过批准的内部自制领料单作为原始凭证

5．对于上一年度错误会计账目的调整方法的表述中，下列说法正确的有（　　）。

A．对上一年度错账且对上年度税收发生影响的，如果在上一年度决算报表编制后发现的，即使不影响利润，也要通过“以前年度损益调整”进行调整

B．对上一年度错账且对上年度税收发生影响的，如果在上一年度决算报表编制前发现的，可直接调整上年度账项，对于影响利润的错账须一并调整“本年利润”科目核算的内容

C．对上一年度错账且对上年度税收发生影响的，如果在上一年度决算报表编制后发现的，如果影响上年度会计利润，要通过“以前年度损益调整”账户进行调整

D．对上一年度错账且对上年度税收没有影响的，但是与本年度核算和税收有关的，可以根据上一年度账项的错漏金额影响本年度税收情况，通过“以前年度损益调整”账户进行调整

E．对上一年度错账且对上年度税收没有影响的，但是与本年度核算和税收有关的，可以根据上一年度账项的错漏金额影响本年度税收情况，相应调整本年度有关账项

6．某注册税务师2013年2月对企业2012年的纳税情况进行审核，发现企业12月“生产成本”账户少结存20 000元。由于企业生产产品成本已经进行了部分结转和销售，所以无法按照审核发现的20 000元，直接作为错账调整金额。2012年年底企业的生产成本科目余额是100 000元，库存商品科目余额是1 200 000元，当期的主营业务成本是800 000元，则以下会计调整分录中，正确的有（　　）。（企业所得税税率25%）

A．借：生产成本	20 000	
贷：以前年度损益调整		20 000
B．借：生产成本	20 000	
贷：库存商品		12 000
以前年度损益调整		8 000
C．借：以前年度损益调整	2 000	
贷：应交税费——应交企业所得税		2 000
D．借：以前年度损益调整	6 000	
贷：利润分配——未分配利润		6 000
E．借：以前年度损益调整	5 000	
贷：应交税费——应交企业所得税		5 000

7．注册税务师在2012年5月对某工业企业2011年度年终结账后的纳税情况进行审核时发现，该企业2011年8月将用于职工福利支出的300 000元记入“长期待摊费用”，该项“长期待摊费用”项目已于2011年10月开始摊销计入“生产成本”。该企业各月无在产品余额，但有一定的完工产品库存和完工产品出售情况，注册税务师进行账务调整时，应借记

“应付职工薪酬”账户，贷记（　　）账户。

A．生产成本　　B．长期待摊费用
C．库存商品　　D．本年利润
E．以前年度损益调整

8．某工业企业生产的是单一的机械产品，各期生产销售均衡，各期原材料、在产品和产成品都有一定数量的余额。注册税务师在该企业 2012 年决算报表编制后汇算清缴时发现，该企业 2012 年有一笔在建工程领用材料 20 000 元的账务处理为：

借：生产成本　23 400
　贷：原材料　20 000
　　应交税费——应交增值税(进项税额转出)　3 400

注册税务师按照“比例分摊法”计算调整额，工程未完工。在调账处理时计入贷方调整的科目有（　　）。

A．原材料　　B．生产成本
C．库存商品　　D．本年利润
E．以前年度损益调整

三、简答题

1．某税务师事务所 2013 年 3 月对某公司 2012 年度纳税审查中，发现该公司多计提厂房折旧 20 000 元，应予以冲回。假设税法折旧与会计折旧相同，2012 年度已结账。请做出相关调整分录。

2．某税务师事务所 2013 年 3 月审查 2012 年某企业的账簿记录，发现 2011 年 12 月份多转材料成本差异 40 000 元（借方超支数），而消耗该材料的产品已完工入库。（该企业为按月结转利润的纳税人）

（1）2012 年度未结账，该产品于 2013 年 1 月售出。
（2）2012 年度未结账，该产品一直未售出。
（3）2012 年度已结账，该产品于 2013 年 1 月售出。
（4）2012 年度已结账，该产品于 2013 年 3 月售出。
（5）2012 年度已结账，该产品一直未售出。

请做出分别上述 5 种情形的调整分录。

3．某注册税务师 2013 年 2 月对企业 2012 年的纳税情况进行审核，发现企业 2012 年 12 月将福利部门领用的材料成本 20 000 元计入生产成本中，由于企业生产产品成本已经进行了部分结转和销售，所以无法按照审核发现的 20 000 元直接作为错账调整金额。

2012 年年底企业的在产品相关成本科目余额是 100 000 元，完工产品相关成本科目余额 500 000 元，当期的已销售产品成本是 400 000 元，假设该企业已经结账。

问题：

（1）按“比例分摊法”计算错账调整金额在相关环节分摊的分配率、分摊数额。
（2）做出跨年度账务调整分录。

第7章 货劳税的纳税申报和纳税审核

HUOLAOSHUI DE NASHUI SHENBAO HE NASHUI SHENHE

【学习目标】

知识目标：熟悉代理增值税、消费税、营业税的纳税申报和纳税审核的操作规范；重点掌握代理填制增值税、消费税、营业税纳税申报表的方法，以及它们的计税依据、适用税率和应纳税额计算的审查。

能力目标：通过本章的学习，使学生掌握流转税中增值税、消费税和营业税的申报代理实务与纳税审核，内容包括流转税的基本税制内容，申报代理操作规范，账务处理和申报表的填制等。使学生应该掌握这些内容，为税务代理的实施奠定基础。

【导入案例】

某汽车运输企业开展联运业务，2012 年 7 月发生下列业务：受某企业委托完成货物运输业务一项，运程为哈尔滨—沈阳—北京。纳税人一次性支付运费 60 万元，途中转运费用 20 万元由该汽车运输公司支付给某海运公司。运输途中购进汽车用柴油 3 万元，支付码头停车费 2 万元，司机住宿餐饮的费用会 2 万元。该公司计算本月应纳营业税为：(60－20－3－2－2) ×3%＝0.99（万元)。

【思考】汽车运输企业本月实际缴纳多少营业税？请分析说明。

7.1 增值税纳税申报

7.1.1 增值税会计核算

增值税是我国 1994 年税制改革的一项重要内容。2008 年 11 月 5 日，国务院第 34 次常务会议再次修订通过了《中华人民共和国增值税暂行条例》，自 2009 年 1 月 1 日起实施。为了监控税源，强化征收，在纳税申报环节，将增值税专用发票的使用与对纳税人的管理综合为一体，使纳税申报的操作具有政策面广、技能性强的特点，是流转税代理申报技术难度较高的税种。

1．应纳税额的计算

1）一般纳税人应纳税额的计算

一般纳税人销售货物或者提供应税劳务，应纳税额为当期销项税额抵扣当期进项税额后的余额。应纳税额计算公式：

应纳税额＝当期销项税额－当期进项税额－上期留抵税额

如应纳税额大于零，则为当期应缴纳的增值税；如应纳税额小于零，则为本期留抵税额，转入下一期抵扣。

（1）销项税额。销项税额指纳税人销售货物或者应税劳务，按照销售额和适用税率计算并向购买方收取的增值税额。其计算公式为：

销项税额＝销售额×税率

【知识链接】

上面所述销售额，是指纳税人销售货物或者应税劳务向购买方收取的全部价款和价外费用。但是不包括收取的销项税额。

（2）进项税额。纳税人购进货物或者接受应税劳务，所支付或者负担的增值税额为进项税额。

【知识链接】

进项税额包括：①从销售方取得的增值税专用发票上注明的增值税额；②从海关取得的海关进口增值税专用缴款书上注明的增值税额；③购进农业产品，除取得增值税专用发票或海关进口增值税专用缴款书外，按照农产品收购发票或者销售发票上注明的农产品买价和 13%的扣除率计算的进项税额；④购进或者销售货物及在生产过程中支付运输费用的，按照运输费用结算单据上注明的运输费用金额和 7%的扣除率计算的进项税额。

（3）不得从销项税额中抵扣的进项税额。纳税人购进货物或者应税劳务，未按照规定取得并保存增值税扣税凭证或者增值税扣税凭证上未按照规定注明增值税额及其他有关事项的，其进项税额不得从销项税额中抵扣。

【知识链接】

下列项目的进项税额不得从销项税额中抵扣：①用于非增值税应税项目、免征增值税项目、集体福利或者个人消费的购进货物或者应税劳务；②非正常损失的购进货物及相关的应税劳务；③非正常损失的在产品、产成品所耗用的购进货物或者应税劳务；④国务院财政、税务主管部门规定的纳税人自用消费品；⑤上述第①项至第④项规定的货物运输费用和销售免税货物的运输费用。

【特别提示】

非正常损失，是指因管理不善造成被盗、丢失、霉烂变质的损失。非正常损失货物不得抵扣的进项税额，需做进项税额转出处理。

【例 7-1】增值税一般纳税人的下列经济业务，即使取得了增值税专用发票，进项税额也不得抵扣的是（　　）。

A．厂办公室购置办公用品

B．外购钢材用于对外投资

C．外购食用油发放给职工

D．生产车间新添生产用机床

（4）进项税额抵扣的相关规定。

① 增值税一般纳税人取得 2010 年 1 月 1 日以后开具的增值税专用发票、公路内河货物运输业统一发票和机动车销售统一发票，应在开具之日起 180 日内到税务机关办理认证，并在认证通过的次月申报期内，向主管税务机关申报抵扣进项税额。

② 实行海关进口增值税专用缴款书（以下简称海关缴款书）“先比对后抵扣”管理办法的增值税一般纳税人取得 2010 年 1 月 1 日以后开具的海关缴款书，应在开具之日起 180 日内向主管税务机关报送包括纸质资料和电子数据在内的《海关完税凭证抵扣清单》申请稽核比对。

未实行海关缴款书“先比对后抵扣”管理办法的增值税一般纳税人取得 2010 年 1 月 1 日以后开具的海关缴款书，应在开具之日起 180 日后的第一个纳税申报期结束以前，向主管税务机关申报抵扣进项税额。

③ 增值税一般纳税人取得 2010 年 1 月 1 日以后开具的增值税专用发票、公路内河货物运输业统一发票、机动车销售统一发票及海关缴款书，未在规定期限内到税务机关办理认证、申报抵扣或者申请稽核比对的，不得作为合法的增值税扣税凭证，不得计算进行税额抵扣。

（5）进项税额的扣减：①因进货退出或折让而收回的增值税额，应从发生进货退出或折让当期的进项税额中扣减；②已抵扣进项税额的购进货物或应税劳务发生进项税额不得从销项税额中抵扣情况的，应将该项购进货物或应税劳务的进项税额从当期的进项税额中扣减。

（6）进项税额不足抵扣的处理。因当期销项税额小于当期进项税额不足抵扣时，其不足部分可以结转下期继续抵扣。

2）小规模纳税人的征收税率及应纳税额的计算

从 2009 年 1 月 1 日起，小规模纳税人的征收率为 3%。小规模纳税人销售货物或者应税劳务，按照销售额和规定的征收率计算应纳税额，不得抵扣进项税额。应纳税额计算公式：

应纳税额＝销售额×征收率

销售额比照一般纳税人规定确定。需要指出的是，小规模纳税人的销售额也不包括其应纳税额，小规模纳税人如采用销售额和应纳税额合并定价方法的，按下列公式计算销售额：

销售额＝含税销售额÷（1＋征收率）

【例 7-2】某企业为增值税一般纳税人，2012 年 5 月发生以下业务。

（1）外购原材料 100 吨，取得增值税专用发票注明价款（不含税）50 000 元，另支付运输费用 2 500 元，取得普通发票。

（2）外购辅助材料 50 吨，取得增值税专用发票，支付价款（不含税）25 000 元，当月企业基建工程领用 10 吨。

（3）企业生产需要，进口一台设备，关税完税价格为 100 000 元，已纳关税 20 000 元。

（4）销售外购的原材料 20 吨，取得不含税销售收入 20 000 元。

（5）销售产品 500 件，每件价税合计为 234 元，用自备汽车运输，向买方收取运输费 5 000 元，包装费 2 020 元。

（6）用上述产品 100 件发给职工福利。

要求：

假设上述各项购销货物的增值税率均为 17%，计算该企业当月应纳增值税税额。

2．出口货物应退税额的计算方法

1）外贸企业出口货物退税计算方法

对有进出口经营权的外贸企业收购货物直接出口或委托其他外贸企业代理出口货物的，应依据购进出口货物所取得的增值税专用发票上列明的进项金额和该货物适用的退税率计算退税。其公式为：

应退税额＝购进货物的进项金额×退税率

2）生产企业出口货物“免、抵、退”税计算方法

实行“免、抵、退”税管理办法的“免”税，是指对生产企业出口的自产货物，免征本企业生产销售环节的增值税；“抵”税，是指生产企业出口的自产货物所耗用原材料、零部件等应予退还的进项税额，抵顶内销货物的应纳税款；“退”税，是指生产企业出口的自产货物在当期内因抵顶的进项税额大于应纳税额而未抵顶完的税额，经主管税务机关批准后，予以退税。

（1）免抵退税不得免征和抵扣税额的计算。

免抵退税不得免征和抵扣税额＝当期出口货物离岸价×外汇人民币牌价×（出口货物征税率－出口货物退税率）－免抵退税不得免征和抵扣税额抵减额

免抵退税不得免征和抵扣税额抵减额＝免税购进原材料价格×（出口货物征税率－出口货物退税率）

（2）当期应纳税额的计算。

当期应纳税额＝当期内销货物的销项税额－（当期进项税额－当期免抵退税不得免征和抵扣税额）－上期留抵税额

3）免抵退税额的计算

免抵退税额＝出口货物离岸价×外汇人民币牌价×出口货物退税率－免抵退税额抵减额

免抵退税额抵减额＝免税购进原材料价格×出口货物退税率

免税购进原材料包括国内购进免税原材料和进料加工免税进口料件，其中进料加工免税进口料件的价格为组成计税价格。

进料加工免税进口料件的组成计税价格＝货物到岸价格＋海关征关税实＋海关实征消费税

4）当期应退税额和当期免抵税额的计算

当期期末留抵税额≤当期免抵退税额时：

当期应退税额＝当期期末留抵税额

当期免抵税额＝当期免抵退税额－当期应退税额

当期期末留抵税额＞当期免抵退税额时：

当期应退税额＝当期免抵退税额

当期免抵税额＝0

【特别提示】

"当期期末留抵税额"为当期《增值税纳税申报表》上的"期末留抵税额"。

7.1.2 代理增值税申报操作规范

增值税纳税申报分为"一般纳税人"和"小规模纳税人"两种，其中包括出口货物退免税的申报。其计税原始资料的稽核与办税程序均有不同的要求。

1．增值税一般纳税人

增值税一般纳税人申报的特点是报表体系严密，计税资料齐全。

增值税一般纳税人纳税申报电子信息采集系统的增值税一般纳税人，应提供下述报表与资料。

（1）必报资料：①《增值税纳税申报表（适用于增值税一般纳税人）》（表7-1）及其《增值税纳税申报表附列资料（表一）、（表二）》和《固定资产进项税额抵扣情况表》（表7-2）；②使用防伪税控系统的纳税人，必须报送记录当期纳税信息的IC卡（明细数据备份在软盘上的纳税人，还须报送备份数据软盘）、《增值税专用发票存根联明细表》及《增值税专用发票抵扣联明细表》；③《资产负债表》和《损益表》；④《成品油购销存情况明细表》（发生成品油零售业务的纳税人填报）；⑤主管税务机关规定的其他必报资料。

【特别提示】

纳税申报实行电子信息采集的纳税人，除向主管税务机关报送上述必报资料的电子数据外，还需报送纸质的《增值税纳税申报表（适用于一般纳税人）》（主表及附表）。

（2）备查资料：①已开具的增值税专用发票和普通发票存根联；②符合抵扣条件并且在本期申报抵扣的增值税专用发票抵扣联；③海关进口货物完税凭证、运输发票、购进农产品普通发票的复印件；④收购凭证的存根联或报查联；⑤代扣代缴税款凭证存根联；⑥主管税务机关规定的其他备查资料。

【特别提示】

备查资料是否需要在当期报送，由各省级国家税务局确定。

2. 小规模纳税人

小规模纳税人由于计税方法简单，其纳税申报的操作也相对容易。

（1）代理小规模纳税人的增值税申报，应在规定的期限内向主管税务机关报送纳税申报表，见表 7-3。

（2）代理记账人员在编制纳税申报表时，应按以下规范操作。

① 核查销售原始凭证及相关账户，稽核销售货物、应税劳务和视同销售的收入。

② 对于有经营免税项目或有混合销售、兼营非应税劳务的企业，应通过核查原始凭证及核算过程，正确区分征免税项目及非应税项目的销售收入，将免税销售额和非应税劳务销售额从全部销售额中分离出来。

③ 核查“应交税费——应交增值税”明细账，将含税收入换算成不含税收入乘以征收率计算出当期应纳税额。

3. 生产企业“免、抵、退”税申报

1）申报程序

生产企业在货物出口并按会计制度的规定在财务上作销售后，先向主管征税机关的征税部门或岗位（以下简称征税部门）办理增值税纳税和免、抵税申报，并向主管征税机关的退税部门或岗位（以下简称退税部门）办理退税申报。退税申报期为每月 1—15 日（逢节假日顺延）。

2）申报资料

（1）生产企业向征税机关的征税部门办理增值税纳税及免、抵、退税申报时，应提供下列资料：①《增值税纳税申报表》及其规定的附表；②退税部门确认的上期《生产企业出口货物免、抵、退税申报汇总表》；③税务机关要求的其他资料。

（2）生产企业向征税机关的退税部门办理“免、抵、退”税申报时，应提供下列凭证资料：①《生产企业出口货物免、抵、退税申报汇总表》；②《生产企业出口货物免、抵、退税申报明细表》；③经征税部门审核签章的当期《增值税纳税申报表》；④装订成册的报表及原始凭证。

【知识链接】

对前期申报错误的，当期可进行调整。前期少报出口额或低报征、退税率的，可在当期补报；前期多报出口额或高报征、退税率的，当期可以红字（或负数）差额数据冲减；也可用红字（或负数）将前期错误数据全额冲减，再重新全额申报蓝字数据。对于按会计制度规定允许扣除的运费、保险费和佣金，与原预估入账值有差额的，也按此规则进行调整。本年度出口货物发生退运的，可在下期用红字（或负数）冲减出口销售收入进行调整。

4. 代理填制增值税纳税申报表的方法

1）增值税纳税申报表

根据《中华人民共和国增值税暂行条例》第二十二条及第二十三条的规定，制定增值税纳税申报表。纳税人不论有无销售额，均应按主管税务机关核定的纳税期限填报本表，并于次月 1 日起 15 日内，向当地税务机关申报。

表 7-1 增值税纳税申报表

（适用于增值税一般纳税人）

税款所属时间：自 年 月 日至 年 月 日 填表日期： 年 月 日 金额单位：元至角分

纳税人识别号				所属行业：	
纳税人名称	（公章）	法定代表人姓名		注册地址		营业地址	
开户银行及账号		企业登记注册类型		电话号码	

项目		栏次	一般货物及劳务		即征即退货物及劳务	
			本月数	本年累计	本月数	本年累计
销售额	（一）按适用税率征税货物及劳务销售额	1				
	其中：应税货物销售额	2				
	应税劳务销售额	3				
	纳税检查调整的销售额	4				
	（二）按简易征收办法征税货物销售额	5				
	其中：纳税检查调整的销售额	6				
	（三）免、抵、退办法出口货物销售额	7			—	—
	（四）免税货物及劳务销售额	8			—	—
	其中：免税货物销售额	9			—	—
	免税劳务销售额	10			—	—
税款计算	销项税额	11				
	进项税额	12				
	上期留抵税额	13			—	—
	进项税额转出	14				
	免抵退货物应退税额	15			—	—
	按适用税率计算的纳税检查应补缴税额	16				
	应抵扣税额合计	17=12+13−14−15+16		—		—
	实际抵扣税额	18（如 17<11，则为 17，否则为 11）				
	应纳税额	19=11−18				
	期末留抵税额	20=17−18		—		
	简易征收办法计算的应纳税额	21				
	按简易征收办法计算的纳税检查应补缴税额	22			—	—
	应纳税额减征额	23				
	应纳税额合计	24=19+21−23				
税款缴纳	期初未缴税额（多缴为负数）	25				
	实收出口开具专用缴款书退税额	26				
	本期已缴税额	27=28+29+30+31				
	①分次预缴税额	28		—		—
	②出口开具专用缴款书预缴税额	29		—	—	
	③本期缴纳上期应纳税额	30				
	④本期缴纳欠缴税额	31				
	期末未缴税额（多缴为负数）	32=24+25+26−27				
	其中：欠缴税额（≥0）	33=25+26−27		—		—
	本期应补（退）税额	34=24−28−29		—		—
	即征即退实际退税额	35	—	—		
	期初未缴查补退税额	36			—	—
	本期入库查补税额	37			—	—
	期末未缴查补税额	38=16+22+36−37			—	—
授权声明	如果你已委托代理人申报，请填写下列资料：为代理一切税务事宜，现授权____（名称）____为本纳税人的代理申报人，任何与本申报表有关的往来文件，都可寄予此人。 授权人签字：	申报人声明	此纳税申报表是根据《中华人民共和国增值税暂行条例》的规定填报的，我相信它是真实的、可靠的、完整的。 声明人签字：			

以下由税务机关填写：

收到日期： 接收人： 主管税务机关盖章：

2）增值税纳税申报表填表说明

表 7-1 适用于增值税一般纳税人填报。增值税一般纳税人销售按简易办法缴纳增值税的货物，也使用本表。

（1）本表“税款所属时间”是指纳税人申报的增值税应纳税额的所属时间，应填写具体的起止年、月、日。“填表日期”指纳税人填写本表的具体日期。“纳税人识别号”栏，填写税务机关为纳税人确定的识别号，即税务登记证号码。

（2）本表“所属行业”栏，按照国民经济行业分类与代码中的最细项（小类）进行填写，仅填写行业代码。“纳税人名称”栏，填写纳税人单位名称全称，不得填写简称。“法定代表人姓名”栏，填写纳税人法定代表人的姓名。“注册地址”栏，填写纳税人税务登记证所注明的详细地址。“营业地址”栏，填写纳税人营业地的详细地址。“开户银行及账号”栏，填写纳税人开户银行的名称和纳税人在该银行的结算账户号码。“企业登记注册类型”栏，按税务登记证填写。“电话号码”栏，填写纳税人注册地和经营地的电话号码。

（3）表中“一般货物及劳务”是指享受即征即退的货物及劳务以外的其他货物及劳务。“即征即退货物及劳务”是指纳税人按照税法规定享受即征即退税收优惠政策的货物及劳务。

（4）本表第 1 项“（一）按适用税率征税货物及劳务销售额”栏数据，填写纳税人本期按适用税率缴纳增值税的应税货物和应税劳务的销售额（销货退回的销售额用负数表示）。包括在财务上不作销售但按税法规定应缴纳增值税的视同销售货物和价外费用销售额，外贸企业作价销售进料加工复出口的货物，税务、财政、审计部门检查按适用税率计算调整的销售额。“一般货物及劳务”的“本月数”栏数据与“即征即退货物及劳务”的“本月数”栏数据之和，应等于《附表一》第 7 栏的“小计”中的“销售额”数。“本年累计”栏数据，应为年度内各月数之和。

（5）本表第 2 项“应税货物销售额”栏数据，填写纳税人本期按适用税率缴纳增值税的应税货物的销售额（销货退回的销售额用负数表示）。包括在财务上不作销售但按税法规定应缴纳增值税的视同销售货物和价外费用销售额，以及外贸企业作价销售进料加工复出口的货物。“一般货物及劳务”的“本月数”栏数据与“即征即退货物及劳务”的“本月数”栏数据之和，应等于《附表一》第 5 栏的“应税货物”中 17%税率“销售额”与 13%税率“销售额”的合计数。“本年累计”栏数据应为年度内各月数之和。

（6）本表第 3 项“应税劳务销售额”栏数据，填写纳税人本期按适用税率缴纳增值税的应税劳务的销售额。“一般货物及劳务”的“本月数”栏数据与“即征即退货物及劳务”的“本月数”栏数据之和，应等于《附表一》第 5 栏的“应税劳务”中的“销售额”数。“本年累计”栏数据应为年度内各月数之和。

（7）本表第 4 项“纳税检查调整的销售额”栏数据，填写纳税人本期因税务、财政、审计部门检查并按适用税率计算调整的应税货物和应税劳务的销售额。但享受即征即退税收优惠政策的货物及劳务经税务稽查发现偷税的，不得填入“即征即退货物及劳务”部分，而应将本部分销售额在“一般货物及劳务”栏中反映。“一般货物及劳务”的“本月数”栏数据与“即征即退货物及劳务”的“本月数”栏数据之和，应等于《附表一》第 6 栏的“小计”中的“销售额”数。“本年累计”栏数据应为年度内各月数之和。

（8）本表第 5 项“按简易征收办法征税货物的销售额”栏数据，填写纳税人本期按简易征收办法征收增值税货物的销售额（销货退回的销售额用负数表示）。包括因税务、财政、审计部门检查并按简易征收办法计算调整的销售额。“一般货物及劳务”的“本月数”栏数据与

"即征即退货物及劳务"的"本月数"栏数据之和，应等于《附表一》第 14 栏的"小计"中的"销售额"数。"本年累计"栏数据应为年度内各月数之和。

（9）本表第 6 项"其中：纳税检查调整的销售额"栏数据，填写纳税人本期因税务、财政、审计部门检查并按简易征收办法计算调整的销售额。但享受即征即退税收优惠政策的货物及劳务经税务稽查发现偷税的，不得填入"即征即退货物及劳务"部分，而应将本部分销售额在"一般货物及劳务"栏中反映。"一般货物及劳务"的"本月数"栏数据与"即征即退货物及劳务"的"本月数"栏数据之和，应等于《附表一》第 13 栏的"小计"中的"销售额"数。"本年累计"栏数据应为年度内各月数之和。

（10）本表第 7 项"免、抵、退办法出口货物销售额"栏数据，填写纳税人本期执行免、抵、退办法出口货物的销售额（销货退回的销售额用负数表示）。"本年累计"栏数据应为年度内各月数之和。

（11）本表第 8 项"免税货物及劳务销售额"栏数据，填写纳税人本期按照税法规定直接免征增值税的货物及劳务的销售额及适用零税率的货物及劳务的销售额（销货退回的销售额用负数表示），但不包括适用免、抵、退办法出口的货物的销售额。"一般货物及劳务"的"本月数"应等于《附表一》第 18 栏的"小计"中的"销售额"数。"本年累计"栏数据应为年度内各月数之和。

（12）本表第 9 项"免税货物销售额"栏数据，填写纳税人本期按照税法规定直接免征增值税货物的销售额及适用零税率货物的销售额（销货退回的销售额用负数表示），但不包括适用免、抵、退办法出口货物的销售额。"一般货物及劳务"的"本月数"栏数据应等于《附表一》第 18 栏的"免税货物"中的"销售额"数。"本年累计"栏数据应为年度内各月数之和。

（13）本表第 10 项"免税劳务销售额"栏数据，填写纳税人本期按照税法规定直接免征增值税劳务的销售额及适用零税率劳务的销售额（销货退回的销售额用负数表示）。"一般货物及劳务"的"本月数"栏数据，应等于《附表一》第 18 栏的"免税货物"中的"销售额"数。"本年累计"栏数据，应为年度内各月数之和。

（14）本表第 11 项"销项税额"栏数据，填写纳税人本期按适用税率计征的销项税额。该数据应与"应交税费——应交增值税"明细科目贷方"销项税额"专栏本期发生数一致。"一般货物及劳务"的"本月数"栏数据与"即征即退货物及劳务"的"本月数"栏数据之和，应等于《附表一》第 7 栏的"小计"中的"销项税额"数。"本年累计"栏数据应为年度内各月数之和。

（15）本表第 12 项"进项税额"栏数据，填写纳税人本期申报抵扣的进项税额。该数据应与"应交税费——应交增值税"明细科目借方"进项税额"专栏本期发生数一致。"一般货物及劳务"的"本月数"栏数据与"即征即退货物及劳务"的"本月数"栏数据之和，应等于《附表二》第 12 栏中的"税额"数。"本年累计"栏数据应为年度内各月数之和。

（16）本表第 13 项"上期留抵税额"栏数据，为纳税人前一申报期的"期末留抵税额"减去抵减欠税额后的余额数，该数据应与"应交税费——应交增值税"明细科目借方月初余额一致。

（17）本表第 14 项"进项税额转出"栏数据，填写纳税人已经抵扣但按税法规定应作进项税转出的进项税额总数，但不包括销售折扣、折让，进货退出等应负数冲减当期进项税额的数额。该数据应与"应交税费——应交增值税"明细科目贷方"进项税额转出"专栏本期发生数一致。"一般货物及劳务"的"本月数"栏数据与"即征即退货物及劳务"的"本月数"栏数据之和，应等于《附表二》第 13 栏中的"税额"数。"本年累计"栏数据应为年度内各月数之和。

（18）本表第 15 项"免、抵、退货物应退税额"栏数据，填写退税机关按照出口货物免、抵、退办法审批的应退税额。"本年累计"栏数据应为年度内各月数之和。

（19）本表第 16 项“按适用税率计算的纳税检查应补缴税额”栏数据，填写纳税人本期因税务、财政、审计部门检查按适用税率计算的纳税检查应补缴税额。“本年累计”栏数据，应为年度内各月数之和。

（20）本表第 17 项“应抵扣税额合计”栏数据，填写纳税人本期应抵扣进项税额的合计数。

（21）本表第 18 项“实际抵扣税额”栏数据，填写纳税人本期实际抵扣的进项税额。“本年累计”栏数据应为年度内各月数之和。

（22）本表第 19 项“应纳税额”栏数据，填写纳税人本期按适用税率计算并应缴纳的增值税额。“本年累计”栏数据应为年度内各月数之和。

（23）本表第 20 项“期末留抵税额”栏数据，为纳税人在本期销项税额中尚未抵扣完，留待下期继续抵扣的进项税额。该数据应与“应交税费——应交增值税”明细科目借方月末余额一致。

（24）本表第 21 项“按简易征收办法计算的应纳税额”栏数据，填写纳税人本期按简易征收办法计算并应缴纳的增值税额，但不包括按简易征收办法计算的纳税检查应补缴税额。“一般货物及劳务”的“本月数”栏数据与“即征即退货物及劳务”的“本月数”栏数据之和，应等于《附表一》第 12 栏的“小计”中的“应纳税额”数。“本年累计”栏数据应为年度内各月数之和。

（25）本表第 22 项“按简易征收办法计算的纳税检查应补缴税额”栏数据，填写纳税人本期因税务、财政、审计部门检查并按简易征收办法计算的纳税检查应补缴税额。“一般货物及劳务”的“本月数”栏数据与“即征即退货物及劳务”的“本月数”栏数据之和，应等于《附表一》第 13 栏的“小计”中的“应纳税额”数。“本年累计”栏数据应为年度内各月数之和。

（26）本表第 23 项“应纳税额减征额”栏数据，填写纳税人本期按照税法规定减征的增值税应纳税额。“本年累计”栏数据应为年度内各月数之和。

（27）本表第 24 项“应纳税额合计”栏数据，填写纳税人本期应缴增值税的合计数。“本年累计”栏数据应为年度内各月数之和。

（28）本表第 25 项“期初未缴税额（多缴为负数）”栏数据，为纳税人前一申报期的“期末未缴税额（多缴为负数）”减去抵减欠税额后的余额数。

（29）本表第 26 项“实收出口开具专用缴款书退税额”栏数据，填写纳税人本期实际收到税务机关退回的，因开具《出口货物税收专用缴款书》而多缴的增值税款。该数据应根据“应交税费——未交增值税”明细科目贷方本期发生额中“收到税务机关退回的多缴增值税款”数据填列。“本年累计”栏数据为年度内各月数之和。

（30）本表第 27 项“本期已缴税额”栏数据，是指纳税人本期实际缴纳的增值税额，但不包括本期入库的查补税款。“本年累计”栏数据为年度内各月数之和。

（31）本表第 28 项“①分次预缴税额”栏数据，填写纳税人本期分次预缴的增值税额。

（32）本表第 29 项“②出口开具专用缴款书预缴税额”栏数据，填写纳税人本期销售出口货物而开具专用缴款书向主管税务机关预缴的增值税额。

（33）本表第 30 项“③本期缴纳上期应纳税额”栏数据，填写纳税人本期上缴上期应缴未缴的增值税款，包括缴纳上期按简易征收办法计提的应缴未缴的增值税额。“本年累计”栏数据为年度内各月数之和。

（34）本表第 31 项“④本期缴纳欠缴税额”栏数据，填写纳税人本期实际缴纳的增值税欠税额，但不包括缴纳入库的查补增值税额。“本年累计”栏数据为年度内各月数之和。

（35）本表第 32 项“期末未缴税额（多缴为负数）”栏数据，为纳税人本期期末应缴未缴的增值税额，但不包括纳税检查应缴未缴的税额。“本年累计”栏与“本月数”栏数据相同。

（36）本表第 33 项“其中：欠缴税额（≥0）”栏数据，为纳税人按照税法规定已形成欠税的数额。

（37）本表第 34 项“本期应补（退）税额”栏数据，为纳税人本期应纳税额中应补缴或应退回的数额。

（38）本表第 35 项“即征即退实际退税额”栏数据，填写纳税人本期因符合增值税即征即退优惠政策规定，而实际收到的税务机关返还的增值税额。“本年累计”栏数据为年度内各月数之和。

（39）本表第 36 项“期初未缴查补税额”栏数据，为纳税人前一申报期的“期末未缴查补税额”。该数据与本表第 25 项“期初未缴税额（多缴为负数）”栏数据之和，应与“应交税费——未交增值税”明细科目期初余额一致。“本年累计”栏数据应填写纳税人上年度末的“期末未缴查补税额”数。

（40）本表第 37 项“本期入库查补税额”栏数据，填写纳税人本期因税务、财政、审计部门检查而实际入库的增值税款，包括：①按适用税率计算并实际缴纳的查补增值税款；②按简易征收办法计算并实际缴纳的查补增值税款。“本年累计”栏数据为年度内各月数之和。

（41）本表第 38 项“期末未缴查补税额”栏数据，为纳税人纳税检查本期期末应缴未缴的增值税额。该数据与本表第 32 项“期末未缴税额（多缴为负数）”栏数据之和，应与“应交税费——未交增值税”明细科目期初余额一致。“本年累计”栏与“本月数”栏数据相同。

【例 7-3】增值税纳税申报表第 8 项“免税货物及劳务销售额”栏，应填写（　　）。

A．本期适用零税率的货物及劳务的销售额

B．本期适用免、抵、退办法出口的货物的销售额

C．本期纳税检查调整的销售额

D．本期直接免征增值税的货物的销售额

E．本期即征即退货物及劳务的销售额

表 7-2　固定资产进项税额抵扣情况表

纳税人名称（公章）

纳税人识别号：

填表日期：　　　年　　月　　日　　　　　　　　　　　　　　金额单位：元至角分

项　目	当期申报抵扣的固定资产进项税额	当期申报抵扣的固定资产进项税额累计
增值税专业发票		
海关进口增值税专用缴款书		
合计		

注：本表一式二份，一份纳税人留存，一份主管税务机关留存

3）小规模纳税人纳税申报的调整事项

《小规模纳税人申报表》的“本月数”调整为“本期数”，第 4、5 栏不再填写。调整后的《小规模纳税人申报表》见表 7-3。

表 7-3　增值税纳税申报表

（适用于小规模纳税人）

纳税人识别号：

纳税人名称：（公章）　　　　金额单位：元至角分

税款所属期：　年　月　日至　年　月　日　　填表日期：　年　月　日

<table>
<tr><th colspan="2">项　目</th><th>栏次</th><th>本期数</th><th>本年累计</th></tr>
<tr><td rowspan="9">一、计税依据</td><td>（一）应征增值税货物及劳务不含税销售额</td><td>1</td><td></td><td></td></tr>
<tr><td>其中：税务机关代开的增值税专用发票不含税销售额</td><td>2</td><td></td><td></td></tr>
<tr><td>税控器具开具的普通发票不含税销售额</td><td>3</td><td></td><td></td></tr>
<tr><td>（二）销售使用过的应税固定资产不含税销售额</td><td>4</td><td></td><td></td></tr>
<tr><td>其中：税控器具开具的普通发票不含税销售额</td><td>5</td><td></td><td></td></tr>
<tr><td>（三）免税货物及劳务销售额</td><td>6</td><td></td><td></td></tr>
<tr><td>其中：税控器具开具的普通发票销售额</td><td>7</td><td></td><td></td></tr>
<tr><td>（四）出口免税货物销售额</td><td>8</td><td></td><td></td></tr>
<tr><td>其中：税控器具开具的普通发票销售额</td><td>9</td><td></td><td></td></tr>
<tr><td rowspan="5">二、税款计算</td><td>本期应纳税额</td><td>10</td><td></td><td></td></tr>
<tr><td>本期应纳税额减征额</td><td>11</td><td></td><td></td></tr>
<tr><td>应纳税额合计</td><td>12</td><td></td><td></td></tr>
<tr><td>本期预缴税额</td><td>13</td><td></td><td></td></tr>
<tr><td>本期应补（退）税额</td><td>14</td><td></td><td></td></tr>
<tr><td rowspan="4">纳税人或代理人声明：
此纳税申报表是根据国家税收法律的规定填报的，我确定它是真实的、可靠的、完整的。</td><td colspan="4">如纳税人填报，由纳税人填写以下各栏：</td></tr>
<tr><td colspan="4">办税人员（签章）：
财务负责人（签章）：
法定代表人（签章）：
联系电话：</td></tr>
<tr><td colspan="4">如委托代理人填报，由代理人填写以下各栏：</td></tr>
<tr><td colspan="4">代理人名称：　　　　经办人（签章）：
联系电话：

代理人（公章）：</td></tr>
</table>

受理人：　　受理日期：　年　月　日　　受理税务机关（签章）：

本表为 A3 竖式一式三份，一份纳税人留存，一份主管税务机关留存，一份征收部门留存。

5．增值税防伪税控系统对增值税专业发票的认购

（1）税控企业发生下列情况，应该到主管税务机关办理注销认定登记，并由主管税务机关收缴金税卡和 IC 卡；依法注销税务登记，终止纳税义务；被取消一般纳税人资格；减少分开票机。

（2）新纳入防伪税控系统的企业，在系统启用后 10 日内将启用前尚未使用完的专用发票（包括误填作废的专用发票）报主管税务机关缴销。

7.2 增值税纳税审核

7.2.1 增值税一般纳税人的纳税审核

代理增值税一般纳税人的纳税审核，一般应遵循增值税的计税规律确定审查环节。重点审核征税范围、销售额与销项税额、进项税额的结转与进项税额的转出、应纳税额与出口货物退（免）税。

1. 征税范围的审核

1）增值税一般纳税人和小规模纳税人确定的审核

由于一般纳税人和小规模纳税人在税额计算、税款缴纳等方面有较大的区别，对增值税进行纳税审核必须首先对不同纳税人的划分进行审核（图 7.1）。

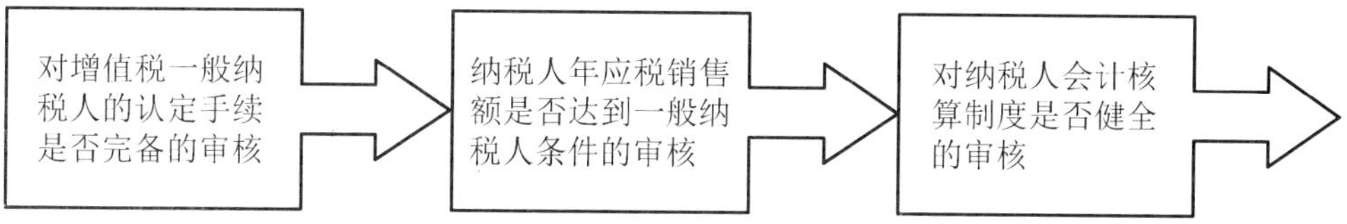

图 7.1 纳税人审核条件

（1）对增值税一般纳税人的认定手续是否完备的审核。应重点审核以下两方面内容：①重点审核纳税人申请报告、工商行政管理部门批准发放的营业执照，与纳税人成立及经营活动相关的章程、合同、协议书等认定手续是否完备、真实；②重点审核纳税人的《税务登记证》，看有无伪造、涂改等问题。

（2）纳税人年应税销售额是否达到一般纳税人条件的审核。审核时应注意：对于新开业的增值税纳税人，如果已被认定为临时一般纳税人，应通过开业年度纳税人资产负债表和损益表的审核，核实纳税人的应税销售额是否达到规定标准；对于已开业的增值税一般纳税人，主要审查上一年度的年应税销售额是否达到规定标准。

（3）对纳税人会计核算制度是否健全的审核。审核时应注意纳税人有无健全的会计工作组织机构，有无完善的财务核算规章制度，能否进行准确的会计核算，有无历年来的纳税申报、会计报表等税务资料，分析判断纳税人是否符合一般纳税人的资格条件。

2）增值税征税范围审核的基本内容

增值税的征税范围包括应税货物和应税劳务。应税货物范围的审核要点：①审核企业是否所有应税货物的销售都申报并缴纳了增值税；②审核征收消费税、资源税的货物销售是否没有申报增值税。对于有进出口贸易的企业来说，进口货物范围的审核要点是进口的应税货物是否全部申报了增值税以及从境内报税地购进的应税货物是否申报了增值税；出口货物范围的审核要点主要是审核纳税人出口不适用零税率的货物是否依法纳税。由于增值税的应税劳务仅指加工修理修配劳务，所以对于应税劳务来说，其审核要点为企业有无将加工、修理修配同其他劳务相混淆不申报增值税；企业受托加工的货物是否符合受托加工的条件。

2. 销项税额的审核

销项税额等于销售额乘以适用税率。销项税额的审核是增值税审核的首要环节。

【特别提示】

销售额中不包括以下内容。

(1) 受托加工应征消费税的消费品时，代收代缴的消费税。

(2) 同时符合以下条件的代垫运费：承运者的运费发票开具给购货方的；纳税人将该项发票转交给购货方的。

(3) 同时符合以下条件代为收取的政府性基金或者行政事业性收费：①由国务院或者财政部批准设立的政府性基金，由国务院或者省级人民政府及其财政、价格主管部门批准设立的行政事业性收费；②收取时开具省级以上财政部门印制的财政票据；③所收款项全额上缴财政。

(4) 销售货物的同时代办保险等而向购买方收取的保险费，以及向购买方收取的代购买方缴纳的车辆购置税、车辆牌照费，不征收增值税。

销售额是销项税额的计税依据，是正确计算销项税额的关键所在，应重点审核以下几方面内容。

(1) 审核销售收入的结算是否存在结算期内的应税销售额未申报纳税的情况。

① 赊销、分期收款结算方式销售货物的审核。重点审核企业产品赊销业务是否属实；合同规定的货款结算到期日的账务处理是否正确，有无购销双方没有签订购销合同或合同中没有约定付款日期，在货物发出时没有按规定缴纳增值税的情况等，有无将收到的货款长期挂入“其他应付款”、“预收账款”、“待处理财产损益”等账户的问题。

② 预收货款结算方式销售货物的审核。重点审核企业发出货物的账务处理是否正确，有无在发出货物时不作账务处理，或只作货物减少的有关账务处理，而不及时结转货物的销售收入的问题；有无在分批发货的情况下，每批货物发出时不及时结转收入而等到全部货物发出时再结转销售的问题。

【知识链接】

代理审核人员可通过核实“库存商品”、“库存商品”明细账，查实记账凭证及账务处理是否正确；通过审查“预收账款”或“应收账款”明细账，核实有无滞后实现收入、不如期纳税的问题。

③ 托收承付或委托收款方式销售货物的审核。重点审核企业有无货物已发出、并向银行办妥了货物托收手续后仍不作销货处理的情况。审查时可重点以季末或年末发出商品备查簿为中心，查核商品发运记录资料，审查企业提供的购销合同，结合银行结算凭证回单联及发票开具日期，对照产品（商品）销售收入明细账等，查明是否有不及时结转销售收入而延误收入的入账时间的情况。

(2) 根据现行增值税法的有关规定，审核纳税人在申报时对应税销售额的计算有无表 7-4 所列情况。

表 7-4　不同情况下应税销售额的审核要点

序号	应税销售额的计算情况	审核要点
1	销售货物或应税劳务收取价外费用是否并入应税销售额	代理审核人员应注意审核纳税人的“其他应付款”、“其他业务收入”、“营业外收入”等科目的明细账，如有属于销售货物或应税劳务而从购买方收取的价外收费，应对照“应交税费——应交增值税（销项税额）”科目进行审查，如“应交税费——应交增值税（销项税额）”科目没有反映这些价外收费销项税额内容的，就表明纳税人对价外收费隐瞒申报纳税；还应注意审查纳税人的“管理费用”、“制造费用”、“营业费用”等科目的明细账，如有贷方发生额或借方红字发生额，应对照记账凭证，逐笔进行审查，看有无隐瞒价外收费，少计销项税额的问题

续表

序号	应税销售额的计算情况	审核要点
2	销售残次品（废品）、半残品、副产品和下脚料、边角料等取得的收入是否并入应税销售额	企业生产经营中涉及残次品（废品）、半残品、副产品、下脚料、边角料外销业务的，进行审核时，应注意发生上述业务后的账务处理是否正确，企业常见错误做法是将取得的收入直接冲减“生产成本”、“库存商品”、“制造费用”、“管理费用”，或记入“营业外收入”等账户，因此注意重点审核上述账户的借方红字发生额或贷方发生额的具体内容，并结合“主营业务收入”、“其他业务收入”等明细账，纳税人的纳税申报表等，查明企业是否存在少计应税销售额的问题
3	采取以旧换新方式销售货物，是否按新货物的同期销售价格确认应税销售额	审查纳税人的产品（商品）销售收入明细账，看有没有哪一种产品（商品）的销售价格明显低于正常时期的销售价格。如有所售货物价格明显偏低而无其他特殊情况的，一般多为实行以旧换新让价销售造成的，应予以调增应税销售额
4	采取还本销售方式销售货物，是否从应税销售额中减除了还本支出，造成少计应税销售额	（1）应了解纳税人有无还本销售业务。如有，应重点检查“营业费用”明细账的摘要记录，看该账户有无还本支出核算业务，列账是否正确； （2）如果没有还本支出核算，一般就是扣除还本支出后的余额计销售。应要求纳税人按照还本支出凭证的汇总数补计销售收入，补缴增值税
5	采取折扣方式销售货物，将折扣额另开发票的，是否从应税销售额中减除了折扣额，造成少计应税销售额	（1）将本期增值税申报表中的销售额与企业本期“主营业务收入”账户的总额核对，看其金额是否一致，如不一致，其差额可能存在着折扣的销售方式； （2）将增值税申报表与“主营业务收入”账户的差额和企业销售货物中的折扣额进行核对，看是否一致； （3）重点审核企业的销售货物中的折扣额是否在同一发票上注明，查“主营业务收入”账，看有无红字冲销，若有，应调出记账凭证，核实其所附的发票，看折扣额的处理是否符合规定，如另开发票，则应将其折扣额并入销售额中计税； （4）审查企业实行折扣方式销售货物的合同（协议）等书面规定的资料，看是否与执行的折扣标准相符； （5）纳税人采取折扣方式销售货物，审查发票的金额栏是否将销售额和折扣额分别注明，是否存在同一张发票“金额”栏注明折扣额而仅在发票的“备注”栏注明折扣额，却将折扣额从销售额中减除的现象
6	为销售货物而出租、出借包装物收取押金，因逾期而不再退还的，是否已并入应税销售额并按所包装货物适用税率计算纳税	应注意审核有关特殊的纳税规定，如对销售酒类产品（除适用啤酒、黄酒外）收取的包装物押金的规定。 （1）审核出租、出借包装物有关合同、协议。掌握各种包装物的回收期限，凡收取押金超过一年的包装物押金仍挂在“其他应付款”账户上的，应作转账处理，并依税法规定计算补缴增值税； （2）审核“其他应付款”明细账借方发生额的对应账户，看有无异常的对应关系。如发现有与“应付职工薪酬”、“盈余公积”等账户相对应的情况，一般就是将应没收的包装物押金挪作了他用。经审核后，应按税法规定计算补缴增值税； （3）对销售酒类产品企业（除啤酒、黄酒外）收取的包装物押金是否按税法规定在当期计提增值税，有无滞后计提税金的问题

续表

序号	应税销售额的计算情况	审核要点
7	将自产或委托加工的货物用于非应税项目以及集体福利、个人消费的，是否视同销售将其金额并入应税销售额	(1) 审核“库存商品”、“委托加工物资”账户贷方发生额的对应账户关系是否正常。可追查出库产品的去向和用途，从中发现问题； (2) 通过非应税项目核算科目“其他业务收入”、“其他业务成本”、“在建工程”、“应付职工薪酬”等科目逆向反查； (3) 核对税费计算是否正确，调阅“应交税费——应交增值税（销项税额）”贷方发生额与非应税项目借方发生额同类相同凭证号，核对领用数量，在核实正确的基础上将金额除以数量等于结转单价，再与日常销售价比较； (4) 注意自用商品领用时间，看有无人为延期做账，只要核对发货单记载时间与记账凭证号时间是否一致即可
8	将自产、委托加工或购买的货物对外投资，分配给股东、投资者，无偿赠送他人，是否按视同销售行为将其金额并入应税销售额	(1) 查看“长期投资”账户借方的对应关系。如果发现借记“长期投资”，贷记“库存商品”、“原材料”、“自制半成品”、“固定资产”等异常会计分录，说明企业用存货对外投资未申报增值税。可要求企业提供联营投资的合同、协议，审阅其条款和对外投资实物的价款，与企业日常同类产品销售价相核对，分别作出补缴增值税的处理； (2) 审核纳税人“库存商品”、“自制半成品”等账户贷方发生额，如发生额大于当期所结转的“主营业务成本”账户借方发生额，说明纳税人可能将自制或委托加工货物用于无偿赠送或分配给股东、投资者，应对照纳税人的“营业外支出”、“应付利润”等账户进行审核； (3) 审核纳税人将外购固定资产发生视同销售行为后，对已使用过的固定资产无法确定销售额的，是否按规定以固定资产净值为销售额计算销项税额； (4) 审核纳税人在资产重组过程中，是否多交增值税
9	将货物交付他人代销是否视同销售行为将其金额并入应税销售额	(1) 通过“库存商品——委托代销产品”、“库存商品——委托代销商品”贷方发生额核查对应科目是否异常，有无漏作销售，特别是将代销手续费从销售额中扣除减少收入的现象； (2) 通过“代销合同”订立的结算时间核查实际商品销售实现的时间是否有延期作销售的现象
10	销售代销货物是否按视同销售行为将其金额并入应税销售额	(1) 了解被审单位是否有代销业务，并了解其账务处理方法核算过程 (2) 关注“应付账款”、“其他应付款”的动向。特别要关注往来发生而又无实际业务的转来转去的款项，必要时可发协查函或直接至对方单位调查
11	移送货物用于销售是否按视同销售行为将其金额并入应税销售额。	(1) 了解被查企业经营机构设立情况，通过查看工商登记、分支机构设立情况可以查明； (2) 审核异地分支机构互供商品是否实现销售。主要通过“产成品”、“库存商品”账户和货币资金结算往来账户两个方面入手查核
12	企业对外提供有偿加工货物的应税劳务，是否按规定将收入并入应税销售额	(1) 审核“主营业务收入”、“其他业务收入”等账户贷方发生额。查看原始凭证，看有无加工、修理修配收入未计销项税额的行为； (2) 审核“原材料”账户的贷方发生额，以及委托方货款的结算方式，查看有无将自产品加工或代垫辅助材料未作收入实现的行为
13	以物易物或用应税货物抵偿债务，是否并入应税销售额	(1) 审查“库存商品”等账户的贷方发生额。如其对应科目为“原材料”、“库存商品”、“低值易耗品”、“在建工程”、“固定资产”、“应付账款”借方，同时借记“应交税费——应交增值税（进项税额）”，属于异常会计分录，说明企业以物易物未通过销售，未实现增值税的销项税额； (2) 核准交换价格，作出正确处理。在审核时，根据产成品发货单记录的数量、“产成品”账户贷方发生额记录发出的金额，除以发出数量，等于发出兑换商品单价，再与该产品正常售价比较，判断兑换商品的单价，分别作出正确处理

续表

序号	应税销售额的计算情况	审核要点
14	混合销售行为和兼营的非应税劳务，按规定应当征收增值税的，其应税销售额的确认是否正确	（1）审核企业混合销售行为是否缴纳增值税。以纳税人申报的或审查核实的各部分销售额为依据，查明纳税人的税务登记，落实经营范围，查实纳税人是以销售货物为主还是以提供非应税劳务为主，进而判断其混合销售行为是否缴纳增值税； （2）审核混合销售行为申报销项税额的收入额是否正确。混合销售行为（如征增值税），应以纳税申报表为依据，结合“主营业务收入”、“其他业务收入”明细账。查明申报的销售额是否正确，销售额中是否包括了非应税劳务的销售额，同时还应重点审核“应付职工薪酬、“营业外收入”、“其他应付款”等明细账户贷方发生额，查看其摘要栏的内容，进一步对照账证予以核实； （3）兼营非应税劳务审核的要点是审核纳税人兼营的非应税劳务是否分别核算销售额。审核时，以“主营业务收入”、“其他业务收入”账户为核心，结合记账凭证，落实非应税劳务的核算方法，如果纳税人未分别核算或者不能准确核算非应税劳务的销售额，其非应税劳务与货物或应税劳务一并征收增值税
15	纳税人发生销售退回或销售折让，是否依据退回的增值税专用发票或购货方主管税务机关开具的“企业进货退出及索取折让证明单”，按退货或折让金额冲减原销售额	将“主营业务收入”明细账和“应交税费——应交增值税（销项税额）”明细账相互进行核对，审查纳税人销货退回或折让是否冲减当期的销项税额，销售折扣与销售折让是否混淆；对纳税人开具的红字增值税专用发票存根联进行审查，有无购货方主管税务机关开具的“进货退出及索取折让证明单”，有无擅自开具红字增值税专用发票的问题
16	销售货物或应税劳务的价格偏低或有视同销售货物行为而无销售额，纳税人按规定须组成计税价格确定销售额的，其应税销售额的计算是否正确	在按法定程序确定销售额时，不能将确定的程序相互颠倒或者不区分任何情况而直接按组成计税价格确定计税销售额。若销售货物或应税劳务价格明显偏低的，一般可通过价格核对比较和销售毛利分析进行查证
17	销售货物或应税劳务采用销售额与销项税额合并定价方法的，其应税销售额的计算是否正确	
18	外汇结算销售额折计人民币应税销售额是否正确	

适用税率审核要点：①增值税税率运用是否正确，是否扩大了低税率货物的适用范围；②增值税税率已发生变动的货物，是否按税率变动的规定执行日期计算纳税；③纳税人兼营不同税率的货物或者应税劳务，未分别核算销售额的，是否从高适用增值税税率计算纳税；④销售不同税率的货物或应税劳务，并兼营应属一并征收增值税的非应税劳务，看是否从高适用税率计算纳税；⑤出口货物适用的退税率是否正确。是否将不同税率的出口货物分开核算和申报办理退税。如划分不清适用税率的，是否从低适用退税率计算退税。

3．销售自己使用过的固定资产的审核

审核要点：①审核“固定资产”明细账，审核已出售的固定资产是否为应税固定资产，是否按规定申报缴纳了增值税；②审核“固定资产清理”账户的贷方发生额，并与“固定资产”明细账核对，审核是否按规定申报缴纳了增值税；③审核企业转让土地使用权或销售不动产同时一并销售附着于土地或不动产上的固定资产时，是否分别缴纳营业税和增值税。

【知识链接】

增值税一般纳税人销售使用过的固定资产不再享受减免增值税优惠。

4．进项税额的审核要点

对于纳税人进项税额的计算和会计处理，代理审核人员既要审核原始抵扣凭证，又要结合有关账户审核，防止虚增进项税额多抵销项税额、少缴增值税的问题。

1）进项税额抵扣凭证的审核要点

【知识链接】

审核进项抵扣凭证，应结合“固定资产”、“应付职工薪酬、“长期投资”、“应交税费——应交增值税”等账户进行。

（1）购进货物或应税劳务是否按规定取得增值税扣税凭证，取得的增值税专用发票抵扣联是否合法有效。审核要点包括：①审核纳税人购进货物或应税劳务取得增值税专用发票注明的进项税额。首先审查取得的增值税专用发票的真伪，然后审查票面开具的内容是否填写齐全正确，税务登记号是否准确，取得增值税专用发票的实际金额与增值税专用发票版面是否相符；②审核纳税人据以核算进项税额的增值税专用发票的发票联、抵扣联的记载内容是否一致。有无只有抵扣联而无发票联或者只有发票联而无抵扣联的增值税专用发票；③审核纳税人购进货物是否与购货方的生产、经营相关。一是核对生产经营范围；二是核对“原材料”、“库存商品”明细账，防止虚开、代开。

（2）对增值税一般纳税人外购货物所支付的运输费用，允许依7%扣除率计算进项税额扣除，其运费结算单据（普通发票）是否为规定的结算单据，计算进项税额的运费金额是否正确。审核要点：①审核纳税人抵扣票据的合理、合法性。审核抵扣运费单据是否属于规定的可抵扣票据，票面项目是否符合要求；②审核纳税人“应交税费——应交增值税（进项税额）”科目的记账凭证。审核有无将不属于运费范围的款项，也计算了进项税额；③审核纳税人“库存商品”、“原材料”、“低值易耗品”、“包装物”等明细账。审核单据所列项目与实物是否相符；④审核纳税人运费凭证与有关资金或存货类账户的核算内容的关系。如果只有运费凭证而无相应的资金或存货则不得抵扣；⑤将购进货物的进项税额与支付运费计算的进项税额进行比较分析。查看有无异常，重点审核是否属虚抵进项税额。

（3）进口货物是否按规定取得完税凭证，并按税法规定进行税款抵扣。审核要点：①审核海关代征进口货物增值税时的增值税专用缴款书票据的真实性，即原件的唯一性、企业名称的准确性。专用缴款书上若标明有两个单位名称，既有代理进口单位名称，又有委托进口单位名称的，只准予其中取得专用缴款书原件的单位抵扣税款；②审核专用缴款书所注明的进口货物入库单。重点追踪进口货物的流向，若无库存，是否已作销售申报纳税。

（4）购进免税农业产品准予抵扣的进项税额，其原始凭证是否符合规定，有无超范围计算进项税额抵扣的问题。审核要点：①审核企业的收购凭证。将税务部门出售的收购凭证领购簿与使用的收购凭证对照检查，审核其使用的收购凭证是否合法；②审核企业收购凭证的汇总数和收购实物数。审核购进的货物是否属于免税农业产品，是否向规定的对象所收购，是否按规定的价格依据计算抵扣税额；③审核企业计算免税农业产品进项税额的凭证与有关资金和往来账户。若只有开具的凭证而无相应的资金运动或负债产生，以及虽有资金运动或负债产生但内容不一致、数额不相符的，则重点查实抵扣的真实性。

（5）对进货退出或折让而收回的增值税税额，是否在取得红字专用发票的当期，从进项税额中扣减。审核要点：①根据主管税务机关为纳税人开具的“红字增值税专用发票通知单”（以下简称“通知单”）的存根联，审查纳税人留存的“通知单”，看纳税人是否按照规定保存“通知单”。如纳税人未按规定保存“通知单”，证明纳税人有将已收回的增值税抵扣销项税额的可能。②对照“通知单”和销货方开具的红字增值税专用发票的发票联、抵扣联。审核纳税人的“应交税费——应交增值税（进项税额）”明细账，查明纳税人发生材料退货后，其进项税额是否从进项税额中扣减，或所扣减的进项税额是否小于“通知单”、红字增值税专用发票抵扣联上注明的税额。③依据纳税人收到的红字增值税专用发票上所注明的开具时间，审查退货或索取折让的纳税人，是否有延期扣减进项税额的现象。

2）进项税额结转的审核要点

审核纳税人是否存在多计进项税额的问题。

【知识链接】

代理审核人员不仅要从计算进项税额的凭证上进行审核，而且还要审核有无扩大结转、计提进项税额范围的问题。可以从以下几方面入手：非增值税劳务项目购进货物和劳务，是否结转了进项税额；购进固定资产，是否结转了进项税额；免征增值税项目的购进货物和应税劳务，是否结转了进项税额；在建工程项目所用的购进货物和应税劳务，是否结转了进项税额；用于集体福利或个人消费的购进货物或劳务，是否结转了进项税额；购进货物发生的非正常损失，是否结转了进项税额。

3）进项税额转出的审核要点

当纳税人购进的原材料、商品改变用途时，应将其负担的进项税额由“应交税费——应交增值税”账户的贷方“进项税额转出”科目转入相应的账户中去。因此，对纳税人发生的下列业务，应审核在结转材料和商品销售成本的同时，是否作了转出进项税额的账务处理：非增值税应税项目使用购进的已结转进项税额的货物；增值税免税项目使用购进的已结转进项税额的货物；在建工程项目领用购进的已结转进项税额的材料物资；集体福利项目领用购进的已结转进项税额的材料物资；非正常损失的在产品、产成品所耗用的购进货物或者应税劳务。

对上述项目除了注意审查计算方法是否正确外，还要注意审核企业进项税额转出的金额计算依据是否正确，进项税额转出的时间与增值税会计处理的规定是否一致。

4）进项税额抵扣时限的审核要点

对企业的未付款税额，主要审核是否按现行会计制度的要求，正确核算“应付账款”科目的有关内容，不得将“应付账款”和“应收账款”科目合并使用，也不得混淆“应付账款”和“其他应付款”科目的核算内容。

对纳人防伪税控管理的企业，取得防伪税控系统开具的专用发票，属于扣税范围的，应于纳税申报时或纳税申报前到税务机关申报认证，在取得税务机关开具的《认证结果通知书》和加盖“认证相符”戳记的专用发票抵扣联后，申报抵扣税款，凡认证不符的，不得作为扣税凭证。

【知识链接】

自 2010 年 1 月 1 日起，增值税一般纳税人申请抵扣的防伪税控系统开具的增值税专用发票、公路内河货物运输业统一发票和机动车销售统一发票，应在发票开具之日起 180 日内到税务机关认证，并在认证通过的次月申报期内，向主管税务机关申报抵扣进项税额，否则不予抵扣进项税额。增值税一般纳税人取得防伪税控系统开具的增值税专用发票，其专用发票所列明的购进货物或应税劳务的进项税额抵扣时限，不再执行《国家税务总局关于加强增值税征收管理工作的通知》（国税发[1995]15 号）中第二条有关进项税额申报抵扣时限的规定。

自 2011 年 10 月 1 日起，为保障纳税人合法权益，经国务院批准，国家税务总局将 2007 年 1 月 1 日以后开具的增值税扣税凭证未能按照规定期限办理认证或者稽核比对抵扣问题公告如下：对增值税一般纳税人发生真实交易但由于客观原因造成增值税扣税凭证逾期的，经主管税务机关审核，逐级上报，由国家税务总局认证、稽核比对后，对比对相符的增值税扣税凭证，允许纳税人继续抵扣其进项税额。

【特别提示】

纳税人申请办理逾期抵扣时，应报送如下资料。

（1）逾期增值税扣税凭证抵扣申请单。

（2）增值税扣税凭证逾期情况说明。纳税人应详细说明未能按期办理认证或者申请稽核比对的原因，并加盖企业公章。其中，对客观原因不涉及第三方的，纳税人应说明的情况具体为：发生自然灾害、社会突发事件等不可抗力原因的，纳税人应详细说明自然灾害或者社会突发事件发生的时间、影响地区、对纳税人生产经营的实际影响等；纳税人变更纳税地点，注销旧户和重新办理税务登记的时间过长，导致增值税扣税凭证逾期的，纳税人应详细说明办理搬迁时间、注销旧户和注册新户的时间、搬出及搬入地点等；企业办税人员擅自离职，未办理交接手续的，纳税人应详细说明事情经过、办税人员姓名、离职时间等，并提供解除劳动关系合同及企业内部相关处理决定。

（3）客观原因涉及第三方的，应提供第三方证明或说明。具体为：企业办税人员伤亡或者突发危重疾病的，应提供公安机关、交通管理部门或者医院证明；有关司法、行政机关在办理业务或者检查中，扣押增值税扣税凭证，导致纳税人不能正常履行申报义务的，应提供相关司法、行政机关证明；增值税扣税凭证被盗、抢的，应提供公安机关证明；买卖双方因经济纠纷，未能及时传递增值税扣税凭证的，应提供卖方出具的情况说明；邮寄丢失或者误递导致增值税扣税凭证逾期的，应提供邮政单位出具的说明。

（4）逾期增值税扣税凭证电子信息。

（5）逾期增值税扣税凭证复印件（复印件必须整洁、清晰，在凭证备注栏注明“与原件一致”并加盖企业公章，增值税专用发票复印件必须裁剪成与原票大小一致）。

5．增值税应纳税额的审核

增值税应纳税额是否正确，重点是当期销项税额和当期进项税额两个部分的审核，当期销项税额和进项税额的审核要点前面已作了介绍，这里重点阐述对增值税“应交税费”明细账和纳税申报表的审查。

1）增值税“应交税费”明细账审核要点

“应交税费——应交增值税”明细账，是为了全面核算和反映增值税的应缴、已缴情况而设置的。对纳税人“应交税费——应交增值税”明细账的审核，应主要注重以下几个方面：①“应交税费——应交增值税”明细账中各项核算内容及财务处理方法，是否符合有关增值税会计处理的规定；②增值税是否做到按月计算应纳税额，“月税月清”，有无将本月欠税用下期进项税额抵顶、滞纳税款的问题；③有无多记“进项税额”，少记“销项税额”、“进项税额转出”，造成当期应缴税金不实的问题；④生产销售的货物按简易办法计算缴纳增值税的企业，其不得抵扣进项税额计算是否正确；出口企业按出口货物离岸价与征、退税率之差计算的不予抵扣的税额是否在当期从“进项税额转出”科目转增产品销售成本等。

【知识链接】

代理审核人员应根据纳税人生产经营规模、会计核算水平及增值税账簿设置等情况，选择相应的审核方法：对于企业内部管理控制制度较完善，会计核算水平较高，账簿设置较规范的纳税人，一般采用审阅法、复核法、抽样检查法等审核方法。对于会计核算不规范或企业内部管理控制制度不健全的纳税人，其增值税账簿记录往往不能作为审核的主要依据。应采用详查法，即审核每一笔经营业务情况，并可从销货发票、存货或银行存款等方面，审核其纳税情况。

2）增值税一般纳税人申报表审核要点

（1）本期销项税额。应根据“主营业务收入（出口销售收入）”、“其他业务收入”、“应交税费——应交增值税（销项税额）”等账户，检查内销货物和应税劳务的应税销售额和销项税额，出口货物的免税销售额。对于视同销售行为，应根据“在建工程”、“营业外支出”等账户核算内容，计算其销项税额。

（2）本期进项税额。应根据“原材料”、“应付账款”、“管理费用”、“固定资产”、“应交税费——应交增值税（进项税额）”等账户，计算确认纳税人的本期进项税额、不允许抵扣的进项税额、本期应抵扣进项税额。

（3）税款计算。应按《增值税一般纳税人申报表》上的逻辑关系正确计算各项税额，确认本期应纳税额和留抵税额。

【例 7-4】某工业企业系增值税一般纳税人。税务师事务所于 2012 年 8 月受托对企业 7 月增值税纳税情况进行审核，取得该企业 7 月会计资料如下。

（1）7 月 5 日，16 号凭证：购进原材料一批，已验收入库，取得增值税专用发票一张，注明价款 100 000 元，税额 17 000 元，取得运输部门开具的运费普通发票一张，注明运费 6 000 元，装卸费 3 000 元，款项均未支付，企业账务处理为：

借：原材料	108 370	
应交税费——应交增值税（进项税额）	17 630	
贷：应付账款		126 000

（2）7 月 7 日，25 号凭证：购进材料并入库，企业账务处理为：

借：原材料	134 150	
应交税费——应交增值税（进项税额）	26 200	
贷：银行存款		160 350

后附原始凭证：

① 增值税专用发票上注明价款 129 500 元，税额 25 850 元；

② 运费结算单据一张，注明运费 4 200 元，其他杂费 800 元：

③ 银行解款通知单，注明金额 160 350 元；

④ 材料入库单。

（3）7 月 9 日，42 号凭证：购进材料一批，尚未取得增值税专用发票一张，按照企业自制出库单据上注明价款 150 000 元，税额 25 500 元，货款未付，材料尚未入库。企业账务处理为：

借：在途物资　　150 000
　　应交税费——应交增值税（进项税额）　　25 500
　　贷：应付账款　　175 500

（4）7 月 15 日，82 号凭证：销售产品一批，开出增值税专用发票一张，注明价款 200 000 元，税额 34 000 元，货已发出，款项已收到 60%。企业账务处理为：

借：银行存款　　140 400
　　应收账款　　93 600
　　贷：主营业务收入　　200 000
　　　　应交税费——应交增值税（销项税额）　　20 400
　　　　其他应付款——应交增值税　　13 600

（5）7 月 18 日，95 号凭证：6 月 15 日收取的出租包装物押金 11 700 元，到期包装物未收回，企业账务处理：

借：其他应付款　　11 700
　　贷：其他业务收入　　11 700

（6）7 月 22 日，108 号凭证：5 月 12 日售出的部分产品，由于质量问题，购货单位退货，销货额为 50 000 元，税额 8 500 元，退回产品已验收入库，成本价为 40 000 元。企业账务处理为：

借：银行存款　　58 500
　　贷：主营业务收入　　50 000
　　应交税费——应交增值税（销项税额）　　8 500

同时：

借：主营业务成本　　40 000
　　贷：产成品后附原始凭证　　40 000

① 产品入库单、银行退款的回执；

② 进货退出证明单、红字增值税专用发票，注明价款 50 000 元，税额 8 500 元。

（7）7 月 30 日，201 号凭证：月末盘库发生原材料盘亏，企业账务处理为：

借：待处理财产损益　　20 000
　　贷：原材料　　20 000

后附：存货盘点表一张，业务内容：盘亏原材料成本 20 000 元。

（8）其他资料。

① 2012 年 7 月初“应交税费——应交增值税”明细账无余额；

② 2012 年 7 月企业申报进项税额为 69 330 元，销项税额 11 900 元，当月尚有进项税额 57 430 元未能抵扣完。

要求：

（1）计算企业应纳增值税税额，指出该企业增值税计算缴纳存在的问题，并计算本月企业少计（多计）增值税税额。

（2）根据上述经济业务，进行“应交税费——应交增值税”明细账相关账务调账处理。

7.2.2　增值税小规模纳税人的纳税审核

增值税小规模纳税人销售货物或者应税劳务，实行简易征收办法计算应纳税额，计税方法简单。但是，由于小规模纳税人通常会计核算资料都不健全，销售收入少入账或账外经营的问题比较普遍，所以，代理增值税小规模纳税人的纳税审查，要根据小规模纳税人计税资料和会计核算的特点，确定审核内容和方法。

1. 应纳税额的审核

对于增值税小规模纳税人的审核，主要应针对销售收入不入账或者少计收入，隐瞒应税销售额的问题，采取“成本倒挤”、销售毛利率等方法加以核查。

（1）审核纳税人期初存货、本期进货和期末存货的情况，根据纳税人货物的购、销、存情况，查找隐瞒应税销售额的问题。

（2）审核纳税人经营资金的运转情况，重点审查纳税人的银行存款日记账和现金日记账，从纳税人的货币资金收、支情况中发现问题。

（3）通过侧面调查的方法，从纳税人主要供货渠道中了解纳税人的进货情况，再结合纳税人销售渠道的市场营销情况，核实会计期间内纳税人的销售收入。

2. 应纳税额的审核

（1）重点核查小规模纳税人将含税的销售额换算成不含税销售额的计算是否正确。将本期含税的销售额换算成不含税的销售额，与纳税人申报表中的销售额进行对比，审核是否一致。

（2）审核小规模纳税人计算应纳税额适用的征收率是否正确。特别注意小规模商业企业。自 2009 年 1 月 1 日起，其征收率调减为 3%。

（3）审核应纳税额计算是否准确无误，纳税人是否按规定时限缴纳税款。

【例 7-5】某街道办集体工业企业系小规模纳税人，主要生产衍缝机。2012 年 1 月试生产，2012 年 7 月取得第一笔产品销售收入，并于 8 月到主管税务机关按月申报缴纳增值税。10 月某国税局接到群众举报，反映该企业不开发票账外销售产品。税务机关委托××税务师事务所审核该企业的纳税情况，并指导该企业正确核算经营情况，如实申报纳税。

首先，注册税务师对银行存款日记账、现金日记账、往来账、产成品账、销售收入账、销售收据存根等进行重点审核，但只发现零配件的销售未申报纳税，没有发现账外产品销售。其次，从生产环节着手，到生产车间实地了解产品生产情况。其生产的衍缝机分为无梭机、94A、94C、64A 4 种型号，产品的关键部件伺服电机系从国外进口，生产设备的床面都是外委加工。经过上述调查，注册税务师决定将确定产品生产的真实数量作为纳税审查的突破口。一是对该企业伺服电机购进入库数量、领用数量、库存数量进行核对，对伺服电机领用数量与产成品的入库数量、出库销售数量和库存数量作比较，找出电机购进、领用数量的差额。二是对外加工床面的入库数量、领用数量、库存数量作比较，找出其差额，分析确定各种型号产品的账外生产销售数量。运用这种方法，查实该公司 2012 年 1—9 月存在大量账外销售的问题如下。

（1）产成品不入库，不开发票，账外销售产品 21 台，销售收入 532 451.61 元分别存入个人账户。

（2）销售零配件开收据，不作收入，账外销售收入 18 129.03 元，账务处理如下：

借：银行存款	18 129.03	
贷：其他应付款		18 129.03

注册税务师通过上述审核，查实企业少计含税收入 532 451.61＋18 129.03＝550 580.64（元），少缴增值税＝550 580.64÷（1＋6%）×6%＝31 164.94（元）。

作相关账务调整如下。

（1）产品销售账外收入。

借：其他应收款——××个人	532 451.61	
贷：主营业务收入		502 312.84
应交税费——应交增值税		30 138.77

（2）零配件账外销售收入。

借：其他应付款	18 129.03	
贷：其他业务收入		17 102.86
应交税费——应交增值税		1 026.17

（3）计算补缴增值税。

借：应交税费——应交增值税	31 164.94	
贷：银行存款		31 164.94

7.2.3　纳税审核报告

注册税务师对纳税人增值税的纳税情况进行全面审核后，应将有关问题与处理方法归纳整理成书面报告，提交被审查单位的管理部门。目前，注册税务师签发的纳税审核报告，尚未采取固定的格式。但是，报告中应明确阐述下列问题（其他税种的纳税审核报告亦同此要求）。

（1）纳税审核的重点范围。主要的会计账户和原始凭证。

（2）纳税审核发现的主要问题与分析。包括确认问题的会计报表项目，有关账户的会计处理和原始凭证，以及确认问题的税法、税收政策依据、财务会计制度方面的规定等。

（3）提出切实可行的建议。针对问题确认应补缴的税额及解决办法，对有关账务处理重新作出调整后的会计分录。

（4）提出改进措施。在分析问题产生原因的基础上，提出加强财务核算管理和有关计税资料稽核工作的具体措施。

（5）纳税审核报告的日期。

（6）税务代理机构的签章。

（7）注册税务师的签章。

7.3　消费税会计核算及纳税申报

消费税是对在我国境内生产、委托加工和进口应税消费品的单位和个人征收的一种流转税。消费税是对所有货物普遍征收增值税的基础上，选择特定消费品为征税对象的税种。

7.3.1　消费税会计核算

消费税计征方法有 3 种：从价计征、从量计征和复合计征，计算公式如下。

从价计征：消费税应纳税额＝应税消费品销售额×适用税率。

从量计征：消费税应纳税额＝应税消费品销售数量×单位税额。

【特别提示】

从量计征适用于啤酒、黄酒、成品油。

复合计征：消费税应纳税额＝应税消费品的销售额×适用税率＋应税消费品的销售数量×单位税额。

【特别提示】

复合计征适用于卷烟、白酒。

7.3.2 消费税纳税申报

消费税纳税申报包括自产应税消费品的纳税申报；委托加工应税消费品代收代缴申报；出口应税消费品的免税或退税申报。

1. 自产应税消费品

纳税人生产的应税消费品无论是销售还是自用（除自用于连续生产应税消费品外），都要缴纳消费税。

（1）销售自产应税消费品

① 纳税人采取赊销和分期收款结算方式的，其纳税义务发生时间为销售合同规定的收款日期当天；② 纳税人采取预收货款结算方式的，其纳税义务发生时间为发出应税消费品的当天；③ 纳税人采取托收承付，委托银行收款方式销售应税消费品的，其纳税义务发生时间为发出应税消费品并办妥托收手续的当天；④ 纳税人采取其他结算方式的，其纳税义务发生时间为收讫销售款或取得索取销售款的凭据当天。

（2）自产自用应税消费品

纳税人自产自用应税消费品的，其纳税义务发生时间为移送使用的当天。

【特别提示】

金银首饰、钻石及钻石饰品由生产、进口环节改为零售环节征税。

2. 委托加工应税消费品

税务代理人首先应确定双方是否为委托加工业务，核查组成计税价格的计算。

（1）如为受托方代理申报应向主管税务机关报送代收代缴申报表。

（2）如为委托方代理申报，为已由受托方代收代缴税款的委托方办理纳税申报，此时应向主管税务机关提供已由受托方代收代缴税款的完税证明。

（3）如为委托个体经营者加工应税消费品的由委托方办理纳税申报。

3. 出口应税消费品

有两类企业出口应税消费品后能够办理退免税：生产企业和外贸企业。除此之外的其他企业出口应税消费品，既不免税也不退税。

（1）生产企业。税务代理人在代理有进出口经营权的生产企业自营或委托出口应税消费品的申报，应向主管征税机关提供“两单一票”办理免税手续。如发生退关或国外退货，出口时已予以免税的，经所在地主管税务机关批准，可暂不办理补税，待其转为国内销售时，再在当期办理补缴消费税的申报手续，于报送消费税纳税申报表的同时，提供“出口货物转内销证明”。

（2）外贸企业。有出口经营权的外贸企业购进应税消费品直接出口，以及外贸企业受其他外贸企业委托代理出口应税消费品时，实行专用税票管理制度，其纳税申报程序如下。

① 生产企业将应税消费品销售给外贸企业出口，应到主管征税机关开具消费税专用税票，并将其交给外贸企业。

② 外贸企业将应税消费品出口后凭“两单两票”及消费税专用税票向主管税务机关办理退税手续，报送出口退税货物进货凭证申报明细表和出口货物退税申报明细表。

③ 如果出口的应税消费品办理退税后，发生退关或退货，外贸企业应在当期向主管退税机关申报补缴已退的税款，办理“出口商品退运已补税证明”。

7.3.3 代理填制消费税纳税申报表

为了在全国范围内统一、规范消费税纳税申报资料，加强消费税管理的基础工作，国有税务总局制定了《烟类应税消费品消费税纳税申报表》、《酒及酒精消费税纳税申报表》、《成品油消费税纳税申报表》、《小汽车消费税纳税申报表》、《其他应税消费品消费税纳税申报表》。

1. 烟类应税消费品消费税纳税申报表（表 7–5）

表 7-5　烟类应税消费品消费税纳税申报表

税款所属期：　　年　　月　　日至　　年　　月　　日

纳税人名称（公章）：　　　　　　　　纳税人识别号：□□□□□□□□□□□□□□□□□□□□□□

填表日期：　　年　　月　　日　　单位：卷烟/万支、雪茄烟/支、烟丝/千克　　金额单位：元（列至角分）

项目 应税消费品名称	适用税率		销售数量	销售额	应纳税额
	定额税率	比例税率			
卷烟	30 元/万支	56%			
卷烟	30 元/万支	36%			
雪茄烟	—	36%			
烟丝	—	30%			
合计	—	—	—	—	

本期准予扣除税额： 本期减（免）税额： 期初未缴税额：	声明 此纳税申报表是根据国家税收法律的规定填报的，我确定它是真实的、可靠的、完整的。 经办人（签章）： 财务负责人（签章）： 联系电话：
本期缴纳前期应纳税额： 本期预缴税额： 本期应补（退）税额： 期末未缴税额：	（如果你已委托代理人申报，请填写） 授权声明 为代理一切税务事宜，现授权＿（名称）＿＿＿＿＿＿＿＿＿＿为本纳税人的代理申报人，任何与本申报表有关的往来文件，都可寄予此人。 授权人签章：

以下由税务机关填写

受理人（签章）：　　　　　　　　受理日期：　　年　　月　　日

受理税务机关（章）：

填表说明：

（1）本表仅限烟类消费税纳税人使用。

（2）本表“销售数量”为《中华人民共和国消费税暂行条例》、《中华人民共和国消费税暂行条例实施细则》及其他法规、规章规定的当期应申报缴纳消费税的烟类应税消费品销售（不含出口免税）数量。

（3）本表“销售额”为《中华人民共和国消费税暂行条例》、《中华人民共和国消费税暂行条例实施细则》及其他法规、规章规定的当期应申报缴纳消费税的烟类应税消费品销售（不含出口免税）收入。

（4）根据《中华人民共和国消费税暂行条例》和《财政部国家税务总局关于调整烟类产品消费税政策的通知》（财税[2001]91 号）的规定，本表“应纳税额”计算公式如下。

① 卷烟：应纳税额＝销售数量×定额税率＋销售额×比例税率。

② 雪茄烟、烟丝：应纳税额＝销售额×比例税率。

（5）本表“本期准予扣除税额”按本表附件一的本期准予扣除税款合计金额填写。

（6）本表“本期减（免）税额”不含出口退（免）税额。

（7）本表“期初未缴税额”填写本期期初累计应缴未缴的消费税额，多缴为负数。其数值等于上期“期末未缴税额”。

（8）本表“本期缴纳前期应纳税额”填写本期实际缴纳入库的前期消费税额。

（9）本表“本期预缴税额”填写纳税申报前已预先缴纳入库的本期消费税额。

（10）本表“本期应补（退）税额”计算公式如下，多缴为负数。

本期应补（退）税额＝应纳税额（合计栏金额）－本期准予扣除税额－本期减（免）税额－本期预缴税额

（11）本表“期末未缴税额”计算公式如下，多缴为负数。

期末未缴税额＝期初未缴税额＋本期应补（退）税额－本期缴纳前期应纳税额

（12）本表为 A4 竖式，所有数字小数点后保留两位。一式二份，一份纳税人留存，一份税务机关留存。

2. 酒及酒精消费税纳税申报表（表 7–6）

填表说明：

（1）本表仅限酒及酒精消费税纳税人使用。

（2）本表“销售数量”为《中华人民共和国消费税暂行条例》、《中华人民共和国消费税暂行条例实施细则》及其他法规、规章规定的当期应申报缴纳消费税的酒及酒精销售（不含出口免税）数量。计量单位：粮食白酒和薯类白酒为斤（如果实际销售商品按照体积标注计量单位，应按 500 毫升为 1 斤换算），啤酒、黄酒、其他酒和酒精为吨。

（3）本表“销售额”为《中华人民共和国消费税暂行条例》、《中华人民共和国消费税暂行条例实施细则》及其他法规、规章规定的当期应申报缴纳消费税的酒及酒精销售（不含出口免税）收入。

（4）根据《中华人民共和国消费税暂行条例》和《财政部国家税务总局关于调整酒类产品消费税政策的通知》（财税[2001]84 号）的规定，本表“应纳税额”计算公式如下。

① 粮食白酒、薯类白酒：应纳税额＝销售数量×定额税率＋销售额×比例税率。

② 啤酒、黄酒：应纳税额＝销售数量×定额税率。

③ 其他酒、酒精：应纳税额＝销售额×比例税率。

表 7-6　酒及酒精消费税纳税申报表

税款所属期：2012 年 7 月 1 日至 2012 年 7 月 30 日
纳税人名称（公章）：某酒厂　　　纳税人识别号：□□□□□□□□□□□□□□□□□□□□□
填表日期：2012 年 8 月 5 日　　　　　　　　　　金额单位：元

项目 应税消费品名称	适用税率		销售数量	销售额	应纳税额
	定额税率	比例税率			
粮食白酒	0.5 元/斤	20%	10 000	80 000	85 000
薯类白酒	0.5 元/斤	20%			
啤酒	250 元/吨	—		18	4 500
啤酒	220 元/吨	—			
黄酒	240 元/吨	—			
其他酒	—	10%			
酒精	—	5%			
合计	—	—	—	—	89 500

本期准予抵减税额： 本期减（免）税额： 期初未缴税额：	声明 此纳税申报表是根据国家税收法律的规定填报的，我确定它是真实的、可靠的、完整的。 经办人（签章）： 财务负责人（签章）： 联系电话：
本期缴纳前期应纳税额： 本期预缴税额： 本期应补（退）税额： 期末未缴税额：89 500	（如果你已委托代理人申报，请填写） 授权声明 为代理一切税务事宜，现授权____（地址）________为本纳税人的代理申报人，任何与本申报表有关的往来文件，都可寄予此人。 授权人签章：

以下由税务机关填写
受理人（签章）：　　　　　　　　受理日期：　　年　　月　　日
受理税务机关（章）：

（5）本表“本期准予抵减税额”按本表附件一的本期准予抵减税款合计金额填写。

（6）本表“本期减（免）税额”不含出口退（免）税额。

（7）本表“期初未缴税额”填写本期期初累计应缴未缴的消费税额，多缴为负数。其数值等于上期“期末未缴税额”。

（8）本表“本期缴纳前期应纳税额”填写本期实际缴纳入库的前期消费税额。

（9）本表“本期预缴税额”填写纳税申报前已预先缴纳入库的本期消费税额。

（10）本表“本期应补（退）税额”计算公式如下，多缴为负数。

本期应补（退）税额＝应纳税额（合计栏金额）－本期准予抵减税额－
本期减（免）税额－本期预缴税额

（11）本表“期末未缴税额”计算公式如下，多缴为负数。

期末未缴税额＝期初未缴税额＋本期应补（退）税额－本期缴纳前期应纳税额

（12）本表为A4竖式，所有数字小数点后保留两位。一式二份，一份纳税人留存，一份税务机关留存。

3. 成品油消费税纳税申报表(表7-7)

表7-7　成品油消费税纳税申报表

税款所属期：　　年　　月　　日至　　年　　月　　日

纳税人名称（公章）：　　　　　　纳税人识别号：□□□□□□□□□□□□□□□□□□□□□

填表日期：　　年　　月　　日　　　　　　单位：升　　金额单位：元（列至角分）

<table>
<tr><td>项目
应税
消费品名称</td><td>适用税率
（元/升）</td><td>销售数量</td><td>应纳税额</td></tr>
<tr><td>含铅汽油</td><td>1.4</td><td></td><td></td></tr>
<tr><td>无铅汽油</td><td>1</td><td></td><td></td></tr>
<tr><td>柴油</td><td>0.8</td><td></td><td></td></tr>
<tr><td>石脑油</td><td>1</td><td></td><td></td></tr>
<tr><td>溶剂油</td><td>1</td><td></td><td></td></tr>
<tr><td>润滑油</td><td>1</td><td></td><td></td></tr>
<tr><td>燃料油</td><td>0.8</td><td></td><td></td></tr>
<tr><td>航空煤油</td><td>0.8</td><td></td><td></td></tr>
<tr><td>合计</td><td>—</td><td>—</td><td></td></tr>
<tr><td colspan="3">本期减（免）税额：</td><td rowspan="7">声明
此纳税申报表是根据国家税收法律的规定填报的，我确定它是真实的、可靠的、完整的。
经办人（签章）：
财务负责人（签章）：
联系电话：</td></tr>
<tr><td colspan="3">期初留抵税额：</td></tr>
<tr><td colspan="3">本期准予扣除税额：</td></tr>
<tr><td colspan="3">本期应抵扣税额：</td></tr>
<tr><td colspan="3">期初未缴税额：</td></tr>
<tr><td colspan="3">期末留抵税额：</td></tr>
<tr><td colspan="3">本期实际抵扣税额：</td></tr>
<tr><td colspan="3">本期缴纳前期应纳税额：</td><td rowspan="4">（如果你已委托代理人申报，请填写）
授权声明
为代理一切税务事宜，现授权＿＿（名称）＿＿＿＿＿＿＿＿＿为本纳税人的代理申报人，任何与本申报表有关的往来文件，都可寄予此人。
授权人签字：</td></tr>
<tr><td colspan="3">本期预缴税额：</td></tr>
<tr><td colspan="3">本期应补（退）税额：</td></tr>
<tr><td colspan="3">期末未缴税额：</td></tr>
</table>

以下由税务机关填写

受理人（签字）：　　　　　　受理日期：　　年　　月　　日

受理税务机关（公章）：

填表说明：

（1）本表仅限成品油消费税纳税人使用。

（2）本表“销售数量”为《中华人民共和国消费税暂行条例》、《中华人民共和国消费税暂行条例实施细则》及其他法规、规章规定的当期应当申报缴纳消费税的成品油类应税消费品销售数量。

（3）根据《中华人民共和国消费税暂行条例》的规定，本表“应纳税额”计算公式如下：

应纳税额＝销售数量×适用税率

（4）本表“本期准予扣除税额”按本表附一的本期准予扣除税款合计金额填写。

（5）本表“本期减（免）税额”是指按照税法规定对应税消费品减免的税客。

根据财税[2006]33 号文件中“航空煤油暂缓征收消费税”的规定，航空煤油暂不申报消费税。

（6）本表“期初未缴税额”填写本期期初应缴未缴的消费税额，多缴为负数。其数值等于上期“期末未缴税额”。

（7）本表“本期缴纳前期应纳税额”填写本期实际入库的前期消费税税额。

（8）本表“本期预缴税额”填写纳税申报前已预先缴纳入库的本期消费税额。

（9）本表“本期应补（退）税额”计算公式如下，多缴为负数。

本期应补（退）税额＝应纳税额（合计栏金额）－本期减（免）税额－本期实际抵扣税额－本期预缴税额

（10）本表“期末未缴税额”计算公式如下，多缴为负数。

期末未缴税额＝期初未缴税额＋本期应补（退）税额－本期缴纳前期应纳税额

（11）本表为 A4 竖式，所有数字小数点后保留两位。一式二份，一份纳税人留存，一份税务机关留存。

4．小汽车消费税纳税申报表（表 7–8）

填表说明：

（1）本表仅限小汽车消费税纳税人使用。

（2）纳税人生产的改装、改制车辆，应按照《财政部国家税务总局关于调整和完善消费税政策的通知》（财税[2006]33 号）中规定的适用税目、税率填写本表。

（3）本表“销售数量”为《中华人民共和国消费税暂行条例》、《中华人民共和国消费税暂行条例实施细则》及其他法规、规章规定的当期应申报缴纳消费税的小汽车类应税消费品销售（不含出口免税）数量。

（4）本表“销售额”为《中华人民共和国消费税暂行条例》、《中华人民共和国消费税暂行条例实施细则》及其他法规、规章规定的当期应申报缴纳消费税的小汽车类应税消费品销售（不含出口免税）收入。

（5）根据《中华人民共和国消费税暂行条例》的规定，本表“应纳税额”计算公式如下：

应纳税额＝销售额×比例税率

（6）本表“本期减（免）税额”不含出口退（免）税额。

（7）本表“期初未缴税额”填写本期期初累计应缴未缴的消费税额，多缴为负数。其数值等于上期“期末未缴税额”。

（8）本表“本期缴纳前期应纳税额”填写本期实际缴纳入库的前期消费税额。

（9）本表“本期预缴税额”填写纳税申报前已预先缴纳入库的本期消费税额。

表 7-8 小汽车消费税纳税申报表

税款所属期： 年 月 日至 年 月 日
纳税人名称（公章）： 纳税人识别号：□□□□□□□□□□□□□□□□□□□□□
填表日期： 年 月 日 单位：辆、元（列至角分）

项目 应税消费品名称		适用税率	销售数量	销售额	应纳税额
乘用车	气缸容量≤1.0 升	1%			
	1.0 升＜气缸容量≤1.5 升	3%			
	1.5 升＜气缸容量≤2.0 升	5%			
	2.0 升＜气缸容量≤2.5 升	9%			
	2.5 升＜气缸容量≤3.0 升	12%			
	3.0 升＜气缸容量≤4.0 升	25%			
	气缸容量＞4.0 升	40%			
中轻型商用客车		5%			
合计		—	—	—	

本期准予扣除税额： 本期减（免）税额： 期初未缴税额：	声明 此纳税申报表是根据国家税收法律的规定填报的，我确定它是真实的、可靠的、完整的。 经办人（签章）： 财务负责人（签章）： 联系电话：
本期缴纳前期应纳税额： 本期预缴税额： 本期应补（退）税额： 期末未缴税额：	（如果你已委托代理人申报，请填写） 授权声明 为代理一切税务事宜，现授权＿（名称）＿＿＿＿＿＿为本纳税人的代理申报人，任何与本申报表有关的往来文件，都可寄予此人。 授权人签字：

以下由税务机关填写
受理人（签章）： 受理日期： 年 月 日
受理税务机关（章）：

（10）本表“本期应补（退）税额”计算公式如下，多缴为负数。

本期应补（退）税额＝应纳税额（合计栏金额）－本期减（免）税额－本期预缴税额

（11）本表“期末未缴税额”计算公式如下，多缴为负数。

期末未缴税额＝期初未缴税额＋本期应补（退）税额－本期缴纳前期应纳税额

（12）本表为 A4 竖式，所有数字小数点后保留两位。一式二份，一份纳税人留存，一份税务机关留存。

5. 其他应税费消费税纳税申报表（表 7–9）

表 7-9 其他应税消费品消费税纳税申报表

税款所属期：　　　年　　月　　日至　　　年　　月　　日

纳税人名称（公章）：　　　　　　　　　　　纳税人识别号：□□□□□□□□□□□□□□□□□□□□□

填表日期：　　　年　　月　　日　　　　　　　　　　　　　　　　金额单位：元（列至角分）

项目 应税 消费品名称	适用税率	销售数量	销售额	应纳税额
合计	—	—	—	

本期准予抵减税额：	声明 此纳税申报表是根据国家税收法律的规定填报的，我确定它是真实的、可靠的、完整的。 经办人（签章）： 财务负责人（签章）： 联系电话：
本期减（免）税额：	
期初未缴税额：	
本期缴纳前期应纳税额：	（如果你已委托代理人申报，请填写） 授权声明 为代理一切税务事宜，现授权＿＿（名称）＿＿＿＿＿＿＿＿＿＿＿＿为本纳税人的代理申报人，任何与本申报表有关的往来文件，都可寄予此人。 授权人签字：
本期预缴税额：	
本期应补（退）税额：	
期末未缴税额：	

以下由税务机关填写

受理人（签章）：　　　　　　　　　　　受理日期：　　　年　　月　　日

受理税务机关（章）：

填表说明：

（1）本表限贵重首饰及珠宝玉石、鞭炮焰火、汽车轮胎、摩托车、高尔夫球及球具、高档手表、游艇、木制一次性筷子、实木地板等消费税纳税人使用。

（2）本表“应税消费品名称”和“适用税率”按照以下内容填写。

贵重首饰及珠宝玉石：10%；金银首饰（铂金首饰、钻石及钻石饰品）：5%；鞭炮焰火：15%；汽车轮胎（除子午线轮胎外）：3%（免税）；摩托车（排量＞250 毫升）：10%；摩托车（排量≤250 毫升）：3%；高尔夫球及球具：10%；高档手表：20%；游艇：10%；木制一次性筷子：5%；实木地板：5%。

（3）本表“销售数量”为《中华人民共和国消费税暂行条例》、《中华人民共和国消费税暂行条例实施细则》及其他法规、规章规定的当期应申报缴纳消费税的应税消费品销售（不含出口免税）数量。计量单位是：汽车轮胎为套；摩托车为辆；高档手表为只；游艇为艘；实木地板为平方米；木制一次性筷子为万双；化妆品、贵重首饰及珠宝玉石（含金银首饰、铂金首饰、钻石及钻石饰品）、鞭炮焰火、高尔夫球及球具按照纳税人实际使用的计量单位填写并在本栏中注明。

（4）本表“销售额”为《中华人民共和国消费税暂行条例》、《中华人民共和国消费税暂行条例实施细则》及其他法规、规章规定的当期应申报缴纳消费税的应税消费品销售（不含出口免税）收入。

（5）根据《中华人民共和国消费税暂行条例》的规定，本表“应纳税额”计算公式如下：

应纳税额＝销售额×适用税率

（6）本表“本期准予扣除税额”按本表附件一的本期准予扣除税款合计金额填写。

（7）本表“本期减（免）税额”不含出口退（免）税额。

（8）本表“期初未缴税额”填写本期期初累计应缴未缴的消费税额，多缴为负数。其数值等于上期“期末未缴税额”。

（9）本表“本期缴纳前期应纳税额”填写本期实际缴纳入库的前期消费税额。

（10）本表“本期预缴税额”填写纳税申报前已预先缴纳入库的本期消费税额。

（11）本表“本期应补（退）税额”计算公式如下，多缴为负数。

本期应补（退）税额＝应纳税额（合计栏金额）－本期准予扣除税额－本期减（免）税额－本期预缴税额

（12）本表“期末未缴税额”计算公式如下，多缴为负数。

期末未缴税额＝期初未缴税额＋本期应补（退）税额－本期缴纳前期应纳税额

（13）本表为A4竖式，所有数字小数点后保留两位。一式二份，一份纳税人留存，一份税务机关留存。

【税务代理案例】

资料：某酒厂2012年7月发生如下经济业务。

（1）销售粮食白酒5吨，每吨不含税单价80 000元。

（2）销售啤酒10吨，啤酒的不含税出厂价为3 060元/吨。

（3）另外将8吨啤酒无偿赠送给某啤酒节。

要求：①计算应纳的消费税税额；②根据上述有关资料，填报相关消费税的纳税申报表。

7.4 消费税纳税审核

审核消费税纳税情况，应按照消费税的纳税环节，分别从计税依据、适用税率和纳税环节3个方面进行核实。

7.4.1 计税依据的审核

1. 销售自产应税消费品的审核

（1）实行从价定律征税办法的应税消费品，其计税依据为纳税人销售应税消费品向购买方收取的全部价款和价外费用，但不包括应向购买方收取的增值税税款。应重点审核的内容包括以下几点。

① 销售额的审核。消费税的应税销售额与增值税的不含税收入基本是相同的，即包含不含增值税的销售收入及价外费用（含基金、返利、补贴、手续费之类的，且价外费用要折算成不含增值税的收入）。

【特别提示】

同时满足以下2个条件的代垫运费可以不作为增值税、消费税的计税基数：①运费发票开具给购买方；②销售方将该发票转交给购货方。

② 关联企业转让定价的审核要点。重点审核其“主营业务收入”、“生产成本”、“管理费

用”等账户，对各关联企业之间收取的价款、支付的费用进行核实，如价格明显偏低又无正当理由的，按税法规定具体调整。

（2）实行从量定额征税办法的应税消费品，其计税依据为应税消费品的销售数量。应审核“主营业务收入”、“营业税金及附加”、“库存商品”、“应交税费——应交消费税”等明细账，对照销货发票等原始凭证，查看计量单位折算标准的使用及销售数量的确认是否正确，有无多计或少计销售数量的问题。

2．委托加工应税消费品审核要点

对于委托加工的应税消费品，首先应审核是否符合税法中规定的委托加工方式，如不符合规定，是否按销售自制应税消费品缴纳了消费税，然后应重点审核以下几点。

（1）应审核“委托加工物资”、“应交税费——应交消费税”等明细账，对照委托加工合同等原始凭证，查看纳税人委托加工的应税消费品是否按照受托方的同类消费品的销售价格计算纳税；没有同类消费品销售价格的，是否按照组成计税价格计算纳税，受托方代收代缴的消费税税额计算是否正确。

（2）应审核“委托加工物资”、“生产成本”、“应交税费——应交消费税”等明细账，查看纳税人外购或委托加工收回的已税烟丝等应税消费品连续生产应税消费品，在计税时准予扣除外购或收购的应税消费品的已纳消费税税款，是否按当期生产领用数量计量，计算是否正确。

（3）应审查“委托加工物资”、“应交税费——应交消费税”等明细账，查看委托加工应税消费品直接出售的，有无重复征收消费税的问题。

3．视同销售应税消费品的审核要点

（1）审核“库存商品”、“原材料”、“应付账款”等明细账，查看有无应税消费品换取生产资料和消费资料、投资入股和抵偿债务等情况。如有，是否以纳税人同类应税消费品的最高销售价格作为计税依据计征消费税。

（2）纳税人用于生产非应税消费品，在建工程、管理部门、非生产机构、提供劳务，以及用于馈赠、赞助、集资、广告、职工福利、奖励等方面的应税消费品，应于移送使用时视同销售缴纳消费税。注册税务师应审核“库存商品”、“原材料”、“应付账款”、“应付福利费”、“管理费用”等明细账，查看有无这种情况，是否于移送使用时缴纳了消费税。

4．金银首饰的审核要点

金银首饰范围的审核：代理人审核时，应注意正确掌握金银首饰消费税的征收范围，不能简单地以商品名称确定其是否属于应税金银首饰的范围。

【知识链接】

（1）以旧换新、翻新改制的审核。其主要审核要点是：审核纳税人“主营业务收入”、“库存商品”、“其他业务收入”等明细账，并与金银首饰零售发票核对，审核纳税人是否按规定申报缴纳消费税；审核纳税人“其他应付款”、“营业费用”等明细账的贷方发生额或借方红字发生额，审核纳税人是否收取加工费挂往来账或直接冲减费用未申报缴纳消费税。

（2）带料加工业务的审核。其主要审核要点是：审核纳税人带料加工业务是否真实，将“原材料”、“生产成本”、“其他业务收入”等明细账与有关会计凭证相互对照检查，审核其是否符合带料加工业务的条件；审核纳税人带料加工业务的计税依据是否正确，对纳税人当期或最近时期的同类金银首饰销售价格的有关资料或“主营业务收入——加工收入”明细账和委托加工合同进行检查，审核纳税人使用的计税价格或计算的组成计税价格是否正确。

（3）用于馈赠、赞助、集资、广告、样品、职工福利、奖励等方面的审核。其主要审核要点是：审核纳税人的“库存商品”等明细账账户的贷方发生额，并与“应付工资”、“营业外支出”、“应付福利费”、“管理费用”、“营业费用”等明细账核对，审核纳税人用于馈赠、赞助、职工福利等方面的金银首饰是否按规定申报缴纳消费税；审核纳税人当期或最近时期的同类金银价格的有关资料或“生产成本”明细账，审核纳税人使用计税价格或计算的组成计税价格是否正确。

(4) 成套销售的审核。其主要审核要点是：询问企业有关人员有无成套金银首饰的业务并深入到金银首饰专柜，查看和了解有无成套销售金银首饰的样品及情况；审核纳税人“主营业务收入”明细账及有关会计凭证，并与金银首饰销售发票核对，审核纳税人若有成套销售金银首饰业务的，是否按规定申报缴纳消费税，有无分解销售收入少申报缴纳消费税的情况。

7.4.2 使用税目、税率、纳税环节的审核

1. 适用税目、税率的审核要点

（1）审核纳税人生产消费税税率已发生变化的应税消费品其应纳消费税是否按税法规定时间执行。

（2）审核纳税人兼营不同税率的应税消费品是否分别核算不同税率应税消费品的销售额、销售数量，未分别核算销售额、销售数量，或者将不同税率应税消费品组成成套消费品销售的，是否从高适用税率。

2. 纳税环节审核要点

（1）审核“营业税金及附加”、“应交税费——应交消费税”、“生产成本”、“库存商品”等明细账，确认纳税人生产的应税消费品是否于销售时纳税。对于自产自用的应税消费品，用于连续生产应税消费品的不纳税；用于其他方面的，是否已于移送使用时纳税。

（2）审核“委托加工物资”、“应交税费——应缴消费税”等明细账，确认委托加工收回的应税消费品，是否已由受托方在向委托方交货时代收代缴税款。

（3）将纳税人“应付账款”、“预收账款”、“库存商品”、“发出商品”等明细账与有关会计凭证和产品销售合同相核对，审核有无实现的销售收入不计入“主营业务收入”账户的情况。

7.4.3 出口货物退免税的审核

（1）生产企业。对生产企业直接出口应税消费品或通过外贸企业出口应税消费品，按规定直接予以免税的，可不计算应缴消费税。

（2）外贸企业。对外贸企业自营出口的应税消费品，除审核出口发票、出口收汇核销单（出口退税专用）、出口报关单（出口退税专用）、购货发票等退税凭证外，还应审核“出口货物消费税专用缴款书”。

【特别提示】

在审核中，纳税人出口按规定不予退税或免税的应税消费品，应视同国内销售处理。

【例 7-6】资料：某轮胎厂为增值税一般纳税人，生产各种汽车轮胎，该企业以外购橡胶、钢材等原材料自制外胎，与委托加工的内胎组装成各种汽车轮胎。注册税务师受托审核该厂2012 年 4 月增值税、消费税纳税情况，取得以下资料。

卡车轮胎不含税售价 800 元/个，小轿车轮胎不含税最高售价 650 元/个，轮胎的消费税税率为 3%。外购货物和劳务的增值税税率为 17%。4 月企业已按产品销售收入缴纳了消费税，并按抵减全部委托加工代扣代缴消费税后的余额缴纳了消费税。4 月末“应交税费——应交增值税”账户无余额。4 月有关账务处理情况如下。

（1）4 月 4 日，委托橡胶制品厂加工卡车用内胎，发出橡胶 3 吨，价值 54 000 元。企业账务处理为：

借：委托加工物资——内胎　54 000
　　贷：原材料——橡胶　54 000

（2）4 月 14 日，以银行存款支付委托加工费，取得增值税专用发票上注明加工费 22 500 元，税额 3 825 元，同时支付受托方代收代缴的消费税 6 500 元，其受到委托加工内胎 1 000 个，其中 500 个收回后，直接被生产领用，连续生产卡车轮胎；另外 500 个以含税价每个 80 元，直接销售给某农机厂。企业账务处理分别为：

支付加工费、增值税时：

借：委托加工物资　22 500
　　应交税费——应交增值税（进项税额）　3 825
　　贷：银行存款　26 325

支付消费税时：

借：应交税费——应交消费税　6 500
　　贷：银行存款　6 500

生产领用时：

借：生产成本——卡车轮胎　29 250
　　贷：委托加工物资　29 250

销售委托加工材料时：

借：银行存款　40 000
　　贷：其他业务收入　40 000

同时：

借：其他业务成本　29 250
　　贷：委托加工物资　29 250

（3）4 月 18 日。销售卡车轮胎一批。企业账务处理为：

借：银行存款　236 000
　　贷：主营业务收入　200 000
　　　　应交税费——应交增值税（销项税额）　34 000
　　　　其他业务收入——代垫运输费、装卸费　2 000
借：销售费用　2 000
　　贷：银行存款　2 000

后附有增值税专用发票一张，注明价款 200 000 元，税额 34 000 元；普通发票一张，注明收取代垫运输费、装卸费，金额 2 000 元，其中运费 1 800 元、装卸费 200 元；承运部门开具给轮胎厂的运费结算单一张，注明运费 1 800 元、装卸费 200 元。

（4）4 月 20 日，本厂在建工程领用卡车轮胎 8 个，账面成本价 245 元/个。企业账务处理为：

借：在建工程　1 960
　　贷：库存商品——卡车轮胎　1 960

（5）4 月 25 日，以库存小轿车轮胎 100 个，抵顶租用出租汽车公司房屋租金 50 000 元，小轿车轮胎账面成本价为 280 元/个。企业账务处理为：

借：营业费用——租赁费　50 000
　　贷：库存商品——小轿车轮胎　50 000

（6）4 月 30 日，产成品库月末盘点，发现短缺卡车轮胎 10 个，账面价格共计 3 550 元，企业账务处理为：

借：待处理财产损益 3 550

　　贷：库存商品——卡车轮胎 3 550

要求：（1）根据所给资料指出存在的纳税问题；（2）计算应补税额及当期账务调整。

7.5 营业税会计核算及纳税申报

营业税是以在我国境内提供应税劳务、转让无形资产和不动产的行为为课税对象所征收的一种税。我国现行营业税采用行业比例税率的形式。

7.5.1 营业税会计核算

营业税的计税依据是营业额，营业额为纳税人提供应税劳务、转让无形资产或者销售不动产时向对方收取的全部价款和价外费用。价外费用包括向对方收取的手续费、补贴、基金、集资费、返还利润、奖励费、违约金、滞纳金、延期付款利息、赔偿金、代收款项、代垫款项、包装费、包装物租金、储备费、优质费、运输装卸费及其他各项性质的价外费用。

计算公式：营业税应纳税额＝营业额×税率。

【知识链接】

下列款项不包括在内。

（1）由国务院或者财政部门批准设立的政府性基金，由国务院或者省级人民政府及其财政、价格主管部门批准设立的行政事业性收费。

（2）收取时开具省级以上财政部门印刷的财政票据。

（3）所收款项全额上缴财政。

7.5.2 营业税纳税申报

自2006年3月1日起，交通运输业、娱乐业、服务业、建筑业营业税纳税人，除经税务机关核准实行简易申报方式外，均按《营业税纳税人纳税申报办法》进行纳税申报。邮电通信业、文化体育业、转让无形资产和销售不动产的营业税纳税人目前仍按照各地的申报办法进行纳税申报；金融保险业营业税纳税人目前仍按照《国家税务总局关于印发〈金融保险业营业税申报管理办法〉的通知》（国税发[2002]9号）进行纳税申报。

1　营业税纳税人期末要报送的资料

（1）非金融企业需要报送的营业税纳税资料：①《营业税纳税申报表》；②按照纳税人发生营业税应税行为所属的税目，分别填报相应税目的营业税纳税申报表附表；同时发生两种或两种以上税目应税行为的，应同时填报相应的纳税申报表附表；③凡使用税控收款机的纳税人应同时报送税控收款机IC卡；④其他。

纳税申报资料报送方式，具体份数由省地税局确定。

（2）金融保险业需要报送的营业税纳税资料。

具体的申报表名称是按经营业务来的，如贷款、外汇转贷、委托贷款、融资租赁、股票、债券、外汇、其他金融商品、经纪业务、保费、储金等，要分别向国、地税机关报送一式三份，两份留存税务局，一份留纳税人。

银行、财务公司、信托投资公司、信用社、外国企业常驻代表机构以一个季度为纳税期限。

2．营业税税申报表

我国目前营业税纳税申报表见表7-10～表7-12。

表 7-10　营业税纳

（适用于查账征收

纳税人识别名：□□□□□□□□□□□□□□□□□□□□□□　　纳税人名称（公章）：××公司

税款所属时间：自 2012 年 6 月 1 日至 2012 年 6 月 30 日　　填表日期：2012 年 7 月 5 日

税目	营业额				税率（%）	本期税款计算		
	应税收入	应税减除项目金额	应税营业额	免税收入		小计	本期应纳税额	免（减）税额
1	2	3	4=2−3	5	6	7=8+9	8=（4−5）×7	9=5×7
交通运输业	566 600		566 600		3	16 998	16 998	
建筑业								
邮电通信业								
服务业	367 600		367 000		5	18 380	18 380	
娱乐业								
金融保险业								
文化体育业								
销售不动产								
转让无形资产								
合计	934 200		934 200			35 378	35 378	
代扣代缴项目								
总计	934 200		934 200			35 378	35 378	

纳税人或代理人声明：	如纳税人填报，由纳税人填写以下各栏：			
此纳税申报表是根据国家税收法律的规定填报的，我确定它是真实的、可靠的、完整的。	办税人员（签章）		财务负责人（签章）	
	如委托代理人填报，由代理人填写以下各栏：			
	代理人名称		经办人（签章）	

以下由税务机关填写：

受理人：

本表为 A3 横式一式三份，一份纳税人留存，一份主管税务机关留存，一份征收部门留存。

税申报表

的营业税纳税人）

金额单位：元

税款缴纳									
期初欠缴税额	前期多缴税额	本期已缴税额				本期应缴税额计算			
		小计	已缴本期应纳税额	本期已被扣缴税额	本期已缴欠缴税额	小计	本期期末应缴税额	本期期末应缴欠缴税额
10	11	12=13+14+15	13	14	15	16=17+18	17=8−13−114	18=10−11−15
						16 998	16 998	
						18 380	18 380	
						35 378	35 378	
						35 378	35 378	

法定代表人（签章）		联系电话	
联系电话		代理人（公章）	

受理日期： 年 月 日 受理税务机关（签章）：

填表说明：

（1）根据《中华人民共和国税收征收管理法》及其实施细则、《中华人民共和国营业税暂行条例》的有关规定，制定本表。

（2）本表适用于除经主管税务机关核准实行简易申报方式以外的所有营业税纳税人（以下简称纳税人）。

（3）本表“纳税人识别号”栏，填写税务机关为纳税人确定的识别号，即税务登记证号码。

（4）本表“纳税人名称”栏，填写纳税人单位名称全称，并加盖公章，不得填写简称。

（5）本表“税款所属期”填写纳税人申报的营业税应纳税额的所属时间，应填写具体的起止年、月、日。

（6）本表“填表日期”填写纳税人填写本表的具体日期。

（7）本表“娱乐业”行应区分不同的娱乐业税率填报申报事项。

（8）本表“代扣代缴项目”行应填报纳税人本期按照现行规定发生代扣代缴行为所应申报的事项，分不同税率填报。

（9）本表所有栏次数据均不包括本期纳税人经税务机关、财政、审计部门检查，以及纳税人自查发生的相关数据。

（10）本表第 2 栏“应税收入”填写纳税人本期因提供营业税应税劳务、转让无形资产或者销售不动产所取得的全部价款和价外费用（包括免税收入），分营业税税目填报，该栏数据为各相应税目营业税纳税申报表中“应税收入”栏的“合计”数。纳税人提供营业税应税劳务、转让无形资产或者销售不动产发生退款或因财务会计核算办法改变冲减营业额时，不在本栏次调减，在第 11 栏“前期多缴税额”栏次内直接调减税额。

（11）本表第 3 栏“应税减除项目金额”应填写纳税人本期提供营业税应税劳务、转让无形资产或者销售不动产所取得的应税收入中按规定可扣除的项目金额，分营业税税目填报，该栏数据为相应税目营业税纳税申报表中“应税减除项目金额”栏（或“应税减除项目金额”栏中“小计”项）的“合计”数。

（12）本表第 5 栏“免税收入”应填写纳税人本期提供营业税应税劳务、转让无形资产或者销售不动产所取得的应税收入中不需税务机关审批可直接免缴税款的应税收入或已经税务机关批准的免税项目应税收入，分营业税税目填报，该栏数据为相应税目营业税纳税申报表中“免税收入”栏的“合计”数。

（13）本表第 10 栏“期初欠缴税额”填写截至本期（不含本期），纳税人经过纳税申报或报告、批准延期缴纳、税务机关核定等确定应纳税额后，超过法律、行政法规规定或者税务机关依照法律、行政法规规定确定的税款缴纳期限未缴纳的税款，分营业税税目填报，该栏数据为相应税目营业税纳税申报表中“期初欠缴税额”栏的“合计”数。

（14）本表第 11 栏“前期多缴税额”填写纳税人截至本期（不含本期）多缴纳的营业税税额分营业税税目填报，该栏数据为相应税目营业税纳税申报表中“前期多缴税额”栏的“合计”数。

（15）本表第 13 栏“已缴本期应纳税额”填写纳税人已缴的本期应纳营业税税额。该栏数据为相应税目营业税纳税申报表中“已缴本期应纳税额”栏的“合计”数。

（16）本表第 14 栏“本期已被扣缴税额”填写纳税人本期发生纳税义务，按现行税法规定被扣缴义务人扣缴的营业税税额。该栏数据为相应税目营业税纳税申报表中“本期已被扣缴税额”栏的“合计”数。

（17）本表第 15 栏“本期已缴欠缴税额”填写纳税人本期缴纳的前期欠税，包括本期缴纳的前期经过纳税申报或报告、批准延期缴纳、税务机关核定等确定应纳税额后，超过法律、行政法规规定或者税务机关依照法律、行政法规规定确定的税款缴纳期限未缴纳的税款。该栏数据为相应税目营业税纳税申报表中“本期已缴欠缴税额”栏的“合计”数。

表 7-11 交通运输业营业税纳税申报表

（适用于交通运输业营业税纳税人）

纳税人识别号□□□□□□□□□□□□□□□□□□□□□□□ 纳税人名称（公章）：

税款所属时间：自 2012 年 6 月 1 日至 2012 年 6 月 30 日 填表日期：2012 年 7 月 5 日 金额单位：元

应税项目	营业额						税率%	本期税款计算			税款缴纳							
	应税收入	应税减除项目金额			应税营业额	免税收入		小计	本期应纳税额	免（减）税额	期初欠缴税额	前期多缴税额	本期已交税额			本期应交税额计算		
		小计	支付合作运输方运费金额	其他减除项目金额									小计	已缴本期应纳税额	本期已缴欠缴税额	小计	本期期末应缴税额	本期期末应缴欠缴税额
1	2	3=4+5	4	5	6=2−3	7	8	9=10+11	10=（6−7）×8	11=7×8	12	13	14=15+16	15	16	17=18+19	18=10−15	19=12−13−16
铁路运输																		
其中：货运																		
客运																		
公路运输	260 000				260 000		3	7 800	7 800							7 800	7 800	
其中：货运	260 000				260 000		3	7 800	7 800							7 800	7 800	
客运																		
水路运输																		
其中：货运																		
客运																		
航空运输																		
其中：货运																		
客运																		
管道运输																		
装卸搬运	306 600				306 000		3	9 198	9 198							9 198	9 198	
合计	566 600				566 600			16 998	16 998							16 998	16 998	

以下由税务机关填写：

受理人： 受理日期： 年 月 日 受理税务机关（签章）：

本表为 A3 横式一式三份，一份纳税人留存，一份主管税务机关留存，一份征收部门留存。

填表说明：

（1）本表适用于除经主管税务机关核准实行简易申报方式以外的所有的交通运输业营业税纳税人（以下简称纳税人）。

（2）本表“纳税人识别号”栏，填写税务机关为纳税人确定的识别号，即税务登记证号码。

（3）本表“纳税人名称”栏，填写纳税人单位名称全称，并加盖公章，不得填写简称。

（4）本表“税款所属期”填写纳税人申报的营业税应纳税额的所属时间，应填写具体的起止年、月、日。

（5）本表“填表日期”填写纳税人填写本表的具体日期。

（6）本表所有栏次数据均不包括本期纳税人经税务机关、财政、审计部门检查，以及纳税人自查发生的相关数据。

（7）本表第 2 栏“应税收入”填写纳税人本期因提供交通运输业营业税应税劳务所取得的全部价款和价外费用（包括免税收入）。纳税人发生退款或因财务会计核算办法改变冲减营业额时，不在本栏次调减，在第 13 栏“前期多缴税额”栏次内直接调减税额。

（8）本表第 4 栏“支付给合作运输方运费金额”应填写纳税人本期支付给合作运输方（包括境内、境外合作运输方）并依法取得交通运输业发票或其他有效扣除凭证的运费金额。

（9）本表第 5 栏“其他减除项目金额”应填写纳税人本期提供营业税应税劳务所取得的交通运输业应税收入中按税法规定其他可扣除的项目金额。

（10）本表第 7 栏“免税收入”填写纳税人本期取得的交通运输业应税收入中所含的不需税务机关审批可直接免缴税款的应税收入或已经税务机关批准的免税项目应税收入。

（11）本表第 12 栏“期初欠缴税额”填写截至本期（不含本期），纳税人经过纳税申报或报告、批准延期缴纳、税务机关核定等确定应纳税额后，超过法律、行政法规规定或者税务机关依照法律、行政法规规定确定的税款缴纳期限未缴纳的税款。

（12）本表第 13 栏“前期多缴税额”填写纳税人截至本期（不含本期）多缴纳的营业税税额。

（13）本表第 15 栏“已缴本期应纳税额”填写纳税人已缴的本期应纳营业税税额。

（14）本表第 16 栏“本期已缴欠缴税额”填写纳税人本期缴纳的前期欠税，包括本期缴纳的前期经过纳税申报或报告、批准延期缴纳、税务机关核定等确定应纳税额后，超过法律、行政法规规定或者税务机关依照法律、行政法规规定确定的税款缴纳期限未缴纳的税款。

表 7-12　服务业营业税纳税申报表

（适用于服务业营业税纳税人）

纳税人识别号：□□□□□□□□□□□□□□□□□□　　纳税人名称（公章）：××公司

税款所属时间：自 2012 年 6 月 1 日至 2012 年 6 月 30 日　　填表日期：2012 年 7 月 5 日　　金额单位：元

税项目	营业额				税率（%）	本期税款计算					税款缴纳					
											本期已缴税额			本期应缴税额计算		
	应税收入	应税减除项目金额	应税营业额	免税收入		小计	本期应纳税款	免（减）税款	期初欠缴税款	前期多缴税额	小计	已缴本期应纳税额	本期已缴欠缴税额	小计	本期期末应缴税额	本期期末应缴欠缴税额
1	2	3	4=2−3	5	6	7=8+9	8=（4−5）×6	9=5×6	10	11	12=13+14	13	14	15=16+17	16=8−13	17=10−11−14
旅店业																
饮食业																
旅游业																
仓储业	98 000		98 000		5	4 900	4 900							4 900	4 900	
租赁业	85 500		85 500		5	4 275	4 725							4 275	4 275	
广告业																
代理业 货运代理	98 100		98 100		5	4 905	4 905							4 905	4 905	
代理业 代收费	86 000		86 000		5	4 300	4 300							4 300	4 300	
代理业																
代理业																
其他服务业																
其他服务业																
其他服务业																
合计	367 000		367 000			18 380	18 380							18 380	18 380	

以下由税务机关填写：

受理人：　　受理日期：　　年　　月　　日　　受理税务机关（签章）：

本表为 A3 横式一式三份，一份纳税人留存，一份主管税务机关留存，一份征收部门留存。

填表说明：

（1）本表适用于除经主管税务机关核准实行简易申报方式以外的服务业营业税纳税人（以下简称纳税人）。

（2）本表“纳税人识别号”栏，填写税务机关为纳税人确定的识别号，即税务登记证号码。

（3）本表“纳税人名称”填写纳税人单位名称全称，并加盖公章，不得填写简称。

（4）本表“税款所属时间”填写纳税人申报的营业税应纳税额的所属时间，应填写具体的起止年、月、日。

（5）本表“填表日期”填写纳税人填写本表的具体日期。

（6）本表所有栏次数据不包括本期纳税人经税务机关、财政、审计部门检查以及纳税人自查发生的相关数据。

（7）本表的第 2 栏“应税收入”填写纳税人本期因提供服务业应税劳务所取得的全部价款和价外费用（包括免税收入）。纳税人发生退款或因财务会计核算办法改变冲减营业额时，不在本栏次调减，在第 11 栏“前期多缴税额”栏次内直接调减税额。

（8）本表第 3 栏“应税减除项目金额”应填写纳税人本期提供营业税应税劳务所取得的服务业应税收入中按规定可扣除的项目金额，分不同应税项目填写，该栏数据为附件 5《服务业减除项目金额明细申报表》中相应“应税项目”的“金额小计”数。

（9）本表第 5 栏“免税收入”填写纳税人本期取得的服务业应税收入中所含的不须税务机关审批可直接免缴税款的应税收入或已经税务机关批准的免税项目应税收入。

（10）本表第 10 栏“期初欠缴税额”填写截至本期（不含本期），纳税人经过纳税申报或报告、批准延期缴纳、税务机关核定等确定应纳税额后，超过法律、行政法规规定或者税务机关依照法律、行政法规规定确定的税款缴纳期限未缴纳的税款。

（11）本表第 11 栏“前期多缴税额”填写纳税人截至本期（不含本期）多缴纳的营业税税额。

（12）本表第 13 栏“已缴本期应纳税额”填写纳税人已缴的本期应纳营业税税额。

（13）本表第 14 栏“本期已缴欠缴税额”填写纳税人本期缴纳的前期欠税，包括本期缴纳的前期经过纳税申报或报告、批准延期缴纳、税务机关核定等确定应纳税额后，超过法律、行政法规规定或者税务机关依照法律、行政法规规定确定的税款缴纳期限未缴纳的税款。

【税务代理案例】

资料：某集团公司是专门的集装箱运输企业，2012 年 6 月，该公司营业税计税资料如下：①本月集装箱收入 216 000 元，装箱辅助作业费用如场地作业费、机械费、叉车费、吊车费 90 600 元；②本月代收港杂费、验箱费、提箱费 86 000 元。集装箱运输收入 260 000 元，集装箱堆存收入 98 000 元，集装箱租赁收入 85 500 元；③本月取得货运代理收入 98 100 元。

要求：（1）计算本期应纳营业税税额；（2）根据上述资料，填报相关营业税纳税申报表及附表。

7.6 营业税纳税审核

7.6.1 代理营业税纳税审核的要点

审核营业税纳税情况，重点是审核计税营业额和适用税目税率是否准确，有无少计或未计营业额、错用税目税率而逃避纳税义务的问题。

1．审核计税营业额是否全额入账，看有无分解收入的情况

审核时，应根据不同行业会计制度的规定，核实其收入款项、支出款项和往来款项。审核收入类账户及相关的记账凭证、原始凭证，看其是否全额入账及入账时间是否及时、收费标准是否合理，有无营业额明显偏低且无正当理由的情况。审核支出账户，看有无将取得收入直接冲减费用、支出而减少的纳税情况。审核往来账户及相关记账凭证和原始凭证，看有无将已实现的营业收入长期挂在往来账户上而未转收入的情况。

2．审核税目税率的适用是否正确，有无错用税目税率情况

审核时，首先应了解企业的经营范围或经营项目，然后审核各收入明细账及有关凭证，核实其核算情况，是否按规定分别核算。最后，根据营业额税目注释的有关规定，确定经营项目的适用税目税率，并分别税目汇总计税营业税，再与企业填报的营业税纳税申报表相核对，看其应税项目适用的税目税率是否正确。

7.6.2 提供应税劳务应纳营业税的审核

1．服务业

服务业的征收范围包括代理业、饮食业、旅店业、广告业、仓储业、租赁业、其他服务业，各具体行业的服务项目也可能有相互兼容的情况。现将主要行业代理纳税审核的重点介绍如下。

1）代理业的审核

审核的要点包括审核纳税人应税收入是否及时、足额申报纳税，有无少报、瞒报应税收入；审核纳税人成本费用支出情况，有无将营业收入直接冲减成本费用；审核纳税人往来账项，有无将营业收入长期挂账，不及时申报纳税；审核纳税人扣减项目的金额是否正确，有无多扣减或错扣减；审核扣减项目是否取得合法凭证；审核纳税人收费价格是否正常，有无明显偏低而无正当理由。

2）饮食业的审核

（1）将“主营业务收入”明细账与有关的收款凭证和原始记录核对，如服务员开具的菜码单、报送的营业日报表等，审核纳税人有无分解营业收入的现象。

（2）对配备有卡拉 OK 等娱乐设施的饭馆、餐厅等饮食服务场所，审核中应注意其为顾客在就餐的同时所提供的娱乐性服务是否按娱乐业计算纳税。

（3）将“主营业务成本”、“销售费用”、“管理费用”等明细账与有关的凭证进行核对，注意成本、费用账户的贷方发生额，看有无将收入直接冲减成本、费用而未记“主营业务收入”的现象。

（4）将“应付账款”、“预收账款”等往来明细账与有关的记账凭证、原始凭证相核对，看有无将收入长期挂往来账，偷逃税款的现象。有无将收入不入账直接抵顶租赁费、装修费、承包费等各项债务等。

（5）审核饮食业统一发票开具及领、用、存情况，并对照收入账户，看纳税人是否按规定开具发票，是否存在开具大头小尾发票等现象。

3）旅店业的审核

对规模小、档次低的旅店，应特别认真地核查住宿登记本（或登记单），将登记本（或登记单）上登记的人次、天数与住宿收入相核对，看收到款项是否有不入账或少入账的情况。

对经营规模大、档次高的旅店，其功能除了住宿以外，还从事饮食、桑拿、歌舞厅、理发美容、会议、代理购票、代办长途电话、洗车、停车等项服务。对这类企业的审查，首先要调查清楚经营项目、经营方式、收费标准等；然后对其会计资料进行审核，看其该收入是否已全额入账，已入账的收入是否已全额申报纳税，已申报纳税的应税收入有无错用税目、税率的情况，如将属于“娱乐业”税目征税范围的歌舞厅经营收入并入属于“服务业——旅店业”税目征税范围的住宿收入征税，达到从低适用税率、少计缴税款的目的。

4）旅游业的审核

（1）通过审查其自印收款凭证的领、用、存情况和旅客报名表等，查看“主营业务收入”账户贷方和“应收账款”等账户借方，核实营业收入结算是否及时、正确。

（2）查看“主营业务成本”账户借方及其对应账户，确定应当从旅游业营业收入中扣除计税的项目范围及金额，要注意纳税人为旅游者支付给其他单位的住宿费、餐饮费、交通费和其他代付费用是否取得合法凭证。

5）广告业的审核

（1）通过审核承揽合同、收款凭证入账，看其应收的收入是否入账，有无以提供广告为前提，向对方索取货物，而不折算为收入，或以赞助费、联营利润名义入账，偷逃税款的情况。

（2）审核企业有无将制作费、劳务费、播放费、信息费以党政机关报刊或广播电台、电视台的名义收款，混入免税收入中偷逃税款的情况。

6）仓储业的审核

对仓储业的审核主要是通过审核现金、银行存款等账户及企业已开具使用的收款凭证等，审核其价外收取的各类款项，如汽车进仓佩戴防火罩费、熏蒸虫费、吊机费、延期提货费、过地磅费、铁路专用线费、搬运费等，是否已按规定计入营业额中申报纳税。

7）租赁业审核

（1）通过“其他业务收入”或“营业外收入”、往来账户进行审核，看企业有无取得的出租收入通过“其他业务收入”科目反映，但不申报纳税，或通过“其他应付款”、“营业外收入”科目反映，逃避纳税的情形。

（2）通过对成本费用类科目的审查，看企业有无取得的租赁收入冲减成本费用情形。

（3）注意租赁业的纳税义务发生时间是否正确，按现行税法规定，采取预收款方式发生的租赁业务应当于实际收到预收款的当天确认纳税义务缴纳营业税，看企业有无不按税法规定，递延收入实现人为缓缴税款的行为发生。

（4）注意审核企业跨年度签署的一次性预收租金的业务，企业按所得税相关规定分期确认收入，是否存在所谓配比计提和缴纳营业税金问题，如有企业存在违反营业税税法规定，递延缴纳部分营业税金的问题。

【例 7-7】某招待所属于全民所有制餐饮服务企业，经营范围是住宿、餐饮、服务等。2012 年 12 月，累计实现营业收入 1 659 700，缴纳各税费 86 303 元。

某税务师事务所受托于 2013 年 1 月对该招待所 2012 年度的纳税情况进行审核。采用逆查法审查了 2012 年度的会计账簿和会计凭证，在审核资金往来账簿时，发现“应付账款”科目贷方有一笔本市某公司拨来的补助款 169 000 元，原会计分录为：

借：银行存款	169 000	
贷：应付账款		169 000

要求：2012 年尚未结账，此笔业务是否正确？若错误如何更改？

2．建筑业

（1）审核应税收入是否全额纳税。建筑业营业税的营业额包括建筑安装企业向建设单位收取的工程价款及工程价款之外的各种费用。审核中应参照工程承包合同、纳税申报表，结合“主营业务收入”账户，看纳税人“工程价款结算账单”中确认的价款是否全额申报纳税。

（2）审核有无分解工程价款的现象。抽查“主营业务收入”、“库存商品”、“其他业务收入”、“营业外收入”等有关账户的原始凭证和记账凭证，审查材料出库单等原始凭证，确定实际完成工作量的施工成本。注意纳税人有无逃避纳税分解工程价款的情况，如：①将工程耗用的材料不计施工成本，而是直接冲减库存材料；②将向发包单位收取的各种索赔款不作为计税收入，而记入“营业外收入”账户；③向建设单位收取抢工费、全优工程奖和提前竣工奖，将这部分收入记入“应付福利费”作为职工奖励基金；④将材料差价款直接冲减工程结算成本或材料等账户，少计工程收入额。

（3）审核“应付账款”、“预收账款”等往来明细账，核对记账凭证及原始凭证，看有无将已结算的工程价款长期挂账不计收入的。

（4）建筑业的总承包人将工程分包给他人的，应对照分包转包建筑安装工程合同及分包、转包工程的“工程价款结算账单”、核实“应付账款”等账户核算内容，审查其营业额是否为工程的全部承包额减去付给分包人或转包人的价款后的余额。

（5）从事建筑、修缮工程作业的纳税人，一般情况下，无论与对方如何结算，其营业额均应包括工程所用原材料及其他物资和动力的价款在内。

（6）对于企业行政事业单位的自营施工单位为所在单位承担建筑安装工程的，应查验该纳税人是否属于自建自用工程项目，有无借故自建自用建筑物而未计征营业税的问题。

【例 7-8】某建筑公司第四施工处，2012 年 12 月税务代理人受托对该企业纳税情况进行审查。

注册税务师采取外调方式对该企业纳税情况进行审查，首先到建筑公司进行审查，查看账目。经查发现 2012 年 12 月“应付账款——第四施工处”科目借方有支出材料款共 10 笔，金额为 421 705.58 元，注册税务师询问有关人员后认定是甲方建设单位用材料抵项应付乙方建筑公司第四施工处的工程款。然后税务代理人开始对第四施工处的工程款的问题进行检查核实，确认该处收到材料后，未作任何账务处理，亦未申报纳税。

要求：注册税务师应如何处理？

3．交通运输业

（1）将“主营业务收入——运输收入”等收入明细账与营业税纳税申报表及有关的发票、收款单据等原始凭证核对，审核已实现的营运业务收入是否及时足额申报纳税，有无收入不及时入账、漏报收入或以收抵支的现象。

（2）有无将应税运营收入计入“营业外收入”、“其他业务收入”账户，少计收入、少缴税款的现象。

（3）审核“应付账款”、“预收账款”等科目相应的原始凭证，看有无将已实现的运营收入长期挂账，不作收入处理的现象。

（4）审核“运输支出”、“装卸支出”等支出类明细账，是否存在以收入直接冲减费用支出、少计收入的现象。

（5）交通运输企业从事国际运输业务，可以全程运费扣除付给以后其他国际运输企业的运费后的实际运费收入为营业额。自 2010 年 1 月 1 日起，对中华人民共和国境内单位或个人提供的国际运输劳务免征营业税。

国际运输劳务是指：①在境内载运旅客或货物出境；②在境外载运旅客或者货物入境；③在境外发生载运旅客或者货物的行为。

【导入案例解析】

（1）本月实际缴纳的营业税额＝（60－20）×3%＝1.2（万元）。

（2）根据《营业税暂行条例》及实施细则的有关规定，联运业务以实际取得的收入为营业额，即该汽车运输企业收到的收入扣除付给以后承运者某海运公司的运费后的余额。作账务处理：

借：银行存款	600 000	
贷：营业收入——运输收入		400 000
其他应付款（或联运往来）		200 000
借：营业税金及附加	12 000	
贷：应交税费——应交营业税		12 000

4．金融保险业

1）金融业审核要点

金融企业的收入在会计核算中的明细为“利息收入”、“金融企业往来收入”、“手续费收入”、“汇兑收益”、“租赁收益”、“证券发行收入”等科目，因此，审核时应结合企业营业税纳税申报表及各收入类账户进行。

（1）贷款的利息收入。

① 对于一般贷款业务主要审核“利息收入”、“利息支出”、“营业费用”明细账及其有关的原始凭证和记账凭证，查看纳税人有无随意分解收入，或者将费用、支出直接冲减收入现象。

② 对于委托贷款业务，应重点审核“应付账款”和“手续费收入”账户，核实每期应付的委托贷款利息和扣收的手续费，查看有无错计、漏计营业税的。

③ 对典当业的抵押贷款业务，应注意审核典当物品的保管费用和经营费用是否并入应税营业额中。

（2）融资租赁收入。应根据租赁合同，主要审核“应收账款——应收租赁收益”和“租赁收益”账户及有关凭证，审核纳税人从事融资租赁业务是否经有关部门批准，纳税人的应税营业额是否扣除了向承租方收取的该项出租货物的实际成本。

（3）金融商品转让的收益额。其主要审核“利息支出”、“金融企业往来支出”等账户，并抽查重要的原始凭证和记账凭证，核实从利息收入等科目中抵减的支出项目是否真实、准确。

（4）手续费收入。其主要审核“手续费收入”、“手续费支出”等明细账，并抽查相关凭证及记账凭证，查看有无将收入冲减费用或差额计税的情况。

2）保险业审核要点

保险业以向投保者收取的全部保险费为营业额。在会计核算中，保险公司主要通过“保费收入”、“追偿款收入”、“利息收入”、“手续费收入”、“其他收入”等科目核算。自2009年1月1日起，免征营业税的项目又添加了境内保险机构为出口货物提供的保险产品。

（1）将企业的纳税申报表与“保费收入”等账户相核对，查看企业的纳税申报是否正确，有无少报、瞒报收入的现象。将“保费收入”明细账与有关会计凭证相核对，查看有无分解收入或将费用支出冲减收入的现象。

（2）审核分保险业务，应结合保险合同和分保账单，审查“保费收入”、“应付分保账款”、“分保费支出”等明细账，以及有关原始凭证、记账凭证，查看其保费收入是否全部纳税，有无借故付给分保人保险费，而减少应税营业额。

（3）审核无赔偿奖励业务。保险机构的无赔款奖励支出，进行冲减保费收入处理时，在计征营业税时仍要以冲减前的保费收入为计税依据，纳税人如有无赔款奖励支出，计算纳税时是否扣除了这部分支出而少纳营业税。

（4）审核有无收费收入长期挂账的问题。按规定对保户采取分期收费的，必须全额贷记“保费收入”。审核时应注意，企业有无收取保费，但长期挂账而不结转的问题。

（5）审核保险企业支付的手续费及佣金是否超过税法规定的标准。企业发生与生产经营有关的手续费用佣金支出，不超过以下规定计算限额以内的部分，准予扣除；超过部分，不得扣除。

① 保险业务：财产保险企业按当年全部保费收入扣除退保金等后余额的15%（含本数，下同）计算限额；人身保险企业按当年全部保费收入扣除退保金等后余额的10%计算限额。

② 其他企业：按与具有合法经营资格中介服务机构或个人（不含交易双方及其雇员、代理人和代表人等）所签订服务协议或合同确认的收入金额的5%计算限额。

5．邮电通信业

邮电通信企业的邮政收入、长途电信收入和市内电话费收入在“主营业收入”科目核算，邮政电信物品销售收入在“其他业务收入”科目核算。注册税务师应从以下几方面予以审核。

（1）审核纳税人“主营业收入”和“其他业务收入”明细账的贷方发生额，并与企业纳税申报额核对，审查纳税人的纳税申报情况，有无少报、瞒报收入。

（2）审核纳税人“主营业收入”和“其他业务收入”明细账，并与有关会计凭证核对，审查纳税人有无分解应税收入。

（3）审核纳税人“主营业收入”、“营业费用”、“管理费用”、“其他业务支出”等明细账，并与有关会计凭证核对，审查纳税人有无将营业收入直接冲减成本、费用而不计收入的情况。

（4）审核纳税人“营业款结算”、“应付账款”、“预收账款”等往来账，并与有关会计凭证核对，审核纳税人有无将营业收入长期挂账而延期纳税的情况。

6．销售不动产、转让无形资产

1）房地产开发企业

（1）将“主营业务收入”账户与有关会计凭证相核对，同时核对纳税人开具的“商品房发票”和“动迁房发票”存根联，看有无分解收入、减少营业额的现象。

（2）将“主营业务收入”、“分期收款开发产品”等明细账与有关记账凭证、原始凭证及销售合同相核对，看有无按合同规定应收取的销售款因实际未收到等原因而未转作“经营收入”的现象。

（3）将“应付账款”、“预收账款”等往来明细账与有关记账凭证、原始凭证、销售合同等相核对，看有无将收入挂往来账而不纳税的现象。

（4）纳税人以房换地时，其转让房屋的营业额是否为用来换取土地使用权的新建房屋的造价、旧有房屋的评估价格或旧有房屋的买价。

（5）应特别注意有出租房、周转房的房地产开发企业。审核时要注意三者之间的增减变化，看其出租或销售收入是否记入“主营业务收入”，有无将出租房、周转房销售后直接冲减出租房、周转房发生的摊销费和改装修复费等。

2）其他企业

（1）将纳税人的纳税申报表与“固定资产清理”账相核对，查看纳税人出售建筑物等不动产的收入是否申报纳税，其计税依据应为出售时获得的价款，而不是从所获价款中扣除清理费等以后的净收益。

（2）将“固定资产清理”账户与有关记账凭证、原始凭证相核对，查看有无分解销售不动产销售额的现象。

（3）将“固定资产”、“营业外收入”、“营业外支出”等账户与有关记账凭证、原始凭证相对照，查看有无将出售不动产的营业额未通过“固定资产清理”账户，而直接列作营业外收支的现象。

（4）将“固定资产”、“营业外支出”等账户与有关会计凭证相对照，查看有无对外捐赠不动产的行为，捐赠不动产是否已比照不动产缴纳了营业税。

3）转让无形资产

纳税人转让无形资产向对方收取全部价款和价外费用为计税营业额，在会计核算中计入“营业外收入”等账户，在确认纳税人转让无形资产的行为是否属税法规定的收入额正确与否。

（1）应审核纳税人确认的收入额正确与否，将“营业外收入”、“无形资产”等账户与有关记账凭证、原始凭证相对照，查看有无分解收入，或者将收入直接冲减无形资产成本或其他支出的现象。

（2）将“应付账款”、“预收账款”等往来明细账与有关凭证相核对，查看有无将已实现的营业额（如预收定金等）挂往来账而不及时纳税的现象。

（3）如果纳税人转让无形资产取得的是货物或其他经济利益，审核中应注意货物价值在合同中有无明确规定，如果没有规定，是否按以下顺序确定其价值：①受让人提供的货物的当月销售价格；②受让人同类货物的近期销售价额；③同类货物的市场销售价额。

【例 7-9】注册税务师受托对某企业进行纳税审查，发现企业签订了一份技术所有权转让合同（已按规定贴印花税票并划销）标明转让金额为 20 万元，该项无形资产账面摊余价值为 12 万元，企业会计账务处理如下。

（1）取得收入时：

借：银行存款　　200 000

　　贷：无形资产——××技术　　12 000

　　　　其他业务收入　　80 000

（2）计提税金：

借：营业税金及附加　　4 320

　　贷：应交税费——应交营业税　　4 000

　　　　应交城市维护建设税　　200

　　　　教育费附加　　120

要求：此企业会计账务处理是否正确？

本章小结

本章主要内容包括增值税、消费税、营业税的纳税早报和纳税审核。

1．增值税纳税申报和纳税审核

（1）明确区分增值税与营业税的征税范围，尤其要注意对混合销售行为、兼营行为、视同销售行为征税的规定

（2）税率的变化及纳税人划分标准的变化

（3）一般纳税人的应纳税额——销项税额（特殊销售方式销售额的确定、视同销售行为销售额的确定及账务处理）、允许抵扣与不允许抵扣的进项税额，账务处理

（4）出口退税政策与账务处理

（5）了解纳税申报时报送资料的要求

（6）与税收政策规定结合，能够填写纳税申报表；掌握重点行次的填写

（7）了解防伪税控系统的规定

2．消费税纳税申报和纳税审核

（1）熟悉征税范围、纳税人、税率的规定

（2）注意增值税和消费税计税销售额的关系，注意何时两者的计税销售额不同

（3）掌握外购或委托加工收回的应税消费品抵税的规定及对账务处理的影响

（4）委托加工的定义，税收政策与账务处理

（5）熟悉出口消费税退免税的计算——生产企业、外贸企业

（6）熟悉纳税申报表的填写：销售数量和销售额不含出口免税部分；“本期减（免）税额”不含出口退（免）税额

3．营业税纳税申报和纳税审核

（1）熟悉征税范围、纳税人、税率的规定，注意视同应税行为、境内的含义、股权投资与转让、资产重组的政策

（2）掌握交通运输业、建筑业、销售不动产、转让无形资产差额计税的规定及账务处理

（3）金融保险业的计税依据非常重要

（4）了解纳税申报表的有关知识

职业能力训练

一、单项选择题

1．某金店（中国人民银行批准的金银首饰经销单位）为增值税一般纳税人，2012 年 5 月采取“以旧换新”方式销售 24K 纯金项链 10 条，每条新项链对外零售价格 3 000 元，旧项链作价 1 000 元，从消费者手中收取新旧项链差价款 2 000 元。该项“以旧换新”业务 5 月应纳消费税额为（　　）元。

A．1 205.98　　　　B．854.7

C．1 000　　　　D．1 500

2. 根据现行税法的规定，下列对于增值税处理错误的是（　　）。

A. 农民销售自产农业产品应按 13%计征增值税

B. 小规模纳税人销售外购农产品按 3%计征增值税

C. 居民用煤炭制品适用 13%的低税率

D. 音像制品和电子出版物适用 13%的低税率

3. 企业 2012 年发生如下（　　）业务中，原购进货物所含的进项税额不得抵扣。

A. 混合销售行为依照规定应当缴纳增值税的，该混合销售行为所涉及的非增值税应税劳务所用购进货物的进项税额

B. 一般纳税人外购货物，因自然灾害发生损失

C. 某企业购入原材料用于建造厂房

D. 某商场外购用于销售的应征消费税的摩托车

4. 下列各项中，属于增值税混合销售行为的是（　　）。

A. 建材商店在销售建材的同时又为其他客户提供装饰服务

B. 汽车销售公司销售汽车并为其他客户提供装饰服务

C. 电梯销售商销售电梯并负责安装电梯

D. 电信局为客户提供电话安装服务的同时又销售所安装的电话机

5.《增值税纳税申报表（适用增值税一般纳税人）》第 14 栏为“进项税额转出”，以下业务不在本栏反映的是（　　）。

A. 某企业购进材料用于在建工程

B. 食品厂将收购的粮食用于本企业职工食堂

C. 购进货物发生质量问题，经与销售方协商给予的销售折让

D. 某商场将销售的金银首饰作为年终奖发放给职工

6. 注册税务师在审核纳税人发票填开情况时，对销售方为购买方开具的红字增值税专用发票，在购买方已作账务处理的情况下，以具有购买方所在地主管税务机关开具的（　　）作为依据。

A. 销售退回证明单　　B. 进货退回证明单

C. 红字增值税专用发票通知单　　D. 进货退出及索取折让证明单

7. 某纳税人从事融资租赁业务，租出设备一台，收取的价款为 1 050 万元，价外费用 30 万元，设备购进成本 780 万元，租赁期总天数为 900 天，本期为 30 天，计算本期应缴纳营业税（　　）元。

A. 1 400　　B. 3 000

C. 5 000　　D. 6 200

8. 某商店 2010 年 5 月成立，为小规模纳税人，2012 年 3 月销售服装取得现金收入 8 万元，销售副食品取得现金收入 12 万元，销售小电器取得收入 2 万元。4 月 5 日，该商店向税务机关申报的增值税纳税申报表中，“销售额”栏中金额应为（　　）万元。

A. 22　　B. 20.75

C. 21.36　　D. 18.80

9. 某商店 2011 年 1 月成立（小规模纳税人），年销售收入是 75 万元，2012 年 5 月销售服装取得现金收入 8 万元，销售副食品取得现金收入 12 万元，销售小电器取得收入 2 万元。当月购买税控收款机，取得销售方（一般纳税人）开具的普通发票一张，共支付货款 2.34 万

元。6 月 5 日，向税务机关申报的增值税应纳税额合计应为（　　）万元。

A．0.85　　B．0.30

C．0.88　　D．0.54

10．某酒厂 2012 年 2 月生产一种新的粮食白酒，广告样品使用 0.2 吨，已知该种白酒无同类产品出厂价，生产成本每吨 35 000 元，成本利润率为 10%，粮食白酒定额税率为 1 元/千克，比例税率为 20%。当月应缴纳的消费税和增值税（　　）元。

A．21 751 678.75　　B．21 251 636.25

C．21 251 670.75　　D．22 101 668.75

11．2012 年 12 月，某汽车生产企业外购汽车轮胎一批，取得增值税专用发票一张，发票上注明的价款是 280 万元，当月将其中的 70%用于本企业的汽车生产中，当月销售自产小汽车 150 辆，每辆不含税价格 8.5 万元，同时收取包装费用每辆 0.30 万元，当月应纳的消费税额为（　　）万元。（汽车消费税率 9%，轮胎消费税率 3%）

A．85.60　　B．99.08

C．96.78　　D．118.21

12．2012 年 5 月，某进口单位进口卷烟 20 标准箱，每条的完税价格为 110 元，适用 20%的关税税率，则海关代征进口消费税是（　　）元。

A．846 818.18　　B．545 454.55

C．745 454.55　　D．845 454.55

13．以下关于计算营业税的营业额的确定，正确的是（　　）。

A．所有运输企业从事联运业务，以实际收取的营业额为计税依据，即以收到的收入扣除支付给以后的承运者的运费、装卸费、换装费等费用后的余额为营业额

B．建筑业的总承包人将工程分包或者转包给他人，以工程的全部承包额为营业额

C．单位和个人销售或转让其除了购置或抵债取得之外的不动产和受让的土地使用权，以全部收入减去不动产或土地使用权的购置或受让原价后的余额为营业额

D．初保业务的计税依据为向对方收取的全部价款

二、多项选择题

1．依据税法规定，对于增值税一般纳税人在购货过程中，取得的以下（　　）资金，应当冲减进项税金。

A．购进货物价值 200 万元，按销售方促销政策，获得 4 万元的返还资金

B．购进货物价值 200 万元，双方协商，将采购人员的差旅费在销售方报销 2 万元

C．购进货物价值 200 万元，经双方协议，按售价的 95%结算价款并开具发票，因此节约资金 5%

D．购进货物价值 200 万元，经双方协议，3 个月后一次性付清全款，企业因此节约 4 万元贷款利息

E．购进货物价值 200 万元，销售方给予包装物补偿款 1 万元

2．《增值税纳税申报表》第 14 行“进项税额转出”栏数据，填写纳税人已经抵扣但按税法规定应作进项税转出的进项税额总数，但不包括下列（　　）。

A．进货折扣　　B．进货折让

C．进货退出　　D．正常损失

E．因管理不善发生的损失

3．注册税务师对纳税人的“应交税费——应交增值税”明细账进行审核时，企业的以下处理中，正确的有（　　）。

A．企业当期发生进货退回业务，应该减少当期进项税额 10 万元，贷记“应交税费——应交增值税（进项税额转出）”账户

B．企业在建工程建设领用了上月购进的钢材一批，贷记“应交税费——应交增值税（进项税额转出）”账户

C．企业因管理不善造成自产涂料发生非正常损失，贷记“应交税费——应交增值税（进项税额转出）”账户

D．企业用外购汽车对外捐赠，贷记“应交税费——应交增值税（进项税额转出）”账户

E．企业用外购的牛奶发放给职工，作为儿童节的福利，贷记“应交税费——应交增值税（进项税额转出）”账户

4．下列项目中并入销售额中计算应纳增值税的有（　　）。

A．销项税额　　B．奖励费

C．产品优质费　　D．迟付货款利息

E．返还利润

5．对外贸企业自营出口的应税消费品，进行审核时，应该审核的单据有（　　）。

A．出口发票　　B．出口收汇核销单

C．出口报关单　　D．出口货物消费税专用缴款书

E．增值税普通发票

6．应税消费品的销售额为纳税人销售应税消费品向购买方收取的全部价款和价外费用，价外费用是指价外收取的（　　）。

A．集资费　　B．返还利润

C．违约金　　D．包装物的押金

E．延迟付款违约金

7．注册税务师在代理消费税的纳税申报时，以下说法中正确的有（　　）。

A．代理自产应税消费品纳税申报时，首先应当确定的是应税消费品适用的税目税率

B．代理委托加工应税消费品业务时，首先应当确定的是双方是否为委托加工业务

C．委托加工应税消费品业务中，如果是代理委托方的消费税纳税申报的，应当向主管税务机关报送代扣代缴申报表

D．有进出口经营权的生产企业自营出口应税消费品的申报时，应当向主管税务机关提供“两单两票”办理免税手续

E．代理外贸企业出口应税消费品的申报时，出口应税消费品已经办理退税后，发生了退关或外国退货的，外贸企业应在当期向主管税务机关申报补缴已退消费税税款，注册税务师代理办理“出口商品退运已补税证明”

8．以下关于计算营业税的营业额的确定，不正确的有（　　）。

A．自开票的运输企业从事联运业务，以实际收取的营业额为计税依据，即以收到的收入扣除支付给以后的承运者的运费、装卸费、换装费等费用后的余额为营业额

B．纳税人从事旅游业务的，以其取得的全部价款和价外费用扣除替旅游者支付给其他单位或者个人的住宿费、餐费、交通费、旅游景点门票和支付给其他接团旅游企业的旅游费后的余额为营业额

C. 单位和个人转让购进的无形资产，以全部收入减去购置或受让原价后的余额为营业额
D. 一般贷款业务的营业额为贷款利息收入
E. 单位和个人销售或转让其除了购置或抵债取得的不动产和受让的土地使用权，以全部收入减去不动产或土地使用权的购置或受让原价后的余额为营业额

9. 关联企业之间发生应税消费品交易收取的价款、支付的费用，如价格明显偏低又无正当理由的，按税法规定予以调整，具体方法有（　　）。
A. 按独立企业之间进行相同或类似业务活动的价格
B. 按照销售给无关联关系的第三者的价格所应取得的收入和利润水平
C. 按成本加合理的费用和利润
D. 按照实际成本
E. 按成本加合理的费用

10. 金银首饰的纳税审核时，以下说法是正确的有（　　）。
A. 在以旧换新、翻新改制的业务中，重点审核企业是否均按照实际收取的不含增值税的全部价款作为计税依据计算消费税和增值税
B. 在带料加工业务中，重点审核企业是否按照组成计税价格计算消费税
C. 在销售金银首饰业务中，重点审核企业是否按照不含增值税的销售额计算消费税
D. 在销售金银首饰时，重点审核企业是否按照以下原则处理：同时销售包装物的，如果包装物单独计价的，不用计算消费税；如果包装物与销售额无法划分的，应该合并计征消费税
E. 在将金银首饰用于赞助的，重点审核企业是否应该按照同类金银首饰的销售价格为依据计算征收消费税、增值税

11. 以下应税消费品中，实行从量定额征收的有（　　）。
A. 啤酒　　B. 粮食白酒
C. 石脑油　　D. 高尔夫球
E. 黄酒

三、简答题

1. 按业务顺序逐项计算企业应纳的营业税额。

资料：某企业2012年发生以下业务：①自有商业楼共10层，1月1日将其中2层对外出租，年租金100万元，协议约定每半年支付一次租金，当年实际收取租金80万元；②为甲企业提供临时周转资金，取得甲支付的资金使用费30万元；③为增加企业知名度，举办本市青少年围旗比赛，取得入场门票费、场地使用费等40万元；④企业非独立核算车队为本企业销售提供运输服务，同时也对外提供运输服务。本年度，对外提供运输服务取得收入20万元。企业销售货物运货上门，取得运费收入40万元；⑤车队为本市拆迁户搬家，取得收入2万元；⑥建筑队自建厂房三处，建筑成本均为300万元，后因生产经营计划调整，将其中一处建成后对外销售，取得款项400万元。

2. A公司为一综合性的生产企业，增值税一般纳税人，适用增值税税率17%。2011年3月发生的下列事项，请分析流转税的处理（计算过程及结果四舍五入保留两位小数）。

① 当月销售货物收款50 000元，未开具发票；②2011年5月销售货物30 000元，发货的同时开具了增值税专用发票，本月初因质量问题被退回；③将上月购进的原材料中有15 000元用于企业新办公楼的工程建设；④本月购进货物20 000元用于对灾区捐赠（无同类售价）；⑤

将自产的卷烟1箱销售给本企业对外营业的大酒店，卷烟的生产成本5 200元，含税售价为8 500元；⑥将上月外购的用于生产高档化妆品的普通化妆品（购进价4 000元）用于职工福利。

四、综合题

1．北京建设银行和平路支行主要经营存贷款业务，并提供其他金融劳务，2012年第二季度发生了以下几笔业务：①“其他贷款利息收入”200万元，其中票据贴现贷款利息收入50万元，其他为免税贷款利息收入。“金融机构往来利息收入”账户反映同业往来利息收入25万元；②本期吸收存款10 000万元，取得贷款利息收入4 000万元（不含上述其他贷款利息收入和金融机构往来利息收入），本期应支付各项存款利息2 200万元；③2012年4月1日，以银行存款200万元向甲公司投资。协议规定，甲公司每年向该金融机构支付固定利润24万元，每月月末支付2万元，本季度共收到甲公司支付的固定利润6万元；④本期实际收到的结算罚息收入20万元；发生出纳长款1.5万元；⑤因发放政策性贴息贷款获得利差补贴收入4万元；⑥该金融机构兼营金银业务，本期取得购销差价收入20万元；⑦本期销售上期购进的债券和股票：债券购进原值20万元，另外支付购进时手续费、税金0.50万元，销售债券收入25万元，其中已经扣除销售时发生的税费0.80万元；股票购进原值60万元，其中包含购进环节手续费、税金0.50万元，销售股票收入55万元，另外支付销售税费0.45万元。

要求：假设以上所有收入均分开核算，试计算该金融企业第二季度应纳营业税额，并说明具体的税法规定。（金融保险业营业税税率按5%计算）

2．某生产企业为增值税一般纳税人，具有进出口经营权，出口业务适用免抵退税管理办法。2012年8月期初留抵税额120万元，当期购进材料一批进项税额80万元，此材料所有产品均需耗用。为进料加工业务另进口免税材料300万元。当期内销产品的收入550万元，一般贸易出口产品离岸价500万元，进料加工业务出口产品离岸价600万元。来料加工业务进口材料费400万元，加工完成后出口产品收取的料工费110万元。货物的征税率为17%，退税率为13%。

企业会计业务处理为：来料加工应转出的进项税额＝110×17%＝18.70（万元）；一般贸易出口不得免征和抵扣税额＝500×（17%－13%）＝20（万元）；进料加工贸易不得免征和抵扣税额＝600×（17%－13%）＝24（万元）；当期应纳税额＝550×17%－（80－18.70－20－24）－120＝－43.80（万元）；当期免抵退税额＝（500＋600）×13%＝143（万元）；当期应退税额＝43.80（万元）；当期免抵税额＝143－43.80＝99.20（万元）。

会计分录为：

借：销售费用	62.70	
贷：应交税费——应交增值税（进项税额转出）		62.70
借：其他应收款——出口退税	43.80	
应交税费——应交增值税（出口抵减内销产品应纳税额）	99.20	
贷：应交税费——应交增值税（出口退税）		143

要求：① 简述来料加工复出口与进料加工复出口业务的区别和相关税收政策；② 提出企业免抵退税计算及会计处理存在的问题，并作出正确的处理。

第8章

所得税的纳税申报与纳税审查代理实务

SUODESHUI DE NASHUI SHENBAO YU NASHUI SHENCHA DAILI SHIWU

【学习目标】

知识目标：了解企业所得税年度纳税申报表的格式、内容；熟悉企业纳税申报操作规范、代理个人所得税纳税申报操作规范、应缴所得税的审核要点；掌握企业所得税成本、费用、税金、损失、投资收益、营业外收入代理审核操作要点；掌握代理个人所得税工薪所得、劳务报酬所得、利息、股息、红利等所得纳税审核操作要点。

能力目标：掌握企业所得税申报表计算填报方法；掌握工薪所得，劳务报酬所得，承包经营所得，个体工商户生产经营所得，利息、股息、红利等所得代理纳税申报的操作要点。

【导入案例】

某个人独资企业 2012 年发生下列费用：①企业部门经理、销售人员的工资；②投资人居住房与办公房共用的电费、通讯费等难以划分的支出；③投资人购买的汽车，既用于公司业务又供全家人使用；⑤该企业发生的广告和业务宣传费用；⑤投资者的个人工资。

【思考】判断上述费用是否可以在缴纳个人所得税时税前扣除？若能扣除，其标准是如何规定的？

8.1 企业所得税的计算方法

企业所得税是指对中华人民共和国境内的企业（居民企业和非居民企业）和其他取得收入的组织以其生产经营所得为课税对象所征收的一种所得税。企业所得税的税率为 25%。

【知识链接】

《中华人民共和国企业所得税法》已由中华人民共和国第十届全国人民代表大会第五次会议于 2007 年 3 月 16 日通过，自 2008 年 1 月 1 日起施行。在中华人民共和国境内，企业和其他取得收入的组织为企业所得税的纳税人，依照本法的规定缴纳企业所得税。个人独资企业、合伙企业不适用本法。

企业分为居民企业和非居民企业。居民企业是指依法在中国境内成立，或者依照外国（地区）法律成立但实际管理机构在中国境内的企业。居民企业应当就其来源于中国境内、境外的所得缴纳企业所得税。

非居民企业，是指依照外国（地区）法律成立且实际管理机构不在中国境内，但在中国境内设立机构、场所的，或者在中国境内未设立机构、场所，但有来源于中国境内所得的企业。非居民企业在中国境内设立机构、场所的，应当就其所设机构、场所取得的来源于中国境内的所得，以及发生在中国境外但与其所设机构、场所有实际联系的所得，缴纳企业所得税。非居民企业在中国境内未设立机构、场所的，或者虽设立机构、场所但取得的所得与其所设机构、场所没有实际联系的，应当就其来源于中国境内的所得缴纳企业所得税。

企业所得税基本计算公式为：

应纳所得税额＝应纳税所得额×税率－减免税额－抵免税额

应纳税所得额＝收入总额－不征税收入－免税收入－各项扣除－允许弥补的以前年度亏损

8.1.1 应纳税所得额的计算

（1）企业以货币形式和非货币形式从各种来源取得的收入为收入总额。包括：销售货物收入；提供劳务收入；转让财产收入；股息、红利等权益性投资收益；利息收入；租金收入；特许权使用费收入；接受捐赠收入；其他收入。

（2）收入总额中的不征税收入包括：财政拨款；依法收取并纳入财政管理的行政事业性收费、政府性基金；国务院规定的其他不征税收入。

（3）企业的免税收入包括：国债利息收入；符合条件的居民企业之间的股息、红利等权益性投资收益；在中国境内设立机构、场所的非居民企业从居民企业取得与该机构、场所有实际联系的股息、红利等权益性投资收益；符合条件的非营利组织的收入。

（4）各项扣除的计算：企业实际发生的与取得收入有关的、合理的支出，包括成本、费用、税金、损失和其他支出，准予在计算应纳税所得额时扣除。

（5）亏损是指企业依照企业所得税法及其实施条例的规定将每一纳税年度的收入总额减除不征税收入、免税收入和各项扣除后小于零的数额。

8.1.2 境外所得抵免税额的计算

居民企业来源于中国境外的应税所得，非居民企业在中国境内设立机构、场所，取得发生在中国境外但与该机构、场所有实际联系的应税所得，已在境外缴纳的所得税税额，可以从其当期应纳税额中抵免。抵免限额为该项所得依照企业所得税法规定计算的应纳税额；超过抵免限额的部分，可以在以后 5 个年度内，用每年度抵免限额抵免当年应抵税额后的余额进行抵补。

居民企业从其直接或者间接控制的外国企业分得的来源于中国境外的股息、红利等权益性投资收益，外国企业在境外实际缴纳的所得税税额中属于该项所得负担的部分，可以作为该居民企业的可抵免境外所得税税额，在企业所得税法规定的抵免限额内抵免。

8.2 企业所得税的纳税申报代理实务

企业所得税适用面广，税前扣除项目的计算和报表填报内容繁杂。注册税务师必须在指导企业正确核算会计所得的前提下，按照税法和征收管理的有关规定，将其会计所得调整为应税所得后，再计算填报企业所得税申报表及其附表。

8.2.1 代理企业所得税纳税申报操作规范

根据税法规定，注册税务师应替纳税人在月份或者季度终了后 15 日内报送申报表及月份或者季度财务报表，履行月份或者季度纳税申报手续。年度终了后 5 个月内向其所在地主管税务机关报送《企业所得税年度纳税申报表》和税务机关要求报送的其他有关资料，办理结清税款手续。

（1）核查收入核算账户和主要的原始凭证，计算当期生产经营收入、财产转让收入、股息收入等各项应税收入。

（2）核查成本核算账户和主要的原始凭证，根据行业会计核算制度，确定当期产品销售成本或营业成本。

（3）核查主要的期间费用账户和原始凭证，确定当期实际支出的销售费用、管理费用和财务费用。

（4）核查税金核算账户，确定税前应扣除的税金总额。

（5）核查损失核算账户，计算资产损失、投资损失和其他损失。

（6）核查营业外收支账户及主要原始凭证，计算营业外收支净额。

（7）经过上述 6 个步骤的操作，注册税务师可据此计算出企业当期收入总额、不征税收入和免税收入额，再按税法规定核查允许的各项扣除及允许弥补的以前年度亏损，计算当期应税所得额。

（8）根据企业适用的所得税税率，计算应纳所得税额。

8.2.2 代理填制企业所得税纳税申报表的方法

1. 中华人民共和国企业所得税年度纳税申报表（A类）（表8–1）。

表8-1 中华人民共和国企业所得税年度纳税申报表（A类）

税款所属期间　　年　月　日至　　年　月　日

纳税人名称：

纳税人识别号：□□□□□□□□□□□□□□□□□□□　　金额单位：元（列至角分）

类　别	行次	项　目	金　额
利润总额计算	1	一、营业收入（填附表一）	
	2	减：营业成本（填附表二）	
	3	营业税金及附加	
	4	销售费用（填附表二）	
	5	管理费用（填附表二）	
	6	财务费用（填附表二）	
	7	减产减值损失	
	8	加：公允价值变动收益	
	9	投资收益	
	10	二、营业利润	
	11	加：营业外收入（填附表一）	
	12	减：营业外支出（填附表二）	
	13	三、利润总额（10＋11－12）	
应纳税所得额计算	14	加：纳税调整增加额（填附表三）	
	15	减：纳税调整减少额（填附表三）	
	16	其中：不征税收入	
	17	免税收入	
	18	减计收入	
	19	减：免税项目所得	
	20	加计扣除	
	21	抵扣应纳税所得额	
	22	加：境外应税所得弥补境内亏损	
	23	纳税调整后所得（13＋14－15＋22）	
	24	减：弥补以前年度亏损（填附表四）	
	25	应纳税所得额（23－24）	
应纳税额计算	26	税率（25%）	
	27	应纳所得税额（25×26）	
	28	减：减免所得税额（填附表五）	
	29	减：抵免所得税额（填附表五）	
	30	应纳税额（27－28－29）	
	31	加：境外所得应纳所得税额（填附表六）	
	32	减：境外所得抵免所得税额（填附表六）	
	33	实际应纳所得税额（30＋31－32）	
	34	减：本期累计实际已预缴的所得税额	
	35	其中：汇总纳税的总机构分摊预缴的税额	

续表

类　别	行次	项　目	金　额
应纳税额计算	36	汇总纳税的总机构财政调库预缴的税额	
	37	汇总纳税的总机构所属分支机构分摊的预缴税额	
	38	合并纳税（母子体制）成员企业就地预缴比例	
	39	合并纳税企业就地预缴的所得税额	
	40	本年应补退的所得税额（33－34）	
附列资料	41	以前年度多缴的所得税额在本年抵减额	
	42	以前年度应缴未缴在本年入库所得税额	

纳税人公章： 经办人： 申报日期：　　年　　月　　日	代理申报中介机构公章： 经办人执业证件号码： 代理申报日期：　　年　　月　　日	主管税务机关受理专用章： 受理人： 受理日期：　　年　　月　　日

表 8-1 填报说明如下。

1）适用范围

实行查账征收企业所得税的居民纳税人填报。

2）填报依据及内容

根据《中华人民共和国企业所得税法》及其实施条例、相关税收政策，以及国家统一会计制度（企业会计制度、企业会计准则、小企业会计制度、分行业会计制度、事业单位会计制度和民间非营利组织会计制度）的规定，填报计算纳税人利润总额、应纳税所得额、应纳税额和附列资料等有关项目。

3）有关项目填报说明

（1）表头项目。

表头项目及其填报要求见表 8-2。

表 8-2　表头项目及其填报要求

表头项目	填报要求
税款所属期间	正常经营的纳税人，填报公历当年 1 月 1 日至 12 月 31 日；纳税人年度中间开业的，填报实际生产经营之日的当月 1 日至同年 12 月 31 日；纳税人年度中间发生合并、分立、破产、停业等情况的，填报公历当年 1 月 1 日至实际停业或法院裁定并宣告破产之日的当月月末；纳税人年度中间开业且年度中间又发生合并、分立、破产、停业等情况的，填报实际生产经营之日的当月 1 日至实际停业或法院裁定并宣告破产之日的当月月末
纳税人识别号	填报税务机关统一核发的税务登记证号码
纳税人名称	填报税务登记证所载纳税人的全称

（2）表体项目。

本表是在纳税人会计利润总额的基础上，加减纳税调整额后计算出“纳税调整后所得”（应纳税所得额）。会计与税法的差异（包括收入类、扣除类、资产类等差异）通过纳税调整项目明细表（附表三）集中体现。本表包括利润总额计算、应纳税所得额计算、应纳税额计算和附列资料 4 个部分。

（3）行次说明。

第 1 行“营业收入”：填报纳税人主要经营业务和其他经营业务取得的收入总额。本行根据“主营业务收入”和“其他业务收入”科目的数额计算填报。一般工商企业纳税人，通过附表一（1）《收入明细表》计算填报；金融企业纳税人，通过附表一（2）《金融企业收入明细表》计算填报；事业单位、社会团体、民办非企业单位、非营利组织等纳税人，通过附表一（3）《事业单位、社会团体、民办非企业单位收入明细表》计算填报。

第 2 行“营业成本”项目：填报纳税人主要经营业务和其他经营业务发生的成本总额。本行根据“主营业务成本”和“其他业务成本”科目的数额计算填报。一般工商企业纳税人，通过附表二（1）《成本费用明细表》计算填报；金融企业纳税人，通过附表二（2）《金融企业成本费用明细表》计算填报；事业单位、社会团体、民办非企业单位、非营利组织等纳税人，通过附表二（3）《事业单位、社会团体、民办非企业单位支出明细表》计算填报。

第 3 行“营业税金及附加”：填报纳税人经营活动发生的营业税、消费税、城市维护建设税、资源税、土地增值税和教育费附加等相关税费。本行根据“营业税金及附加”科目的数额计算填报。

第 4 行“销售费用”：填报纳税人在销售商品和材料、提供劳务的过程中发生的各种费用。本行根据“销售费用”科目的数额计算填报。

第 5 行“管理费用”：填报纳税人为组织和管理企业生产经营发生的管理费用。本行根据“管理费用”科目的数额计算填报。

第 6 行“财务费用”：填报纳税人为筹集生产经营所需资金等发生的筹资费用。本行根据“财务费用”科目的数额计算填报。

第 7 行“资产减值损失”：填报纳税人计提各项资产准备发生的减值损失。本行根据“资产减值损失”科目的数额计算填报。

第 8 行“公允价值变动收益”：填报纳税人交易性金融资产、交易性金融负债，以及采用公允价值模式计量的投资性房地产、衍生工具、套期保值业务等公允价值变动形成的应计入当期损益的利得或损失。本行根据“公允价值变动损益”科目的数额计算填报。

第 9 行“投资收益”：填报纳税人以各种方式对外投资确认所取得的收益或发生的损失。本行根据“投资收益”科目的数额计算填报。

第 10 行“营业利润”：填报纳税人当期的营业利润。根据上述项目计算填列。

第 11 行“营业外收入”：填报纳税人发生的与其经营活动无直接关系的各项收入。本行根据“营业外收入”科目的数额计算填报。

第 12 行“营业外支出”：填报纳税人发生的与其经营活动无直接关系的各项支出。本行根据“营业外支出”科目的数额计算填报。

第 13 行“利润总额”：填报纳税人当期的利润总额。

第 14 行“纳税调整增加额”：填报纳税人会计处理与税收规定不一致，进行纳税调整增加的金额。

第 15 行“纳税调整减少额”：填报纳税人会计处理与税收规定不一致，进行纳税调整减少的金额。

第 16 行“不征税收入”：填报纳税人计入利润总额但属于税收规定不征税的财政拨款、依法收取并纳入财政管理的行政事业性收费、政府性基金、以及国务院规定的其他不征税收入。

第 17 行“免税收入”：填报纳税人计入利润总额但属于税收规定免税的收入或收益，包括国债利息收入；符合条件的居民企业之间的股息、红利等权益性投资收益；从居民企业取得与该机构、场所有实际联系的股息、红利等权益性投资收益；符合条件的非营利组织的收入。

第 18 行“减计收入”：填报纳税人以《资源综合利用企业所得税优惠目录》规定的资源作为主要原材料，生产国家非限制和禁止并符合国家和行业相关标准的产品取得收入 10%的数额。

第 19 行“减、免税项目所得”：填报纳税人按照税收规定减征、免征企业所得税的所得额。

第 20 行“加计扣除”：填报纳税人开发新技术、新产品、新工艺发生的研究开发费用，以及安置残疾人员及国家鼓励安置的其他就业人员所支付的工资，符合税收规定条件的准予按照支出额一定比例，在计算应纳税所得额时加计扣除的金额。

第 21 行“抵扣应纳税所得额”：填报创业投资企业采取股权投资方式投资于未上市的中小高新技术企业 2 年以上的，可以按照其投资额的 70%在股权持有满 2 年的当年抵扣该创业投资企业的应纳税所得额。当年不足抵扣的，可以在以后纳税年度结转抵扣。

第 22 行“境外应税所得弥补境内亏损”：填报纳税人根据税收规定，境外所得可以弥补境内亏损的数额。

第 23 行“纳税调整后所得”：填报纳税人经过纳税调整计算后的所得额。

当本表第 23 行<0 时，即为可结转以后年度弥补的亏损额；如本表第 23 行>0 时，继续计算应纳税所得额。

第 24 行“弥补以前年度亏损”：填报纳税人按照税收规定可在税前弥补的以前年度亏损的数额。但不得超过本表第 23 行“纳税调整后所得”。

第 25 行“应纳税所得额”：金额等于本表第 23～24 行。

本行不得为负数。本表第 23 行或者按照上述行次顺序计算结果本行为负数，本行金额填零。

第 26 行“税率”：填报税法规定的税率 25%。

第 27 行“应纳所得税额”：金额等于本表第 25 行×第 26 行。

第 28 行“减免所得税额”：填报纳税人按税收规定实际减免的企业所得税额，包括小型微利企业、国家需要重点扶持的高新技术企业、享受减免税优惠过渡政策的企业，其法定税率与实际执行税率的差额，以及其他享受企业所得税减免税的数额。

第 29 行“抵免所得税额”：填报纳税人购置用于环境保护、节能节水、安全生产等专用设备的投资额，其设备投资额的 10%可以从企业当年的应纳所得税额中抵免的金额；当年不足抵免的，可以在以后 5 个纳税年度结转抵免。

第 30 行“应纳税额”：金额等于本表第 27 行－第 28 行－第 29 行。

第 31 行“境外所得应纳所得税额”：填报纳税人来源于中国境外的所得，按照企业所得税法及其实施条例、以及相关税收规定计算的应纳所得税额。

第 32 行“境外所得抵免所得税额”：填报纳税人来源于中国境外所得依照中国境外税收法律以及相关规定应缴纳并实际缴纳的企业所得税性质的税款，准予抵免的数额。

企业已在境外缴纳的所得税额，小于抵免限额的，“境外所得抵免所得税额”按其在境外实际缴纳的所得税额填报；大于抵免限额的，按抵免限额填报，超过抵免限额的部分，可以在以后 5 个年度内，用每年度抵免限额抵免当年应抵税额后的余额进行抵补。

第 33 行“实际应纳所得税额”：填报纳税人当期的实际应纳所得税额。

第 34 行“本年累计实际已预缴的所得税额”：填报纳税人按照税收规定本纳税年度已在月（季）度累计预缴的所得税款。

第 35 行“汇总纳税的总机构分摊预缴的税额”：填报汇总纳税的总机构按照税收规定已在月（季）度在总机构所在地累计预缴的所得税款。

附报《中华人民共和国企业所得税汇总纳税分支机构企业所得税分配表》。

第 36 行“汇总纳税的总机构财政调库预缴的税额”：填报汇总纳税的总机构按照税收规定已在月（季）度在总机构所在地累计预缴在财政调节专户的所得税款。

附报《中华人民共和国企业所得税汇总纳税分支机构企业所得税分配表》。

第 37 行“汇总纳税的总机构所属分支机构分摊的预缴税额”：填报汇总纳税的分支机构已在月（季）度在分支机构所在地累计分摊预缴的所得税款。

附报《中华人民共和国企业所得税汇总纳税分支机构企业所得税分配表》。

第 38 行“合并纳税（母子体制）成员企业就地预缴比例”：填报经国务院批准的实行合并纳税（母子体制）的成员企业按照税收规定就地预缴税款的比例。

第 39 行“合并纳税企业就地预缴的所得税额”：填报合并纳税的成员企业已在月（季）度累计预缴的所得税款。

第 40 行“本年应补（退）的所得税额”：填报纳税人当期应补（退）的所得税额。

第 41 行“以前年度多缴的所得税在本年抵减额”：填报纳税人以前纳税年度汇算清缴多缴的税款尚未办理退税、并在本纳税年度抵缴的所得税额。

第 42 行“以前年度应缴未缴在本年入库所得额”：填报纳税人以前纳税年度损益调整税款、上一纳税年度第四季度预缴税款和汇算清缴的税款，在本纳税年度入库所得税额。

2. 企业所得税纳税申报表（适用于核定征收企业）（表 8-3）。

表 8-3　企业所得税纳税申报表（适用于核定征收企业）

税款所属期间：　　　年　　月至　　　年　　月

纳税人识别码：　　　　　　　　　　　　　　　　金额单位：元（列至角分）

纳税人名称			
纳税申报栏			
项目	行次	本期数	累计数
收入总额	1		
成本费用	2		
应税所得率	3		
应纳税所得额	4		
适用税率	5		
应缴所得税额（4×5）	6		
减：实际已预缴的所得税额	7		
应补退的所得税额（8=6−7）	8		
纳税人公章： 经办人（签章）： 申报日期：　　年　　月　　日		主管税务机关受理专用章： 受理人： 受理日期：　　年　　月　　日	

备注：本表一式三份，主管税务机关受理后退还纳税人保存一份，由主管税务机关留存两份。

1）填报说明

本表为按照核定征收办法（包括核定应税所得率和核定税额征收方式）缴纳企业所得税的纳税人在季度（月）和年度申报缴纳企业所得税时使用。

2）具体项目填报说明

第 1 行“收入总额”：填报当期取得的各项收入的合计金额。（按照收入总额核定应税所得率的纳税人填报）

第 2 行“成本费用”：填报计入当期的成本费用的合计金额。（按照成本费用核定应税所得率的纳税人填报）

第 3 行“应税所得率”：填报主管税务机关核定的应税所得率。

第 4 行“应纳税所得额”。

（1）按照收入总额核定应税所得率的纳税人，计算公式为：应纳税所得额＝收入总额×应税所得率。

（2）按照成本费用核定应税所得率的纳税人，计算公式为：应纳税所得额＝成本费用支出额÷（1－应税所得率）×应税所得率。

第 5 行“适用税率”：根据第 4 行“应纳税所得额”金额确定的适用税率或者所得税政策规定的适用税率。

第 7 行“实际已预缴的所得税额”：填报当年累计已预缴的企业所得税额。

【特别提示】

实行核定应纳所得税额的纳税人，可填第 6 行、第 7 行、第 8 行。其中，第 6 行填报主管税务机关核定的当期累计应纳所得税额。

【例 8-1】某摩托车生产企业为增值税一般纳税人，企业有固定资产价值 18 000 万元（其中生产经营使用的房产价值 12 000 万元），生产经营占地面积 80 000 平方米。2011 年发生以下业务。

（1）全年生产两轮摩托车 200 000 辆，每辆生产成本 0.28 万元、市场不含税销售价 0.46 万元。全年销售两轮摩托车 190 000 辆，销售合同记载取得不含税销售收入 87 400 万元。由于部分摩托车由该生产企业直接送货，运输合同记载取得送货的运输费收入 468 万元并开具普通发票。

（2）全年生产三轮摩托车 30 000 辆，每辆生产成本 0.22 万元、市场不含税销售价 0.36 万元。全年销售三轮摩托车 28 000 辆，销售合同记载取得不含税销售收入 10 080 万元。

（3）全年外购原材料均取得增值税专用发票，购货合同记载支付材料价款共计 35 000 万元、增值税进项税额 5 950 万元。运输合同记载支付运输公司的运输费用 1 100 万元，取得运输公司开具的公路内河运输发票。

（4）全年发生管理费用 11 000 万元（其中含业务招待费用 900 万元，新技术研究开发费用 800 万元，因管理不善库存原材料损失 618.6 万元，其中含运费成本 18.6 万元，支付其他企业管理费 300 万元，不含印花税和房产税）、销售费用 7 600 万元、财务费用 2 100 万元。

（5）全年发生营业外支出 3 600 万元（其中含通过公益性社会团体向贫困山区捐赠 500 万元）。

（6）6 月 10 日，取得直接投资境内居民企业分配的股息收入 130 万元，已知境内被投资企业适用的企业所得税税率为 15%。

（7）8 月 20 日，取得摩托车代销商赞助的一批原材料并取得增值税专用发票，注明材料金额 30 万元、增值税 5.1 万元。

（8）10 月 6 日，该摩托车生产企业合并一家小型股份公司，股份公司全部资产公允价值为 5 700 万元、全部负债为 3 200 万元、未超过弥补年限的亏损额为 620 万元。合并时摩托车生产企业给股份公司的股权支付额为 2 300 万元、银行存款 200 万元。该合并业务符合企业重组特殊性税务处理的条件且选择此方法执行。

（9）12 月 20 日，取得到期的国债利息收入 90 万元（假定当年国家发行的最长期限的国债年利率为 6%）；取得直接投资境外公司分配的股息收入 170 万元，已知该股息收入在境外承担的总税负为 15%。

（10）2011 年度，该摩托车生产企业自行计算的应缴纳的各种税款如下。

① 增值税＝（87 400＋10 080）×17%－5 950－1 100×7%

＝16 571.6－5 950－77

＝10 544.6（万元）

② 消费税＝（87 400＋10 080）×10%＝9 748（万元）

③ 城建税、教育费附加＝（10 544.6＋9 748）×（7%＋3%）＝2 029.26（万元）

④ 城镇土地使用税＝80 000×4÷10 000＝32（万元）

⑤ 企业所得税：

应纳税所得额＝87 400＋468＋10 080－190 000×0.28－28 000×0.22－11 000

－7 600－2 100－3 600＋130＋170＋90－9 748－2 029.26

＝2 900.74（万元）

企业所得税＝（2 900.74－620）×25%＝570.19（万元）

（说明：假定该企业适用增值税税率 17%、两轮摩托车和三轮摩托车消费税税率 10%、城市维护建设税税率 7%、教育费附加征收率 3%、计算房产税房产余值的扣除比例 20%、城镇土地使用税每平方米 4 元、企业所得税税率 25%）

要求：根据上述资料，回答下列问题（涉及计算的，请列出计算步骤）。

（1）分别指出企业自行计算缴纳税款（企业所得税除外）的错误之处，简单说明理由，并计算应补（退）的各种税款（企业所得税除外）。

（2）计算企业 2011 年度实现的会计利润总额。

（3）分别指出企业所得税计算的错误之处，简单说明理由，并计算应补（退）的企业所得税。

8.3 企业所得税的纳税审核代理实务

8.3.1 年度收入总额的审核

收入总额的审核包括：主营业务收入的审核，其他业务收入的审核，投资净收益的审核和营业外收入的审核。

1．主营业务收入的审核

1）审核主营业务收入的入账时间

对主营业务收入确认的审核，主要采用抽查法、核对法和验算法，通常可按下列步骤实施。

（1）抽查部分收入业务的原始凭证，与主营业务收入明细账相核对，核实已实现的收入，并检查是否已经如数入账。

（2）查阅各种收入明细账，从中抽出一部分与相关的记账凭证、原始凭证互相核对。以证实所记录的收入是否均已实现并确属本期。

（3）检查企业的销售发票是否完整无缺、连续编号，核实有无涂改或“大头小尾”现象。抽取部分发票与库存商品明细账、分期收款发出商品明细账以及主营业务收入明细账相核对，检查其发出数与销售数量是否一致。

（4）对于已确认并已记录入账的收入，进一步与现金日记账、应收账款明细账、预收账款明细账以及库存商品明细账相核对，以进一步确定销售数量、金额和时间是否相符。

2）审核主营业务收入的入账金额

主营业务收入的入账金额准确与否，直接影响应纳税所得额的正确性，因此应注意审核收入金额是否真实，有无故意隐匿收入和虚增虚减销售收入的现象。

3）审核主营业务收入的会计处理是否正确

审核中应特别注意审核库存商品明细账的发出栏记录，检查其对应账户的正确性。

4）审核应税收入与不征税收入和免税收入的划分是否正确

根据税法规定，收入总额中的下列收入为不征税收入：财政拨款；依法收取并纳入财政管理的行政事业性收费、政府性基金；国务院规定的其他不征税收入。

企业的下列收入为免税收入：国债利息收入；符合条件的居民企业之间的股息、红利等权益性投资收益；在中国境内设立机构、场所的非居民企业从居民企业取得与该机构、场所有实际联系的股息、红利等权益性投资收益；符合条件的非营利组织的收入。审核人员要注意企业有无错将应税收入当作不征税收入或免税收入从收入总额中予以扣除，减少应纳税所得额。

2. 其他业务收入的审核

（1）审核其他业务收入的入账时间和入账金额是否正确，是否有漏计其他业务收入的情况，或者通过往来账少计其他业务收入。审核时，应着重审核材料销售发票和其他业务的收款凭证，核实其他销售收入数额，并与“其他业务收入”账户发生额进行核对，查明企业的其他销售收入是否全部入账，有无问题；审核有无将其他收入转入“其他应收款”、“应付福利费”、“盈余公积”账户的；有无将其他收入隐匿或私分的。

（2）审核其他业务收入的账务处理是否正确，是否存在将不属于其他业务收入的业务收入记入本账户。审核时，可根据“其他业务收入”明细账借方或贷方发生额，调阅会计凭证核实。

3. 投资收益的审核

1）投资收益会计处理方法的审核

投资收益是企业在对外进行股票、债券或其他投资活动中取得的收益。主要包括企业在对外投资中分得的利润、股利和债券利息，投资到期收回或者中途转让取得款项高于账面价值的差额，以及按照权益法核算的股票投资在被投资单位增加的净资产中所拥有的数额。

2）审核投资收益是否及时、足额按规定记入“投资收益”科目

企业在对外投资时，与被投资单位签订合同或协议规定对外投资的回报率。但是在实际中，企业出于种种原因，不按签订合同或协议的规定，未及时足额取得投资收益，未及时足额地将投资收益记入“投资收益”账户，有的将不足部分挂账在“其他应付款”账户，隐瞒收入，因此，审核时首先应通过审阅检查合同或协议及其他有关资料文件，了解被查单位某项投资所应收取收入的金额及具体时间。然后，通过向有关人员了解应收未收投资收益的原因，审阅“投资收益”及有关账户中的明细账记录内容，并将其与对应的会计凭证进行核对。确定该项投资实际收取的收益金额及收取时间，在此基础上，通过核对和进一步调查分析来查证问题。

3）联营投资收益的审核

联营投资包括固定资产、流动资产和无形资产等的投资，其收益产生于投出资产与收回资产的差额，或联营投资的分利收入。

4）对外投资收回或转让收益的审核

企业对外投资到期收回或中途转让对外投资的实收款项与投出时的账面净值之间的差额，应计入投资收益；按规定应缴纳营业税的股票买卖等投资的收益，在纳税后并入投资收益；如果以分享产品抵作投资分利的，应按分享产品的同类商品市价或其销售收入计入投资收益。

5）企业取得的债券利息以及股利的审核

应注意审核是否按规定及时入账，企业认购溢价发行在一年以内不得变现或不准备变现的债券，是否按规定于每期结账时，按规定数额列入投资收益，企业认购折价发行的债券，是否也按规定处理；债券到期时，是否按规定数额计入投资收益。审核时，应重点审阅“投资收益”、“长期投资”、“其他应收款”、“银行存款”等账户，必要时可追踪查阅会计凭证以揭示其存在的问题。

4．营业外收入的审核

营业外收入是指企业发生与生产经营没有直接联系的收入。作为营业外收入，不属于经营性收入，不缴纳营业税金，直接构成利润总额的组成部分。营业外收入包括固定资产盘盈、处理固定资产净收益、罚款收入、确实无法支付而应转作营业外收入的应付款项、教育费附加返还款等。对营业外收入审核的主要内容和方法如下几点所述。

（1）审核应属于营业外收入的项目，有无不及时转账，长期挂“其他应付款”、“应付账款”账户的。有些企业将应反映在营业外收入中的各种收入通过各种方式反映在“应付账款”“应付工资”“其他应付款”等账户中或作为账外“小金库”。

对上述问题的审核应从以下几个方面人手：检查“银行存款”日记账及“现金”日记账的记录，从摘要记录及对方科目中发现线索；有重点地检查“应付账款”、“应付工资”、“其他应付款”等明细账记录，必要时检查有关的记账凭证和原始凭证，了解其会计处理是否符合实际业务情况。

（2）审核有无将营业外收入直接转入企业税后利润，甚至作账外处理或直接抵付非法支出的。

在审核时应注意从账户的对应关系中，审核有无异常的转账凭证。从生产费用各账户贷方检查企业是否把营业外收入直接冲减费用额；从“盈余公积”贷方发生额检查有无将营业外收入列入税后利润；从“待处理财产损益——待处理固定资产损益”账户借方，审核固定资产盘盈是否转入“营业外收入”账户；从“固定资产清理”账户审核出售固定资产净收益是否作为“营业外收入”入账，若发现问题，应认真查阅有关会计凭证，进而追查，弄清问题真相，凡属于营业外收入，均应调增应纳税所得额。

8.3.2 税前准予扣除项目和标准的审核

1．主营业务成本的审核

主营业务成本是企业在一定时期内（如一个纳税年度）已实现销售的产品制造成本，它是用已销产品数量乘以单位制造成本计算出来的。

由于单位制造成本是依据库存商品成本确定，而库存商品来源是生产车间转来的完工产品，其成本与生产过程所发生的各项费用（材料、人工和制造费用）密切相关，因此，对主营业务成本的审核应包括：材料费用的审核；工资及三项费用的审核；制造费用的审核；产品制造成本的审核；主营业务成本的审核。

2. 期间费用及支出的审核

期间费用是指企业行政管理部门为组织和管理生产经营活动，筹集资金、组织产品销售而发生的各项费用，包括企业的管理费用、财务费用以及为销售产品和提供劳务而发生的销售费用、进货费用。支出包括其他业务支出和营业外支出。

3. 税金审核要点

营业税金包括消费税、营业税、城市维护建设税、资源税、土地增值税等。附加是指国家为了筹集教育经费，支持教育事业的发展，按企业实际缴纳的消费税、增值税、营业税额的一定比例计提的教育费附加。营业税金及附加的审核，主要从营业税金及附加的预提、缴纳、结算3个方面进行，看有无多提少缴或不缴的情况。

1）预提税金及附加的审核

对预提税金及附加的审核，应在核实销售收入和适用税率的基础上，认真查阅“应交税费”账户，看贷方发生额与纳税申报表上计提的应交税费及附加是否一致，如果不一致，则要查明原因。防止将耕地占用税、税收罚款等挤入“营业税金及附加”账户中核算，减少本期利润。

2）缴纳税金的审核

企业缴纳税金在“应交税费”明细账户借方反映，应审核税款所属期限、实际缴纳期限是否正确，缴纳的税额是否与计提数一致，并要审阅各税完税凭证，分析缴纳税金的情况。有无提而不缴或将错提、多提的税金从“应交税费”账户借方非法转入其他账户的情况。

3）结算税金的审核

年度终了，企业对缴纳各税的情况应进行汇算清缴，及时办理补退手续。由于年度税务检查一般是在年度决算后的次年进行的，企业应补或应退的产品销售税金及附加。应在“以前年度损益调整”账户结算。而有的企业将查补上年的税款记入本年“营业税金及附加”账户中，抵减了本年利润，审核时要认真核实有无上述问题。

8.3.3 适用税率及减免税的审核

1. 适用税率的审核

审核企业所得税所用税率是否正确，对于小型微利企业，是否符合税法规定的条件，有无用错税率的情况。审核时，应以企业所得税申报表为依据，看其确定的适用税率是否正确。

2. 减免税的审核

（1）审核符合享受减免税条件的企业是否充分运用了优惠政策。根据税法规定，企业的下列支出，可以在计算应纳税所得额时加计扣除：①开发新技术、新产品、新工艺发生的研究开发费用；②安置残疾人员及国家鼓励安置的其他就业人员所支付的工资。创业投资企业从事国家需要重点扶持和鼓励的创业投资，可以按投资额的一定比例抵扣应纳税所得额。企业的固定资产由于技术进步等原因，确须加速折旧的，可以缩短折旧年限或者采取加速折旧的方法。企业综合利用资源，生产符合国家产业政策规定的产品所取得的收入。可以在计算应纳税所得额时减计收入。企业购置用于环境保护、节能节水、安全生产等专用设备的投资额，可以按一定比例实行税额抵免。审核人员在检查时，应注意企业对于减免税政策运用的是否正确，是否存在着应该享受的优惠，由于企业的原因，没有足额享受，而不应享受的优惠又超范围超标准享受的情况。

（2）审核企业已享受的优惠政策是否有税务机关的批文。

（3）审核企业享受减免的金额计算是否正确。

审核时，首先应通过询问，对照税收优惠政策，看看该企业应享受哪些政策；其次，审核所得税申报表，看看企业已享受了哪些优惠政策；再次，对所得税申报表上已享受的减免税项目，应审核税务部门的批文；最后，对所得税申报表上的减免税不符合规定的应予以剔除，对企业应该享受而未享受的减免税，帮助企业尽快享受。

8.3.4 应纳税所得额的审核

应纳税所得额的审核是在前述收入、税前扣除项目审核、计算得出会计期间利润总额的基础上，对按照税法的有关规定进行纳税调整，将会计所得调整为应税所得的情况进行审核。

1. 审核超过规定标准项目

即超过税法规定标准扣除的各种成本、费用和损失，而应予调增应纳税所得额部分。包括税法中单独作出明确规定的扣除标准，也包括税法虽未单独明确规定标准，但财务会计制度已作了规定的部分。

2. 审核不允许扣除项目

指税法不允许扣除，但企业已作为扣除项目而予以扣除的各项成本、费用和损失，应调增应纳税所得额。

（1）资本性支出。通过审核“低值易耗品”、“管理费用”、“制造费用”、“财务费用”、“长期借款”、“在建工程”、“应付债券”等账户，确认企业有无将资本性支出作收益性支出处理，有无将应资本化的利息费用作为期间费用，若有，作相关调账处理，调增应纳税所得额。

（2）无形资产受让开发支出。根据税法规定，无形资产开发支出未形成资产的部分可作为支出准予扣除，已形成的无形资产不得直接扣除，须按直线法摊销。注册税务师应通过“管理费用”、“制造费用”、“无形资产”等账户，结合查询等方法予以确认，判明是否要调增应纳税所得额。

（3）违法经营罚款和被没收财物损失项目。此项是指纳税人生产、经营违反国家法律、法规和规章，被有关部门处以罚款以及被没收财物的损失，属于计算应纳税所得额时不允许扣除的项目。注册税务师通过“营业外支出”、“管理费用”、“其他业务成本”等账户的审核，将上述支出金额调增应纳税所得额。

（4）税收滞纳金、罚金、罚款项目。现行会计制度允许企业将该项支出在“营业外支出”科目中核算，故注册税务师应通过“营业外支出”、“以前年度损益调整”等账户的审核，将该项支出在计算应纳税所得额时予以剔除，以调增应纳税所得额。

（5）灾害事故损失赔偿。按税法规定，该损失赔偿的部分，在计算应纳税所得额时不得扣除，注册税务师应通过“固定资产清理”、“待处理财产损溢”、“营业外支出”及“银行存款”、“其他应收款”等账户的审核，以判明企业对应该得到或已得到损失赔偿的部分账务处理是否正确，若不正确，作相关调账处理，进而调增应纳税所得额。

（6）非公益救济性捐赠。按现行会计制度规定，该项支出也在“营业外支出”科目中核算，故注册税务师也应通过“营业外支出”等科目的审核，以判明是否存在非公益救济性捐赠支出，若有，在计算应纳税所得额时，全额予以剔除，以调增应纳税所得额。同时注册税务师要注意严格按税法规定，正确区分公益救济性捐赠与非公益救济性捐赠的界限，以准确调整应纳税所得额。

（7）各种赞助支出。是指各种非广告性质的赞助支出不得在税前列支。这里注册税务师特别要注意通过对赞助支出取得原始单据的审核，以判明企业的赞助支出是否属于广告性质的赞助，若是广告性的赞助支出，可以在所得税前列支。注册税务师可以审核“营业外支出”、“产品销售费用”等账户，调阅相关原始凭证，核实即可予以确认，对于非广告性质的赞助支出全额调增应纳税所得额。

（8）与收入无关的支出。是指与企业生产经营无关的支出部分。企业任何费用支出，必须与应税收入有关。如企业为其他纳税人提供与本身应纳税收入无关的贷款担保，因被担保方还不清贷款由该担保纳税人承担的本息等，不得在担保企业税前扣除。注册税务师在对“营业外支出”、“其他业务成本”、“管理费用”、“财务费用”等科目的审核过程中，若发现类似与企业收入无关的支出，应予以调账，进而调增应纳税所得额。

3．审核应税收益项目

指纳税人根据税法及有关政策规定应计入应纳税所得额的收益，以及由于其他原因少提或未计入应纳税所得额而应补报的收益。注册税务师主要审核如下项目。

（1）无赔款优待。企业参加财产保险和运输保险，按规定交纳的保险费用，准予扣除。保险公司给予企业的无赔款优待，须计入应纳税所得额。

（2）已收回的坏账准备。企业按财政部的规定提取的坏账准备金和商品削价准备金，准予在计算应纳税所得额时扣除；纳税人已作为支出、亏损或坏账处理的应收款项，在以后年度全部或部分收回时，应计入收回年度的应纳税所得额。这里注册税务师要注意按现行财务会计制度规定，企业发生的坏账损失，冲减坏账准备金，收回已核销的坏账，增加坏账准备金。此处财务制度与税法规定不同，应该遵守税法规定计入应纳税所得额，故注册税务师可通过“坏账准备”、“应收账款”、“银行存款”等账户予以确认。

（3）其他少计、未计应税收益。是指企业应计而未计或少计应纳税所得额而应补报的收益，对属于计算上的差错或其他特殊原因而多报的收益，可用“—”号表示。

4．其他纳税调整项目的审核

主要审核按财务制度规定计入当期会计所得，而根据现行税收规定，应从当期应税所得抵减的项目。

（1）审核弥补亏损。注册税务师应审核企业以前年度亏损弥补期限及结转的计算是否正确，有无少转或多转亏损的问题。根据企业所得税纳税调整项目表（所得税申报表附表一）上的弥补亏损金额，对照以前年度税务机关调整后的亏损额，核实本年度可弥补亏损金额，对不符合规定的应加以调整，按调整后的金额弥补亏损。

（2）审核“投资收益”、“未分配利润”，对于税后利润从应税所得中调减。如联营分回利润、股息收入、境外收益，按税法规定免予征税的所得，企业事业单位进行技术转让500万元以下的收益，国库券利息收入等，直接从应税所得中扣除。注册税务师应根据所得税申报表及附表有关项目，结合“投资收益”科目进行核查。对于企业来源于中国境外的所得已在境外缴纳的所得税税款，准予在汇总纳税时从其应纳税额中扣除。因此，应重点审核企业境外所得税款扣除限额的计算是否正确，申请抵免的境外所得税额是否有投资国税务机关填发的完税凭证原件等。

5. 外国企业常驻代表机构应税所得审核要点

1）采取按实征税方法应税所得的核查

根据纳税人对外签订的合同，对照会计账簿及收支原始凭证，核查常驻代表机构的佣金、回扣收入是否全部入账，有无收入结算、支付地点在境外，或者直接支付给总机构而未计收入的情况。

2）采取按经费支出征税方法应税所得的核查

根据纳税人的经费支出明细账，对照银行存款对账单，审核企业计税费用支出是否全部入账，有无应由纳税人负担但未在账面中反映的费用，如总机构直接支付给常驻代表机构雇员的工资可不入账，但属于该纳税人的经费支出。审核有无将发生的利息收入冲减经费支出的问题，有无属于纳税人的经费支出，如支付的滞纳金、罚款等，不应并入应纳税所得额的情况。

6. 外币业务的审核要点

（1）审核各相关明细账户，核对有关原始凭证，看有无外币收入业务实现后未及时记账或未按规定要求记账的情况。

（2）审核企业按照记账本位币和各种外币设置的“银行存款”明细账户，并对各账户的期末余额按规定的方法进行核对，看企业将外币折合成记账本位币或将记账本位币折合成外币的计算是否正确，有无错计汇兑损益，进而影响财务费用的情况。

（3）审核记账本位币和各种外币存款账户余额，并将余额的折合率同规定的人民币汇价相比较，如果期末余额的折合率高，可能是多计汇兑损失，多列财务费用。

（4）审核外币金额结算账户，对资产类账户要注意结转余额，看其有无只有外币而没有记账本位币金额（可能少计汇兑损失）的问题。负债类账户则相反，只有外币金额没有记账本位币金额的，可能是多转汇兑收益；只有人民币金额而没有外币金额的，可能是少转汇兑损益。

（5）逐项审核计算和结转汇兑损益情况，看有无计算差错、应结转而未结转、把汇兑收益转到“实收资本”、“盈余公积”、“利润分配”或其他科目的情况。

（6）审核有无企业为购建固定资产而发生的汇兑损益，在固定资产尚未办理竣工决算前计入损益处理的情况。

7. 对关联企业业务往来的审核要点

主要包括企业与关联企业之间购销业务的审核要点；企业与关联企业之间融通资金的审核要点；企业与关联企业之间提供劳务的审核要点；企业与关联企业之间转让财产、提供财产使用权等往来业务的审核要点；企业向关联企业支付费用的审核要点。

8. 清算所得审核要点

（1）核查委托人“实收资本”、“企业储备和发展基金”、“未分配利润”等账户的数字与清算前编制的资产负债表的数字是否相符，核查“清算损益”账户是否包括清算期间取得的资产收入，核查清算费用及有关原始凭证，核实清算过程中所发生的费用是否真实合法，有无将职工奖励及福利基金抵减了清算所得的问题。

（2）政策性减免税企业，应核算在清算期间是否享受减免税照顾，对于清算后破产的外商投资企业，如果实际经营期不满规定年限，应审核是否补缴由于享受税收优惠政策而免征、减征的所得税。

8.3.5 应缴入库所得税额的审核

根据企业纳税申报表应纳税额的计算，在进行减免税额或应补税额的调整的基础上，确定企业实际应缴的所得税税额，年终汇算清缴应补退所得税税额。

1. 减免税额的审核要点

根据企业申报的减免税额，核对适用的减免税政策与计算方法，确认政策依据、审批手续是否符合减免税规定，有无擅自减免或多计减免税的问题。特别是校办企业、福利企业、安置待业人员就业的劳服企业更应重点审核其减免税条件是否具备，有无虚假申报骗取减免的问题。

2. 应补税额审核要点

企业所得税的纳税方法是按期预缴，年终汇算清缴。注册税务师应审核“应交税费——应交所得税”明细账借方发生额，与已缴税款原始凭证和纳税申报表相核对确定实缴税款，再将全年应缴入库的所得税额与已纳税额相核对，确定企业年终应补退所得税额。对于取得联营分回利润、股息和境外收益的企业，应审核因适用税率的差异，投资方企业应补缴的所得税额。

【例 8-2】某食品有限公司系生产性外商投资企业，经营期限为 15 年，适用企业所得税税率是 25%，企业产品适用的增值税税率均为 17%。假定企业 2011 年度所得税已经汇算清缴，并按当年账面记录作正确的纳税调整。2012 年度会计报表上的主营业务收入 10 000 万元，没有其他收入项目，利润总额为 1 000 万元，已经按照会计利润预缴了企业所得税 250 万元。职工的“工资薪金”个人所得税纳税情况：每个职工每月工资收入均超过费用扣除标准，并均按实际发放的应付工资代扣代缴了个人所得税。2013 年 2 月份达成税务师事务所受托对该公司 2008 年度纳税情况进行审核，获得如下资料。

（1）审核“投资收益”账户，发现：转让国债收入 25 万元，国债利息收入 10 万元；分回境内居民企业投资收益 100 万元，投资企业适用的所得税率是 15%。

（2）审核“营业外支出”账户，发现：通过民政部门向灾区捐赠 50 万元，直接向某农村小学捐赠 20 万元；自然灾害损失 30 万元。经过进一步审核发现，自然灾害损失已经取得保险公司赔款 5 万元，计入应付职工薪酬——职工福利费中核算。

（3）审核工资及三项经费的税前扣除，均符合税法规定。

（4）审核“销售费用——其他”科目时发现：12 月 25 日，列支餐费 5 万元，进一步审核发现，为年终宴请客户的费用。进一步审核发现，企业“管理费用——业务招待费”全年借方发生额 125 万元。

（5）审核“其他应付款”科目时发现，收取的 2011 年 9 月份的包装物押金 5 万元。进一步检查发现，该批包装物的成本为 3.2 万元，在“包装物”科目中核算。

（6）审核“应付账款”科目，发现企业应付账款中有 25 万元确实无法支付。

（7）审核“盈余公积”科目时发现：2012 年 8 月增加盈余公积 3.5 万元，经过进一步核实发现，为出口产品取得的汇兑收益。

（8）审核“财务费用”时发现：2012 年支付向境内某居民企业借款利息支出 53 万元，该笔利息的借款发生在 2011 年 1 月 1 日，借款金额 530 万元，约定借款期 3 年。已知同期金融机构贷款利率为 6%。

（9）审核“股本”科目时发现：企业用盈余公积转增股本的方式，增加股东的股份。股东为 3 个自然人，其中外国人 2 名，三人分别取得的股份及在公司的行政职务为：美国人麦克 10 万元，担任公司的总经理；德国人皮特 20 万元，担任公司的董事长；中国人李建国 20 万元，担任公司的副董事长兼财务总监。

（10）实地察看企业固定资产时发现，企业 2012 年 6 月接受其他单位捐赠的汽车一辆，金额 45 万元，年末没有进行任何账务处理。

要求：①根据下列资料，简述相关税收政策规定；②计算当年度应补缴的各项税额。（计算结果以万元为单位，保留小数点后两位）。

要求：①根据下列资料，简述相关税收政策规定；②计算当年度应补缴的各项税额。（计算结果以万元为单位，保留小数点后两位）。

8.4 个人所得税的计算方法

个人所得税是调整征税机关与自然人（居民、非居民人）之间在个人所得税的征纳与管理过程中所发生的社会关系的法律规范的总称。

【知识链接】

中国现行的《中华人民共和国个人所得税法》（以下简称《个人所得税法》）于 2011 年 9 月 1 日实施生效。《个人所得税法》、《中华人民共和国个人所得税法实施条例》（以下简称《个人所得税法实施条例》、《税收征管法》以及由中国各级税务管理机关发布的有关税收征管的通知，构成了现行中国个人所得税法的主体法律基础。

8.4.1 个人所得税的纳税义务人

1. 居民纳税义务人

居民纳税义务人负有无限纳税义务。其所取得的应纳税所得，无论是来源于中国境内还是中国境外任何地方，都要在中国缴纳个人所得税。根据《个人所得税法》规定，居民纳税义务人是“在中国境内有住所，或者无住所而在中国境内居住满 1 年的个人”。

2. 非居民纳税义务人

非居民纳税义务人，是指不符合居民纳税义务人判定标准（条件）的纳税义务人，非居民纳税义务人承担有限纳税义务，即仅就其来源于中国境内的所得，向中国缴纳个人所得税。《个人所得税法》规定，非居民纳税义务人是“在中国境内无住所又不居住或者无住所而在境内居住不满 1 年的个人”。

8.4.2 个人所得税的应税所得项目

确定应税所得项目可以使纳税人掌握自己都有哪些收入是要纳税的。个人所得税的应税所得项目见表 8-4。

表 8-4 个人所得税应税所得项目

项目名称	含 义
工资、薪金所得	是指个人因任职或者受雇而取得的工资、薪金、奖金、年终加薪、劳动分红、津贴、补贴以及任职或者受雇有关的其他所得
个体工商户的生产、经营所得	①个体工商户从事工业、手工业、建筑业、交通运输业、商业、饮食业、服务业、修理业及其他行业取得的所得；②个人经政府有关部门批准，取得执照，从事办学、医疗、咨询以及其他有偿服务活动取得的所得；③上述个体工商户和个人取得的与生产、经营有关的各项应税所得；④个人因从事彩票代销业务而取得所得，应按照“个体工商户的生产、经营所得”项目计征个人所得税；⑤其他个人从事个体工商业生产、经营取得的所得
对企事业单位的承包经营、承租经营的所得	是指个人承包经营或承租经营以及转包、转租取得的所得。承包项目可分多种，如生产经营、采购、销售、建筑安装等各种承包。转包有全部转包和部分转包
劳务报酬所得	是指个人从事设计、装潢、安装、制图、化验、测试、医疗、法律、会计、咨询、讲学、新闻、广播、翻译、审稿、书画、雕刻、影视、录音、录像、演出、表演、广告、展览、技术服务、介绍服务（佣金）、经纪服务、代办服务以及其他劳务取得的所得
稿酬所得	个人因其作品以图书、报刊形式出版、发表而取得的所得
特许权使用费所得	个人提供专利权、商标权、著作权、非专利技术以及其他特许权的使用权取得的所得。提供著作权的使用权取得的所得。不包括稿酬所得
利息、股息、红利所得	是指个人拥有债权、股权而取得的利息、股息、红利所得
财产租赁所得	是指个人出租建筑物、土地使用权、机器设备、车船以及其他财产取得的所得
财产转让所得	是指个人转让有价证券、股权、建筑物、土地使用权、机器设备、车船以及其他财产取得的所得
偶然所得	是指个人得奖、中奖、中彩以及其他偶然性质的所得
经国务院财政部门确定征税的其他所得	

【导入案例解析】

(1) 个人独资企业向从业人员支付的合理的工资薪金支出，允许在税前据实扣除。

(2) 生产费用与生活费用混在一起难以划分的，不允许扣除。

(3) 投资者及其家庭生活与企业共用的固定资产，难以划分的，由当地税务部门根据生产经营类型、规模等具体情况核定准予在税前扣除的折旧费用的数额或比例。

(4) 该企业发生的广告和业务宣传费用，不超过当年销售（营业）收入 15%的部分允许据实税前扣除，超出部分准予在以后纳税年度结转扣除。

(5) 投资者的个人工资不得在税前扣除。投资者的生计费用按每月 2 000 元扣除。

8.4.3 个人所得税税率

1．工资、薪金所得

工资、薪金所得的个人所得税税率见表 8-5。

表 8-5 个人所得税税率表一

级　数	全月应纳税所得额		税率（%）	速算扣除数
	含税级距	不含税级距		
1	不超过 1 500 元的	不超过 1 455 元的	3	0
2	超过 1 500 元至 4 500 元的部分	超过 1 455 元至 4 155 元的部分	10	105
3	超过 4 500 元至 9 000 元的部分	超过 4 155 元至 7 755 元的部分	20	555
4	超过 9 000 元至 35 000 元的部分	超过 7 755 元至 27 255 元的部分	25	1 005
5	超过 35 000 元至 55 000 元的部分	超过 27 255 元至 41 255 元的部分	30	2 755
6	超过 55 000 元至 80 000 元的部分	超过 41 255 元至 57 505 元的部分	35	5 505
7	超过 80 000 元的部分	超过 57 505 元的部分	45	13 505

说明：以每月收入额减除费用 3 500 百元以及附加减除费用后的余额。

2．个体工商户的生产、经营所得和对企事业单位的承包经营、承租经营所得

个体工商户的生产、经营所得和对企事业单位的承包经营、承租经营所得的个人所得税税率见表 8-6。

表 8-6 个人所得税税率表二

级　数	全年应纳税所得额		税率（%）	速算扣除数
	含税级距	不含税级距		
1	不超过 15 000 元的	不超过 14 250 元的	5	0
2	超过 15 000 元至 30 000 元的部分	超过 14 250 元至 27 750 元的部分	10	750
3	超过 30 000 元至 60 000 元的部分	超过 27 750 元至 51 750 元的部分	20	3 750
4	超过 60 000 元至 100 000 元的部分	超过 51 750 元至 79 750 元的部分	30	9 750
5	超过 100 000 元的部分	超过 79 750 元的部分	35	14 750

说明：以每一纳税年度的收入总额减除成本、费用以及损失后的余额。

3．稿酬所得

稿酬所得，适用比例税率，税率为 20%，并按应纳税额减征 30%。

4．劳务报酬所得

劳务报酬所得，适用比例税率，税率为 20%。对劳务报酬所得一次收入畸高的，可以实行加成征收，具体办法由国务院规定（见表 8-7）。

表 8-7 劳务报酬所得个人所得税税率表

级　数	每次应纳税所得额	税率（%）
1	不超过 20 000 元的部分	20
2	超过 20 000～50 000 元的部分	30
3	超过 50 000 元的部分	40

说明：本表所称每次应纳税所得额。是指每次收入额减除费用 800 元（每次收入额不超过 4 000 元时）或者减除 20%的费用（每次收入额超过 4 000 元时）后的余额。

5. 其他所得

特许权使用费所得，利息、股息、红利所得，财产租赁所得，财产转让所得，偶然所得和其他所得，适用比例税率，税率为20%。

8.4.4 应纳税额的计算

应纳税额的计算方法见表8-8。

表8-8 应纳税额的计算方法

项目名称	计算方法
工资、薪金所得	应纳税额＝（每月收入额－3 500）×适用税率－速算扣除数
个体工商户的生产、经营所得	应纳税额＝应纳税所得额×适用税率－速算扣除数 或＝（全年收入总额－成本、费用以及损失）×适用税率－速算扣除数
对企事业单位的承包经营、承租经营所得	应纳税额＝应纳税所得额×适用税率－速算扣除数 或＝（纳税年度收入总额－必要费用）×适用税率－速算扣除数
劳务报酬所得	（1）每次收入不足4 000元的：＝（每次收入额－800）×20% （2）每次收入在4 000元以上的：＝每次收入额×（1－20%）×20% （3）每次收入的应纳税所得额超过20 000元的： 应纳税额＝应纳税所得额×适用税率－速算扣除数 或＝每次收入额×（1－20%）×适用税率－速算扣除数
稿酬所得	（1）每次收入不足4 000元的：＝（每次收入额－800）×20%×（1－30%） （2）每次收入在4 000元以上的： 应纳税额＝每次收入额×（1－20%）×20%×（1－30%）
特许权使用费所得	（1）每次收入不足4 000元的： 应纳税额＝应纳税所得额×适用税率＝（每次收入额－800）×20% （2）每次收入在4 000元以上的： 应纳税额＝应纳税所得额×适用税率＝每次收入额×（1－20%）×20%
利息、股息、红利所得	应纳税额＝应纳税所得额×适用税率＝每次收入额×20%
财产租赁所得	财产租赁所得一般以个人每次取得的收入，定额或定率减除规定费用后的余额为应纳税所得额。每次收入不超过4 000元，定额减除费用800元；每次收入在4 000元以上，定率减除20%的费用。财产租赁所得以1个月内取得的收入为一次。
财产转让所得	一般情况下财产转让所得应纳税额＝应纳税所得额×适用税率＝（收入总额－财产原值－合理税费）×20%
偶然所得	应纳税额＝应纳税所得额×适用税率＝每次收入额×20%

8.4.5 税收优惠

税收优惠见表8-9。

表8-9 税收优惠表

免纳个人所得税	经批准可以减征个人所得税
省级人民政府、国务院部委和中国人民解放军军以上单位，以及外国组织、国际组织颁发的科学、教育、技术、文化、卫生、体育、环境保护等方面的奖金	残疾、孤老人员和烈属的所得

续表

免纳个人所得税	经批准可以减征个人所得税
国债和国家发行的金融债券利息	因严重自然灾害造成重大损失的
按照国家统一规定发给的补贴、津贴	其他经国务院财政部门批准减税的
福利费、抚恤金、救济金	
保险赔款	
军人的转业费、复员费	
按照国家统一规定发给干部、职工的安家费、退职费、退休工资、离休工资、离休生活补助费	
依照我国有关法律规定应予免税的各国驻华使馆、领事馆的外交代表、领事官员和其他人员的所得	
中国政府参加的国际公约、签订的协议中规定免税的所得	
经国务院财政部门批准免税的所得	

【税务代理案例】

张某初中毕业后即在A市开了一家个体餐馆。由于地处黄金地段，再加上张某灵活经营，饭馆多年来一直处于盈利状态，2012年，全年取得以下收入：①餐馆营业收入18万元；②出租房屋，全年租金收入2.4万元；③张某与A市某一食品加工企业联营，当年分得利润为2万元；④张某每月工资收入0.25万元。全年发生的费用共11.8万元，上缴各种税费1.2万元。张某全年的应纳税额为多少呢?

【案例解析】张某经营的个体餐馆所取得的餐馆营业收入不应扣除工资；出租房屋收入、投资联营分得利润收入以及工资收入应当分项核算应纳税额，因此，张某上年度应纳个人所得税为：

餐馆收入应纳税额＝（180 000－118 000－12 000）×30%－4 250＝10 750（元）

租金收入应纳税额＝（2 000－800）×20%×12＝2 880（元）

投资联营分得利润应纳税额＝20 000×20%＝4 000（元）

8.5 个人所得税的纳税申报代理实务

代理个人所得税纳税申报的关键问题，是能否全面、真实地反映纳税义务人的应税所得。由于个人收入结算与支付具有一定的隐蔽性，会给代理申报带来一定的困难和风险。为确保办税质量，在界定纳税义务人性质的前提下，注册税务师应严格按规范程序操作。《个人所得税自行纳税申报办法（试行）》（以下简称《办法》）对此有着详细的规定。

（1）个人所得税征收方式：个人所得税征收方式主要有两种，一是代扣代缴，二是自行纳税申报。此外，一些地方为了提高征管效率，方便纳税人，对个别应税所得项目，采取了委托代征的方式。

（2）自行纳税申报：自行纳税申报分为两种，一是纳税人取得应税所得后，根据取得的应纳税所得项目、数额，计算出应纳的个人所得税额，并在税法规定的申报期内，如实填写相应的个人所得税纳税申报表，报送税务机关，申报缴纳个人所得税。二是纳税人在一个纳税年度终了后，根据全年取得的应纳税所得项目、数额、应纳税额、已纳税额、应补退税额，在税法规定的申报期限内，如实填写相应的个人所得税申报表，并报送税务机关、办理相应事项。

【知识链接】

需要自行向税务机关办理纳税申报的有：①年所得 12 万元以上的；②从中国境内两处或两处以上取得工资、薪金所得的；③从中国境内取得所得的；④取得应税所得，没有扣缴义务的人；⑤国务院规定的其他情形。以上 5 种情形中，第 1 种和 5 种情形是修订后的个人所得税法新增加的规定。其中，“国务院规定的其他情形”没有具体明确是哪种情形，因此，《办法》规定，这种情形的纳税申报具体办法，根据国务院明确的具体情形另行做出规定。

（3）申报地点：纳税人的纳税申报地点确定后，一般不得随意变更，因特殊情况变更纳税申报地点的，须报原主管税务机关备案。

（4）延期申报：根据《税收征管法实施细则》第三十七条的规定，纳税人按照规定的期限办理纳税申报或者报送代扣代缴、代收代缴报告表确实困难、需要延期的，应当在规定那个的期限内向主管税务机关提出书面延期申请，经税务机关批准，在核准的期限内办理。纳税人因不可抗力不能按期办理纳税申报或者报送代扣代缴、代收代缴税款报告的，可以延期办理；但是，应当在不可抗力情形消除后立即向主管税务机关报告。税务机关应当查明事实，予以核准。

税务机关受理中介机构、扣缴义务人或其他个人代为办理的自行申报时，应审核纳税人与受托人签订的委托申报协议（合同），凡不能提供委托申报协议（合同）的，不得受理其代为办理的自行申报。

（5）个人所得税申报表主要设置了 7 类 9 种，其中较常用的为 7 种：个人所得税纳税申报表（表 8-10）；个人所得税纳税申报表（适用于年所得 12 万元以上的纳税人申报）（表 8-11）；扣缴个人所得税报告表（表 8-12）；个人独资企业和合伙企业投资者个人所得税申报表（表 8-13）；特定行业个人所得税月份申报表；特定行业个人所得税年度申报表；个体工商户所得税年度申报表。合伙企业投资者个人所得税正常申请表见表 8-14。

【特别提示】

个人所得税超过 12 万元，但平常取得的收入已经足额缴纳税款，年终是否仍需要申报：按照《个人所得税法实施条例》和《办法》的规定，如果个人在一个纳税年度内取得所得超过 12 万元，无论其平常取得各项所得时是否已足额缴纳个人所得税，或者是否已向税务机关进行了自行纳税申报，年度终了后，均应当按《办法》的有关规定主管税务机关办理纳税申报。

年所得 12 万元以上的所包括的内容：《办法》规定，年所得 12 万元以上的，是指一个纳税年度内以下 11 项所得合计达到 12 万元：“工资、薪金所得”、“个体工商户生产、经营所得”、“对企事业单位的承包经营、承租经营所得”、“劳务报酬所得”、“稿酬所得”、“特许权使用费所得”、“利息、股息、红利所得”、“财产租赁所得”、“财产转让所得”、“偶然所得”，以及“其他所得“。

申报时需报送的资料：年所得 12 万元以上的纳税人，年度纳税申报时，只需要根据一个纳税年度内的所得、应纳税额、已缴（扣）税额、抵免（扣）税额、应补、应退税额等情况，如实填写并报送《个人所得税纳税申报表（适用于年所得 12 万元以上的纳税人申报）》税务机关要求报送的其他资料。个人有效身份证件，主要有中国公民的居民身份证、华侨和外籍人员的护照、港澳台同胞的回乡证、中国人民解放军的军人身份证等。

申报日期：从 2006 年 1 月 1 日起，年所得 12 万元以上的纳税人，在纳税年度终了后 3 个月内，应当向主管税务机关办理纳税申报。

表 8-10 个人所得税纳税申报表

税款所属期：　　年　月　日至　　年　月　日　　填表日期：　　年　月　日　　金额单位：元（列至角分）

纳税人姓名		国籍或区籍		证照类型		证照号码	
抵华日期		职业		工作单位		工作地点	
在中国境内住址或有效联系地址				联系电话		邮编	

序号	所得项目	所得期间	扣缴义务人	境外工作天数起讫日期		数额	收入额			免税收入额	允许扣除的费用额	法定费用扣除额	准予扣除的捐赠额	应纳税所得额	税率	速算扣除数	应纳税额	已（扣）缴税额	抵免税额	应补退税额
				月 日	月 日		境内	境外	合计											
1						本期数														
						累计数														
2						本期数														
						累计数														
3						本期数														
						累计数														
						本期数														
						累计数														
合计						本期数														
						累计数														

纳税人或代理人声明：此纳税申报表是根据国家税收法律的规定填报的，我确定它是真实的、可靠的、完整的。

纳税人	纳税人（签章）：	代理人	代理人名称： 代理人（公章）：	经办人（签章）： 联系电话：

受理人（签章）：　　受理日期：　　年　月　日　　受理税务机关（章）：

表 8-11 个人所得税纳税申报表

（适用于年所得 12 万元以上的纳税人申报）

所得年份：　　年　　　　填表日期：　　年　　月　　日　　　　金额单位：人民币元（列至角分）

纳税人姓名		国籍（地区）		身份证照类型		身份证照号码	
任职、受雇单位		任职受雇单位税务代码		任职受雇单位所属行业		职务	
						职业	
在华天数		境内有效联系地址				境内有效联系地址邮编	
						联系电话	
此行由取得经营所得的纳税人填写	经营单位纳税人识别号					经营单位纳税人名称	

所得项目	年所得额			应纳税所得额	应纳税额	已缴（扣）税额	抵扣税额	减免税额	应补税额	应退税额	备注
	境内	境外	合计								
1. 工资、薪金所得											
2. 个体工商户的生产、经营所得											
3. 对企事业单位的承包经营、承租经营所得											
4. 劳务报酬所得											
5. 稿酬所得											
6. 特许权使用费所得											
7. 利息、股息、红利所得											
8. 财产租赁所得											
9. 财产转让所得											
其中：股票转让所得											
个人房屋转让所得											
10. 偶然所得											
11. 其他所得											
合计											

我声明，此纳税申报表是根据《中华人民共和国个人所得税法》的规定填报的，我确信它是真实的、可靠的、完整的。

纳税人（签字）：

代理人（签章）：　　　　联系电话：

税务机关受理人（签字）：　　　　税务机关受理时间：　　年　　月　　日　　　　受理申报税务机关名称（盖章）：

表 8-12 扣缴个人所得税报告表

扣缴义务人编码　　　　　　　　　　　　　　　　　　　　　　金额单位：元（列至角）

扣缴义务人名称（公章）：　　　　　　　　　　　　　　　　　填表日期：　　年　　月　　日

序号	纳税人姓名	身份证照类型	身份证照号码	国籍	所得项目	所得时间	收入额	免税收入额	允许扣除的税费	费用扣除标准	准予扣除的捐赠额	应纳税所得额	税率%	速算扣除数	应扣税额	已扣税额	备注
1	2	3	4	5	6	7	8	9	10	11	12	13	14	15	16	17	18
扣缴义务人声明		我声明：此扣缴报告表是根据国家税收法律、法规的规定填报的，我确定它是真实的、可靠的、完整的。 声明人签字：															

会计主管签字：　　　　　　负责人签字：　　　　　　　　　扣缴单位（或法定代表人）（签章）：

受理人（签章）：　　　　　受理日期：　　年　　月　　日　　受理税务机关（章）：

表 8-13 个人独资企业和合伙企业投资者个人所得税申报表

纳税人编码： 申报期： 年 月 日至 月 日 金额单位：元

投资者姓名		投资者身份证号码			
企业名称		企业税务登记证号		企业电话	
企业地址		行业类别		企业银行账号	

项目	行次	本期数	累计数	补充材料
一、收入总额	1			1．年平均职工人数 ____________人 2．工资总额 ____________元 3. 从其他企业取得的生产经营所得 （1）（分配比例 %） （2）（分配比例 %） （3）（分配比例 %） （4）（分配比例 %）
减：成本	2			
费用、税金	3			
营业外支出	4			
二、企业利润总额	5			
三、纳税调整增加额	6			
1．超过规定标准扣除的项目	7			
（1）从业人员工资支出	8			
（2）职工福利费	9			
（3）职工教育经费	10			
（4）工会经费	11			
（5）利息支出	12			
（6）广告费	13			
（7）业务招待费	14			
（8）教育和公益事业捐赠	15			
（9）提取折旧费	16			
（10）无形资产摊销	17			
（11）其他	18			
2．不允许扣除的项目	19			
（1）资本性支出	20			
（2）无形资产受让、开发支出	21			
（3）违法经营罚款和被没收财物损失	22			
（4）税收滞纳金、罚金、罚款	23			
（5）灾害事故损失赔偿	24			
（6）非教育和公益事业捐赠	25			
（7）各种赞助支出	26			
（8）计提的各种准备金	27			
（9）投资者的工资	28			
（10）与收入无关的支出	29			
3．应税收益项目	30			
（1）少计应税收益	31			
（2）未计应税收益	32			填表人签字：
四、纳税调整减少额	33			
1．弥补亏损	34			
2．国库券利息收入	35			纳税人签字：

续表

3. 投资者标准费用扣除额	36			（本栏目由税务机关填写） 收到日期： 接受人： 审核日期： 审核记录： 主管税务机关盖章 年　月　日 主管税务官员签字：
4. 其他	37			
五、经纳税调整后的经营生产所得	38			
六、应纳税所得额（分配比例%）	39			
七、适用税率	40			
八、应纳所得税额	41			
减：减、免所得税额	42			
九、应缴入库所得税额	43			
加：期初未缴所得税额	44			
减：实际已缴纳所得税额	45			
十、期末应补（退）所得税额	46			

表 8-14　合伙企业投资者个人所得税汇总申报表

纳税人编码：　　　　　　申报期：　　　年　　月　　日至　　月　　日　　　　　　金额单位：元

投资者姓名		投资者身份证号码	
投资者经常居住地地址		投资者电话	
项目	行次	数额	补充资料
一、应汇总申报的应纳税所得额	1		填表人签字： 纳税人签字：
1.	2		
2.	3		
3.	4		
4.	5		
5.	6		（本栏目由税务机关填写） 收到日期： 接受人： 审核日期： 审核记录： 主管税务机关盖章 年　月　日 主管税务官员签字：
6.	7		
二、适用税率	8		
三、应纳所得税额	9		
减：减、免所得税额	10		
四、应缴入库所得税额	11		
加：期初未缴所得税额	12		
减：实际已缴纳所得税额	13		
五、期末应补（退）所得税额	14		

说明：本表只适用于投资兴办两个或两个以上企业。并且其中含有合伙企业的投资者的年度汇总申报纳税。

8.6　个人所得税的纳税审核代理实务

个人所得税是对居民和非居民取得的个人所得征收的一种税，征税时对各项不同所得采取了不同的计税方法。所以，对个人所得税的计税依据，应按不同项目分别审核。在日常代理业务中，涉及业务比较普遍的是工资、薪金所得，劳务报酬所得，利息、股息、红利所得。

8.6.1 工资、薪金所得审核要点

工资、薪金所得是通过任职和受雇形式取得的个人收入，判定某项所得是属于工资薪金所得还是属于劳务报酬所得，可从纳税人与任职单位所存在的雇佣或非雇佣关系方面，判定是否属于非独立劳务，如存在雇佣关系就属于非独立劳务，应按“工资薪金所得”税目征税。否则应按“劳务报酬所得”税目征税。

1．工资、薪金收入的审核

中方个人和外籍个人工资、薪金审核要点见表8-15。

表8-15 中方个人和外籍个人工资、薪金审核要点

项　目	审核要点
中方个人工资、薪金收入的审核要点	①审核代扣代缴义务人代扣的税款是否及时申报缴纳；②对没有履行税法规定代扣代缴个人所得税的审核；③审核纳税人一个月内从两个或两个以上单位或个人处取得工资薪金所得，或者取得两次或两次以上的工资薪金是否按规定合并计算纳税，有无分别计算而少纳税款的问题；④对纳税人或扣缴义务人代扣代缴税款情况检查时还应检查有无扩大减除费用标准或分次多扣费用的情况；有无虚列人数，降低工资、薪金所得水平的现象
外籍个人（包括港澳台同胞）工资、薪金收入的审核要点	①外籍个人在境内担任企业董事或高层管理职务，在境内连续或累计居住超过90天，或在税收协定规定期间在境内连续累计居住超过183天但不满一年的个人，是否对以前月份来源于中国境内而由境外支付的所得一并申报纳税；②外商投资企业的董事长同时担任企业直接管理职务，应核查其是否分别就董事长身份取得董事费和以雇员身份取得工资薪金所得缴纳个人所得税；③企业以实物向雇员提供福利，如向外籍雇员提供的汽车、住房等个人消费品，应根据不同情况作不同的纳税处理

2．税前扣除额审核要点

（1）根据纳税人“工资结算单”对照个人所得税计算表，逐项核实扣除项目，如有无以午餐费的名义向职工发放补贴不计入工资收入而作为税前扣除的。

（2）纳税人从两个或两个以上的单位和个人处取得工资、薪金所得应根据“个人所得税月份申报表”和“扣缴个人所得税报告表”审核有无重复计算扣除问题。特别是对外籍个人在境内担任高层管理职务，居住时间超过183天，对以前月份境外收入一并纳税时，是否有重复扣除的问题。

3．应纳税所得额的审核要点

（1）核查个人所得税的计算方法。对于企业为个人负担税款的，应核查是否按规定将不含税工资薪金收入换算成含税所得计算纳税；个人一次取得数月奖金或年终加薪、劳动分红，是否单独作为一个月的工资薪金所得计算所纳税款，有无重复扣除费用问题。

（2）核查计算个人所得税适用的税率和速算扣除数是否正确。

（3）对于居民纳税人来源于中国境外的应税所得，按照该国税法规定实际已缴纳的个人所得税额，核查是否持有完税凭证原件，扣除额是否超过按税法规定计算的扣除限额。

8.6.2 其他应税所得审核

其他应税所得，包括承包承租经营所得，劳务报酬所得，特许权使用费所得，财产租赁、转让所得，利息、股息、红利所得，由于税务代理涉及较多的是劳务报酬所得和利息、股息、红利所得，故摘要阐述。

1．劳务报酬所得审核要点

企业向个人支付劳务报酬，一般是到税务机关代开“临时经营发票”，首先应审核企业取得发票是否合法，是否按规定计算纳税。纳税人为个人负担税款时，应审核是否将不含税的劳务报酬收入换算成含税收入。

2．利息、股息、红利所得审核要点

1）企业向个人支付利息的审核

根据“财务费用”明细账借方发生额、“其他应付款”明细账贷方等有关凭证，了解企业是否有职工个人集资，核查企业支付集资利息费用，对于支付的集资是否按规定代扣代缴税款，企业为个人负担税款的是否将不含税的利息收入换算成含税的收入纳税，对职工个人出资交纳的风险抵押金利息收入是否按利息所得处理。

2）企业向个人支付股息、红利的审核

根据企业“利润分配——应付利润”明细账及有关原始凭证，审核支付对象有无个人，对于外国投资者从企业取得的股息（利润）、红利暂免征收个人所得税。对于中国公民取得的股息、红利应按规定纳税。

3．对捐赠扣除计税的审核要点

（1）审核纳税人的公益性捐赠是否通过了中国境内的非营利性的社会团体、国家机关。税法规定，只有通过社会团体、国家机关的捐赠才允许从应纳税所得额中扣除。未经过上述机关、团体的捐赠，即由纳税人直接向受益人的捐赠不得扣除。

【知识链接】

社会团体，包括中国青少年发展基金会、希望工程基金会、宋庆龄基金会、减灾委员会、中国红十字会、中国残疾人联合会、全国老年基金会、老区促进会，以及经民政部门批准成立的其他非营利性的公益性组织。

（2）审核捐赠款是否用于教育事业、其他公益事业以及遭受自然灾害的地区或贫困地区，捐赠款是否超过允许扣除的比例。不符合以上条件的，不予在税前扣除。防止纳税人利用公益性捐赠扣除项目少缴纳税款。

（3）纳税人通过社会团体、国家机关的公益性捐赠超过扣除限额的部分，应由纳税人自行负担，不得以任何形式抵减税款。

【税务代理案例】

赵某受聘于一家财务咨询服务公司，每月领取税后工资 3 600 元，公司每月按规定代缴其个人所得税。

(1) 2012 年 2 月 1 日，任职 8 年的赵某与公司解除了聘用合同，取得了一次性补偿金 100 000 元（该公司所在地上年度职工平均工资为 20 000 元）。李某认为，自己取得的上述补偿金为补偿性质的收入，不应当缴纳个人所得税。

(2) 2012 年 6 月 8 日，赵某取得财务咨询报酬 50 000 元，将其中 16 000 元通过国家机关捐赠给受灾地区，不考虑其他相关税费，李某应缴纳的个人所得税是（50 000－16 000）×（1－20%）×20%＝5 440 元。

(3) 6 月 1 日－12 月 31 日将自有住房按市场价格出租给个人居住，月租金 6 000 元，赵某认为应纳的个人所得税是[6 000×（1－20%）×20%]×7＝6 720 元（不考虑其他税费）。

(4) 6 月 20 日赵某购入某企业债券 40 000 份，每份的买入价格 4.3 元，支付有关税费 645 元，12 月 20 日转让其中的20 000份，每份转让价格5.1元，转让时支付有关税费383元，赵某认为取得的转入收入为20 000×5.1－383＝101 617元，支付购进价款是40 000×4.3－645＝171 355元，没有收益，所以不用缴纳个人所得税。

(5) 2012年8月与一家证券交易所签订期限为4个月的劳务合同，合同约定赵某自9月起每月为该交易所的股民讲课4次，每次报酬1 000元，赵某认为每月应当缴纳个人所得税为（1 000－800）×20%×4＝160（元）。

如果你是赵某委托的注册税务师，根据上述情况，结合个人所得税法的规定，分项分析赵某自己计算的个人所得税是否有误，并说明理由，如果赵某计算的个人所得税有误，请分项计算出正确的应纳税额。

【案例解析】

(1) 赵某的理解有误。根据税法规定，个人解除劳务合同取得的一次性经济补偿金，如果在当地上年职工平均工资的三倍数额以内的部分，免征个人所得税；如果是超过了三倍数额部分的，应视为一次取得数月的工资、薪金收入，允许在一定期限内平均计算。李某取得的一次性经济补偿金是100 000元，高于上年职工平均工资（20 000元）的三倍，对于超过的部分，应计算缴纳个人所得税。

应缴纳的个人所得税＝{[（100 000－20 000×3）÷8－2 000]×15%－125}×8＝2 600（元）

(2) 赵某的计算有误。按照个人所得税法的规定，个人取得劳务报酬，如果应纳税所得额超过了20 000元但没有超过50 000元的，应对超过部分加征50%的税款，所以赵某计算中适用的税率有误。

捐赠扣除限额＝50 000×（1－20%）×30%＝12 000（元），实际捐赠16 000元，应按12 000元在税前扣除。

应缴纳的个人所得税＝[50 000×（1－20%）－12 000]×30%－2 000＝6 400（元）

(3) 赵某计算有误。按照规定个人按照市场价格出租的居住用房，应按10%计算个人所得税。

应缴纳的个人所得税＝6 000×（1－20%）×10%×7＝3 360（元）

(4) 赵某的理解有误。按照规定个人买卖债券，应按照财产转让所得缴纳个人所得税，计算个人出售债券收益时，扣除的成本应为出售的债券所对应的成本，而不是全部债券的成本。

赵某出售债券取得的收益＝20 000×（5.1－4.3）－645÷2－383＝15 294.50（元）

应缴纳的个人所得税＝15 294.50×20%＝3 058.90元。

(5) 赵某计算有误。个人取得的劳务报酬，如果属于同一事项连续取得的收入，应以1个月内取得的收入为1次计算应纳的个人所得税。

每月应纳的个人所得税＝1 000×4×（1－20%）×20%＝640（元）

全年应纳个人所得税＝640×4＝2 560（元）

【小知识】

个人所得税捐赠扣除详规

个人将其所得通过中国境内的社会团体、国家机关向教育和其他社会公益事业以及遭受严重自然灾害地区、贫困地区的捐赠，捐赠额未超过纳税义务人申报的应纳税所得额30%的部分，可以从其个人所得税应纳税所得额中扣除。而个人通过非营利性的社会团体和国家机关向红十字事业、农村义务教育、公益性青少年活动场所、福利性老年服务机构、非关联的科研机构和高等学校开发新产品、新技术、新工艺所发生研究开发经费（偶然所得、其他所得除外）的捐赠，准予从其个人所得税应纳税所得额中全额扣除。

个人对外捐赠允许按照应纳税所得额的全额或者一定比例进行扣除，如果实际捐赠额超过当期可以抵扣的捐赠限额，除文件特殊规定外，对超过部分，是不能结转到下期结转抵扣的。

个人所得税实行分类所得税制，个人取得的所得分为工资（薪金）所得、生产经营所得、承包（承租）经营所得、劳务报酬所得、稿酬所得、特许权使用费所得、利息（股息、红利）所得、财产租赁所得、财产转让所得、偶然所得和经国务院财政部门确定征税的其他所得11类，分别适用不同的费用扣除规定、不同的税率和不同的计税方法。税法规定，个人将某个项目所得用于捐赠的，则对应该所得项目的应纳税所得额，按限额扣除捐赠款项，然后按照适用税率计算缴纳个人所得税，而不能在用于捐赠的所得项目以外的其他所得项目中扣除捐赠额。

除有税务文件特殊规定外，对于通过公益性社会团体发生的公益性捐赠支出，企业或个人应提供省级以上（含省级）财政部门印制并加盖接受捐赠单位印章的公益性捐赠票据，或加盖接受捐赠单位印章的《非税收入一般缴款书》收据联，方可按规定进行税前扣除。

本章小结

企业所得税年度纳税申报表的格式、内容，企业所得税申报表计算填报方法，企业纳税申报操作规范。

代理个人所得税纳税申报操作规范。

工薪所得，劳务报酬所得，承包经营所得，个体工商户生产经营所得，利息、股息、红利等所得代理纳税申报的操作要点。

企业所得税成本、费用、税金、损失、投资收益、营业外收入代理审核操作要点。

会计所得调整为应税所得审核的内容、方法；应缴所得税的审核要点。

代理个人所得税工薪所得、劳务报酬所得、利息、股息、红利等所得纳税审核操作要点，特别是代理处籍个人境内境外所得应纳税额审核的基本方法。

职业能力训练

一、单项选择题

1. 某企业 2012 年“营业外支出——罚款”发生额 50 万元，分别为：税务机关税款滞纳金 5 万元，工商局不正当竞争罚款 10 万元，环保局环境污染罚款 10 万元，银行罚息 10 万元，延期支付货款的罚息 5 万元，汽车闯红灯等交通罚款 0.2 万元，经济业务保证金罚款 4.8 万元，则该企业税前可以扣除的罚款支出是（　　）万元。

A．50　　B．35

C．24.80　　D．19.80

2. 某企业 2012 年取得国债利息收入 10 万元，国债转让收益 120 万元，股权转让净收益 200 万元，股票转让净收益 20 万元，则企业所得税纳税申报表中“投资收益”中的金额应为（　　）万元。

A．10　　B．130

C．220　　D．350

3. 企业所得税法中规定，纳税人取得境外投资收益，对在境外实际缴纳的税额，准予在汇总纳税时，从其应纳税额中抵免。根据此规定，下列各业务中处理正确的是（　　）。

A．在 A 国投资所得 300 万元人民币，按 A 国规定征税 75 万元，那么这 75 万元可以全部抵免

B．在 B 国投资所得 300 万元人民币，按 B 国规定应当征税 75 万元，但被投资企业享受减征优惠，实际征收 45 万元，那么可以抵免的税额是 75 万元（该国和我国没有签订双边税收协定）

C．在 C 国投资所得 300 万元人民币，按 C 国规定应当征税 60 万元，那么可以抵免的税额是 75 万元

D．在 D 国投资所得 300 万元人民币，按 C 国规定应当征税 90 万元，那么可以抵免的税额是 90 万元

4．某工业企业增值税一般纳税人，企业所涉及货物及材料增值税率均为17%。2012年销售产品1 200万元，出租设备的收入为200万元，当年取得国债利息收入为5万元，销售边角料，取得收入20万元，企业会计账务处理为：

借：银行存款　　20

　贷：生产成本　　20

注册税务师对其2012年所得税纳税申报情况审核时，当期应当确认的应税收入为（　　）万元。

A．1 220　　B．1 200

C．1 417.09　　D．1 234.8

5．注册税务师审核企业的材料盘盈、盘亏，应当通过对（　　）明细账的审核来实现。

A．以前年度损益调整　　B．营业外支出——流动资产损失

C．营业外收入——流动资产收益　　D．待处理财产损益——待处理流动资产损益

6．企业发生的公益救济性捐赠的扣除限额的计算，应以《企业所得税纳税申报表》主表中的（　　）作为计算扣除的基数。

A．第10行“营业利润”　　B．第13行“利润总额”

C．第23行“纳税调整后所得”　　D．第25行“应纳税所得额”

7．张某（中国公民）由一中方企业于2012年10月派往国内一外商投资企业工作，派遣单位和雇佣单位每月分别支付其工资1 000元和8 000元，按派出单位与个人签订的协议，张某每月从外方取得的工资应向派出单位缴纳2 000元，则张某11月应当缴纳的个人所得税税额为（　　）元。

A．145　　B．70

C．350　　D．245

8．某高校陈教授2012年出版一本图书，取得出版社支付的稿酬50 000元，后因销量很好加印数册，出版社又支付稿酬30 000元。增量销售后读者反响较大，于是陈教授应邀将此书以英文译著后再次出版，取得出版社支付的报酬60 000元。则陈教授出书事项应缴纳的个人所得税为（　　）元。

A．8 960　　B．6 720

C．12 320　　D．15 680

9．下列所得项目中以收入全额为个人所得税应纳税所得额的是（　　）。

A．财产转让所得　　B．红利、利息所得

C．工资、薪金所得　　D．劳务报酬所得

10．核查纳税义务人劳务报酬所得支付明细表，应当通过审核外籍个人来华提供劳务服务与派遣公司的关系来进行判断，如果是非独立劳务的应当按照（　　）税目计税，如果是独立劳动的，应当按照（　　）税目计税。

A．劳务报酬　工资薪金　　B．工资薪金　劳务报酬

C．工资薪金　特许权使用费　　D．特许权使用费　劳务报酬

二、多项选择题

1．某商业企业填列2012年《企业所得税年度纳税申报表（A类）》表时，就以下事项进行相应的纳税处理，其中正确的有（　　）。

A．企业发生的诉讼费不得在税前扣除，计入营业外支出

B．发生的研究开发费用 100 万元，因为可以加计扣除，所以，计入第 5 行“管理费用”150 万元

C．销售部门折旧费 50 万元计入第 4 行“销售费用”

D．销售商品发生的包装费 30 万元计入第 4 行“销售费用”

E．商品购入时发生的正常损失计入第 4 行“销售费用”

2．西部地区某内资企业（国家鼓励类产业）2012 年生产经营所得 1 500 万元，转让技术所有权所得 360 万元，国债利息收入 60 万元。成本费用合计 1 000 万元，其中广告费 180 万元、业务宣传费 60 万元，“营业外支出”账户中被没收财产损失 20 万元，通过公益性社会团体向希望工程捐款 30 万元。该企业填列《企业所得税年度纳税申报表（A 类）》时，处理正确的有（　　）。

A．第 1 行“营业收入”为 1 500 万元

B．第 12 行“营业外支出”为 50 万元

C．第 14 行“纳税调整增加额”35 万元

D．第 15 行“纳税调整减少额”420 万元

E．第 27 行“应纳所得税额”120 万元

3．对于外商投资企业所得税纳税情况审核，以下费用可以在税前扣除的有（　　）。

A．企业分支机构之间支付的设备租金 200 万元

B．企业当年发生坏账损失 5 万元

C．企业实际发生职工福利费达到工资比例的 10%

D．给分支机构的拨款

E．企业向银行借入流动资金的利息

4．下列各方构成关联方的有（　　）。

A．一方的购买或销售主要由另一方控制

B．一方与另一方之间借贷资金占一方实收资本 60%

C．一方半数以上的高级管理人员同时担任另一方的高级管理人员

D．一方接受或提供劳务主要由另一方控制

E．甲公司与持其股份 2%的股东

5．下列属于转让定价调查应重点选择的企业有（　　）。

A．长期亏损的企业

B．低于同行业利润水平的企业

C．关联交易数额较大或类型较多的企业

D．与避税港关联方发生业务往来的企业

E．按规定进行关联申报或准备同期资料的企业

6．“营业外收入”审核的主要内容和办法有（　　）。

A．有无将属于“营业外收入”账户的项目，长期挂在“其他应付款”账户

B．有无将属于“营业外收入”账户的项目，作为“应付账款”核算

C．有无将属于“营业外收入”账户的项目，作为“应付职工薪酬”核算

D．有无将固定资产处置净收益，长期挂在“固定资产清理”账户

E．有无将“营业外收入”直接转入当期利润核算

7. 某工业企业2012年有如下账目：销售产品一批，取得收入800万元，成本500万元；以成本为500万元的产品与其他企业对外投资设立公司；将成本为20万元的产品发放给职工；将成本为50万元的产品用于与其他单位交换原材料；与甲公司协商，本企业以售价为300万元、成本为200万元的产品抵偿应付债务300万元；对外转让旧设备一台，转让收入150万元，设备净值为150万元，另依法缴纳相关税费10万元。产品适用增值税税率17%。则企业在填列企业所得税年度纳税申报表附表二（1）《成本费用明细表》时，下面处理正确的有（　　）。

A. 第1行“销售（营业）成本合计”填列1 270万元

B. 第1行“销售（营业）成本合计”填列1 420万元

C. 第16行“营业外支出”填列10万元

D. 第18行“处置固定资产净损失” 填列10万元

E. 第20行“债务重组损失”填列100万元

8. 以下关于主营业务成本审核说法正确的有（　　）。

A. 主营业务成本＝已销产品的数量×单位制造成本

B. 主营业务成本是企业在一定时期内（如一个纳税年度）已实现销售的产品制造成本

C. 主营业务成本＝已生产产品的数量×单位制造成本

D. 对主营业务成本审核应关注的相关项目包括：材料费用的审核、产品制造成本的审核、营业税金及附加的审核等

E. 主营业务成本＝（期末库存商品数量－期初库存商品数量）×单位制造成本

9. 个人所得税法中规定，下列属于居民纳税人的有（　　）。

A. 在中国境内无住所且不居住，但有来源于中国境内所得的居民

B. 在中国境内无住所的居民

C. 在中国境内无住所的居民，但居住时间满一个纳税年度

D. 在中国境内有住所，但目前未居住的居民

E. 在中国境内无住所且不居住，但有来源于中国境外所得的居民

10. 注册税务师在代理个体工商户个人所得税纳税申报时，应当注意的不得在税前扣除的项目有（　　）。

A. 经营租赁方式租入的固定资产的折旧

B. 新产品开发费用

C. 计提的坏账准备

D. 投资者的家庭支出

E. 各种赞助支出

三、简答题

甲外商投资企业2012年度“投资收益”账户贷方发生额1 000万元，其中：在深圳投资设立的子公司为高新技术企业，当年分回利润100万元；国债利息收入100万元；金融债券转让收益400万元；美国投资子公司分回利润200万元，在美国适用税率20%；将持有的中国境内某公司的股票转让，取得收益200万元。

假设您是注册税务师，根据甲外商投资企业的情况，分别向企业负责人说明，对于不同投资收益的税务处理，并计算出该企业投资收益应纳的企业所得税。

四、综合题

1. 某物流公司，2006年1月成立，注册资本5 000万元。企业全体职工人数计100人。2011年度相关生产经营业务如下。

（1）当年公路运输收入 700 万元，全年出租仓库收入 80 万元，对外打字复印收入 20 万元。国债利息收入 10 万元、取得对境内非上市公司的投资收益 46.8 万元。

（2）为运输收入发生汽车维修费、汽油费，均取得增值税专用发票，专用发票上注明的金额为 250 万元。

年初购入打印纸取得普通发票，发票上注明的 5 万元，当年全部使用。

仓库原值为 500 万元，为股东投入的固定资产，经企业预计的残值率为 10%，税法上按最低折旧年限计算折旧。为 2012 年出租，企业于 2011 年对仓库进行大修理发生支出 280 万元计入长期待摊费用，预计尚可使用年限为 7 年（与税务机关认定的摊销年限相同），上述大修理于 2011 年 12 月完工。

（3）全年发生财务费用 50 万元，其中包含当年 3 月主管税务机关对其 2010 年企业所得税纳税检查时，依法征收的税款滞纳金 10 万元。

（4）管理费用共计 50 万元，其中列支业务招待费支出 25 万元，企业研究开发费用 20 万元。管理费用中列支 1 月购入税控收款机 10 台的成本 3.51 万元，购买税控收款机取得普通发票上注明金额 35 100 元，已经经过主管税务机关的审核批准。

（5）销售费用共计 40 万元中列支广告费、业务宣传费 30 万元。

（6）营业外支出共计列支通过青少年基金发展会向农村义务教育捐款 10 万元，税收罚款支出 20 万元。

（7）全年人平均工资 1.2 万元，经认定为合理支出，已计入相关成本费用中，并实际发放。

（8）上年广告费超支 20 万元。

要求：请您作为注册税务师，对企业 2012 年经营业务进行审核，扼要指出存在的影响纳税调整的问题，并计算应缴的企业所得税。

2. 某外资企业 2007 年 9 月在我国依法设立，为增值税一般纳税人，经营期限 15 年。2012 年度有关经营情况如下。

（1）2012 年 12 月购进一台安全生产专用设备，取得普通发票上注明价款 140.4 万元。

（2）全年外购原材料共计金额 900 万元，取得税控专用发票上注明的税额 153 万元，并通过主管税务机关认证，支付购进原材料的运输费用共计 30 万元，并取得运输发票。

（3）与乙企业约定购买乙企业土地使用权，合同约定乙企业应于 2012 年 1 月份交付 1 200 平方米的土地。除此之外，经有关部门批准，企业在 2011 年 12 月份新征用非耕地 6 000 平方米。乙企业原使用土地所处地段的城镇土地使用税年税额为 4 元/平方米，企业新征土地所处地段的城镇土地使用税年税额为 2 元/平方米。

（4）全年销售产品开具税控增值税专用发票取得不含税收入 2 800 万元，开具普通发票取得含税收入 351 万元。

（5）产品销售成本 1 500 万元。

（6）发生销售费用 560 万元。

（7）发生财务费用 200 万元，其中企业于 2008 年 1 月向个人借款的 300 万元，借款期限 4 年，合同约定的利率为 6%，每年支付利息，企业以个人开具的收条和借款协议作为原始凭证入账。

（8）发生管理费用 593 万元（不包括城镇土地使用税），其中业务招待费 25 万元，补缴上年的所得税税款 9 万元，企业违反环境保护被罚款 400 万元。

（9）营业外支出反映业务：通过红十字会向南方灾区捐资 30 万元；由于管理不善，产品被盗，损失的产品生产成本50万元，经测算，产品成本中外购原材料的比重占60%，外购材料的增值税税率为17%，已经获得税务机关的批文。

（10）已在成本费用中列支的工资总额500万元，实际发生了福利费105万元，上缴工会经费10万元并取得《工会经费收入专用收据》，职工教育经费支出20万元。

（11）投资收益共计54万元，其中去年购买的金融债券，今年利息收入4万元；国债利息收入50万元。

其他资料：①2012年10月，企业组织员工经过非营利的社会团体为红十字会捐赠，其中公司10名高管（中国居民）将工资的50%用于捐赠，其中董事长月薪为2万元，另外9名副总月薪为1.8万元。②经税务机关核定，工资支出为合理支出；③企业生产成本稳定，期初和期末库存均为18万元。

要求：①作为注册税务师代为计算企业的所得税，并阐述税前扣除政策；②分析2012年10月企业应扣缴的个人所得税，并阐述相关政策。

第 9 章

其他税种纳税申报代理实务

QITA SHUIZHONG NASHUI SHENBAO DAILI SHIWU

【学习目标】

知识目标：熟悉代理印花税纳税申报操作规范；了解代理土地增值税纳税申报操作规范；了解代理房产税纳税申报操作规范；掌握房产税自用房产原值和计税依据代理审查操作要点；掌握出租房产租金收入代理审查的基本方法；了解代理城镇土地使用税纳税申报操作规范；了解代理资源税纳税人、扣缴义务人纳税申报操作规范；了解代理审查资源税的基本方法。

能力目标：通过本章理论知识的学习，能够熟练掌握印花税、土地增值税、房产税、城镇土地使用税及资源税的纳税申报表计算填报方法及其纳税审核操作要点。

【导入案例】

甲企业属于粮食购销企业，由于城镇规划，拆迁原仓库后，有近两亩的空地，办理有关手续后，甲企业决定与建筑商乙企业联合开发，甲企业出土地，建筑商乙企业出资金，建成后的房产50%归甲企业，50%归建筑商乙企业，甲企业所得的50%的房产准备全部出售。

【思考】上述业务除按规定缴纳企业所得税外甲企业还应缴纳哪些税费？

9.1 印花税、土地增值税纳税申报及纳税审核

9.1.1 印花税纳税申报及纳税审核

1．印花税的基本规定

印花税是对经济活动和经济交往中书立、使用、领受的具有法律效力的凭证所征收的一种税。

1）征税对象

经济合同，产权转移书据，营业账簿，权利、许可证照和经财政部门确认征税的其他凭证。

（1）产权转移书据——财产所有权、版权、商标专用权、专利权、专有技术使用权共5项产权的转移书据。

（2）权利、许可证照：包括政府部门发给的房屋产权证、工商营业执照、商标注册证、专利证、土地使用证等。

【例9-1】注册税务师审查产权转移书据、权利、许可证照的计税情况，应重点对（　　）是否按规定贴花进行检查。

A．房屋产权证、工商营业执照、卫生许可证、营运许可证

B．土地使用证、专利证、特殊行业经营许可证、房屋产权证

C．商标注册证、税务登记证、土地使用证、营运许可证

D．房屋产权证、工商营业执照、商标注册证、专利证、土地使用证

2）印花税的纳税人

在中国境内书立、领受、使用税法所列举凭证的单位和个人。主要包括：立合同人、立账簿人、立据人、领受人和使用人等。

【特别提示】

签订合同的各方当事人都是印花税的纳税人，但不包括合同的担保人、证人和鉴定人。

【例 9-2】2012 年 3 月，公民李某在市中心购置一套住房，共计 200 万元，1 年后将这套住房以 240 万元的价格转让给公民万某，在房地产交易过程中李某应缴纳（　　）税款。

A．印花税　　B．契税　　C．营业税

D．个人所得税　　E．土地增值税

2．印花税的计算方法

印花税实行从价定率和从量定额两种征收办法，其公式为：

$$应纳税额=计税金额\times税率$$

或

$$应纳税额=固定税额\times应税凭证件数$$

企业应税凭证所记载的金额为外币的，应按凭证书立、领受当日国家外汇管理局公布的外汇牌价折合为人民币，计算应纳税额。

【例 9-3】按《中华人民共和国印花税暂行条例》规定，对一些在签订时无法确定计税金额的合同，目前采用的纳税办法是：签订时，先按每份合同定额贴花 5 元；结算时，再按实际金额和适用税率计算（　　）。

A．减半贴花　　B．全额贴花　　C．补贴印花　　D．加倍贴花

【税务代理案例】

某企业 2012 年 2 月开业，领受房屋产权证、工商营业执照、商标注册证、土地使用证各一件，与其他企业订立转移专有技术使用权书据一件，所载金额 80 万元；订立产品购销合同两件，所载金额为 140 万元；订立借款合同一份，所载金额为 40 万元。此外，企业的营业账簿中，“实收资本”科目载有资金 200 万元，其他账簿 5 本。

【案例解析】该企业 2 月份应计算缴纳印花税如下所示。

（1）权利、许可证照应纳税额：

$$应纳税额=4\times5=20（元）$$

（2）产权转移数据应纳税额：

$$应纳税额:800\ 000\times0.000\ 5=400（元）$$

（3）购销合同应纳税额：

$$应纳税额=1\ 400\ 000\times0.000\ 3=420（元）$$

（4）借款合同应纳税额：

$$应纳税额=400\ 000\times0.000\ 05=20（元）$$

（5）营业账簿中“实收资本”应纳税额：

$$应纳税额=2\ 000\ 000\times0.000\ 5=1\ 000（元）$$

（6）其他营业账簿应纳税额：

$$应纳税额=5\times5=25（元）$$

（7）应纳印花税税额合计：

$$应纳税额=20+400+420+20+1\ 000+25=1\ 885（元）$$

【特别提示】

一般情况下，企业需要预先购买印花税票，待发生应税行为时，再根据凭证的性质和规定的比例税率或者按件计算应纳税额，将已购买的印花税票粘在应税凭证上，并在每枚税票的骑缝处盖戳注销或者划销，办理完税手续。

3．代理印花税纳税申报操作规范与申报表填制方法

印花税的计税方法虽然简单，然而税目有13个，税率也都有不同的规定，涉及企业生产经营的各个环节，纳税人稍有疏忽就会因零星税额的漏缴而受到严厉的处罚。代理印花税纳税申报，注册税务师应详细了解委托人应税凭证的范围，做到及时贴花，不漏不缺。

1）代理印花税纳税申报操作规范

（1）了解企业生产经营所属的行业以及生产经营项目的特点，确定应税凭证可能发生的主要范围。

（2）核查企业当期书立的购销合同、加工承揽合同、货物运输合同、技术合同、营业账簿、权利许可证照等，按合同金额和适用的税率计算应纳税额。

（3）核查企业具有合同性质的票据、单据。如运输费用发票，购销单位相互之间开出的订单、要货单、传真函件等，均应视为应税凭证按规定贴花。

（4）核查企业可能发生应税凭证业务的核算账户，如"实收资本"、"资本公积"、"固定资产"、"制造费用"、"管理费用"等，以防止漏缴税款。

（5）对于加工承揽合同、货物运输合同等在计税时可作一定金额扣除的应税凭证，还应核查计税金额与扣除金额，确定计税依据。

（6）将本期各应税凭证印花税税额汇总计算后，如税额较小可到税务机关购买印花税票贴花完税并在每枚税票的骑缝处画销；税额较大的（税法规定为超过500元）可用税收缴款书缴纳税款。如果企业应税凭证种类多，纳税次数发生频繁，且金额较大，可向主管税务机关申请采取汇总缴纳的方法。

2）代理填制印花税纳税申报表的方法

印花税纳税申报表（表9-1）适用于各类应税凭证印花税的纳税申报，能够将应税凭证当月申报与即时贴花完税的情况作全面综合的反映。

（1）"应税凭证名称"按合同适用的印花税税目填写。

（2）"计税金额"应填写印花税的计税依据。如货物运输合同，其金额要将装卸费剔除。

（3）"已纳税额"反映本月已贴花的税额，或以缴款书缴纳的印花税税额。

（4）"购花贴花情况"反映企业购买印花税票自行完税贴花后结存的税票金额。本栏可为税务机关提供税收票证管理的原始资料。

表 9-1 印花税纳税申报表

填报日期： 年 月 日 申报流水号

纳税人税务登记号 □□□□□□□□□□□□□□□□□□ 税款所属期 年 月 日至 年 月 日

纳税人电脑编码 □□□□□□□□□□□□□ 纳税人分类码

正常申报□ 自行补报□ 稽查自查申报□ 延期申报预缴□ 单位： 元（列至角分）

纳税人名称（盖章）		注册地址			注册类型	
开户银行		账号		联系电话		邮政编码	

征收品目	计税金额（计税数量）	税率（单位税额）	应纳税额	购花数量		
				面额	数量（枚）	金额
				壹元		
				贰元		
				伍元		
				拾元		
				伍拾元		
				壹佰元		
合 计						

如纳税人填报，由纳税人填写以下各栏	如委托税务代理机构填报，由税务代理机构填写以下各栏
纳税人声明：此纳税申报表是根据国家税收法律的规定填报的，我确定它是真实的、可靠的、完整的。 声明人：	代理人声明：此纳税申报表是根据国家税收法律的规定填报的，我确定它是真实的、可靠的、完整的。 声明人：

主管会计		经办人		税务代理机构名称（盖章）		经办人	
受理人： 年 月 日			审核人： 年 月 日			录入人： 年 月 日	

第二联 纳税人存

说明事项

1．本表适用于纳税人申报缴纳印花税，购买印花税票请将所需的印花票各面额和数量填好。

2．对于同一税款所属期而纳税人多次申报的，实行差额申报，即该次申报不包含上次申报信息。

3．纳税人按税务机关要求进行正常申报的选正常申报；根据税务机关的自查公告或在正常申报后，发现问题，进行补申报的，选择自查补报（该申报税款不收逾期申报罚款，但加收滞纳金）；纳税人在稽查局发出稽查通知书后就以往税期的税款进行申报的选择被查申报（该申报税款属稽查税款）；纳税人申请延期申报，经税务机关批准后，纳税人根据审批文书填写申报表预缴税款时，选延期申报预缴。延期申报预缴后在规定限期内进行申报的，选正常申报，并就与延期申报预缴额的差额进行申报。

【知识链接】

印花税纳税申报表样见表 9-2。

表 9-2 印花税纳税申报表样表

印花税纳税申报表

填报日期：2012 年 3 月 25 日　　　　申报流水号

纳税人税务登记号 4 4 1 9 0 0 7 8 7 9 4 0 9 4 3　　税款所属期 2012 年 1 月 1 日至 2012 年 12 月 31 日

纳税人电脑编码 4 4 1 9 1 8 0 0 0 2 7 6 2　　纳税人分类码

正常申报☑ 自行补报☐ 稽查自查申报☐ 延期申报预缴☐　　单位：　元（列至角分）

纳税人名称（盖章）	东莞塘厦方胜五金制品厂	注册地址		东莞市塘厦寓络南路 73 号	注册类型	个人独资企业
开户银行	东莞工商银行塘厦支行	账号	2010028709200135292	联系电话 82109661	邮政编码	523710

征收品目	计税金额（计税数量）	税率（单位税额）	应纳税额	购花数量		
				面额	数量（枚）	金额
				壹元		
				贰元		
账本印花税				伍元	3	15.00
				拾元		
				伍拾元		
				壹佰元		
合　计						15.00

如纳税人填报，由纳税人填写以下各栏				如委托税务代理机构填报，由税务代理机构填写以下各栏			
纳税人声明：此纳税申报表是根据国家税收法律的规定填报的，我确定它是真实的、可靠的、完整的。 声明人：				代理人声明：此纳税申报表是根据国家税收法律的规定填报的，我确定它是真实的、可靠的、完整的。 声明人：			
主管会计		经办人		税务代理机构名称（盖章）		经办人	
受理人：　年　月　日				审核人：　年　月　日：		录入人：　年　月　日	

第一联　税务机关存

4. 印花税纳税审核代理实务

1）应税凭证的审核

（1）应税合同审核要点。印花税应税合同是指纳税人在经济活动和经济交往中书立的各类经济合同或具有合同性质的凭证。

第一，审核征税范围。纳税人在经济交往中书立的凭证种类很多，鉴别所书立的凭证是否具有合同性质，是判别征免的主要标准。在到有关部门掌握凭证书立或领受情况后，应根据有关政策规定，对照纳税人的有关凭证从其内容、性质等方面进行审核。例如，审核纳税人有无错划凭证性质，将应税凭证划为非应税凭证，或因对政策规定理解有误，而将应税凭证作为免税凭证，造成漏纳印花税的问题。

第二，审核应税合同的计税依据：①合同所载金额有多项内容的，是否按规定计算纳税。例如对各类技术合同，一般应按合同所载价款、报酬、使用费的合计金额依率计税，但为了鼓励技术研究开发，对技术开发合同，只就合同所载的报酬金额计税，研究开发经费不作为计税依据。若合同约定按研究开发经费一定比例作为报酬的，则应按一定比例的报酬金额计税贴花；②已税合同修订后增加金额的，是否补贴印花。按税法规定，已税合同修订后减少金额的，已纳税款不予退还；但增加金额的，应按增加金额计算补贴印花税票；③未注明金额或暂时无法确定金额的应税凭证，是否已按规定贴花。对于签订时无法确定金额的应税凭证，在最终结算实际金额后，是否按规定补贴了印花；④以外币计价的应税合同，是否按规定将计税金额折合成人民币后计算贴花；⑤当合同中既有免税金额，又有应税金额时，纳税人是否正确计算纳税。

第三，审核应税合同的适用税率：①纳税人有无将按比例税率和按定额税率计征的凭证相互混淆。如将营业账簿中记载有“实收资本”和“资本公积”的账簿等同于其他账簿，错按定额 5 元纳税贴花；②纳税人有无将载有多项不同性质经济业务的经济合同误用税目税率。例如一份合同中，分别记载有“加工承揽合同”和“购销合同”的经济内容。纳税人未分别按各自的税目税率计税贴花，而全部套用“购销合同”税目税率计税贴花。对此类合同的审核，应当注意签订合同双方单位的性质、经营范围以及合作内容，借此发现问题；③纳税人有无将性质相似的凭证误用税目税率。如将建设工程勘察设计合同错按建筑工程承包合同的税率计税贴花；④技术合同、租赁合同等，在签订时因无法确定计税金额而暂时按每件 5 元计税贴花的，是否在结算实际金额时按其实际适用的比例税率计算并补贴了印花。

【例 9-4】下列情形中，纳税人应按照“购销合同”适用税率计算缴纳印花税的有（　　）。

A．房地产开发企业与购房者签订商品房销售合同

B．发电厂与电网的购售电合同

C．书店与出版社的购书协议

D．由受托方提供材料的加工合同中原材料金额部分

E．财产抵押后将抵押的车辆转移贷款银行而签订的车辆抵债协议

【例 9-5】注册税务师审核某工业企业 2006 年 1 月书立、领受的应税凭证时，有关印花税的税务处理正确的有（　　）。

A．以产品换材料合同，以产品同类销售价格计算的金额按适用税率缴纳印花税

B．总账账簿记载的实收资本和资本公积金额没有变化，不需缴纳印花税

C．与国外科研机构订立技术转让合同，按预期产品销售收入 1%付款，尚无销售暂不缴纳印花税

D. 与银行签订贷款期限延长合同，贷款金额不变，不需缴纳印花税

E. 因经营情况变化，减少采购数量和金额，已缴纳印花税的原采购合同作修改，不需缴纳印花税

（2）其他凭证的审核要点。

审核营业账簿计税情况：

①审核企业有无错划核算形式，漏缴印花税的问题。例如，采用分级核算形式的纳税人，仅就财会部门本身设置的账簿计税贴花，对设置在二级核算单位和车间的明细账未按规定计税贴花的情况；②审核资金账簿计税情况是否正确。例如，企业“实收资本”和“资本公积”两项合计金额大于已贴花资金的，是否按规定就增加部分补贴印花税票；③审核其他账簿是否按规定计税贴花，除总分类账簿以外的账簿，包括记账簿和各明细分类账等，是否按件贴花。

审核产权转移数据、权利、许可证照的计税情况：①了解和掌握纳税人在经济活动和经济交往中都书立、领受了哪些产权转移书据；②审阅产权转移书据的内容，并与“固定资产”、“无形资产”等账户发生额核对，核实其实际发生的计税金额，同时按规定的税率验算其应纳税额，并与产权转移书据上粘贴的印花税票核对，看是否存在错算或少缴印花税的问题。

2）应纳税额的审核

（1）减税免税审核要点审核时，要注意纳税人已按免税处理的凭证是否为免税合同，有无混淆征免税界限、扩大减免税范围的情况。

（2）履行完税手续审核要点（表 9-3）。审核纳税人是否按规定及时足额地履行完税手续，有无在应纳税凭证上未贴或少贴印花税票的情况；已贴印花税票有无未注销或者未划销的情况；有无将已贴用的印花税票揭下再用的问题。

审核平时“以表代账”的纳税人，在按月、按季或按年装订成册后，有无未按规定贴花完税的问题。

表 9-3 履行完税手续审核要点

方法	适用范围	具体规定
自行贴花	应税凭证较少或贴花次数较少的纳税人	自行计算应纳税额，自行购买印花税票，自行一次贴足印花税票并加以注销或画销； 对于已贴花的凭证，修改后所载金额增加的，其增加部分应当补贴印花税票，但多贴印花税票者，不得申请退税或者抵用
汇贴或汇缴	一般适用于应纳税额较大或者贴花次数频繁的纳税人	汇贴：当一份凭证应纳税额超过 500 元时，应向税务机关申请填写缴款书或者完税凭证
		汇缴：同一种类应税凭证需要频繁贴花的。汇总缴纳的期限，由当地税务机关确定，但最长不得超过 1 个月
委托代征法	税务机关委托，由发放或者办理应纳税凭证的单位代为征收印花税税款	

【例 9-6】下面关于印花税的代理申报表述不正确的是（　　）。

A. 印花税应纳税额不足一角的不征税

B. 营业账簿和权利许可证照实行按件贴花每件 5 元

C. 具有合同性质的凭证应视为合同征印花税

D. 企业一次缴纳印花税超过 500 元的，可用税收缴款书缴纳税款

5. 印花税的会计核算

印花税的会计核算不通过“营业税金及附加”科目核算，直接计入“管理费用”或“待

摊费用”科目，企业缴纳的印花税不需要通过“应交税费”科目核算，购买印花税票时，贷记“银行存款”科目。

借：管理费用（或待摊费用）

　　贷：银行存款

【例 9-7】下面有关印花税申报的判断，正确的有（　　）。

A．税务登记证和贴息贷款合同可免纳印花税

B．对于加工承揽合同在计算印花税时可作一定金额的扣除，但应审查有无合法的凭证

C．企业缴纳印花税时，会计处理为借记“应交税费”科目，贷记“银行存款”科目

D．税法规定，企业一次缴纳印花税额若超过 100 元，可用税收缴款书缴纳税款

【税务代理案例】

某电器厂系街道办集体所有制企业，主要从事变压器制造业务。税务代理人员于 2012 年 10 月 15 日对该企业 2012 年 3 月至 10 月纳税情况进行审核，发现如下问题：该企业于 2012 年 3 月成立；由街道政府投入资金 93 000 元，个人投资 24 600 元，合计 117 600 元，实收资本 117 600 元未贴印花税票，而该企业将投资记在“应付账款”科目，只在账本贴印花税票 5 元。

【案例解析】

注册税务师认为企业的行为属于未足额缴纳印花税款。根据规定，该企业应按实收资本 117 600 元的 0.05%贴印花税票 58.80 元。故企业应补贴印花税 58.80 元，并作相关调账分录。

（1）调增实收资本：

借：应付账款　　117 600

　　贷：实收资本　　117 600

（2）补缴印花税

借：管理费用——印花税　　58.80

　　贷：银行存款　　58.80

【税务代理案例】

注册税务师受托对某银行进行纳税审核，实地观察该银行办公地点设在某大厦一至三层，并在审核其有关费用账目时发现有租金支出。询问财务人员了解到，该银行办公地系租用某大厦的财产，即要求该企业出示租赁协议文书，并对该租赁协议进行审核，发现协议未贴印花税票。租赁协议规定：办公楼一至二层年租金 536.67 万元，租金每年递增 5%，第 10 年不递增，第三层年租金 250 万元，从第七年起租金 62.5 万元，并规定一至三层租期 10 年。租赁协议总金额 8 217.22 万元。

【案例解析】

注册税务师认为该企业租赁协议未贴印花税票，违反了《中华人民共和国印花税暂行条例》第二条的规定，其行为属未按规定缴纳税款。要求企业补贴印花税票：82 172 200 × 0.1% = 82 172.20（元）。并作相关的调账分录：

借：待摊费用——待摊印花税　　82 172.20

　　贷：银行存款　　82 172.20

9.1.2　土地增值税纳税申报及纳税审核

1．土地增值税的基本规定

土地增值税是对有偿转让国有土地使用权、地上建筑物及其附着物并取得收入的单位和个人，就其转让房地产所取得的增值额征收的一种税。

【特别提示】

从2008年11月1日起：①对个人销售或购买住房暂免征收印花税；②对个人销售住房暂免征收土地增值税。

土地增值税纳税申报应在转让房地产合同签订后7日内，到房地产所在地主管税务机关办理。纳税人办理申报手续时应提交房屋及建筑物产权证书、土地使用权证书、土地转让合同、房屋买卖合同、房地产评估报告及其他与转让房地产有关的资料。

2．土地增值税的计算方法

土地增值税按照纳税人转让房地产所取得的增值额和适用的超率累进税率计算征收。计算公式是：

应纳税额＝土地增值额×适用税率－扣除项目金额×速算扣除系数

【税务代理案例】

某房地产开发公司建造一幢普通标准住宅出售，取得销售收入1 000万元（假设城市维护建设税税率为7%，教育费附加征收率为3%）。该公司为建造普通标准住宅而支付的地价款为100万元，建造此楼投入了300万元的房地产开发成本（其中：土地征用及拆迁补偿费40万元，前期工程费40万元，建筑安装工程费100万元，基础设施费80万元，开发间接费用40万元），由于该房地产开发公司同时建造别墅等住宅，对该普通标准住宅所用的银行贷款利息支出无法分摊，该地规定房地产开发费用的计提比例为10%。

【案例解析】

其应纳税额计算如下。

1．确定转让房地产的收入为1 000万元。

2．确定转让房地产的扣除项目金额：

(1) 取得土地使用权所支付的地价款100万元。

(2) 房地产开发成本为300万元。

(3) 房地产开发费用为（100＋300）×10%＝40（万元）。

(4) 与转让房地产有关的税金：

营业税：10 000 000×5%＝50（万元）。

城建税：50×7%＝3.5（万元）。

教育费附加：50×3%＝1.5（万元）。

(5) 从事房地产开发的加计扣除金额：（100＋300）×20%＝80（万元）。

(6) 转让房地产的扣除项目金额：100＋300＋40＋50＋3.5＋1.5＋80＝575（万元）。

转让房地产的增值额：1 000－575＝425（万元）。

增值额与扣除项目金额的比率：425÷575＝73.91%。

应纳土地增值税税额＝425×40%－575×5%＝141.25（万元）。

3．代理土地增值税纳税申报操作规范与申报表填制方法

1）土地增值税纳税申报操作规范

（1）核查房地产投资立项合同、批准证书和房地产转让合同，确认投资立项与转让的时间及房地产开发项目的性质。如属于免税项目，应向主管税务机关申请办理免征土地增值税的申报手续。

（2）核查应收账款、预收账款、经营收入、其他业务收入、固定资产清理账户及主要的原始凭证，确认本期应申报的转让房地产收入。

（3）核查土地使用权转让合同及付款凭证，确认土地出让金的实际缴付金额。

（4）核查开发成本账户及开发建筑承包合同与付款凭证，确认土地征用及拆迁补偿费、前期工程费等开发支出。

（5）核查财务费用账户及相关借款合同，确认利息支出并按税法规定计算扣除。对于其他房地产开发费用应根据利息计算分摊情况，以土地出让金和开发成本为基数按规定比例计算。

（6）核查经营税金和管理费用账户及缴税原始凭证，确认与转让房地产有关的税金。

（7）核查有关旧房及建筑物房地产评估机构出具的评估报告及原始资料，确认重置成本价及成新度、折扣率。

在经过以上步骤操作之后可计算得出土地增值额，按适用税率计算应纳税额。由于房地产开发项目投资大、工期长，在项目全部竣工结算前，难以计算纳税人转让房地产的增值额，一般按预收款收入的一定比例预缴税款，待竣工结算后清算，多退少补。

因此，代理房地产企业土地增值税预缴申报，可主要依照确认征免和核查转让房地产收入的程序进行操作。

2）代理编制土地增值税纳税申报表的方法

土地增值税纳税申报表分为两种，分别适用于房地产开发企业和适用于非从事房地产开发的纳税人。

（1）土地增值税纳税申报表（一）（表 9-4）。本表适用于从事房地产开发及转让的土地增值税纳税人。包括转让已完成开发的房地产取得转让收入，或预售正在开发的房地产并取得预售收入的情况。

表中各主要项目内容应根据土地增值税的基本计税单位计算填报。对同时转让两个或两个以上计税单位的房地产开发企业，应按每一基本计税单位填报一份申报表的原则操作。如果房地产开发企业同时兼有免税和征税项目单位，也应分别填报。

第一，“转让房地产收入总额”为第 1 栏～第 3 栏的计算，包括转让房地产开发项目所取得的全部收入，即货币收入、实物收入和无形资产等其他形式的收入。

第二，“扣除项目金额合计”为第 4 栏～第 20 栏的计算，包括：①“取得土地使用权所支付的金额”，填写土地出让金及按国家规定缴纳的有关费用；②“房地产开发成本”，填写实际发生的各项开发成本，如果开发成本同时包含了两个或两个以上计税单位，应按一定比例分摊；③“房地产开发费用”，其中：利息支出如符合税法规定可据实填写；反之，利息支出不符合单独计算列支规定的本栏数额为零。其他房地产开发费用，利息单独计算扣除的，按取得土地使用权所支付的价款和房地产开发成本合计数的 5%计算扣除；利息不允许单独计算扣除的，在合计数 10%以内计算扣除；④“与转让房地产有关的税金”，按转让房地产时实际缴纳的营业税、城市维护建设税、教育费附加三项合计数填写；⑤“财政部规定的其他扣除项目”，填写按税法规定可根据取得土地使用权时支付的价款和房地产开发成本之和加计 20%的扣除。

第三，“适用税率”，本栏按土地增值税所适用的最高一级税率填写。如果属于免税项目，税率应为零。

第四，其他各栏的内容及计算关系税法已有详细规定，不再赘述。

表 9-4　土地增值税纳税申报表（一）

（从事房地产开发的纳税人适用）

税款所属时间：　　年　　月　　日　　　　填表日期：　　年　　月　　日

金额单位：元（列至角分）　　面积单位：平方米

计算机代码			纳税人名称				
项目名称			项目地址				
业别		登记注册类型		纳税人地址		邮政编码	
开户银行		银行账号		主管部门		电话	

项目		行次	金额
一、转让房地产收入总额 1=2+3		1	
其中	货币收入	2	
	实物收入及其他收入	3	
二、扣除项目金额合计 4=5+6+13+16+20		4	
1. 取得土地使用权所支付的金额		5	
2. 房地产开发成本 6=7+8+9+10+11+12		6	
其中	土地征用及拆迁补偿费	7	
	前期工程费	8	
	建筑安装工程费	9	
	基础设施费	10	
	公共配套设施费	11	
	开发间接费用	12	
3. 房地产开发费用 13=14+15		13	
其中	利息支出	14	
	其他房地产开发费用	15	
4. 与转让房地产有关的税金等 16=17+18+19		16	
其中	营业税	17	
	城市维护建设税	18	
	教育费附加	19	
5. 财政部规定的其他扣除项目		20	
三、增值额 21=1−4		21	
四、增值额与扣除项目金额之比（%）22=21÷4		22	
五、适用税率（%）		23	
六、速算扣除系数（%）		24	
七、应缴土地增值税税额 25=21×23−4×24		25	
八、已缴土地增值税税额		26	
九、应补（退）土地增值税税额 27=25−26		27	
十、累计欠税余额		28	
十一、欠缴滞纳金		29	

纳税人声明	我单位所申报的各种税（费）款真实、准确，如有虚假内容，愿承担法律责任。 办税员： 法定代表人（负责人）： （章） 年　月　日	授权人声明	现委托＿＿＿＿＿＿为我单位纳税申报代理人。 委托合同号码： 授权人（法定代表人）： 年　月　日	代理人声明	本纳税申报是按照国家税法和税务机关规定填报的，我确信其真实、合法。 代理人： 代理机构（公章） 年　月　日

以下由税务机关填写	
受理人： （征税专用章） 受理日期：　　年　月　日	稽核人员： 稽核日期：　　年　月　日

（2）土地增值税纳税申报表（二）（表 9-5）。本表由非从事房地产开发的纳税人在签订房地产转让合同 7 日内，向主管税务机关报送，本表填报的基本要求与表（一）相同的栏目同前述，下面仅对不同栏目的内容作出说明。①“旧房及建筑物的评估价格”，是按重置成本法并经主管税务机关确认的评估旧房及建筑物价格。其中：旧房及建筑物的重置成本价，是由政府批准设立的房地产评估机构评定的重置成本价，成新度折扣率是旧房及建筑物新旧程度折扣率。②“与转让房地产有关的税金”，除营业税、城市维护建设税和教育费附加外，还包括与转让房地产有关的印花税。

表 9-5　土地增值税纳税申报表（二）

（非从事房地产开发的纳税人适用）

税款所属时间：　　年　　月　　日　　　　　　填表日期：　　年　　月　　日

金额单位：元（列至角分）　　面积单位：平方米

计算机代码				纳税人名称			
项目名称				项目地址			
业别		登记注册类型		纳税人地址		邮政编码	
开户银行		银行账号		主管部门		电话	

项目		行次	金额
一、转让房地产收入总额 1＝2＋3		1	
其中	货币收入	2	
	实物收入及其他收入	3	
二、扣除项目金额合计 4＝5＋6＋9		4	
1．取得土地使用权所支付的金额		5	
2．旧房及建筑物的评估价格 6＝7×8		6	
其中	旧房及建筑物的重置成本价	7	
	成新度折扣率	8	
3．与转让房地产有关的税金等 9＝10＋11＋12＋13		9	
其中	营业税	10	
	城市维护建设税	11	
	印花税	12	
	教育费附加	13	
三、增值额 14＝1－4		14	
四、增值额与扣除项目金额之比（%）15＝14÷4		15	
五、适用税率（%）		16	
六、速算扣除系数（%）		17	
七、应缴土地增值税税额 18＝14×16－4×17		18	
八、累计欠税余额		19	
九、欠缴滞纳金		20	

纳税人声明	我单位所申报的各种税（费）款真实、准确，如有虚假内容，愿承担法律责任。 办税员： 法定代表人（负责人）： （章） 年　月　日	授权人声明	现委托__________为我单位纳税申报代理人。 委托合同号码： 授权人（法定代表人）： 年　月　日	代理人声明	本纳税申报是按照国家税法和税务机关规定填报的，我确信其真实、合法。 代理人： 代理机构（公章） 年　月　日

以下由税务机关填写

受理人： （征税专用章） 受理日期：　　年　月　日	稽核人员： 稽核日期：　　年　月　日

4．土地增值税纳税审核

对土地增值税进行纳税审核，关键是核实转让房地产所取得的收入和法定的扣除项目金额，以此确定增值额和适用税率，并核查应纳税额。

1）转让房地产收入审核要点

纳税人转让房地产取得的收入，应包括转让房地产的全部价款及有关的经济收益。从收入的形式来看，包括货币收入、实物收入和其他收入。检查时，应着重从以下几方面进行。

（1）审核收入明细账，如房地产开发企业"经营收入"明细账，工商企业的"其他业务收入"（转让土地使用权）、"固定资产清理"（转让房地产）明细账等账户，并与房地产转让合同、记账凭证、原始凭证相核对，看企业有无分解房地产收入或隐瞒房地产收入的情况。

（2）审核往来账户，如"应付账款"、"预付账款"、"分期收款开发产品"、"其他应付款"等账户，并与有关转让房地产合同、会计凭证相核对，看有无将房地产收入长期挂账、不及时申报纳税的情况。

（3）审核房地产的成交价格，看其是否正常合理。对于转让房地产的成交价格明显低于评估价格，而又无正当理由的，应由评估部门进行评估，按房地产评估价格计算应纳的土地增值税。

2）扣除项目金额审核要点

（1）审核取得土地使用权所支付的金额。按照房地产开发企业会计制度规定，实行国有土地使用权有偿使用后，企业为建办公楼房等而获得的土地使用权所支付的土地出让金，在"无形资产"科目中核算；企业为房地产开发而获得的土地使用权所支付的土地出让金，在"开发成本"科目中核算。审核"无形资产"或"开发成本"账户，应与土地转让合同和有关会计凭证等相互核对，审核开发成本的分配与结转是否正确。例如，分期、分批开发、分块转让，其取得土地使用权时所支付的金额就需要在已开发转让、未开发转让的项目中进行分配，仅就对外转让部分计入扣除，审核时应根据"开发产品"、"分期收款开发产品"、"经营成本"明细账进行核实。

（2）审核房地产开发成本。房地产开发成本通过"开发成本"账户核算，开发成本的种类应按"土地开发"、"房屋开发"、"配套设施开发"和"代建工程开发"等设置明细账，按成本项目进行核算。房地产开发企业发生的开发间接费用，先通过"开发间接费用"账户核算，期末按企业成本核算办法的规定，分摊记入"开发成本"各明细账户之中。

审核房地产开发成本应着重从以下几个方面进行。

① 审核"开发成本"明细账，并与有关会计凭证相核对，看企业成本核算是否真实、准确，有无将不属于开发房地产的成本、费用挤入"开发成本"的情况；有关成本费用在各成本核算对象之间的分配和结转有无差错，有无多转"开发产品"成本的情况。

② 审核"开发间接费用"明细账，并与有关会计凭证相核对，看有无不属于开发产品的费用计入了开发间接费用之中；已发生的开发间接费用在各成本核算对象之间的分配与结转是否合理、正确；有无多计应税项目费用而少计非应税项目费用的情况。

③ 审核"开发产品"、"分期收款开发产品"、"主营业务成本"各有关明细账，并与房地产转让合同、会计凭证相核对，看成本结转办法是否正确，有无虚列、多转房地产销售成本的情况。

（3）审核房地产开发费用。房地产开发费用是指与房地产开发项目有关的销售费用、管理费用和财务费用。这三项费用作为期间费用，直接计入当期损益，不按成本核算对象进行分摊。

审核企业借款情况，看其借款利息支出能否按转让房地产项目计算分摊：①利息的上浮幅度要按国家的有关规定执行，超过上浮幅度的部分不允许扣除；②对于超过贷款期限的利息部分和加罚的利息不允许扣除。

（4）审核与转让房地产有关的税金。企业转让房地产时缴纳的营业税、城市维护建设税、教育费附加，在“营业税金及附加”、“应交税费”账户核算；缴纳的印花税在“管理费用”账户中核算。审核时，应注意与土地增值税纳税申报表相核对，看其申报抵扣的税金是否正确，已缴纳的印花税，因在房地产开发费用中计入扣除，故在此不允许重复扣除。

（5）审核其他扣除项目。对从事房地产开发的纳税人，可按取得土地使用权所支付的金额与房地产开发成本计算的金额之和，加计 20%扣除。审核时，应在核实纳税人取得土地使用权所支付的金额和房地产开发成本的基础上，按规定的扣除比例重新计算核实，看企业申报扣除的金额有无差错。

【例 9-8】根据《中华人民共和国土地增值税暂行条例实施细则》的规定，纳税人在计算房地产开发费用时，对财务费用中的借款利息支出，凡能够按照转让房地产项目计算分摊并提供金融机构证明的，允许据实扣除。但下列项目中不能计入利息支出扣除的是（　　）。

A．金融机构加收的罚息

B．超过贷款期限的利息部分

C．超过国家规定上浮幅度的利息支出

D．按照商业银行同类同期贷款利率计算的利息金额

【例 9-9】从事房地产开发的纳税人适用的土地增值税申报表中“与转让房地产有关的税金”一栏填报时应（　　）。

A．按转让房地产时实际缴纳的营业税、城市维护建设税、教育费附加 3 个合计数填报

B．按转让房地产时实际缴纳的营业税、城市维护建设税、教育费附加和房地产开发期间缴纳的土地使用税合计数填报

C．按转让房地产时实际缴纳的营业税、城市维护建设税、教育费附加和与转让房地产有关的印花税的合计数填报

D．按转让房地产时实际缴纳的营业税、城市维护建设税、教育费附加和取得土地使用权缴纳的契税的合计数填报

3）应纳税额的审核

审核应纳税额是否正确的程序是：①核实增值额；②以增值额除以扣除项目金额，核查增值额占扣除项目金额的比率，以此确定该增值额适用的级距、税率和速算扣除系数；③计算土地增值税应纳税额。

【导入案例解析】

除缴纳企业所得税外，甲企业需要缴纳的税费如下。

（1）甲乙双方的行为属于合作建房。在合作建房中，甲方以转让部分土地使用权为代价，换取部分房屋的所有权，发生了转让土地使用权的行为。合作建房中归甲企业所有的 50%的房产所占用的土地使用权不征营业税，归乙企业所有的 50%房产所占用的一亩土地应缴纳，甲企业应按“转让无形资产”税目缴纳营业税、城建税和教育费附加。

（2）合作建房，建成后按比例分房自用的，暂免征收土地增值税，建房后转让的，应征收土地增值税。因此对于甲企业销售合作建房所得的房产的行为，如果产生增值额，还应该征收土地增值税。同时对其销售房产的行为应该按照“销售不动产”征收营业税、城建税、教育费附加，对其在销售房屋过程中签订的销售合同按产权转移书据缴纳印花税。

5．土地增值税的会计核算

（1）销售作为固定资产管理的房地产，通过“固定资产清理”科目核算。

借：固定资产清理

　　贷：应交税费——应交土地增值税

（2）房地产开发企业销售开发产品应缴纳的土地增值税应当计入“营业税金及附加”。
借：营业税金及附加
    贷：应交税费——应交土地增值税

【税务代理案例】

注册税务师受托对某房地产开发公司土地增值税纳税情况进行审核，了解到该房地产开发公司本期转让土地一块，销售收入 1 200 万元，申报缴纳土地增值税时，申报取得土地使用权及开发投资 400 万元，缴纳营业税、城市维护建设税及教育费附加 66 万元，开发费按购地款和开发成本 10%扣除 40 万元，加计扣除 20%即 80 万元，合计扣除项目金额 586 万元。

① 增值额＝1 200－586＝614（万元）。
② 增值率＝614÷586＝105%。
③ 应缴土地增值税＝614×50%－586×15%＝307－87.9＝219.1（万元）。
④ 已缴 150 万元。
⑤ 欠缴 69.10 万元。

【案例解析】

注册税务师发现该房地产开发公司存在如下问题。

1．取得 13 000 平方米土地使用权，支付金额 500 万元，未曾进行任何开发，便将 7 000 平方米转让取得收入 1 200 万元。

2．因为转让的土地没有开发，计征土地增值税时不能享受 20%加计扣除。

根据以上两点，核实其扣除项目金额。

（1）取得土地使用权支付金额

500÷13 000×7 000＝269.230 8（万元）

（2）其开发费按购地款和开发成本 10%予以扣除 26.923 1 万元。
（3）核实扣除项目金额＝269.230 8＋66＋26.923 1＝362.153 9（万元）。
（4）增值额＝1 200－362.153 9＝837.846 1（万元）。
（5）增值额占扣除项目金额的比例＝837.846 1÷362.153 9＝231%。
（6）应缴纳土地增值税＝837.846 1×60%－362.153 9×35%。
＝502.707 7－126.753 9＝375.953 8（万元）。
（7）企业已缴纳土地增值税 150 万元。
（8）应补缴土地增值税＝375.953 8－150＝225.953 8（万元）。
（9）企业少计提土地增值税＝375.953 8－219.1＝156.853 8（万元）。

建议企业做相关调账分录：
借：营业税金及附加　　1 568 538
    贷：应交税费——应交土地增值税　　1 568 538

【税务代理案例】

某房地产开发公司专门从事普通住宅商品房开发。2012 年 3 月 2 日，该公司出售普通住宅一幢，总面积 91 000 平方米。该房屋支付土地出让金 2 000 万元，房地产开发成本 8 800 万元，利息支出为 1000 万元，其中 40 万元为银行罚息（不能按收入项目准确分摊）。假设城建税税率为 7%、印花税税率为 0.05%、教育费附加征收率为 3%。当地省级人民政府规定允许扣除的其他房地产开发费用的扣除比例为 10%。企业营销部门在制定售房方案时，拟定了两个方案，方案一：销售价格为平均售价 2 000 元／平方米；方案二：销售价格为平均售价 1 978 元／平方米。

问题：

1．分别计算各方案该公司应纳土地增值税。

2．比较分析哪个方案对房地产公司更为有利，并计算两个方案实现的所得税前利润差额。

【案例解析】

1．各方案该公司应纳土地增值税

方案一：

（1）销售收入＝91 000×2 000÷10 000＝18 200（万元）

(2) 计算扣除项目：

① 取得土地使用权所支付的金额为 2 000 万元。

② 房地产开发成本为 8 800 万元。

③ 房地产开发费用＝（2 000＋8 800）×10%＝1 080（万元）。

④ 税金：

营业税＝18 200×5%＝910（万元）

城建税及教育费附加＝910×（7%＋3%）＝91（万元）

印花税＝18 200×0.05%＝9.1（万元）

土地增值税中可以扣除的税金＝910＋91＝1 001（万元）

（注意印花税已记入房地产开发费用，此处不允许扣除）

⑤ 加计扣除＝（2 000＋8 800）×20%＝2 160（万元）

扣除项目金额合计＝2 000＋8 800＋1 080＋1 001＋2 160＝15 041（万元）

(3) 增值额＝18 200－15 041＝3 159（万元）。

(4) 增值率＝3 159÷15 041＝21%＜50%。

(5) 适用税率 30%。

(6) 土地增值税税额＝3 159×30%＝947.7（万元）。

方案二：

(1) 销售收入＝91 000×1 978÷10 000＝17 999.8（万元）

(2) 计算扣除项目：

① 取得土地使用权所支付的金额：2 000 万元。

② 房地产开发成本：8 800 万元。

③ 房地产开发费用＝（2 000＋8 800）×10%＝1 080（万元）。

④ 与转让房地产有关的税金：

营业税＝17 999.8×5%＝899.99（万元）

城建税及教育费附加＝899.99×（7%＋3%）＝90（万元）

印花税＝17 999.8×0.05%＝9（万元）

土地增值税中可以扣除的税金＝899.99＋90＝989.99（万元）

⑤ 加计扣除＝（2 000＋8 800）×20%＝2 160（万元）

扣除项目金额合计＝2 000＋8 800＋1 080＋989.99＋2 160＝15 029.99（万元）

(3) 增值额＝17 999.8－15 029.99＝2 969.81（万元）。

(4) 增值率＝2 969.81÷15 029.99＝19.76%。

根据土地增值税税收优惠规定：建造普通标准住宅出售，增值额未超过扣除项目金额 20%的，免征土地增值税，所以，第二种方案不缴纳土地增值税。

2. 比较分析对房地产公司更为有利的方案，并计算两个方案实现的所得税前利润差额。

(1) 方案一所得税前利润＝18 200－（2 000＋8 800＋1 000＋1 001＋9.1＋947.7）＝4 442.2（万元）；

(2) 方案二所得税前利润＝17 999.8－（2 000＋8 800＋1 000＋989.99＋9）＝5 200.81（万元）；

方案二虽然降低了售价，但是由于不需要缴纳土地增值税，使得税前利润较方案一高，所以，对房地产公司更为有利的是方案二。

(3) 两种方案在所得税前利润差额＝5 200.81－4 442.2＝758.61（万元）。

9.2 房产税、城镇土地使用税纳税申报及纳税审核

9.2.1 房产税纳税申报及纳税审核

1. 房产税一般规定

房产税在城市、县城、建制镇和工矿区征收，以在征税范围内的房屋产权所有人或经营管理人为纳税人。房产税实行按年征收，分期缴纳。

【特别提示】

(1) 从2009年1月1日起，外商投资企业、外国企业和组织、外籍人员是房产税的纳税人。

(2) 房产税的征税对象是房屋，独立于房屋之外的建筑物，如围墙、烟囱、水塔、菜窖、室外游泳池等不属于房产税的征税对象。

房产税为财产税性质的税种，实行按年征收分期缴纳，地方政府有较大的税收管理权限。代理房产税的纳税申报，除要掌握税法的一般规定外，还必须了解地方政府的特殊政策。

2. 房产税的计算方法

房产税应纳税额的计算分为两种情况。

（1）以房产原值为计税依据的，计算公式为

应纳税额＝房产余值×税率（1.2%）

（2）以房产租金收入为计税依据的，计算公式为

应纳税额＝房产租金收入×税率（12%）

【例 9-10】某厂办公楼、厂房等房产 2009 年的账面原值为 200 万元，按规定房产原值扣除比率为 20%，每年 4 月份和 10 月份分两次缴纳，则每次应缴纳房产税为：应纳税额＝200×（1－20%）×1.2%÷2＝0.96（万元）。

3. 代理房产税纳税申报操作规范与申报表填制方法

1）房产税纳税申报操作规范

房产税征税对象单一。但是，有关纳税义务人的确认、计税依据的计算、减税免税的规定却较为复杂。为能准确把握应纳税额的计算，维护委托方应享有的税收权益，应按下述规范要领操作。

（1）核查应税房屋及与房屋不可分割的各种附属设施，或一般不单独计算价值的配套设施，确认产权所属关系，以此判定纳税义务人。

（2）核查应税房产投入使用或竣工、验收的时间，确认纳税义务发生的时间。

（3）核查“固定资产”、“预提费用”、“待摊费用”、“在建工程”、“其他业务收入”等核算账户，确认应税房产的净值或租金收入，确定房产税的计税依据。

（4）核查在征税范围内按现行政策应予以减税免税的房产。如危房、险房、停止使用、企业停产闲置不用的房产，因大修理停用在半年以上的房产等，报请税务机关审核同意可暂免征收房产税。

2）代理填制房产税纳税申报表的方法

房产税纳税申报表（表 9-6）有关计税依据、适用税率等各栏的内容税法已有明确规定，在此只对一些特殊要求加以说明。

（1）房产原值为“固定资产账户”借方记载的房屋造价（或购价）。其中：第 1 栏“上期申报房产原值（评估值）”填写经税务机关审核认可的房产原值，或没有房产原值经税务机关评估的价值；第 2 栏“本期增减”反映纳税人因为原有房产进行改建、扩建，或因毁损而增减的房屋原值；第 4 至 6 栏在确定第 3 栏“本期实际房产原值”的基础上，区分为从价、从租计税和免税的房产原值。

（2）计税依据，第 8 栏从价计税的为房产原值减除 10%至 30%折旧后的余值，第 9 栏从租计征的为实际取得的租金收入。

（3）应纳税额按本期应缴和汇算填报，其中，第 13 栏“缴纳次数”按主管地方税务机关的规定填写，如全年分 2 次或 4 次缴纳，第 14 栏“本期应纳税额”为全年应纳税额的 1/2 或 1/4。

表 9-6　房产税纳税申报表

填表日期：　　年　　月　　日

纳税人识别号

纳税人名称							税款所属时期										
房产坐落地点							建筑面积（M^2）						房屋结构				
上期申报房产原值	本期增减	本期实际房产原值	其中			扣除率%	以房产余值计征房产税			以租金收入计征房产税			全年应纳税额	缴纳次数	本期		应补（退）税额
			从价计税的房产原值	从租计税的房产原值	税法规定的免税房产原值		房产余值	适用税率 1.2%	应纳税额	租金收入	适用税率 12%	应纳税额			应纳税额	已纳税额	
1	2	3=1+2	4=3-5-6	5=3-4-6	6	7	8=4−4×7	9	10=8×9	11		13=11×12	14=10+13	15	16=14÷15	17	18=16−17
合计																	
如纳税人填报，由纳税人填写以下各栏			如委托代理人填报，由代理人填写以下各栏														
会计主管		纳税人	代理人名称														
（签章）		（公章）	代理人地址														
			经办人姓名														
以下由税务机关填写																	
收到申报表日期																	

说明：1. 本表适用于中国境内房产税纳税人填报。2. 房产原值是指纳税人按照会计制度规定，在账簿“固定资产”科目中记载的房屋原价。3. 计税房产余值=房产原值×（1−税法规定的扣除率）。4. 本表一式三联，第一联纳税人保存；第二联由主管税务机关留存；第三联税务机关做税收会计原始凭证。

4．房产税纳税审核代理实务

房产税以房屋为征税对象，按照房屋的计税余值或出租房屋的租金为计税依据，向产权所有人征收，纳税审核的重点范围应是房屋原值和租金收入。

1）自用房产审核要点

（1）对按照房产原值计税的房产，无论会计上如何核算，房产原值均应包含地价，包括为取得土地使用权支付的价款、开发土地发生的成本费用等。宗地容积率低于 0.5 的，按房产建筑面积的 2 倍计算土地面积并据此确定计入房产原值的地价。

（2）房产原值是指纳税人按照会计制度规定，在账簿“固定资产”账户中记载的房屋造价（或购价），房产原值应包括与房屋不可分割的各种附属设备或一般不单独计算价值的配套设施。

凡以房屋为载体，不可随意移动的附属设备和配套设施，如给排水、采暖、消防、中央空调、电气及智能化楼宇设备等，无论在会计核算中是否单独记账与核算，都应计入房产原值，计征房产税。

（3）对出租房产，租赁双方签订的租赁合同约定有免收租金期限的，免收租金期间由产权所有人按照房产原值缴纳房产税。

【特别提示】

审核时，注意房产的原值是否真实，有无少报、瞒报的现象，有无分解记账的情况；纳税人对原有房屋进行改建、扩建的，是否按规定增加其房屋原值，有无将其改建、扩建支出列入大修理范围处理的情况。

2）出租房产审核要点

①审核“其他业务收入”等账户和房屋租赁合同及租赁费用结算凭证，核实房产租金收入，审核有无出租房屋不申报纳税的问题；②审核有无签订经营合同隐瞒租金收入，或以物抵租少报租金收入，或将房租收入计入营业收入未缴房产税的问题；③审核有无出租使用房屋，或租用免税单位和个人私有房产的问题；④对投资联营的房产，应区别对待。共担风险的，按房产的计税余值从价计征房产税；不承担风险的，按租金收入从租计征房产税。

3）应纳税额审核要点

①审核征免界限的划分各免税单位的自用房产与生产、经营用房产、出租房产的划分，免税单位房产与下属单位房产的划分是否明确，其划分方法是否正确，以及免税房产在改变用途转为应税房产后是否按规定申报纳税。在需要时，检查其申报的房产使用情况与其实际用途是否相符；②审核房产税计算纳税的期限。对于新建、改造、翻建的房屋，已办理验收手续或未办理验收手续已经使用的，是否按规定期限申报纳税，有无拖延纳税期限而少计税额的问题；③审核房产税纳税申报表，核实计税依据和适用税率的计算是否正确，对于固定资产账户未记载的房产原值，或房产原值明显不合理的应提议纳税人按有关程序进行评估，以保证计税依据的准确完整。

【例 9-11】下列房产税处理中，不符合房产税政策规定的是（　　）。

A．将单独作为“固定资产”核算的中央空调计入房产原值，计征房产税

B．未将完全建在地面以下的地下人防设施计入房产原值，计征房产税

C．将与地上房屋相连的地下停车场计入房产原值，计征房产税

D．将出租的房屋按租金收入计征房产税后，不再按房产原值计征房产税

5．房产税的会计核算

企业缴纳的房产税应在“管理费用”中列支。如果企业分期缴纳的税额较大，可以通过“待摊费用”科目，分摊到管理费用中。

借：管理费用（待摊费用）

　　贷：应交税费——应交房产税

【例 9-12】房产税实行按年征收、分期缴纳，如果企业分期缴纳的税额较大，可以通过（　　）科目摊入管理费用中。

A．“预提费用”　　B．“待摊费用”　　C．“其他应收款”　　D．“其他应付款”

【税务代理案例】

注册税务师受托审核某企业房产税缴纳情况，从固定资产明细账查实该企业有房屋 11 幢，合计原值为 34 202 200 元，再查对“应交税费——应交房产税”账户的应缴税金，复核计算无误，税款亦已入库。但是，审核“其他业务收入”账户，发现有一笔固定资产出租收入 62 400 元，核查原始凭证，这笔收入是出租长安街一幢房屋给某公司经营的租金收入，没有计缴房产税。

【案例解析】

企业应补缴房产税计算办法如下。

应补缴的房产税 562 400 × 12% = 7 488（元）

并作相关调账分录：

借：管理费用　　7 488

　　贷：应交税费——应交房产税　　7 488

9.2.2 城镇土地使用税纳税申报及纳税审核

城镇土地使用税计税方法简单直观。但是，由于界定土地使用权，计税地面积和类别、适用的定额税率情况各异，使代理申报工作也具有一定的难度。

1．城镇土地使用税一般规定

城镇土地使用税的征税范围为城市、县城、建制镇和工矿区，城镇土地使用税实行从量定额征收办法。其公式为

应纳税额＝单位税额×实际占用土地面积

2．代理城镇土地使用税纳税申报操作规范与申报表填制方法

城镇土地使用税计税方法直观简单，代理申报操作的重点环节是确定纳税义务人和计税土地面积及类别。

1）代理城镇土地使用税纳税申报操作规范

①核查企业土地使用证标示的土地面积和实际占用的土地面积，在此基础上核查土地实际所处的类区和用途，以确定征税土地面积的数量和适用的单位税额；②核查拥有土地使用权的实际情况，确认纳税义务人；③核查企业实际占用的减税免税土地面积及核批手续，确认减税免税土地面积。④根据适用的单位税额计算应纳税额，按年计算分期缴纳。

2）代理填制城镇土地使用税纳税申报表（表 9-7）的方法

①“税款所属时期”：填写格式为“年月－年月”，跨度最长不超过半年。如纳税人申报 2008 年半年税款，则填写“200801－200806”或 200807－200812”；一次性申报全年税款，则分两个所属期填写；②“应税面积”：应税面积＝实际占用土地面积－法定免税面积；③“年税额”：年税额＝应税面积×适用税额；④“本期应缴税额”：本期应缴税额＝应税面积×适用税额×（终止月份－起始月份＋1）/12。终止月份、起始月份是指“税款所属时期”栏所填的月份。

表 9-7 城镇土地使用税纳税申报表

计算单位：元、平方米、元/平方米

<table>
<tr><td>纳税人名称</td><td colspan="2"></td><td colspan="3">纳税人识别号/证照号码</td><td colspan="4"></td><td>联系电话</td><td colspan="2"></td></tr>
<tr><td>房地产证号</td><td>房地产位置</td><td>房地产名称</td><td>实际占用土地面积</td><td>法定免税面积</td><td>应税面积</td><td>土地等级</td><td>适用税额</td><td>年税额</td><td>本期应缴税额</td><td>本期减免税额</td><td>本期实缴税额</td><td>税款所属时期</td></tr>
<tr><td></td><td></td><td></td><td></td><td></td><td></td><td></td><td></td><td></td><td></td><td></td><td></td><td></td></tr>
<tr><td></td><td></td><td></td><td></td><td></td><td></td><td></td><td></td><td></td><td></td><td></td><td></td><td></td></tr>
<tr><td></td><td></td><td></td><td></td><td></td><td></td><td></td><td></td><td></td><td></td><td></td><td></td><td></td></tr>
<tr><td></td><td></td><td></td><td></td><td></td><td></td><td></td><td></td><td></td><td></td><td></td><td></td><td></td></tr>
<tr><td></td><td></td><td></td><td></td><td></td><td></td><td></td><td></td><td></td><td></td><td></td><td></td><td></td></tr>
<tr><td>合计</td><td colspan="3"></td><td></td><td></td><td></td><td></td><td></td><td></td><td></td><td></td><td></td></tr>
<tr><td>申报人声明</td><td colspan="2">本人对所提交的文件、证件以及填写内容的真实性、有效性和合法性承担责任，如有虚假内容，申报人依法承担相关责任。

法定代表人（自然人申报人）签名（盖章）：

年　月　日</td><td>授权人声明</td><td colspan="3">现授权__________为本申报人本次申报事项的代理人，其法人代表__________，电话______________。若采取邮寄方式送达申报有关往来文件，请寄给下列收件人：□申报人；□代理人。

委托代理合同编号：
授权人（法定代表、自然人申报人）签名（盖章）：
年　月　日</td><td>代理人声明</td><td colspan="3">本申报事项根据国家税收法律法规及国家、税务机关的有关规定填报，如有虚假内容，代理人依法承担相关责任。

代理人（法定代表、自然人申报人）签名（盖章）：

年　月　日</td><td>特别声明</td><td>本人同意按照税务机关登记的本申报人的房地产信息申报纳税。

法定代表人（自然人申报人）签名（盖章）：

年　月　日</td></tr>
<tr><td colspan="13">受理税务机关（章）：　　　　受理录入日期：　　　　受理录入人：</td></tr>
</table>

（版本号：201101）

3．土地使用税纳税审核

土地使用税以纳税人实际占用土地面积为计税依据，按照当地政府根据国务院制定颁布的条例和省、自治区、直辖市人民政府规定的年税额幅度确定的适用税额计算征收。在审核时，应重点审核纳税人实际占用土地的面积、减免税土地面积，适用单位税额以及税款计算缴纳等问题。

1）应税土地面积审核要点

应税土地面积是纳税人实际占用土地的面积，它是计算土地使用税的直接依据。凡已由省、自治区、直辖市人民政府指定的单位组织测定土地面积的，以实际测定的土地面积为应税土地面积；凡未经省、自治区、直辖市人民政府确定的单位组织测定的，以政府部门核发的土地使用证书确认的土地面积为应税土地面积；对尚未核发土地使用证书的，暂以纳税人据实申报的土地面积为应税土地面积。检查时，应将“土地使用税纳税申报表”中填报的应税土地面积与实际测定的土地面积、土地使用证书确认的土地面积。“固定资产”明细账中记载的土地面积相核对，看其是否相符。

【例 9-13】城镇土地使用税的纳税人以（　　）的土地面积作为计税依据。

A．实际占用　　B．自用　　C．经税务机关核定　　D．拥有

2）减免税土地面积审核要点

在审核过程中，应严格掌握土地使用税的减免税规定，对纳税人新征用的土地面积，可依据土地管理机关批准征地的文件来确定；对开山填海整治的土地和改造的废弃土地，可依据土地管理机关出具的证明文件来确定。另外，要审核是否将免税土地用于出租，或者多报免税土地面积的问题。

【例 9-14】下列用地中，应缴纳城镇土地使用税的有（　　）。

A．名胜古迹内管理单位的办公用地　　B．寺庙开办的商店的用地

C．街道绿化的用地　　D．军队训练场地的用地

E．中央直属企业的用地

3）应纳税额审核要点

根据土地位置和用途，对照当地人民政府对本地区土地划分的等级及单位税额，审核纳税人适用税率是否正确。在此基础上，进一步复核土地使用税纳税申报表和有关完税凭证，审核纳税人应纳税款的计算正确与否，税款是否及时申报缴纳入库。

4．土地使用税会计核算

缴纳的土地使用税应在“管理费用”中列支。

借：管理费用

　　贷：应交税费——应交土地使用税

【税务代理案例】

审核某运输公司 2009 年度土地使用税纳税情况，该公司有两个车站，一个在市区，占地 34 000 平方米，按市政府规定，该地段每平方米年应纳税额 1.2 元；另一个车站在市郊，占地 93 000 平方米，按照市政府规定，该地段每平方米年应纳税额 0.8 元，但该公司申报纳税时全按每平方米年应纳税额 0.8 元计算。经查实后，要求该公司纠正，并计算补缴 2009 年土地使用税。

【案例解析】

补缴2009年土地使用税＝34 000×（1.2－0.8）＝13 600（元）。

作相关调账分录：

借：管理费用 13 600

贷：应交税费——应交土地使用税 13 600

若跨年度审核，调账分录为：

借：以前年度损益调整 13 600

贷：应交税费——应交土地使用税 13 600

9.3 资源税纳税申报及纳税审核

资源税具有特定的征税范围，根据资源地区级差或等级收入设置幅度税额和明细税额，实行从量定额征收。代理资源税的纳税申报，应在了解企业应税资源品目和特点的基础上，正确划分征免范围，确定适用的税目税率。

9.3.1 资源税的一般规定

1．资源税的纳税人

纳税人：在我国领域及管辖海域开采规定的矿产品或者生产盐的单位和个人。

（1）外商投资企业及外国企业属于资源税的纳税人。

（2）中外合作开采石油、天然气的企业，自2011年11月开始缴纳资源税。

（3）收购未税矿产品的单位为资源税的扣缴义务人。扣缴义务人代扣代缴的资源税，应当向收购地主管税务机关缴纳。

2．资源税的计算方法

资源税的应纳税额，按照应税产品的课税数量和适用的单位税额计算。其计算公式为：

应纳税额＝课税数量×单位税额

【税务代理案例】

某铜矿用原矿入选铜精矿，因特殊原因无法准确掌握入选精矿时移送使用的原矿量，根据入选后精矿量为7 000吨，选矿比为1∶32，该铜矿资源等级为五等，适用的单位税额为每吨1.2元，计算该铜矿应纳资源税税额。

【案例解析】应纳资源税税额＝7 000×32×1.2＝268 800（元）。

9.3.2 资源税的纳税申报

1．资源税代理申报操作规范

代理资源税纳税申报主要涉及两个方面：纳税单位应税资源纳税申报，收购应税资源单位代扣代缴申报。

1）资源税纳税申报

（1）核查应税资源项目，确定课税数量，对于应税与非应税资源混同的企业，应具体加以区分。

（2）核查应税项目中按税法规定享受减免税政策的应税资源数量。

（3）根据资源税的明细税额和本地区的具体规定确定适用税率，计算填报纳税申报表。

2）资源税扣缴申报

资源税扣缴义务人主要有两个方面：①收购应税而未税矿产品的独立矿山或联合企业；②其他收购未税矿产品的单位。代理资源税扣缴申报操作要点如下。

（1）核查收购未税矿产品原始凭证和付款凭证，确定课税数量。

（2）根据资源税明细税额计算应扣缴的税额。

（3）指导收购单位在向纳税人支付收购款项前扣缴税款，并按照主管税务机关规定的期限办理扣缴税款报告。

2．代理填制资源税纳税申报表（表 9–8）的方法

表 9-8　资源税纳税申报表

纳税人识别名：□□□□□□□□□□□□□□□□□□□

纳税人名称：（公章）

税款所属期限：自　　年　　月　　日至　　年　　月　　日

填表日期：　　年　　月　　日　　　　　　　　　　金额单位：　　元（列至角分）

产品名称		课税单位	课税数量	单位税额	本期应纳税额	本期已纳税额	本期应补（退）税额	备注
1		2	3	4	5=3×4	6	7=5−6	
应纳税项目								
减免税项目								

<table>
<tr><td rowspan="6">纳税人或代理人声明：
此纳税申报表是根据国家税收法律的规定填报的，我确信它是真实的、可靠的、完整的。</td><td colspan="6">如纳税人填报，由纳税人填写以下各栏</td></tr>
<tr><td>经办人
（签章）</td><td></td><td>会计主管
（签章）</td><td></td><td>法定代表人
（签章）</td><td></td></tr>
<tr><td colspan="6">如委托代理人填报，由代理人填写以下各栏</td></tr>
<tr><td>代理人名称</td><td colspan="3"></td><td colspan="2" rowspan="3">代理人（公章）</td></tr>
<tr><td>经办人（签章）</td><td colspan="3"></td></tr>
<tr><td>联系电话</td><td colspan="3"></td></tr>
<tr><td colspan="7">以下由税务机关填写</td></tr>
<tr><td>受理人</td><td colspan="2">受理日期</td><td colspan="4">受理税务机关
（签章）</td></tr>
</table>

表 9-8 适用于开采应税矿产品或者生产盐的单位或个人申报缴纳资源税。主要按应税项目和免税项目区分填列。

（1）产品名称按企业应税产品名称及收购未税矿产品名称据实填报。

（2）课税单位按税法规定的数量单位填写。如吨、千立方米等。

（3）课税数量根据本期应税资源的销售数量、自用数量，按适用税率分别填列。

（4）单位税额填写本地区适用定额税率。

（5）免税项目各栏目填报要求与应税项目是一致的，故不重述。

9.3.3 资源税的纳税审核与会计核算

1．资源税纳税审核

资源税的纳税人是在我国境内从事开采矿产品和生产盐的单位和个人，本部分主要针对应税矿产品开采加工过程中资源税税额稽征的特点，阐述代理纳税审核的操作规范。

1）应税产品课税数量的审核

资源税实行从量定额征税。代理纳税审核首先应确定纳税人计税依据即应税产品的课税数量的确认是否准确无误。

（1）销售应税产品审核要点。纳税人开采或者生产应税产品销售的，以销售数量为课税数量。应审查“营业税金及附加”、“应交税费——应交资源税”等账户，对照销售发票存根联等原始凭证，确认课税数量是否正确。对不能确认的，应以应税产品产量或主管税务机关确定的折算比换算成的数量为课税数量。

（2）自用应税产品审核要点。纳税人开采或者生产应税产品自用的，以自用数量为课税数量。自产自用包括生产和非生产自用。应审核“生产成本”、“制造费用”、“应交税费——应交资源税”等账户，对照领料单等原始凭证，确认自产自用数量是否正确。对不能确认的，应以应税产品产量或主管税务机关确定的折算比换算成的数量为课税数量。例如，对于连续加工而无法正确计算原煤移送使用量的煤炭，可按加工产品的综合回收率，将加工产品实际销量和自用量折算成原煤数量作为课税数量。对于无法准确掌握纳税人移送使用原矿数量的金属和非金属矿产品原矿，可将其精矿按选矿比折算成原矿数量作为课税数量。

（3）收购应税产品审核要点。应重点注意以下问题：①独立矿山、联合企业收购的未税矿产品，是否按本单位适用的资源税单位税额，依据收购数量在收购地代扣代缴资源税；②其他收购未税矿产品的单位，是否按税法规定的单位税额，依据收购数量在收购地代扣代缴资源税。

扣缴义务人属商品流通企业的，应审核“库存商品”明细账的借方发生额，并结合审核原始凭证，如“商品入库单”、“购货发票”等凭证，核实购进未税产品的数量。扣缴义务人属工矿企业的，应审核其“原材料”账户，结合“材料人库单”、“发货票”的审核，查实购进未税产品的数量，再与企业申报纳税的计税数量相核对，若申报数量小于核实的数量，说明企业少扣缴了税款，应予及时补缴少扣税款。

2）适用税目、税率的审核

资源税的税目共有原油、天然气、煤炭等7个及若干个子目。其适用税额分为两个层次：①原则性的幅度税额；②具体的明细税额。应重点注意审核纳税人是否存在以下问题。

（1）降低或混淆应税产品的等级，使用低等级的单位税额，少纳资源税。

（2）液体盐加工成固体盐销售，但仍按液体盐的单位税额申报纳税。

（3）将稀油计入稠油、高凝油之中，降低单位税额，少纳资源税。

（4）《资源税暂行条例》及实施细则未列举单位适用税额及等级的，不按省、自治区、直辖市人民政府规定的单位税额计算纳税。

（5）因业务不熟导致错用单位税额。

资源税的单位税额由于按开采条件、质量等级而设置，因此，不但不同产地的单位税额不同，而且同一地点、同一矿山的应税产品，因等级不同其单位税额也不尽相同。审核时一般应根据《资源税税目税额明细表》、《几个主要品种的矿山资源等级表》，对照审核企业的“生产成本”、“库存商品”、“主营业务收入”、“应交税费”明细账，以及“资源税税金计算表”，一看企业有无混淆等级，故意将高等级的产品记入等级低的明细账中，使单位税额降低的情况；二看企业在计算税金时有无错用单位税额，税金的计算缴纳是否正确，注意按核实的计税数量和单位税额计算的应纳税额，与企业“应交税费——应交资源税”账户的贷方发生额以及纳税申报表上的应纳税额是否一致，如不一致则说明企业或适用税率有误，或申报缴纳不实。

3）减免税项目的审核

在审核中，应注意纳税人的减税、免税项目，是否单独核算课税数量，未单独核算或不能准确核算数量的按规定不能享受减税和免税。目前，具体的减税、免税规定如下所述。

（1）开采原油过程中用于加热、修井的原油，免税。

（2）纳税人开采或者生产应税产品过程中，因意外事故或者自然灾害等原因遭受重大损失的，由省、自治区、直辖市人民政府酌情决定减税或者免税。

（3）国务院规定的其他减税、免税项目。

【税务代理案例】

某油田10月份生产原油8万吨（单位税额8元/吨），其中销售6万吨，用于加热、修井的原油1万吨，待销售1万吨，当月在采油过程中还回收伴生天然气1 000万立方米（单位税额8 元/千立方米），计算该油田10月份应纳资源税税额。

【案例解析】

（1）原油应纳税额＝6×8＝48（万元）

（2）天然气应纳税额＝1×8＝8（万元）

（3）应纳税额合计＝48＋8＝56（万元）

2．资源税的会计核算

缴纳资源税的账务处理见表9-9。

借：应交税费——应交资源税

　　贷：银行存款

表9-9　资源税相关账务处理

具体情形	资源税相关账务处理
销售应税产品	借：营业税金及附加 　　贷：应交税费——应交资源税
自产自用应税产品视同销售	借：生产成本（管理费用等） 　　贷：应交税费——应交资源税
收购未税矿产品应代扣代缴的资源税，计入采购成本中	借：材料采购或原材料 　　应交税费——应交增值税（进项税额） 　　贷：银行存款 　　应交税费——应交资源税
外购液体盐加工固体盐，购入液体盐的账务处理	借：材料采购或原材料 　　应交税费——应交资源税 　　　　　　——应交增值税（进项税额） 　　贷：银行存款

【税务代理案例】

注册税务师受托对某油田（系增值税一般纳税人）进行纳税审核，发现当期企业下列两笔经济业务异常。

（1）用原油 50 吨等价换柴油互开普通发票，账务处理为：

借：原材料——燃料（柴油）　30 000（成本价）

　贷：库存商品——原油　30 000（成本价）

（2）有一笔产成品减少 300 吨的会计分录为：

借：银行存款　351 000

　贷：库存商品　180 000

　　其他应付款　171 000

经核实该油田资源税的计算是以销售数量为课税数量，适用单位税额为 10 元/吨，该油田销售原油每吨不含增值税售价为 1 000 元。按规定，用原油产品串换原材料应作销售处理，并缴纳资源税、增值税，企业用油换原材料直接冲减“库存商品”成本，漏计销售收入 50×1 000＝50 000（元），少计增值税＝50 000×17%＝8 500（元），少缴资源税＝50×10＝500（元）。企业销售原油 300 吨，收入 300 000 元未记入“主营业务收入”账户，少缴资源税 3 000 元，增值税 51 000 元，故予以调账处理。

（1）调增产品销售收入

① 串换原材料业务

借：原材料　28 500

　库存商品——原油　30 000

　贷：主营业务收入　50 000

　　应交税费——应交增值税（销项税额）　8 500

② 未计收入的 300 吨业务

借：其他应付款　171 000

　库存商品——原油　180 000

　贷：主营业务收入　300 000

　　应交税费——应交增值税（销项税额）　51 000

（2）结转产品销售成本

借：主营业务成本　210 000

　贷：库存商品——原油　210 000

（3）补提资源税

借：营业税金及附加　3 500

　贷：应交税费——应交资源税　3 500

（4）结转增值税应缴税金

借：应交税费——应交增值税（转出未交增值税）　59 500

　贷：应交税费——未交增值税　59 500

（5）补缴资源税、增值税

借：应交税费——应交资源税　3 500

　　　　——未交增值税　59 500

　贷：银行存款　63 000

【税务代理案例】

审核某煤矿（系增值税一般纳税人）纳税情况，发现“生产成本”明细账借方发生额中有红字冲销额 8 000 元，其账务处理为：

借：应付福利费　　8 000

　　贷：生产成本　　8 000

经核实，企业将宿舍区锅炉用煤直接冲减了基本生产成本，共查出职工生活方面用煤 500 吨，均以实际成本作上述账务处理，该批煤炭平均生产成本为 80 元/吨，不含增值税售价为 120 元/吨，该煤矿适用的资源税税额为 1.20 元/吨。纳税人自用应税产品，应在移送使用时按使用数量计算缴纳资源税，而该煤矿将宿舍区锅炉用煤及其他职工生活用煤直接冲减了“生产成本”，未缴纳资源税，应补缴资源税 500×1.2＝600（元）。同时，企业未作视同销售处理，少计增值税销项税额＝500×120×13%＝7 800（元），故建议企业作调账分录如下。

（1）补提税金

借：应付福利费　　8 400

　　贷：应交税费——应交增值税（销项税额）　　7 800

　　　　　　　　——应交资源税　　600

（2）结转增值税应缴税金

借：应交税费——应交增值税（转出未交增值税）　　7 800

　　贷：应交税费——未交增值税　　7 800

（3）补缴税金

借：应交税费——应交资源税　　600

　　　　　　——未交增值税　　7 800

　　贷：银行存款　　8 400

本章小结

本章主要内容包括印花税征税对象、纳税人、税率、应税凭证的计税依据、营业账簿征税的范围、税收优惠和纳税方法。

土地增值税征免税的范围、应税收入与扣除项目的审核、应纳税额的计算、从事房地产开发与非从事房地产开发纳税人申报表填写的不同（具体扣除项目的不同）；税收优惠。

房产税征税范围、房屋的范围、从价计征与从租计征的计税依据、应纳税额的计算、税收优惠、账务处理。

城镇土地使用税计税依据、征税范围、税收优惠、账务处理。

资源税纳税人、计税依据、税收优惠、账务处理。

职业能力训练

一、单项选择题

1．下列各项中，不依照房产余值缴纳房产税的是（　　）。

A．无偿使用其他企业的房产　　B．融资租赁的房产

C．租赁给其他单位的房产　　D．投资联营共担风险的房产

2. 下列关于资源税的优惠政策的表述不正确的是（　　）。

A. 开采原油过程中用于加热、修井的原油，免税

B. 纳税人开采或者生产应税产品过程中，因意外事故或者自然灾害等原因遭受重大损失的，由省、自治区、直辖市人民政府酌情决定减税或免税

C. 纳税人开采或者生产应税产品过程中，因意外事故或者自然灾害等原因遭受重大损失的，由国家税务总局酌情决定减税或免税

D. 对冶金矿山铁矿石资源税减征 40%

3. 县城某企业为采矿联合企业，销售了本月选出的铁精矿 2 000 吨，选矿比为 20%。收购临近小矿山的未税锰矿石 800 吨。铁矿石资源税为每吨 10 元，锰矿石资源税为每吨 3 元。注册税务师代为计算的应纳资源税为（　　）。

A. 60 000　　B. 2 400

C. 62 400　　D. 20 000

4. 某交通运输企业 2012 年 12 月签订以下合同：

（1）与某融资租赁公司签订融资租赁合同购置新车 15 辆，合同载明租赁期限为 3 年，每年支付租金 100 万元。

（2）与某客户签订货物运输合同，合同载明货物价值 500 万元、运输费用 65 万元（含装卸费 5 万元，货物保险费 10 万元）。

（3）与某运输企业签订租赁合同，合同载明将本企业闲置的总价值 300 万元的 10 辆货车出租，每辆车月租金 4 000 元，租期未定。

（4）与某保险公司签订 2012 年车辆保险合同，合同载明为本企业的 50 辆车上第三方责任险，每辆车年保险费 4 000 元。该企业当月应缴纳的印花税为（　　）元。

A. 505　　B. 540

C. 605　　D. 640

5. 印花税法规定，为了鼓励技术研究开发，对技术开发合同只就合同所载的（　　）计税。

A. 价款金额　　B. 报酬金额

C. 使用费金额　　D. 研究开发费金额

6. 甲公司与乙公司分别签订以货换货合同，甲公司的货物价值 300 万元，乙公司的货物价值 300 万元。甲公司应缴纳印花税为（　　）元。

A. 900　　B. 1 200

C. 1 800　　D. 2 100

7. 注册税务师在代理土地增值税的申报时，对于土地增值税的纳税人转让的房地产坐落在两个或两个以上地区的，应（　　）主管税务机关申报纳税。

A. 向纳税人机构所在地　　B. 向房地产坐落地的各方

C. 事先选择其中一方　　D. 向房地产坐落地各方的共同上级

8. 某房地产有限公司将自建的商品房对外出售时，填写《土地增值税纳税申报表（一）》时，第 16 栏“与转让房地产有关的税金等”不反映的税金或附加是（　　）。

A. 印花税　　B. 营业税

C. 教育费附加　　D. 城建税

9．某市房地产企业 2012 年建设一栋普通标准的住宅出售，取得销售收入 1 000 万元，该公司为了建造普通住宅支付的地价款 200 万元，房地产开发成本 400 万元，银行贷款利息由于与其他项目无法划分，所以无法提供准确的数字，则该房地产企业应缴纳的土地增值税是（　　）万元。（该市房地产开发费用的扣除比例在利息不得扣除时规定的比例 10%，利息可以扣除时，规定的比例为 5%）

A．0　　B．49.50

C．69.50　　D．79.50

10．出于简化纳税手续的考虑，税法规定了印花税可采取一些特殊的缴纳方法，下列各项缴纳方法，错误的是（　　）。

A．按期汇总缴纳　　B．以缴款书代替贴花

C．以完税证代替贴花　　D．代扣分期缴纳

二、多项选择题

1．下列各项中，不征或免征土地增值税的有（　　）。

A．以房地产使用权抵债而尚未发生房地产权属转让的

B．以房地产对外出租的

C．被兼并企业的房地产在企业兼并中转让到兼并方的

D．以出地、出资双方合作建房，建成后又转让给其中一方的

E．企业与个人之间交换的房地产

2．下列土地，可以依法免缴城镇土地使用税的有（　　）。

A．公园中附设的照相馆使用的土地　　B．农副产品加工场地和生活、办公用地

C．人民团体的办公楼用地　　D．个人拥有的营业用地

E．厂区以外的绿化用地

3．按《中华人民共和国房产税暂行条例》，下列在征税范围内的房产或其他建筑物属于房产税征税对象的是（　　）。

A．工厂围墙　　B．宾馆的室外游泳池

C．水塔　　D．企业职工宿舍

E．房地产公司出租的写字楼

4．注册税务师判断下列项目中属于应该征收城镇土地使用税的有（　　）。

A．农林牧渔业的生产用地　　B．商业企业在工矿区的用地

C．事业单位下属服务公司在城市的用地

D．工业企业厂区外的绿化用地

E．市政府机关将自己的办公用地借给某企业使用的土地

5．注册税务师接受委托代理纳税人进行印花税纳税申报的，应当注意（　　）。

A．了解企业生产经营所属的行业以及生产经营项目的特点，确定应税凭证可能发生的主要范围

B．核查企业当期书立的购销合同、加工承揽合同、货物运输合同、保险合同、营业账簿、权利许可证照、卫生许可证等，按合同金额和适用的税率计算应纳税额

C．核查企业具有合同性质的票据、单据

D. 对于加工承揽合同、货物运输合同等在计税时可作一定金额扣除的应税凭证，还应核查计税金额与扣除金额，确定计税依据

E. 如果企业同一种类应税凭证纳税次数发生频繁，可向主管税务机关申请采取汇总缴纳的方法

6. 下列关于资源税计税依据的表述中，正确的有（　　）。

A. 自用从量计征资源税的应税产品，以自用数量为课税数量

B. 煤炭，对于连续加工前无法正确计算原煤移送使用数量的，可按加工产品的综合回收率，将加工产品实际销量和自用量折算成原煤数量作为课税数量

C. 金属和非金属矿产品原矿，因无法准确掌握纳税人移送使用数量的，可将其精矿按选矿比折算成原矿数量作为课税数量

D. 纳税人以自产的液体盐加工固体盐，按固体盐税额征税，以自产液体盐数量为课税数量

E. 纳税人以外购的液体盐加工固体盐，其加工固体盐所耗用液体盐的已纳税额准予抵扣

7. 注册税务师在代理房产税的纳税申报时，发现企业有如下情况，企业的处理是正确的有（　　）。

A. 核查时发现企业在确定房屋的原值时，将中央空调的价值从房屋原值中扣除

B. 核查时发现企业将原有的房产投入了生产经营中使用后，从生产经营之月起，开始计算缴纳房产税

C. 核查企业的“其他业务收入”科目时，发现企业将办公楼其中一层租出，但是由于其他几层由企业自己生产经营使用，所以按照从价计征的方式计算房产税

D. 现场勘察企业的房屋时，发现企业有一栋危房，经过有关部门鉴定后，已经不适合使用，本年初已经停止使用，已经按照从价方式计提了房产税

E. 现场勘察企业的房屋时，发现企业将自有的车库无偿借给邻近的公安局使用，当期没有计算房产税

8. 以下房产中可以享受免征房产税优惠政策的房产有（　　）。

A. 企业办的技工学校自用的房产　　B. 军队空余的出租房产

C. 农村的房产　　D. 公安局租用某企业房屋，按年计付租金

E. 公园照相馆经营用房产

9. 注册税务师接受企业对于城镇土地使用税进行纳税审核，对于城镇土地使用税计税依据的确定，以下的说法中正确的有（　　）。

A. 凡已由省、自治区、直辖市人民政府指定的单位组织测定土地面积的，以实际测定的土地面积为应税土地面积

B. 凡已由省、自治区、直辖市人民政府指定的单位组织测定土地面积的，以政府部门核发的土地使用证确认的土地面积为应税土地面积

C. 凡未经省、自治区、直辖市人民政府指定的单位组织测定的，以政府部门核发的土地使用证书确认的土地面积为应税土地面积

D. 凡未经省、自治区、直辖市人民政府指定的单位组织测定的，以纳税人申报的土地面积为应税土地面积

E. 对尚未核发土地使用证书的，暂以纳税人据实申报的土地面积为应税土地面积

10. 某房地产企业在计算房地产开发费用时，对财务费用中的借款利息支出，凡能够按照转让房地产项目计算分摊并提供金融机构证明的，允许据实扣除。但下列项目中不能计入利息支出扣除的有（　　）。

A. 金融机构加收的罚息　　B. 超过贷款期限的利息部分

C. 超过国家规定上浮幅度的利息支出部分

D. 按照商业银行同类同期贷款利率计算的利息金额

E. 国家规定上浮幅度以内的利息支出

三、简答题

1. 某工厂位于县城，2012 年发生如下业务。

（1）年初从当地政府取得土地使用权，价值 1 600 万元，支付登记费和过户手续费 2 万元。

（2）该企业将该土地用于建造住宅楼一栋准备出售给职工，发生开发成本 1 100 万元；房地产开发费用 200 万元（不含贷款利息支出）。

（3）该企业于本年 1 月 1 日向 A 银行贷款 1 000 万元，贷款利率 5%，全部用于该住宅楼的建设，已取得合法凭证。

（4）2012 年 12 月完工，因无法归还到期另外一笔 3 500 万元的贷款，该企业改变将住宅楼出售给职工的计划，当月将该住宅楼抵债给银行，签订了产权转移书据。

（5）2012 年 7 月该企业将 7 成新的旧仓库以 1 500 万元的价值抵账给建筑公司，同时支付相关税费 130 万元。该仓库建造时造价是 600 万元，按转让时的建材及人工费用计算，建同样的新房需花费 1 000 万元。转让时补缴土地使用权的价款是 500 万元。

要求：计算上述业务涉及的土地增值税。（契税税率 5%，其他房地产开发费用按最高比例确定）

2. 某食品生产企业 2012 年 5 月份成立，领受工商营业执照正本、副本各 1 件，税务登记证正本、副本各 1 件，土地使用证 1 件，卫生许可证 1 件，组织机构代码证 1 件；设置营业账簿 20 本，其中一本是实收资本账簿，注册资本为 2 900 万元，一本是资本公积账簿，金额 100 万元；签订了材料采购合同 200 万元，但因各种原因未能履行。

要求：请计算该企业应该缴纳的印花税。

第10章 税务行政复议代理实务

SHUIWU XINGZHENG FUYI DAILI SHIWU

【学习目标】

知识目标：了解税务行政复议受案范围和参加人、熟悉税务行政复议的申请、受理、证据、决定和送达、掌握代理税务行政复议的基本前提、掌握代理税务行政复议的操作规范。

能力目标：能够应用本章所学的理论知识进行税务行政复议的代理工作。重点掌握代理税务行政复议的基本前提，在受托代理阶段、复议受理、审理阶段的基本策略和操作要点。

【导入案例】

2012年6月8日，群众举报M县某酒店在开发票过程中采取“大头小尾”方式进行偷税。该县地税局遂立案检查，6月9日县地税局派人对酒店依法实施了检查，查实其偷税3 500元的事实。M县地税局遂于6月15日依法作出补缴税款、加收滞纳金及处以所偷税款3倍罚款的决定。酒店不服，于6月20日依法向市地税局申请税务行政复议。7月10日，复议机关经审理后，作出维持原具体行政行为的复议决定。（不考虑发票违法行为的处理）

【思考】酒店对地税局的处理决定不服，是否可无条件地向市地税局申请行政复议？如酒店对市地税局的复议决定不服，可以采取哪些应对措施？

10.1 税务行政复议概述

10.1.1 税务行政复议的含义、特点

税务行政复议是纳税人或其他行政相对人认为税务机关的某一具体行政行为侵害了自己的合法权益，向作出具体行政行为的税务机关的上一级税务机关提出申诉，由上级税务机关依法裁决税务争议的过程。税务行政复议既是依法保护纳税人、扣缴义务人税收权益的税收管理制度，也是保证税务机关依法行政的重要渠道。

【知识链接】

2010年2月10日，国家税务总局令第21号，为了进一步发挥行政复议解决税务行政争议的作用，保护公民、法人和其他组织的合法权益，监督和保障税务机关依法行使职权，根据《中华人民共和国行政复议法》（以下简称《行政复议法》）、《中华人民共和国税收征收管理法》和《中华人民共和国行政复议法实施条例》（以下简称《行政复议法实施条例》），结合税收工作实际，制定了《税务行政复议规则》。本规则自2010年4月1日起施行，2004年2月24日国家税务总局公布的《税务行政复议规则（暂行）》（国家税务总局令第8号）同时废止。

税务行政复议的特点包括以下5点：①税务行政复议以当事人不服税务机关及其工作人员作出的税务具体行政行为为前提；②税务行政复议因当事人的申请而产生；③税务行政复议案件的审理一般由原处理税务机关的上一级税务机关进行；④税务行政复议的双方当事人是固定的；⑤税务行政复议与行政诉讼相衔接。

10.1.2 税务行政复议的受案范围

根据《税收征管法》、《行政复议法》和《税务行政复议规则》的规定，税务行政复议的受案范围仅限于税务机关作出的税务具体行政行为。税务具体行政行为是指税务机关及其工作人员在税务行政管理活动中行使行政职权，针对特定的公民、法人或者其他组织，就特定的具体事项，作出的有关该公民、法人或者其他组织权利、义务的单方行为。主要包括以下几点。

（1）税务机关作出的征税行为：包括确认纳税主体、征税对象、征税范围、减税、免税及退税、适用税率、计税依据、纳税环节、纳税期限、纳税地点以及税款征收方式等具体行

政行为和征收税款、加收滞纳金及扣缴义务人、受税务机关委托征收的单位作出的代扣代缴、代收代缴行为。

（2）税务机关作出的税收保全措施：①书面通知银行或者其他金融机构冻结存款；②扣押、查封商品、货物或其他财产。

（3）税务机关未及时解除保全措施，使纳税人及其他当事人合法权益遭受损失的行为。

（4）税务机关作出的强制执行措施：书面通知银行或者其他金融机构从其存款中扣缴税款；变卖、拍卖扣押、查封的商品、货物或者其他财产。

（5）税务机关作出的行政处罚行为：罚款；没收财物和违法所得；停止出口退税权。

（6）税务机关不予依法办理或者答复的行为：包括不予审批减免税或者出口退税；不予抵扣税款；不予退还税款；不予颁发税务登记证、发售发票；不予开具完税凭证和出具票据；不予认定为增值税一般纳税人；不予核准延期申报、批准延期缴纳税款。

（7）税务机关作出的取消增值税一般纳税人资格的行为。

（8）收缴发票、停止发售发票。

（9）税务机关责令纳税人提供纳税担保或者不依法确认纳税担保有效的行为。

（10）税务机关不依法给予举报奖励的行为。

（11）税务机关作出的通知出境管理机关阻止出境行为。

（12）税务机关作出的其他具体行政行为。

（13）纳税人及其他当事人认为税务机关的具体行政行为不合法。在对具体行政行为申请行政复议时，可一并向复议机关提出对该规定的审查申请：国家税务总局和国务院其他部门的规定；其他各级税务机关的规定；地方各级人民政府的规定；地方人民政府工作部门的规定。

【特别提示】

13条当中的规定不包括规章。

【例 10-1】纳税人认为税务机关的具体行政行为所依据的（　　）不合法，在对具体行政行为复议时，可一并向复议机关提出对该规定的审查申请。

A．国家税务总局制定的规定　　B．国务院制定的行政法规

C．财政部制定的行政规章　　D．地方人民代表大会制定的地方法

10.1.3　税务行政复议的参加人

（1）税务行政复议的申请人，是指认为税务机关的具体行政行为侵犯其合法权益。依法向税务行政复议机关提出复议申请的公民、法人或其他组织以及外国人、无国籍人。具体是指纳税义务人、扣缴义务人、纳税担保人和其他税务当事人。

有权提出复议申请的法人或其他组织发生合并、分立或终止的，承受其权利的法人或其他组织可以作为特殊申请人提出复议申请；有权提出复议申请的公民死亡的。其近亲属可以提出复议申请；有权申请复议的公民是无行为能力或限制行为能力人的，其法定代理人可以代理申请复议。同一行政复议案件申请人超过 5 人的，应当推选 1 至 5 名代表参加行政复议。

（2）税务行政复议的被申请人，是指作出引起争议的具体行政行为的税务机关。

【知识链接】

如何确定被申请人（表 10—1）

表 10-1　确定被申请人表

申请人对税务机关的征税或其他具体行政行为不服申请复议	该税务机关
对税务机关依法设立的派出机构，按照税收法律、法规，以自己的名义作出的具体行政行为不服申请复议	该派出机构
对法律、法规规定需要上级税务机关批准的具体行政行为不服申请的复议	最初报请批准的税务机关
申请人对税务机关委托代征人、扣缴义务人作出的代征、代缴税款的行为不服申请复议	该委托税务机关
作出具体行政行为的税务机关被撤销、合并的	继续行使其职权的税务机关

（3）税务行政复议的第三人是指与申请复议的具体行政行为有利害关系的个人或组织。

【特别提示】

第三人不参加行政复议，不影响行政复议案件的审理。这里所说的“利害关系”，一般是指经济上的债权、债务关系，股权控股关系等。税务行政复议第三人经税务行政复议机关批准，可以参加税务行政复议活动。

（4）税务行政复议的代理人是指接受当事人的委托，以被代理人的名义，在法律规定或当事人授予的权限范围内，为代理复议行为而参加复议的个人。

【特别提示】

申请人、第三人可以委托 1 至 2 名代理人参加行政复议。申请人、第三人委托代理人的，应当向行政复议机构提交授权委托书。授权委托书应当载明委托事项、权限和期限。公民在特殊情况下无法书面委托的，可以口头委托。口头委托的，行政复议机构应当核实并记录在卷。申请人、第三人解除或者变更委托的，应当书面告知行政复议机构。被申请人不得委托本机关以外人员参加行政复议。

【例 10-2】下列人员中不属于行政复议的申请人的是（　　）。

A．扣缴义务人　　B．纳税担保人

C．税务行政复议代理人　　D．纳税义务人

10.1.4　税务行政复议的管辖原则

（1）对各级国家税务局的具体行政行为不服的，向其上一级国家税务局申请行政复议。

（2）对各级地方税务局的具体行政行为不服的，可以选择向其上一级地方税务局或者该税务局的本级人民政府申请行政复议。省、自治区、直辖市人民代表大会及其常务委员会、人民政府对地方税务局的行政复议管辖另有规定的，从其规定。

（3）对国家税务总局的具体行政行为不服的，向国家税务总局申请行政复议。对行政复议决定不服，申请人可以向人民法院提起行政诉讼，也可以向国务院申请裁决。国务院的裁决为最终裁决。

（4）对下列税务机关的具体行政行为不服的，按照下列规定申请行政复议：①对计划单列市税务局的具体行政行为不服的，向省税务局申请行政复议；②对税务所（分局）、各级税务局的稽查局的具体行政行为不服的，向其所属税务局申请行政复议；③对两个以上税务机关共同作出的具体行政行为不服的，向共同上一级税务机关申请行政复议；对税务机关与其他行政机关共同作出的具体行政行为不服的，向其共同上一级行政机关申请行政复议；④对被撤销的税务机关在撤销以前所作出的具体行政行为不服的，向继续行使其职权的税务机关的上一级税务机关申请行政复议；⑤对税务机关作出逾期不缴纳罚款加处罚款的决定不服的，向作出行政处罚决定的税务机关申请行政复议。但是对已处罚款和加处罚款都不服的，一并向作出行政处罚决定的税务机关的上一级税务机关申请行政复议。

有前款②、③、④、⑤项所列情形之一的，申请人也可以向具体行政行为发生地的县级地方人民政府提交行政复议申请，由接受申请的县级地方人民政府依法转送。

【导入案例解析】

该酒店如对市地税局的行政复议决定不服，根据相关法律规定，应以作出原具体行政行为的县地税局为被告提起行政诉讼。

10.1.5 税务行政复议申请

1．申请时间及条件

申请人可以在知道税务机关作出具体行政行为之日起 60 日内提出行政复议申请。因不可抗力或者被申请人设置障碍等原因耽误法定申请期限的，申请期限的计算应当扣除被耽误时间。行政复议申请期限计算说明见表 10-2。

表 10-2　行政复议申请期限计算说明

当场作出具体行政行为的	自具体行政行为作出之日起计算
载明具体行政行为的法律文书直接送达的	受送达人签收之日起计算
载明具体行政行为的法律文书邮寄送达的	邮件签收单上签收之日起计算
	没有签收单的，在送达回执上签名之日起计算
依法通过公告形式告知	自公告规定的期限届满之日起计算
税务机关作出具体行政行为时未告知申请人，事后补充告知的	自该申请人收到税务机关补充告知的通知之日起计算
被申请人能够证明申请人知道具体行政行为	证据材料证明其知道具体行政行为之日起计算
税务机关作出具体行政行为，依法应当向申请人送达法律文书而未送达的	视为该申请人不知道该具体行政行为

【知识链接】

选择复议和必经复议

当纳税人或其他行政相对人认为税务机关的某一具体行政行为侵害了自己的合法权益时，即可以向作出具体行政行为的税务机关的上一级税务机关提出申诉，也可以向人民法院提出诉讼的为选择复议；而受案范围中的第 1 条和第 6 条的前三条则只能先提出税务行政复议，复议结果仍不满意的，可以在法律规定的时间内提出诉讼请求。

申请人按照规定申请行政复议的，必须依照税务机关根据法律、法规确定的税额、期限，先行缴纳或者解缴税款和滞纳金，或者提供相应的担保，才可以在缴清税款和滞纳金以后或者所提供的担保得到作出具体行政行为的税务机关确认之日起 60 日内提出行政复议申请。申请人提供担保的方式包括保证、抵押和质押。作出具体行政行为的税务机关应当对保证人的资格、资信进行审查，对不具备法律规定资格或者没有能力保证的，有权拒绝。作出具体行政行为的税务机关应当对抵押人、出质人提供的抵押担保、质押担保进行审查，对不符合法律规定的抵押担保、质押担保，不予确认。

【导入案例解析】

如酒店对补税加收滞纳金的决定不服，按规定必须先依照税务机关的纳税决定缴纳或者解缴税款及滞纳金或者提供相应的担保，然后可以依法申请行政复议。如对行政处罚决定不服，可直接向市地税局依法申请行政复议，也可向县人民法院提起诉讼。

2．申请方式

申请人书面申请行政复议的，可以采取当面递交、邮寄或者传真等方式提出行政复议申请。有条件的行政复议机关可以接受以电子邮件形式提出的行政复议申请。对以传真、电子邮件形式提出行政复议申请的，行政复议机关应当审核确认申请人的身份、复议事项。

申请人口头申请行政复议的，行政复议机构应当场制作行政复议申请笔录，交申请人核对或者向申请人宣读，并由申请人确认。

3．如有下列情形之一的，申请人应当提供证明材料

（1）认为被申请人不履行法定职责的，提供要求被申请人履行法定职责而被申请人未履行的证明材料。

（2）申请行政复议时一并提出行政赔偿请求的，提供受具体行政行为侵害而造成损害的证明材料。

（3）法律、法规规定需要申请人提供证据材料的其他情形。

【特别提示】

申请人向行政复议机关申请行政复议，行政复议机关已经受理的，在法定行政复议期限内申请人不得向人民法院提起行政诉讼；申请人向人民法院提起行政诉讼，人民法院已经依法受理的，不得申请行政复议。

税务行政复议申请书（表 10–3）是申请人向税务机关申请复议时递交的，引起税务行政复议程序发生的申请文件。复议申请书的内容主要有：申请人的姓名、性别、年龄、职业、住址等（法人或其他经济组织的名称、地址、法定代表人的姓名）；被申请人的名称、地址；申请复议的要求和理由；注明是否已经依照税务机关根据法律、行政法规确定的税额缴纳或者解缴税款及滞纳金，并附有关证明材料；提出复议申请的日期。

表 10-3 税务行政复议申请书

<table>
<tr><td rowspan="2">法人或其他组织名称</td><td colspan="2" rowspan="2"></td><td colspan="3" rowspan="2">法定代表人姓名</td><td colspan="2" rowspan="2"></td><td colspan="2">地址</td><td></td></tr>
<tr><td colspan="2">电话</td><td></td></tr>
<tr><td rowspan="2">申请人
姓 名</td><td rowspan="2"></td><td rowspan="2">性别</td><td rowspan="2"></td><td rowspan="2">年龄</td><td rowspan="2"></td><td rowspan="2">职业</td><td rowspan="2"></td><td colspan="2">地址</td><td></td></tr>
<tr><td colspan="2">电话</td><td></td></tr>
<tr><td rowspan="2">法定代理人姓名</td><td rowspan="2"></td><td rowspan="2">职业</td><td rowspan="2"></td><td>单位</td><td colspan="3"></td><td colspan="2">电话</td><td></td></tr>
<tr><td>地址</td><td colspan="6"></td></tr>
<tr><td>营业执照号</td><td colspan="4"></td><td colspan="4">税务登记证号</td><td colspan="2"></td></tr>
<tr><td>经济性质</td><td colspan="4"></td><td colspan="4">经营范围</td><td colspan="2"></td></tr>
<tr><td>被申请人</td><td colspan="4"></td><td colspan="4">地 址</td><td colspan="2"></td></tr>
<tr><td>处理决定
执行情况</td><td colspan="10"></td></tr>
<tr><td>申请复议的要求和理由</td><td colspan="10">法定代表人签字：　　　　　　　　　　申请人盖章
提出复议申请的日期：　　　　　　　　　年　　月　　日</td></tr>
<tr><td>说明</td><td colspan="10">1. 申请时需附资料：①法定代理人应附有关证明；②税务机关处理决定书；③已缴税款、滞纳金凭证；④申请人认为税务机关作出的具体行政行为不当的依据。
2. 表中内容填写不下可另加附页</td></tr>
</table>

10.1.6 税务行政复议受理

行政复议申请符合下列规定的，行政复议机关应当受理：属于本规则规定的行政复议范围；在法定申请期限内提出；有明确的申请人和符合规定的被申请人；申请人与具体行政行为有利害关系；有具体的行政复议请求和理由；属于收到行政复议申请的行政复议机关的职责范围；其他行政复议机关尚未受理同一行政复议申请，人民法院尚未受理同一主体就同一事实提起的行政诉讼。

行政复议机关收到行政复议申请以后，应当在 5 日内审查，决定是否受理。对不符合本规则规定的行政复议申请，决定不予受理，并书面告知申请人。对不属于本机关受理的行政复议申请，应当告知申请人向有关行政复议机关提出。行政复议机关收到行政复议申请以后未按照前款规定期限审查并作出不予受理决定的，视为受理。

对符合规定的行政复议申请，自行政复议机构收到之日起即为受理；受理行政复议申请，应当书面告知申请人。

行政复议申请材料不齐全、表述不清楚的，行政复议机构可以自收到该行政复议申请之日起 5 日内书面通知申请人补正。补正通知应当载明需要补正的事项和合理的补正期限。无正当理由逾期不补正的，视为申请人放弃行政复议申请。补正申请材料所用时间不计入行政复议审理期限。

上级税务机关认为行政复议机关不予受理行政复议申请的理由不成立的，可以督促其受理；经督促仍然不受理的，责令其限期受理。上级税务机关认为行政复议申请不符合法定受理条件的，应当告知申请人。上级税务机关认为有必要的，可以直接受理或者提审由下级税务机关管辖的行政复议案件。

对应当先向行政复议机关申请行政复议，对行政复议决定不服再向人民法院提起行政诉讼的具体行政行为，行政复议机关决定不予受理或者受理以后超过行政复议期限不作答复的，申请人可以自收到不予受理决定书之日起或者行政复议期满之日起 15 日内，依法向人民法院提起行政诉讼。

行政复议机关应当自受理申请之日起 60 日内作出行政复议决定。情况复杂，不能在规定期限内作出行政复议决定的，经行政复议机关负责人批准，可以适当延期，并告知申请人和被申请人。但是延期不得超过 30 日，以延长以后的时间为行政复议期满时间。

行政复议期间的特殊情况说明见表 10-4。

表 10-4　行政复议期间的特殊情况说明

行政复议期间具体行政行为不停止执行；但是有下列情形之一的，可以停止执行	
（1）被申请人认为需要停止执行的。 （2）行政复议机关认为需要停止执行的。 （3）申请人申请停止执行，行政复议机关认为其要求合理，决定停止执行的。 （4）法律规定停止执行的。	
行政复议期间，有下列情形之一的，行政复议中止	行政复议期间，有下列情形之一的，行政复议终止
（1）申请人死亡，须等待其继承人表明是否参加行政复议的； （2）申请人丧失行为能力，尚未确定法定代理人的； （3）作为一方当事人的行政机关、法人或者其他组织终止，尚未确定其权利义务承受人的； （4）因不可抗力原因，致使复议机关暂时无法调查了解情况的； （5）依法对具体行政行为的依据进行处理的； （6）案件的结果须以另一案件的审查结果为依据，而另一案件尚未审结的； （7）申请人请求被申请人履行法定职责，被申请人正在履行的； （8）其他应当中止行政复议的情形。 行政复议中止应当书面告知当事人。中止行政复议的情形消除后，应当立即恢复行政复议	（1）依照规定撤回行政复议申请的； （2）行政复议申请受理后，发现其他复议机关或者人民法院已经先于本机关受理的； （3）申请人死亡，没有继承人或者继承人放弃行政复议权利的； （4）作为申请人的法人或者其他组织终止后，其权利义务的承受人放弃行政复议权利的；因前条第 1、2 项原因终止行政复议满 60 日仍无人继续复议的，行政复议终止，但有正当理由的除外； （5）行政复议申请受理后，发现不符合受理条件的。 行政复议终止应当书面告知当事人

【税务代理案例】

试分析纳税人提出的行政复议中，复议机关是否应当受理，并说明具体的税务行政复议的规定。甲县国税局根据举报派人到城区某商店进行检查，查实该店上月隐瞒收入少缴税款 1 800 元。8 月 11 日，甲县国税局依法作出并送达《税务处理决定书》，责令该店于 8 月 26 日前缴清税款及滞纳金。尽管该店认为自己没有少缴税，但仍于 8 月 15 日按规定缴纳了全部税款及滞纳金。由于负责人业务繁忙，所以直到 12 月 10 日才向该市国税局提出复议申请。

【案例解析】

市国税局可以不予受理行政复议申请。申请人超过法定的申请期限的，复议机关不予受理行政复议，复议期限为纳税人实际缴清税款和滞纳金或者提供担保到做出具体行政行为的税务机关确认之日起 60 日内，本题中纳税人提出行政复议已经逾期 60 日，所以复议机关应当不予受理。

10.1.7　证据

行政复议证据包括书证、物证、视听资料、证人证言、当事人的陈述、鉴定结论、勘验笔录、现场笔录。

下列证据材料不得作为定案依据：违反法定程序收集的证据材料；以偷拍、偷录、窃听等手段获取侵害他人合法权益的证据材料；以利诱、欺诈、胁迫、暴力等不正当手段获取的证据材料；当事人无正当事由超出举证期限提供铁证据材料；当事人无正当理由拒不提供原件、原物，又无其他证据印证，且对方当事人不予认可的证据的复制件或者复制品；无法辨明真伪的证据材料；不能正确表达意志的证人提供的证言；不具备合法性和真实性的其他证据材料。

法制工作机构依据有关规定的职责所取得的有关材料，不得作为支持被申请人具体行政行为的证据。在行政复议过程中，被申请人不得自行向申请人和其他有关组织或者个人搜集证据。

申请人和第三人可以查阅被申请人提出的书面答复、作出具体行政行为的证据、依据和其他有关材料，除涉及国家秘密、商业秘密或者个人隐私外，复议机关不得拒绝。

10.1.8 税务行政复议决定

行政复议原则上采用书面审查的办法，但是申请人提出要求或者法制工作机构认为有必要时，应当听取申请人、被申请人和第三人的意见，并可以向有关组织和人员调查了解情况。

（1）复议机关对被申请人作出的具体行政行为所依据的事实证据、法律程序、法律依据及设定的权利义务内容之合法性、适当性进行全面审查。

（2）复议机关法制工作机构应当自受理行政复议之日起 7 日内，将行政复议申请书副本或者行政复议申请笔录复印件发送被申请人。

【特别提示】

被申请人应当自收到申请书副本或者申请笔录复印件之日起 10 日内，提出书面答复，并提交当初作出具体行政行为的证据、依据和其他有关材料。

（3）行政复议决定做出前，申请人要求撤回行政复议申请的，可以撤回，但不得以同一基本事实或理由重新申请复议。

（4）申请人在申请行政复议时，依据相应规定一并提出对有关规定的审查申请的，复议机关对该规定有权处理的，应当在 30 日内依法处理；无权处理的，应当在 7 日内按照法定程序转送有权处理的行政机关依法处理，有权处理的行政机关应当在 60 日内依法处理。处理期间，中止对具体行政行为的审查。

（5）复议机关在对被申请人作出的具体行政行为进行审查时，认为其依据不合法，本机关有权处理的，应当在 30 日内依法处理；无权处理的，应当在 7 日内按照法定程序转送有权处理的国家机关依法处理。处理期间，中止对具体行政行为的审查。

（6）法制工作机构应当对被申请人作出的具体行政行为进行合法性与适当性审查，提出意见，经复议机关负责人同意，按照下列规定作出行政复议决定：①具体行政行为认定事实清楚，证据确凿，适用依据正确，程序合法，内容适当的，决定维持；②被申请人不履行法定职责的，决定其在一定期限内履行；③具体行政行为有下列情形之一的，决定撤销、变更或者确认该具体行政行为违法；决定撤销或者确认该具体行政行为违法的，可以责令被申请人在一定期限内重新作出具体行政行为：主要事实不清、证据不足的；适用依据错误的；违反法定程序的；超越或者滥用职权的；具体行政行为明显不当的。复议机关责令被申请人重新作出具体行政行为的，被申请人不得以同一事实和理由作出与原具体行政行为相同或者基本相同的具体行政行为；但复议机关以原具体行政行为违反法定程序而决定撤销的，被申请人重新作出具体行政行为的，不受前述限制；④被申请人不按照规定提出书面答复，提交当初作出具体行政行为的证据、依据和其他有关材料的，视为该具体行政行为没有证据、依据，决定撤销该具体行政行为。重大、疑难的行政复议申请，复议机关应当集体讨论决定。重大、疑难行政复议申请的标准，由复议机关自行确定。

（7）申请人在申请行政复议时可以一并提出行政赔偿请求，复议机关对符合国家赔偿法的有关规定应当给予赔偿的，在决定撤销、变更具体行政行为或者确认具体行政行为违法时，应当同时决定被申请人依法给予赔偿。

申请人在申请行政复议时没有提出行政赔偿请求的，复议机关在依法决定撤销或者变更原具体行政行为确定的税款、滞纳金、罚款以及对财产的扣押、查封等强制措施时，应当同时责令被申请人退还税款、滞纳金和罚款，解除对财产的扣押、查封等强制措施，或者赔偿相应的价款。

（8）复议机关作出行政复议决定，应当制作行政复议决定书，并加盖印章。

【特别提示】

行政复议决定书一经送达，即发生法律效力。

（9）被申请人应当履行行政复议决定。

被申请人不履行或者无正当理由拖延履行行政复议决定的，复议机关或者有关上级行政机关应当责令其限期履行。

（10）申请人逾期不起诉又不履行行政复议决定的，或者不履行最终裁决的行政复议决定的，按照下列规定分别处理：①维持具体行政行为的行政复议决定，由作出具体行政行为的行政机关依法强制执行，或者申请人民法院强制执行；②变更具体行政行为的行政复议决定，由复议机关依法强制执行，或者申请人民法院强制执行。

10.1.9 送达

行政复议期间的计算和行政复议文书的送达，依照《民事诉讼法》关于期间、送达的规定执行。

上述关于行政复议期间有关“5 日”、“7 日”的规定是指工作日，不含节假日。

10.2 代理税务行政复议的基本前提与操作规范

代理税务行政复议是指税务代理机构接受纳税人、扣缴义务人等被代理人的委托，在法律规定或被代理人的授予的权限范围内，以被代理人的名义，按照一定的程序对引起争议的税收具体行政行为，向作出具体行政行为的上一级税务机关提出复议申请，以维护被代理人合法权益的一种活动。税务行政复议的前提是征纳双方产生税收争议，注册税务师受托代理税务行政复议，应根据税务行政复议审理的法定规程进行操作，通过行政裁决使纳税人、扣缴义务人的异议申请获得行政救济。

10.2.1 代理税务行政复议的基本前提

税务行政复议是保护纳税人、扣缴义务人的有效途径，也是维护税务机关依法行政的重要渠道，注册税务师作为征纳双方的中介，在决定受托代理税务行政复议之前，必须明确下述前提。

1. 解决税收争议的途径

在税收征管的每个环节，税务机关所作出的具体行政行为都有可能引发税收争议，但是，更为普遍的情况是针对税务稽查结论所产生的税款滞补罚争议。解决这类争议的前一个环节，是在主管税务机关下达《税务行政处罚事项告知书》送达后 3 日内，由纳税人、扣缴义务人或者委托注册税务师向税务机关书面提出听证，由作出具体行政行为的税务机关自行审查解决纳税争议。对于注册税务师而言，可视征纳双方争执的具体情况确定是否经过听证程序。

在《税务处理决定书》送达之后，针对税务机关作出的征税行为，可根据复议前置原则，通过必经复议程序解决税收争议；对于税务机关作出的处罚行为，采取税收保全措施和强制执行措施的行为，既可通过必经复议程序，也可直接通过司法程序进行税务行政诉讼。注册税务师的使命是在税务处罚听证程序中和通过税务行政复议程序，解决税收争议，依法保护纳税人、扣缴义务人的合法权益。如果需要承接税务行政诉讼程序，应由纳税人、扣缴义务人委托律师代理诉讼。

2. 引起税收争议的焦点

引起税收争议的原因是多方面的，所涉及征免范围划分的纳税事项的调整也因事而异。在决定受托代理税务行政复议之前，必须以独立、客观的立场来调查了解产生税收争议的过程，征纳双方各自的主张和论据，税收法律、法规有关争议问题的解释，税务机关对以往类似问题的判例等。分析引起税收争议的焦点可使注册税务师了解产生争议的事实，判定征纳双方争议的是非曲直，研究解决税收争议的策略与方式。

3. 代理税务行政复议的风险

由于税收争议多属于较为疑难复杂的问题，征纳双方都很敏感，直接涉及纳税人、扣缴义务人的税收权益，处于中介地位的注册税务师即使以完全独立、客观的立场来分析判断税收争议，仍要承担较高的代理风险，它主要来自3个方面。

（1）纳税人、扣缴义务人提供有关税收争议资料的合法性与可信程度。如果纳税人、扣缴义务人单从自己的税收权益考虑，不能正视国家的税收法律、法规和主管税务机关的有关规定，就会过分偏执自我判断，不能提供客观全面的资料，会使注册税务师陷入被动。

（2）税务机关作出的具体行政行为如果有明显的缺陷和不足，而主管税务机关的领导和具体执行人员，不能客观分析执行过程中存在的问题并加以纠正，不能正确处理维护税务机关的执法权威与保护纳税人、扣缴义务人合法权益的关系，也会人为地增加困难，甚至功亏一篑。

（3）注册税务师在决定受托代理之前对产生税收争议的前因后果未加详细的调查分析而盲目代理，或者由于代理解决税收争议的方式及策略方面的失误也会无功而返。

分析代理税务行政复议的风险，实质上是从独立、客观的立场判断税收争议双方的谁是谁非，代理争议获得诉愿实现的把握程度，它是确定税务行政复议代理的重要前提之一。

【税务代理案例】

李某自2011年1月起经营家具生产企业，该企业实行独立核算，自负盈亏。2012年9月，该单位会计向东郊税务所反映李某2012年1～8月份隐瞒收入50 000元，偷漏税款3 000元。东郊税务所针对该会计反映情况，向李某发出《催缴税款通知书》。针对这笔税款，李某一方面采取抽空、转移其银行存款的办法，致使税务机关无法强行扣缴其应纳税款；另一方面对东郊税务所发出的《催缴税款通知书》，置之不理，抗拒缴纳。

2012年10月10日，东郊税务所一检查人员根据所长指示，从李某家中扣押了其从事经营的机器设备，并开具了所内使用的收据，限李某于10月20日前缴纳税款。由于李某仍然拒不缴纳税款，东郊税务所将其机器设备于10月19日拍卖，以拍卖所得抵缴税款。李某不服，决定委托税务师事务所代理税务行政复议。

【案例分析】

税务师事务所应这样代理这项行政复议的委托。

若李某要求税务师事务所就其隐瞒收入、未申报纳税这一事项申请复议，税务师事务所应向其解释有关税收法律、法规规定，使其认识到偷漏税的严重后果。此项代理税务行政复议的委托没有意义，必然会被驳回。

若李某要求对东郊税务所扣押其加工设备、开具收据、拍卖其加工设备一事申请税务行政复议，税务师事务所可接受此项委托。原因有：①东郊税务所未经上级（县以上税务局）局长批准，自己仅凭所长决定就执行扣押加工设备，这属于税收保全措施执法程序不当；②根据《税收征管法》规定：实施扣押、查封等税收保全措施时，必须有两名以上税务人员执行，并通知被执行人。该税务所在执行扣押时仅有一名税务人员在场。属于未按法定程序行使税收执法权力；③东郊税务所查封时使用的是所内使用的收据，未按规定开具《扣押、查封财产清单》，属于未按法定程序行使税收执法权力；④东郊税务所在规定期限以前，拍卖了李某的加工设备，而不是到期再执行税收强制执行措施，属于未按法定程序行使税收执法权力。鉴于以上问题，税务师事务所可以接受李某就东郊税务所扣押其加工设备、开具收据、拍卖其加工设备事项的税务行政复议委托代理事项。

10.2.2 代理税务行政复议的操作规范

1．确定代理复议操作要点

代理税务行政复议的操作是从签订《税务代理协议书》开始的。但是，在正式决定受托代理之前，注册税务师应履行如下程序。

（1）了解分析税收争议双方的基本情况，产生税收争议原因、过程与结果，税务机关最后的决定，纳税人、扣缴义务人请求复议的理由与要求。

（2）审核纳税人、扣缴义务人申请复议的条件是否具备，如申请复议的内容是否为受案和管辖范围，申请的时限是否符合法定的复议期限，如因纳税问题提请复议是否按照税务机关的要求缴纳了税款和滞纳金等。

（3）磋商代理事项、价格和收费方法，签订《税务代理协议书》。一般而言，代理事项的技术难度、风险程度，纳税人、扣缴义务人通过代理所获得的税收权益与代理费用成正比。由于代理税务行政复议属于技术系数较高的业务项目，代理事项的结果有许多不可预见性，在签订合同时，应按商定代理价格的 30%～40%预交费用，以预防代理中可能发生的过高成本与风险损失。

2．代理复议申请操作要点

（1）根据《税务行政复议规则》第三十七条，申请人表达诉愿的基本方式，是向税务行政复议机关提交《复议申请书》，以便于明确表述复议请求。注册税务师制作《复议申请书》，应认真填写各个栏目的内容，简单清晰地表达申请复议的要求和理由，针对税务机关的具体行政行为，提出持有异议的论据并进行充分的论证。

（2）在向税务行政复议机关提交《复议申请书》之后的 10 日内，注册税务师可视下列情况分别处理：复议机关决定受理复议申请，应做好参加审理的准备；复议机关要求限期补正，应按限定的时间提供有关资料；复议机关通知不予受理，如果申请人对此裁决不服可以自收到不予受理裁决书之日起 15 日内，就复议机关不予受理的裁决向人民法院起诉。

（3）在法定的申请期限内，如因不可抗力而延误申请，注册税务师应在障碍消除后的 10 日内，向复议机关申请延长复议申请期限。

3．代理复议审理

审理是复议机关对决定受理的复议申请，审查其具体行政行为合法性和适当性的过程。它是复议机关最终作出复议决定的基础。注册税务师应根据审理过程中案情的发展而加以运作，力争复议请求的圆满解决。

（1）在采取书面审理的方式下，被申请人自收到《复议申请书》之日起 10 日内，向复议机关提交《答辩书》和有关证据材料，为支持原具体行政行为提供事实和法律方面的辩护。复议机关对争议双方所提出的论点和证据进行分析研究，责成专人调查取证，经复议委员会集体审议后作出复议决定。注册税务师应密切注意案情的发展，针对原具体税务行政行为在合法性与适当性方面存在的问题，补充和完善《复议申请书》的证据材料，指导申请人在复议机关调查取证时提供更详尽有力的证据。

（2）在采取公开审理的方式下，注册税务师要与被申请人就税收争议进行辩论，公开陈述申请人的复议请求，论证税务机关作出的具体行政行为在事实认定、适用法律及执法程序中存在的问题。因此，公开审理实际上是通过税收争议双方的公开论辩，使税务行政复议机关查明事实真相，解决疑难复杂的税收争议问题。注册税务师参加公开审理，除要作充分的书面准备外，还要有雄辩的口才，在公开辩论中充分表述，为维护纳税人、扣缴义务人的合法权益进行不懈的努力。

4．复议决定后的代理策略

税务行政复议机关作出复议决定，并向复议参加人送达《复议决定书》，标志着税务行政复议这一行政裁决税收争议程序的结束。复议决定的结论不同，注册税务师其后操作的代理策略也要有所区别。

（1）在复议机关作出维持原具体行政行为的决定时，意味着对代理复议的请求给予否认，该项税务代理未能达到预定的目的，注册税务师应作客观冷静的分析：①如果是由于上级税务机关未在复议中履行审查职责，或者有意偏袒下级税务机关作出的原具体行政行为，对其认定事实、适用法律、法规和执法程序方面存在的问题未加纠正，注册税务师应引导申请人请求司法救济，向人民法院提起诉讼，以求得税收争议的司法裁决；②如果是由于申请人隐瞒了某些重要的事实及过程并提供了不真实的资料，或者是注册税务师在分析税收争议适用税收法律、法规方面的某些错误而导致复议请求的否定，注册税务师应以书面形式向申请人作出说明，并提示其今后应吸取的教训。

（2）在复议机关作出变更、撤销原具体行政行为的决定时，表明对代理复议的请求给予部分或全部肯定，可以认为该项税务代理的结局比较理想。注册税务师应总结经验，并以书面的形式告知申请人如何执行税务复议决定，原已执行的税务行政行为如何纠正。涉及已纳税款、滞纳金、罚款的退还应如何办理等。

（3）在复议机关认为原具体行政行为有程序上的不足，决定被申请人补正时，注册税务师可根据申请人的复议请求决定是否服从复议机关的裁决。如果原具体行政行为除有执法程序上的不足外，还存在着所依据的事实、根据不足或相互矛盾，以及超越和滥用职权问题，已经侵害了纳税人的合法权益，而复议决定未加以纠正，注册税务师仍可与申请人研究通过进一步的申诉得到解决。

（4）在复议机关对税务机关的不作为行为裁决应在一定期限内履行时，注册税务师应尽快与税务机关沟通，将所请求的办税事项予以完成，并以书面形式告知申请人。

【税务代理案例】

基本案情：某市地税稽查局于2012年7月对某实业公司作出税务处理决定，认为该公司少缴税款及滞纳金1 296万元。该公司不服，向市地税局递交行政复议申请书和财产担保书。9月21日，市地税局作出不予受理决定书，理由是根据《税收征管法》第八十八条规定，该实业公司必须先依照税务机关的纳税决定进行完税或者提供相应担保，然后才可以依法申请复议。实业公司则认为市地税稽查局曾于2010年12月1日将该公司厂房设备进行了查封，现其以被采取强制措施的厂房设备作为担保财产，事实上已构成了复议的前提条件。市地税局是否应当受理实业公司的复议申请?

【案例解析】

《行政复议法》第十七条规定：行政复议机关收到复议申请后，应当在5日内进行审查，决定是否受理复议申请。《税收征管法》第八十八条规定：纳税人、扣缴义务人、纳税担保人同税务机关在纳税上发生争议时，必须先依照税务机关的纳税决定缴纳或者解缴税款及滞纳金或者提供相应担保，然后才可以依法申请复议。现实业公司以被查封的厂房设备作为担保，向市地税局申请行政复议，市地税局在没有充分证据证明该财产价值不足以抵充需征收的税款的情况下，就直接以担保不具备法定形式要件为由，作出不予受理的决定，实质上是剥夺限制了实业公司行政救济权的行使。因此，当复议机关在5日内无法确定申请人的复议申请是否符合复议的前提条件的，为保障复议申请人的权利，应当对复议申请先行受理。

本章小结

本章主要内容包括税务行政复议的相关规定、税务行政复议审理的基本程序和税务行政复议代理实务。

税务行政复议的含义：纳税人或其他行政相对人认为税务机关的某一具体行政行为侵害了自己的合法权益，向作出具体行政行为的税务机关的上一级税务机关提出申诉，由上级税务机关依法裁决税务争议的过程。

税务行政复议的程序：复议的申请、受理、审理和决定4个主要环节。

税务行政复议的包括选择复议和必经复议。

税务行政复议的代理包括3个阶段：准备阶段、实施阶段和结束阶段，代理人在不同阶段履行不同的义务。

税务行政复议的参加人有申请人、被申请人、第三人和代理人。其中被申请人不能请代理人。

职业能力训练

一、单项选择题

1. A企业2012年10月份取得8张增值税抵扣发票，其中有4张税务机关以票面模糊为由，不予以抵扣。A企业表示不服，应当按照（　　）提出行政复议。

A. 税务机关作出的行政处罚　　B. 税务机关不予依法办理或者答复的行为

C. 税务机关作出的征税行为　　D. 税务机关作出的强制执行措施

2. A市B县国税局C镇税务所在执法时给予本镇纳税人李某1 000元罚款的行政处罚，李某不服申请行政复议，则被申请人是（　　）。

A. A市国税局　　B. B县国税局

C. C镇税务所　　D. B县人民政府

3. 对国家税务总局作出的具体行政复议不服的，应当向（　　）申请行政复议。

A. 国家税务总局　　B. 国务院

C. 全国人民代表大会常务委员会　　D. B或者是C

4. 税务复议申请人在提出行政复议前，必须按照税务机关根据法律、行政法规确定的税额、期限缴纳税款或滞纳金的，如果无法缴纳的，应当提供相应的担保，担保的方式不包括（　　）。

A. 保证　　B. 抵押

C. 质押　　D. 留置

5．税务行政复议机关收到复议申请后，应当在（　　）日内进行审查，并决定是否受理。

A．5　　B．7

C．10　　D．30

二、多项选择题

1．税务机关作出的税收保全措施有（　　）。

A．书面通知银行或其他金融机构冻结存款

B．书面通知银行或其他金融机构从其存款中扣缴税款

C．扣押、查封企业的资产

D．变卖、拍卖企业的资产

E．没收企业的资产抵定税款

2．税务行政复议的受案范围包括（　　）。

A．税务机关责令纳税人提供纳税担保或者不依法确认纳税担保有效的行为

B．税务机关不依法给予举报奖励的行为

C．税务机关作出的纳税指导行为

D．税务机关作出的行政处罚行为

E．税务机关未及时解除保全措施，使纳税人及其他当事人合法权益遭受损失的行为

3．税务行政复议的第三人是指与申请复议的具体行政行为有利害关系的个人和组织。这里所说的“利害关系”是指经济上的（　　）等。

A．债权关系　　B．债务关系

C．供销关系　　D．股权控股关系

4．2012年5月北京市地税局对所管辖的A公司作出了罚款50 000元的行政处罚决定，A公司不服，决定提出行政复议，依法对该复议案件享有复议权的行政机关有（　　）。

A．国家税务总局　　B．北京市地税局

C．国务院　　D．北京市国税局

E．北京市政府

5．以下有关税务行政复议代理实务的表述正确的有（　　）。

A．对税务机关依法设立的派出机构按照税收法律法规以自己的名义作出的具体行政行为不服，申请复议的，该派出机构是被申请人

B．税务行政复议代理人是指接受当事人委托，以被代理人的名义，在法律规定或当事人授予的权限范围内，为代理复议行为而参加复议的法人及自然人

C．对省级以下各级税务局作出的税务具体行政行为不服的，向其上一级税务机关申请行政复议

D．对省级地方税务局作出的具体行政行为不服的，向国家税务总局或省级人民政府申请复议

E．对税务机关委托代征人作出的代征税款的行为不服，申请复议的，该受托代征人是被申请人

6．行政复议期间税务具体行政行为不停止执行，但是，有下列（　　）情形之一的，可以停止执行。

A．申请人认为需要停止执行的

B．复议机关认为需要停止执行的

C．申请人死亡，须等待其继承人表明是否参加行政复议的
D．法律规定停止执行的
E．申请人申请停止执行，复议机关认为其要求不合理的
7．税务行政复议申请人提供担保的方式主要有（　　）。
A．保证
B．抵押
C．质押
D．留置
E．扣押
8．行政复议证据包括（　　）。
A．物证、书证
B．证人证言、当事人的陈述
C．勘验笔录
D．现场笔录
E．复议过程的记录
9．注册税务师在受托代理税务行政复议之前，应当做的事情有（　　）。
A．了解分析税收争议双方的基本情况
B．审核纳税人、扣缴义务人申请复议的条件是否具备
C．磋商代理事项、价格和收费方法，签订《税务代理协议书》
D．按协议约定预收代理费
E．向税务行政复议机关提交《复议申请书》
10．注册税务师代理税务行政复议，以下说法不正确的有（　　）。
A．向税务行政复议机关提交《复议申请书》之后10日内，如果复议机关决定受理复议申请的，注册税务师应当做好参加审理的准备
B．复议机关接受行政复议申请后，决定不予受理的，注册税务师应当自收到不予受理裁决书之日起10日内，就复议机关不予受理的裁决向人民法院起诉
C．在法定的申请期限内，如因不可抗力而延误申请，注册税务师应在障碍消除后的15日内向复议机关申请延长复议申请期限
D．向税务行政复议机关提交《复议申请书》之后10日内，如果复议机关要求限期补正，注册税务师应按限定的时间提供有关资料
E．向税务行政复议机关提交《复议申请书》之后15日内，如果复议机关要求限期补正，注册税务师应按限定的时间提供有关资料

三、案例分析题

试分析以下纳税人提出的行政复议中，复议机关是否应当受理，并说明具体的税务行政复议的规定。

1. A个人对于2008年新修订的个人所得税法中费用扣除额的标准2 000元，认为在制定上考虑的有关因素不足，制定的费用扣除金额太少，应当做出调整，故向户口所在地的M县地税局提出了行政复议的申请。

2．某房地产公司由于遭受自然灾害，资金紧张，于是在10月31日向当地C省地方税务机关提出延期缴纳税款的申请，11月15日，省地方税务机关做出不予批准延期缴纳税款的决定。房地产公司不服，于是在11月20日向当地省人民政府提出了行政复议，11月24日省人民政府决定受理，但是该企业财务负责人认为应当向税务机关提出行政复议，于是在11月25日向国家税务总局提出行政复议。

第 11 章

税务代理执业风险与质量控制

SHUIWU DAILI ZHIYE FENGXIAN YU ZHILIANG KONGZHI

【学习目标】

知识目标：了解税务代理执业中存在的风险；熟悉税务代理执业风险产生的因素；熟悉税务师事务所质量控制的要素；了解税务师事务所职业道德规范、业务承接与保持、人力资源管理；了解税务师事务所质量控制与监督。

能力目标：通过本章理论知识的学习，能够熟练掌握税务师事务所执业规范；熟悉业务工作底稿的分类、档案管理；了解工作底稿的编制和复核。

【导入案例】

2012年，河南省某市税务机关对辖区一企业进行税务检查时发现，该企业有未按规定计提增值税销项税金，形成少缴税款10 170.94元的违法事实，遂根据《税收征管法》第六十三条的规定，对该企业处以0.5倍罚款5 085.47元。

税务机关同时发现，该企业的纳税申报事宜一直由当地某税务师事务所代理，于是根据《税收征管法实施细则》第九十八条“税务代理人违反税收法律、行政法规，造成纳税人未缴或者少缴税款的，除由纳税人缴纳或者补缴应纳税款、滞纳金外，对税务代理人处纳税人未缴或者少缴税款50%以上3倍以下的罚款”的规定，对该税务师事务所也处以0.5倍罚款5 085.47元。

【思考】税务师事务所在代理纳税过程中是否承担风险？应怎样规避？

11.1 税务代理的执业风险

税务代理的执业风险是注册税务师因未能完成代理事项和履行代理职责所要承担的法律责任。它主要表现在两个方面：①注册税务师未能完成代理事项而使纳税人、扣缴义务人遭受税收权益的损失；②注册税务师未能履行代理职责而使纳税人、扣缴义务人承担纳税风险。

11.1.1 从纳税人、扣缴义务人方面产生执业风险的因素

产生税务代理执业风险的原因是多方面的，从根本上分析主要来自征纳双方的牵制和注册税务帅的专业胜任能力。

1. 企业委托代理的意向

税务代理的特点是委托代理，确定税务代理关系的前提之一是由纳税人、扣缴义务人委托某一代理事项，其委托代理的意向与税收法律、法规和主管税务机关的要求偏离度越大，就意味着税务代理的执业风险越高。

2. 企业纳税意识的强弱

纳税人、扣缴义务人委托代理的初衷各有不同。纳税意识较强的企业，委托代理的目的是通过注册税务师的指导和帮助，降低企业的纳税风险，尽可能杜绝因不通晓税法发生纳税方面的错误而导致被课以重罚，或者因不了解税收政策而失去获得税收权益的机会。

3. 企业财务核算的基础

企业财务会计制度是否健全，财务人员业务素质的高低影响其所提供的计税资料的真实程度，也影响税务代理执业风险的高低。企业财务核算资料如果不能客观、全面、准确地反映其生产经营的情况，代理纳税申报就容易产生错误，出现少缴或多缴税款的问题。

11.1.2 从税务代理执业人员方面产生风险的因素

注册税务师作为征纳双方的中介，必须具备一定的专业水平和操作技能。如果执业人员不具备专业胜任能力，不能把握实际操作的环节，其执业风险也是随时可能发生的。

1. 执业人员的职业道德水平

税务代理执业人员的职业道德水平影响其工作态度和代理事项最终完成的结果。在能够坚持税务代理执业准则的前提下，则会防患于未然，减少诱发执业风险的因素；反之，则会降低税务代理的执业质量，损害税务代理的声誉，甚至带来不可挽回的消极影响。

2. 执业人员的专业胜任能力

注册税务师的专业素质和实际操作能力是评价税务代理执业风险的重要因素。凡是独立执业的应是取得注册税务师资格的人员，这是执业水准要求的基本前提。

3. 税务代理机构执业质量控制程度

从注册税务师方面分析产生税务代理业风险的因素，除了执业人员的个人行为外，还与税务代理机构自身有无健全的质量控制体系有关。税务代理机构质量控制体系越完备，其税务代理执业风险就会越小。

【例 11-1】税务代理的执业风险取决于下列因素（　　）。

A. 执业人员的职业道德水平的高低

B. 执业人员纳税意识的强弱

C. 企业核算制度是否健全

D. 企业委托代理的意向是否同税法保持基本一致

E. 税务代理机构是否有健全的质量控制体系

11.2 税务师事务所的质量控制

税务师事务所的质量控制是税务师事务所为实现涉税鉴证和涉税服务目标而制定的约束注册税务师执业行为的政策，以及为执行政策和监控政策的遵守情况而设计的必要程序。它是降低注册税务师及其税务师事务所执业风险的重要基础。

11.2.1 质量控制制度的要素

税务师事务所的质量控制制度应当包括 8 个要素：质量控制的组织结构与领导责任；职业道德规范；业务承接与保持；人力资源管理；执业规范；业务工作底稿；质量控制与监督；记录与归档。

11.2.2 质量控制的组织结构与领导责任

税务师事务所应当建立内部治理结构，并制定质量控制政策和程序，培养以质量为导向的内部文化。这些政策和程序应当明确税务师事务所质量控制职责。

【特别提示】

税务师事务所的法定代表人或主要负责人对质量控制制度承担最终责任。

税务师事务所的领导层及其作出的示范对税务师事务所的内部文化有重大影响。税务师事务所各级管理层应当通过清晰、一致及经常的行动示范和信息传达，强调质量控制政策和程序的重要性，并对自身及下属人员提出下列要求：①树立质量至上的意识，避免重商业利益轻业务质量；②遵守法律法规、职业道德规范和执业准则的规定；③根据具体情况出具真实、合法的报告。

税务师事务所法人代表或其授权人委派承担质量控制制度运作责任的人员，应当具有足够的经验和能力以及必要的权限以履行其责任。

11.2.3 职业道德规范

税务师事务所应当制定政策和程序，以合理保证税务师事务所及其人员遵守职业道德规范。

职业道德规范要求税务师事务所及其人员恪守客观、公正的原则，保持专业胜任能力和应有的职业怀疑态度，并对执业过程中获知的信息保密。

1．职业道德规范强化途径

税务师事务所制定的质量控制政策和程序应当强调遵守职业道德规范的重要性，并通过下列途径予以强化：①税务师事务所领导层行为示范；②税务师事务所内部教育及培训；③税务师事务所对人员监督、控制；④税务师事务所对违反职业道德规范行为的处理。

2．涉税鉴证业务的独立性

1）独立性的要求

税务师事务所应当制定政策和程序，合理保证税务师事务所及其人员，包括聘用的专家和其他需要满足独立性要求的人员，保持职业道德规范要求的独立性。这些政策和程序应当使税务师事务所能够做到：①向与业务相关人员传达独立性要求；②识别和评价对独立性造成威胁的情况和关系，并采取适当的防护措施以消除对独立性的威胁，使之降至可以接受的水平，必要时，可解除业务约定。

2）独立性的监控

（1）项目负责人应及时提供与客户委托业务相关的信息，以使税务师事务所能够评价这些信息对执业过程中保持独立性的总体影响。

（2）执业过程中，从业人员发现对独立性造成威胁的情形，应立即报告税务师事务所，以便采取适当的应对措施。

（3）税务师事务所应及时向适当人员传达收集的相关信息。

3）获知或解决违反独立性的情况

税务师事务所应当制定政策和程序，以合理保证能够获知违反独立性要求的情况，并采取适当的应对措施予以解决。这些政策和程序应当包括下列要点。

（1）所有应当保持独立性的人员，均应将注意到的违反独立性要求的信息立即报告税务师事务所。

（2）税务师事务所将已识别的违反独立性要求的情况，立即传达给需要与税务师事务所共同处理这些情况的项目负责人，以及事务所内部的其他相关人员和受独立性要求约束的人员。

（3）项目负责人、税务师事务所内部的其他相关人员，以及需要保持独立性的其他人员，在必要时，立即向税务师事务所告知他们为解决有关问题采取的应对措施，以便税务师事务所决定是否采取进一步行动。

11.2.4 业务承接与保持

1．业务承接

1）客户条件

税务师事务所应当制定业务承接与保持的政策和程序，以合理保证只有在下列情况下，才能接受具体业务或保持客户关系：①没有信息表明拟定的客户缺乏诚信；②具有执行业务必要的素质、专业胜任能力、时间和资源；③执业人员能够遵守职业道德规范。

2）客户的诚信

针对有关客户的诚信，税务师事务所应当考虑下列事项：①客户主要股东、关键管理人员，关联方及管理层的身份和商誉；②客户的经营性质及业务环境；③客户主要股东，关键管理人员及治理层对内部控制和税收法律法规等的态度；④客户是否过分考虑将税务师事务所的收费维持在尽可能低的水平；⑤工作范围受到不适当限制的迹象；⑥客户可能涉嫌违法犯罪行为的迹象；⑦变更税务师事务所的原因。

3）业务承接

税务师事务所应当在承接业务前，了解客户的基本情况和业务环境，并评估执业风险。

税务师事务所承接业务，应当与委托人进行沟通，确保其已很清楚地理解所提供的业务服务的性质、内容、程序，时间和范围，并在达成一致意见的基础上，签订业务约定书，以避免双方在对约定业务的理解上产生分歧。

在确定是否接受新业务时，税务师事务所还应当考虑接受业务是否会导致现实或潜在的利益冲突。如果识别出潜在的利益冲突，税务师事务所应当考虑接受该业务是否恰当。

2．业务保持

在确定是否持续保持客户关系时，税务师事务所应当考虑本期或以前业务执行过程中发现的重大事项，及其对保持客户关系可能造成的影响。

如果遇有在接受业务后获知了某项信息，而该信息如果在接受业务前获知可能导致拒绝该业务的情形，税务师事务所制定保持该业务及其客户关系相关的政策和程序时，应当包括下列内容：①适用该项业务环境的法律责任，包括是否要求税务师事务所向委托人报告或在必要情况下向税务机关或其他监管机构报告；②解除该项业务约定，或同时解除客户关系的可能性。

11.2.5 人力资源管理

税务师事务所应当制定政策和程序，保证拥有足够的具有必要素质和专业胜任能力并遵守职业道德规范的人员，以使税务师事务所和项目负责人能够按照法律法规、职业道德规范和执业准则的规定执行业务，并根据具体情况出具真实、合法的报告。

1．人力资源内容

人力资源包括如下内容：①招聘；②人员素质；③专业胜任能力；④业绩评价；⑤职业发展规划；⑥晋升；⑦薪酬；⑧人员需求预测。

2．招聘

税务师事务所应当制定招聘政策和程序，以选择正直的、经过职业发展能够具备执行业务所需的必要素质的专业胜任能力的人员。

3．人员素质

税务师事务所应当强调对全体员工进行职业教育和继续培训的重要性，并采取措施，使全体员工能够发展和保持必要的素质和专业胜任能力。

税务师事务所应当通过下列途径提高人员素质和专业胜任能力：①职业教育与培训；②职业发展规划；③积累工作经验；④经验丰富的员工提供辅导。

4．业绩评价、晋升和薪酬

税务师事务所应当制定业绩评价、薪酬及晋升的政策和程序，激励发展和保持专业胜任能力并遵守职业道德规范。

税务师事务所应当制定政策和程序，评价员工是否具备下列方面的素质和专业胜任能力。

11.2.6 执业规范

1．业务工作委派

税务师事务所应当制定政策和程序，保证所委派的执业人员按照法律法规、职业道德规范和执业准则的规定执行业务，并根据具体情况出具真实、合法的报告。

1）委派方式和内容

税务师事务所通常使用书面或电子手册、标准化底稿及指南性材料等文件使其制定的政策和程序得到贯彻。

2）项目负责人

税务师事务所应当对每项业务委派至少一名项目负责人，并对项目负责人提出下列要求：①将项目负责人的身份和作用告知客户管理层和治理层的关键成员；②项目负责人具有履行职责必要的素质、专业胜任能力、权限和时间；③清楚界定项目负责人的职责，并告知该项目负责人。

项目组的所有成员应当了解拟执行工作目标。项目负责人应当通过适当的团队工作和培训，使经验较少的项目组成员清楚了解所分派工作的目标。

3）项目组

税务师事务所应当制定政策和程序，监控项目负责人的工作负荷及可供调配的项目负责人数量，以使项目负责人有足够的时间履行对业务的执行及监督职责。

4）项目组内部复核

在业务执行过程中，项目组应当实施内部复核程序。复核的主要内容应当包括：①是否按照法律法规、职业道德规范和执业准则的规定执行；②重大事项是否已提请进一步考虑；③相关事项是否已进行适当咨询，由此形成结论是否得到记录和执行；④是否需要修改已执行工作的性质、时间和范围；⑤已执行的工作程序、记录、业务工作底稿及相关资料是否支持形成的结论；⑥获得的证据是否充分、恰当；⑦业务程序的目标是否实现。

在确定内部复核人员时，应当由项目组内部经验较多的人员复核经验较少的人员执行的工作。

2．咨询与意见分歧

1）咨询

税务师事务所应当制定政策和程序，形成良好的氛围，鼓励员工就疑难问题或争议事项进行咨询，以合理保证下列事项：①就疑难问题或争议事项进行适当咨询；②可获得充分的资源进行适当咨询；③咨询的性质和范围得以记录；④咨询形式的结论得到记录和执行。

咨询包括与税务师事务所内部或外部具有专门知识的人员，在适当专业层次上进行的讨论。

项目组应当考虑就重大的技术、职业道德及其他事项，向税务师事务所内部或适当情况下向税务师事务所外部具备适当知识、资历和经验的专业人士咨询，并适当记录和执行咨询形成的结论。

项目组在向税务师事务所内部或外部专业人士咨询时，应当提供所有相关事实，使其能够对咨询的事项提出有见地的意见。

需要向外部咨询的税务师事务所，应当制定控制政策和程序，以合理保证咨询的事项不泄露客户秘密。

税务师事务所利用其他税务师事务所、职业团体、监管机构或商业机构提供的咨询服务时，应当考虑外部咨询提供者是否能够胜任这项工作。

项目组就疑难问题或争议事项向其他专业人士咨询所形成的记录应当完整详细，并经被咨询者认可。记录应当包括下列内容：①寻求咨询的事项；②咨询的结果，包括作出的决策、决策的依据以及决策的执行情况。

2）分歧

税务师事务所应当制定政策和程序，以解决项目内部、项目组与被咨询者之间以及项目负责人与项目质量控制复核人员之间的意见分歧。形成的结论应当得以记录和执行。

只有分歧问题得以解决，项目负责人才能出具报告。

3. 项目质量控制复核

项目质量控制复核是指在出具报告前对项目组作出重大判断和在拟定报告时形成的结论作出客观评价的过程。

1）项目质量控制复核内容

税务师事务所应当制定政策和程序，对特定业务实施项目质量控制复核，客观评价项目组作出的重大判断以及在拟定报告时得出的结论。

税务师事务所制定的政策和程序应当要求在出具报告前完成项目质量控制复核。税务师事务所执行涉税鉴证业务或其他鉴证业务应当实施项目质量控制复核。

2）项目质量控制程序

（1）与项目负责人讨论。

（2）复核财务报表、纳税申报表及涉税资料或其他业务对象信息及报告。

（3）选取与项目组作出重大判断及形成结论有关的工作底稿进行复核。

（4）判断项目质量控制复核的范围与业务复杂程度是否相匹配。

（5）判断拟出具报告的格式、内容是否存在不恰当的风险。项目质量控制复核并不减轻项目负责人的责任。

3）项目质量控制考虑因素

（1）项目组就具体业务对税务师事务所独立性作出的评价。

（2）在审核鉴证过程中识别的风险以及采取的应对措施。

（3）在审核鉴证过程中重要性事项或风险作出的判断。

（4）对存在的意见分歧、疑难问题或争议事项进行适当咨询，以及咨询得出的结论。

（5）对重大事项是否提请进一步考虑。

（6）对相关事项是否已进行适当考虑，得出的结论是否得到记录和执行。

（7）在审核鉴证中识别的已更正和未更正的错误的重要程度及处理情况。

（8）拟与管理层、治理层以及其他方面沟通的事项。

（9）所复核的工作底稿是否反映了针对重大事项的判断执行的工作，所获取的证据是否充分适当，是否支持得出的结论。

（10）拟出具鉴证报告的恰当性。

对鉴证业务以外的服务业务实施项目质量控制复核时，项目质量控制复核人可以根据情况选择上述部分或全部事项实施复核。

项目质量复核人员应该在业务过程中的适当阶段及时复核，以便重大事项在出具报告前得到满意解决。

如果项目负责人不接受项目质量控制复核人员建议，并且重大事项未得到满意解决，项目负责人不应当出具报告。只有在按照税务师事务所处理意见分歧的程序解决重大事项后，项目负责人才能出具报告。

4）项目质量控制复核人员的要求

（1）履行职责需要的技术资格，包括必要的经验和权限。

（2）在不损害客观性的前提下，提供业务咨询能力的程度。

项目质量控制复核人员应当具备具体业务所需要的足够、适当的技术专长，经验和权限。

5）项目质量控制应避免情形

税务师事务所应当制定政策和程序，保证项目质量控制复核人员的客观性。在确定项目质量控制复核人员时，税务师事务所应当避免下列情形：①由项目负责人挑选；②在复核期间以其他方式参与该业务；③代替项目组进行决策；④存在可能损害复核人员客观性的其他情形。

在业务执行过程中，项目负责人可以向项目质量控制复核人员进行咨询。当咨询问题的性质和范围十分重大时，税务师事务所应当委派其他人员或聘请具有适当资格的外部人员，担当该项业务的咨询，以保持复核人员的客观性。

具有适当资格的外部人员是指，税务师事务所外部的、具备承担该项业务咨询必要素质和专业胜任能力的个人。

小型税务师事务所在接受需要实施项目质量控制复核的业务后，可以聘请具有适当资格的外部人员或利用其他税务师事务所实施项目质量控制复核。

6）项目质量控制记录

税务师事务所应当制定政策和程序，规定记录项目质量控制复核情况，主要内容包括：①有关项目质量控制复核的政策所要求的程序已得到执行；②项目质量复核在出具报告前已完成；③复核人员未发现任何尚未解决的事项，使其认为项目组作出的重大判断及形式的结论不适当。

11.2.7 业务工作底稿

业务工作底稿是注册税务师及助理人员在执业过程中所形成的工作记录、书面工作成果和获得的资料。它如实反映了执业的全部过程和所有事项以及开展业务的专业判断，既是记录执业内容的重要资料，也是评价考核工作质量的依据。

1．工作底稿的分类

工作底稿一般分为综合类工作底稿、备查类工作底稿和业务类工作底稿。

综合类工作底稿。综合类工作底稿是指执业注册税务师为承揽、规划、控制和管理服务项目所形成的内部工作记录。

备查类工作底稿。备查类工作底稿是指执业注册税务师为形成涉税鉴证或涉税服务结论所获取、整理的各类备查性质的记录。包括：各种委托协议，纳税人、扣缴义务人的税务登记证、工商营业执照副本的复印件，企业合同章程，税务机关有关纳税事项的鉴定，各种批准文书，历年税务检查处理结论或处理决定书、处罚决定书，注册税务师的查账报告，年度会计决算报告等。

业务类工作底稿。业务类工作底稿是指执业注册税务师在涉税鉴证或涉税服务业务实施阶段为执行具体涉税服务程序所形成的内部工作记录。包括：代理税务登记、代理发票领购与审查、代理纳税申报、代理纳税审核、代理税务行政复议、提供税务咨询、进行税收筹划、实施涉税鉴证和从事其他涉税服务等业务的工作记录，计税资料汇总、计算、审核、复核以及各种涉税文书制作等。

【例 11-2】下列文书中，属于税务代理备查类工作底稿的有（　　）。

A．税务代理协议书　　B．税务机关纳税检查结论书

C．年度会计决算报告　　D．纳税申报工作底稿

E．税务咨询意见书

【例 11-3】下列税务代理工作底稿中，属于备查类工作底稿的有（　　）。

A．纳税筹划的工作记录　　B．企业合同章程

C．代理发票审核的工作记录　　D．计税资料的汇总

E．注册会计师的查账报告

【例 11-4】税务代理备查类工作底稿的内容包括（　　）。

A．企业历年税收检查报告　　B．代理税务行政复议的工作记录

C．纳税申报表　　D．税务咨询信函

2．工作底稿的编制和复核

1）工作底稿的目标

注册税务师执行涉税服务业务或执行涉税鉴证业务，应当编制工作底稿，保证底稿记录的完整性、真实性和逻辑性，以实现下列目标：①通过对涉税服务业务或涉税鉴证业务过程的适当记录，列明判断过程及其依据，作为最终作出报告的基础性资料；②通过对涉税服务业务或涉税鉴证业务证据的有效收集与整理，显示支持鉴证结果的证据链条，证明其符合注册税务师执业准则；③通过对涉税服务业务或涉税鉴证业务情况的规范记载，表明的规范化程度，为执业质量的比较提供基本依据。

2）工作底稿的基本内容

编制工作底稿一般应包括如下基本内容：①涉税服务或鉴证项目名称；②委托人或被鉴证人名称；③涉税服务或鉴证项目所属时期；④索引；⑤涉税服务或鉴证过程和结果的记录；⑥证据目录；⑦底稿编制人签名和编制日期；⑧底稿复核人签名和复核日期；⑨其他应说明的事项。

3）工作底稿的形式

工作底稿可以采用纸质或者电子的形式。有视听资料、实物等证据的，可以同时采用其他形式。

工作底稿可以在业务过程中，通过记录、复制、录音、录像、照相等方式随时形成，并由实施的注册税务师、助理等人员签名。

4）工作底稿的复核

注册税务师及助理人员编制的工作底稿，应当由有关业务负责人进行复核，形成必要的复核记录，并由复核人签名。

3. 工作底稿档案管理

税务师事务所应当制定政策和程序，使项目组在出具业务报告后及时将工作底稿归整为最终业务档案。

1）归档期限

税务师事务所应当根据业务的具体情况，确定适当的业务工作底稿归档期限。涉税鉴证及其他鉴证业务工作底稿的归档期限为业务报告日后60日内。

2）归档要求

（1）安全保管业务工作底稿并对其包含的信息保密。

（2）保证业务工作底稿的完整性。

（3）便于使用和检索业务工作底稿。

（4）按照规定的期限保存业务工作底稿。

3）保密要求

未经委托人同意，税务师事务所不得向他人提供工作底稿，但下列情形除外：①税务机关因税务检查需要进行查阅的；②注册税务师行业主管部门因检查执业质量需要进行查阅的；③公安机关、人民检察院、人民法院根据有关法律、行政法规需要进行查阅的。

4）控制要求

无论业务工作底稿是否存在于纸质、电子或其他介质，税务师事务所均应针对业务工作底稿实施适当的控制，并达到下列要求：①工作底稿清晰地显示其生成、修改、复核的时间和相关人员；②在业务的所有阶段，保护信息的完整性；③防止未经授权改动业务工作底稿；④允许项目组和其他经授权的人员为履行职责而接触业务工作底稿。

5）扫描归档

税务师事务所将原纸质记录扫描后存入业务档案时，应保留已扫描的原纸质记录，并实施适当的控制程序，以达到下列要求：①生成与原纸质记录的形成和内容完全相同的扫描复制件，包括人工签名、交叉索引和有关注释；②将扫描复印件归整到业务档案中；③能够检索和打印扫描复制件。

6）保存期限

税务师事务所应制定政策和程序，使业务工作底稿保存期限满足法律法规的规定和税务师事务所的需要。

涉税服务业务或涉税鉴证业务工作底稿属于税务师事务所的业务档案，应当至少保存10年；法律、行政法规另有规定的除外。

7）档案所有权

业务工作底稿的所有权属于税务师事务所。税务师事务所可自主决定允许客户获取业务工作底稿部分内容，或摘录部分工作底稿。但披露这些信息不得损害税务师事务所执行业务的有效性。对鉴证业务，披露这些信息不得损害税务师事务所及其人员的独立性。

11.2.8 质量控制与监督

1. 质量控制与监督的目标

税务师事务所应当制定监控政策和程序，合理保证与质量控制制度的相关性、适当性和有效性。这些监控政策和程序应当持续考虑和评价税务师事务所的质量控制制度，并达到下列目标：①评价遵守法律、法规、职业道德规范和执业准则的情况；②评价质量控制制度设计是否适当，运行是否有效；③评价质量控制政策和程序应用是否得当，出具的业务报告是否恰当。

2. 质量控制与监督人员

对税务师事务所质量控制制度的监控应当由具有专业胜任能力的人员实施。监控内容包括质量控制制度设计的恰当性和运行的有效性。

履行监控责任的人员可以是法定代表人或合伙人，也可以是税务师事务所委派的具有足够、适当经验和权限的其他人员。

3. 质量控制与监督内容

（1）质量控制制度的完善措施，包括通过加强内部教育和培训，以及要求对有关教育与培训的政策和制度提供反馈意见。

（2）与税务师事务所适当人员沟通，以识别的质量控制制度在设计、理解或执行方面存在的缺陷。

（3）由税务师事务所适当人员采取追踪措施，对质量控制政策和程序及时作出必要的修正。

（4）分析下列事项对质量控制制度的持续考虑和评价产生的影响：①法律法规、税收政策、会计准则、职业道德规范、执业准则的新变化，以及税务师事务所采取的应对措施；②有关职业独立性政策和程序的遵守情况；③教育与培训以及执业发展情况；④与接受和保持客户关系及具体业务相关的决策。

4. 周期性检查

税务师事务所应当周期性地对已完成的业务进行检查，周期最长不得超过 3 年。在每个周期内，应当对每个项目负责人的业务至少选取一项进行检查。

参与业务执行或项目质量控制复核的人员不应承担该业务的检查工作。

小型税务师事务所可以利用具有适当资格的外部人员执行业务检查及其他监控程序。

5. 质量控制与监督告知和改正

税务师事务所应当评价实施监控程序存在的缺陷对质量控制制度产生的影响，及时告知相关项目负责人及其他适当人员，并采取适当的应对措施予以纠正。税务师事务所对已识别监控程序存在的缺陷，应当及时提出改进措施。

如果实施监控程序的结果表明，出具的报告不适当或在执行业务过程中遗漏了应有的程序，税务师事务所应当确定采取适当的进一步行动，以遵守法律法规、职业道德规范和相关执业准则的规定。同时，税务师事务所应当考虑征询法律意见。

税务师事务所每年至少一次将质量控制制度的监控结果，传达给项目负责人及税务师事务所内部其他适当人员，以使税务师事务所及其相关人员能够在其职责范围内及时采取适当的补救措施。

传达的信息应当包括下列几项内容：①已实施的监控程序；②实施监控程序得出的结论；③系统性的、重复出现的或其他重大的缺陷及其整改措施。

向相关项目负责人以外的人员传达已发现的缺陷，通常不指明涉及的具体业务，除非指明具体业务对这些人员适当履行职责是必要的。

6. 记录监控事项

（1）制定的监控程序，包括选取已完成的业务进行检查的程序。

（2）对监控程序实施情况的评价。

（3）评价识别出的缺陷产生的影响，以及采取适当补救措施的依据。

7. 内部投诉和指控

税务师事务所应当制定政策和程序，保证能够适当处理来源于事务所内部和外部的下列事项的投诉和指控：①已实施的工作未能遵守法律法规、职业道德规范和执业准则的规定；②未能遵守税务师事务所质量控制制度。

税务师事务所应当按照既定的政策和程序调查投诉和指控事项，并对投诉和指控及其处理情况予以记录。

税务师事务所应当委派不参与该业务的具有足够经验和权限的人员负责对调查的监督。必要时，聘请法律专家参与调查工作。

小型税务师事务所可以利用具有适当资格的外部人员或其他税务师事务所，对投诉和指控事项进行调查。

【例 11-5】下列说法正确的有（　　）。

A．工作底稿采用纸质或者电子的形式，暂不采用其他形式

B．注册税务师及助理人员编制的工作底稿，应当由有关业务负责人进行复核，形成必要的复核记录，并由复核人签名

C．涉税鉴证及其他鉴证业务工作底稿的归档期限为业务报告日后 45 天内

D．注册税务师行业主管部门因检查执业质量需要进行查阅的，税务师事务所可以提供工作底稿

E．业务工作底稿的所有权属于主审税务师和税务师事务所共同所有

11.2.9　记录与归档

税务师事务所应当制定政策和程序，对质量控制制度各项要素的运行情况形成适当记录。

1. 记录内容

在确定记录的方式和内容时，税务师事务所应当考虑下列因素：①税务师事务所的规模和分支机构数量；②税务师事务所相关人员和分支机构的权限；③税务师事务所业务及组织结构的性质及复杂程度。

2. 归档要求

税务师事务所应当将质量控制制度各项要素运行情况形成的记录，在规定的期限内整理归档，并满足下列要求：①安全保管各项记录；②便于使用和检索；③根据需要确定保存期限；

税务师事务所对质量控制记录整理归档的期限通常为完成质量控制程序之日起 60 日内。

税务师事务所对质量控制记录的保存期限，应当保证执行监控程序的人员能够评价质量控制制度的遵守情况。

【例 11-6】下列项目中关于税务师事务所质量控制表述正确的有（　　）。

A．税务师事务所的法定代表人或主要负责人对质量控制制度承担最终责任

B．注册税务师应有的职业怀疑态度是其职业道德规范的要求

C．项目负责人与项目质量控制复核人之间有分歧的，按复核人意见出具报告

D．税务师事务所对每项业务委派至少一名项目负责人

E．涉税鉴类业务工作底稿的归档期限为业务报告日后60天内

本章小结

本章主内容要包括从纳税人、扣缴义务人方面产生执业风险的因素，从税务代理执业人方面产生的风险因素。

质量控制的8项要素，其中包括：职业道德规范的要求；业务承接与保持；人力资源管理的内容；执业规范的相关规定；备查类工作底稿和业务类工作底稿；归档期限和保存期限；质量控制与监督；记录与归档的要求。

职业能力训练

一、单项选择题

1．税务师事务所应当制定政策和程序，以解决项目内部、项目组与被咨询者之间以及项目负责人与项目质量控制复核人员之间的意见分歧。下列对意见分歧的处理正确的是(　　)。

A．项目内部、项目组与被咨询者之间的意见分歧，税务师事务所应当终止执业

B．只有分歧问题得以解决，项目负责人才能出具报告

C．项目负责人与项目质量控制复核人员之间的意见产生分歧，项目负责人书面保证承担一切后果的，可以出具报告

D．产生分歧的执业服务不得出具报告

2．涉税鉴证业务工作底稿的归档期限为业务报告日后（　　）天内。

A．20　　B．30

C．50　　D．60

3．以下关于质量控制与监督的说法不正确的是（　　）。

A．税务师事务所应当制定监控政策和程序，以合理保证与质量控制制度的相关性、适当性和有效性

B．税务师事务所应当周期性地对已完成的业务进行检查，周期最长不得超过3年

C．税务师事务所两年至少一次将质量控制制度的监控结果，传达给项目负责人及税务师事务所内部其他适当人员

D．小型税务师事务所可以利用具有适当资格的外部人员或其他税务师事务所，对投诉和指控事项进行调查

4．税务代理工作底稿一般可以分为（　　）。

A．永久类和当期类　　B．备查类和业务类

C．综合类、业务类和备查类　　D．永久类、当期类、备查类和业务类

5．税务代理的执业风险是指（　　）。

A．税务代理人因未能完成代理事项和履行代理职责所要承担的责任

B．纳税人、扣缴义务人未依法履行纳税义务

C．税务代理人违反税务代理规定所要承担的法律责任

D．税务代理人因代理失误和未履行代理职责所要承担的纳税义务

6. 项目组就疑难问题或争议事项向其他专业人士咨询所形成的记录应当完整详细，并经被咨询者认可。记录应当包括的内容有寻求咨询的事项和咨询的结果，其中咨询结果的记录不应当包括（　　）。

A. 作出的决策　　B. 决策的依据

C. 委托企业对决策的态度　　D. 决策的执行情况

7. 下列属于业务类工作底稿的是（　　）。

A. 税务机关处罚决定书　　B. 注册会计师的查账报告

C. 代理税务登记业务的工作记录　　D. 企业重要的租赁合同

二、多项选择题

1. 税务师事务所的（　　）需要对质量控制制度承担最终责任。

A. 法定代表人　　B. 主要负责人

C. 审计助理人员　　D. 签字注册税务师

E. 提供虚假财务信息的客户

2. 从税务代理执业人员方面分析，注册税务师产生执业风险的因素包括（　　）。

A. 执业人员的专业胜任能力　　B. 执业人员的职业道德水平

C. 税务代理机构执业质量控制程度　　D. 委托方企业的纳税意识强弱

E. 委托方企业的财务核算基础

3. 税务师事务所获知有违反独立性的情况，应采取的应对措施包括（　　）。

A. 采取适当的防护措施以消除对独立性的威胁

B. 解除业务约定书

C. 提高收费标准

D. 采取适当的防护措施将威胁降至可接受的水平

E. 向相关人员再次传达独立性的要求

4. 税务师事务所可以通过下列（　　）途径提高人员素质和专业胜任能力。

A. 所内定期或不定期开展业务讨论

B. 要求员工对自己的职业进行规划

C. 对擅长工业企业税审的专业人员鼓励其参与其他行业企业的税审

D. 新员工由老专家带队从事涉税服务

E. 所内规定，新员工 5 年内不得成为项目负责人

5. 税务师事务所在确定是否接受新业务时，需要考虑（　　）事项。

A. 税务师事务所人员是否熟悉相关行业或业务对象

B. 税务师事务所是否拥有足够的具有必要素质和专业胜任能力的人员

C. 在需要时，是否能得到专家的帮助

D. 客户可能涉嫌违法犯罪行为的迹象

E. 税务师事务所是否能够在提交报告的最后期限内完成业务

6. 对于工作底稿的目标，下列表述正确的有（　　）。

A. 通过对涉税服务业务或涉税鉴证业务过程的适当记录，列明判断过程及其依据，作为最终作出报告的基础性资料

B. 通过对涉税服务业务或涉税鉴证业务证据的有效收集与整理，显示支持鉴证结果的证据链条，证明其符合注册税务师执业准则

C. 通过对涉税服务业务或涉税鉴证业务过程的适当记录，达到很好的借鉴标准，税务机关依据其规范与否确定是否进行涉税调查

D. 通过对涉税服务业务或涉税鉴证业务情况的规范记载，表明的规范化程度，为执业质量的比较提供基本依据

E. 通过对涉税服务业务或涉税鉴证业务情况的规范记载，表明的专业化程度，可以以此向委托方要求更高的收费价格

7. 税务代理的执业风险因为委托人方面的情况不同而变化。下列说法正确的有（　　）。

A. 委托人的委托代理意向与税收法律、法规和主管税务机关的要求偏离越大，执业风险就越高

B. 委托企业纳税意识越强，执业风险越低

C. 财务会计制度是否健全，会影响到执业风险的高低

D. 财务人员的业务素质的高低，会影响到执业风险的高低

E. 企业业务的复杂性

8. 未经委托人同意，税务师事务所不得向他人提供工作底稿，不包括（　　）。

A. 税务机关因税务检查需要进行查阅的

B. 注册税务师行业主管部门因检查执业质量需要进行查阅的

C. 公安机关、人民检察院根据有关法律、行政法规需要进行查阅的

D. 税务师事务所为招揽业务，向潜在客户出示工作底稿

E. 人民法院根据有关法律、行政法规需要进行查阅的

9. 下列属于质量控制制度要素的有（　　）。

A. 人力资源管理　　B. 执业规范

C. 质量控制与监督　　D. 工作流程

E. 记录与归档

10. 下列关于业务工作底稿的表述正确的有（　　）。

A. 工作底稿可以采用纸质或电子的形式

B. 有视听资料、实物等证据的，工作底稿可以采用除纸质或电子以外的其他形式

C. 业务工作底稿的所有权属于注册税务师

D. 注册税务师及助理人员编制的工作底稿，应当由有关业务负责人进行复核，形成必要的复核记录，并由复核人签名

E. 涉税服务业务或涉税鉴证业务工作底稿，应当至少保存15年，法律、行政法规另有规定的除外

第 12 章

其他涉税事宜代理实务

QITA SHESHUI SHIYI DAILI SHIWU

【学习目标】

知识目标：熟悉税务咨询的业务范围和基本形式，税政指导、财务咨询的操作规范，税收筹划的方法。了解注册税务师执业文书的种类、熟悉注册税务师执业文书的基本格式和基本要求，以及制作注册税务师执业文书的基本程序和操作规范。

能力目标：能够掌握税务咨询和税务顾问的相关知识点，进行税务筹划；能够较熟练的制作各种涉税文书。

【导入案例】

1．某企业系增值税一般纳税人，2012 年 1 月企业欲将自己使用过的固定资产小轿车一辆对外转让。已知该汽车原值 25 万元，已提折旧 5 万元，预计发生转让费用 2 万元。该企业适用城市维护建设税税率 7%，教育费附加征收率 3%，所得税税率 33%。企业财务人员拟定了 4 种转让方案，分别为：方案一，按 25 万元出售；方案二，按 26 万元出售；方案三，按 24.99 万元出售。

【思考】如果你作为咨询人员应该如何解答？

2．某公司由于发票的使用量较大，同时符合自制发票的要求，该公司希望可以向税务机关申请自制发票，但对于相关手续如何办理不是很清楚，现与某税务师事务所签订合同，由该事务所代为办理自制发票的相关手续。

【思考】税务师事务所应如何代理及填报相关涉税文书？

12.1 税务咨询与税务顾问

12.1.1 税务咨询

税务咨询是咨询服务的一种。它通过电话、信函、晤谈等方式解答纳税人、扣缴义务人有关税收方面的问题，是税务代理业务中最具普遍性的服务内容。

1．税务咨询的内容

税务咨询的内容较为广泛。其特点是以税收方面的疑难问题为主导，并涉及财务、会计、投资、金融、海关、外汇管理等诸多方面专业知识和操作实务。通常情况下，税务咨询的内容主要有以下几点。

1）税收法律规定及运用方面的咨询

咨询人在其日常生产经营过程中，为了实现正确纳税、准确决策或者维护权益、避免涉税风险等，需要了解税收政策规定，提出有关税收政策方面的咨询。税收政策运用方面的咨询是税务咨询最主要的内容。咨询人在经营活动中涉及的税收政策运用或掌握理解都是其咨询的内容，这类咨询涉及税种多、政策面广、问题具体。通常情况下，当在处理具体涉税事务时不了解有关税收政策、对税收政策理解没有把握或与税务机关或其他相关部门和人员对某项税收政策理解或处理有不同意见时，会向注册税务师提起咨询。

2）税务动态方面的咨询

随着纳税人、扣缴义务人纳税意识的加强，他们除了关心现有税收政策及运用外，税务动态也成为其关注的内容。这方面咨询主要有两方面内容：①国家、地方的税收政策和办税制度及方法调整的趋势和步骤；②税务机关的机构设置、职责分工、工作环节、人员配备情况以及调整变动。

3）办税实务方面的咨询

咨询人为了在办理涉税事宜时能够准确、顺利、快捷，会咨询税收征管规程、办税实务操作的环节、报送资料和程序、办理的手续及技术处理等具体办税事项。这是纳税人、扣缴义务人依法履行纳税义务的需要，也是享受税收合法权益过程中所必备的操作技能。

4）涉税会计处理的咨询

主要是就有关涉税会计处理的问题给以咨询。包括现行各税应缴税金的会计处理，计税、缴税、减税、免税相关的会计处理，纳税审查及税务机关查补税款后所涉及会计账务的调整等。

2．税务咨询的形式（表 12–1）

表 12-1　税务咨询的形式

形　式	具体方式	特　点
书面咨询	以书面的形式进行解答。咨询时，注册税务师要制作书面文书，要求题目明确、解答清楚、证据充分，引用的法律、法规准确	这是税务咨询最为常用的一种方法。书面咨询也可以电子信件的形式传输，其方式更为灵活与简便
电话咨询	主要用于比较简单明了的税务问题的咨询服务，通过电话中的交谈就能给纳税人、扣缴义务人一个简要的答复	简便快捷
晤谈	当面解答纳税人、扣缴义务人提出的税收问题	共同研讨
网络咨询	以网络为载体提供咨询服务	快捷

【例 12-1】税务咨询最为常用的一种方法是（　　）。

A．书面咨询　　B．网络咨询　　C．电话咨询　　D．晤谈

【例 12-2】注册税务师以发送电子邮件的形式接受纳税人的咨询，这种咨询形式属于（　　）。

A．晤谈　　B．网络咨询　　C．电话咨询　　D．书面咨询

【导入案例解析 1】

关于贵企业固定资产对外转让问题的解答

字号××××

××企业：

就贵公司 2012 年 12 月 20 日派人前来咨询的关于固定资产对外转让事宜，我所在听取贵方的情况介绍后，对照我国现有相关税收政策，答复如下：

贵企业的 3 种转让方式的纳税情况如下：

方案一，按原值出售，不缴纳增值税：

所得税前净收益＝250 000－200 000－20 000＝30 000（元）

应纳所得税＝30 000×33%＝9 900（元）

综合税负率＝9 900÷250 000×100%＝3.96%

方案二，按 26 万元出售高于原值价格，应缴纳增值税：

应纳增值税＝260 000÷（1＋4%）×4%×（1－50%）＝5 000（元）

应纳城建税＝5 000×7%＝350（元）应纳教育费附加＝5 000×3%＝150（元）所得税前净收益＝260 000－200 000－20 000－5 000－350－150＝34 500（元）

应纳所得税＝34 500×33%＝11 385（元）

综合税负率＝（5 000＋350＋150＋11 385）÷260 000×100%＝6.49%

方案三，按 24.99 万元出售，低于原值价格，不缴纳增值税：

所得税前净收益＝249 900－200 000－20 000＝29 900（元）

应纳所得税＝29 900×33%＝9 867（元）

综合税负率＝9 867÷249 900×100%＝3.95%

综合以上意见，方案三最佳。

××税务师事务所（签章）

注册税务师：××（签章）

2012 年 12 月 25 日

12.1.2 税务顾问

税务顾问是综合性的税务咨询服务，它通过上门服务的方式（每月一至二次），为纳税人、扣缴义务人提供税收方面的咨询服务。与税务咨询相比，税务顾问具有权威性强、咨询内容广泛、服务对象专一的特点。其主要的咨询形式是书面咨询和晤谈。税务顾问的工作主要包括：政策指导、办税指导和提供信息。

1. 税务顾问的作用

企业控制成本只关注生产及管理环节，而对税收成本很少研究，不研究税收政策或者对税收无知，税收成本的危害将远大于经营成本，税务顾问的作用就是在企业和生产管理与税收管理之间搭建一座桥梁，来降低企业税收风险，使企业效益实现最大化。其作用主要有：财税相关的法律、法规咨询解释，税收优惠政策应用的指导；日常购销、劳务合同涉税条款的修改与审定；协助企业对其员工进行财税法律培训；协助及指导企业进行税收健康检查；特定问题、特定项目出具咨询意见书、论证分析报告；代表企业参与涉税谈判、沟通事宜，进行纳税筹划。

2. 职业要求

教育培训：税务、会计、财务、法律或其他相关专业硕士以上学历，注册税务师资格。

工作经验：3 年以上税务工作经验，拥有税务政策、规则、法规的丰富知识；熟悉主要国家税法，精通中国税法的规定及相关政策，具备为客户提供境内外税务咨询与税务筹划的能力。

能力要求：必须受过专业训练，最好有税务机关工作经验，能熟练掌握各种税收政策。最好出任过企业高层职务，必须有纳税筹划的实战经验。

12.1.3 税收筹划

随着现代咨询业的发展，税收筹划作为中介机构一种全新的税务咨询方式应运而生。税收筹划的前提条件是必须符合国家法律及税收法规；税收筹划的方向应当符合税收政策法规的导向；税收筹划的发生必须是在生产经营和投资理财活动之前；税收筹划的目标是使纳税人的税收利益最大化。

【知识链接】

税收利益最大化包括税负最轻、税后利润最大化、企业价值最大化等内涵。税收筹划概念自 20 世纪 90 年代中叶由西方引入我国，译自 tax-planning 一词，也译作税务筹划、纳税筹划、税务计划等。

1. 税收筹划的概念及特点

税收筹划目前尚无权威性的定义，但一般的理解是，税收筹划指的是在税法规定的范围内，通过对经营、投资、理财活动的事先筹划和安排，尽可能地取得“节税”的税收利益，其要点在于“三性”：合法性、筹划性和目的性。税收筹划对于体现税收法律法规的立法意图、政策导向和修改完善，对最大限度地避免和减少涉税犯罪，提高纳税人乃至全民的税收法律意识都具有十分重要的意义。其意义有三点：税收筹划顺应国家税收立法意图和体现税收政策导向；税收筹划有助于税收法律法规的完善；税收筹划是依法治税的重要内容，税收筹划使纳税人在谋求合法税收利益的驱动下，主动自觉地学习和钻研税收法律法规，自觉、主动地履行纳税义务。

税收筹划局限于纳税人和税务代理机构的单方面行为，显然在是否合法上具有不确定性，因此必须在筹划前得到税务机关的认证，认证其合法性，使纳税人解除其后顾之忧。要达此目的，必须使纳税人及其税务代理人和税务机关都有法可依，这就必须给税收筹划立法。通过立法确定作为税收筹划主体的纳税人或税务代理人的法律地位、权利、义务，确立税收筹划的规程、税收筹划的范围。确定作为税收筹划认证人的税务机关的法律地位、权力、义务，确定税务机关对税收筹划认证的法律效力，确保税收筹划的健康有序发展。

税收筹划的目标是获得税收利益，然而税收筹划不能只局限于个别税种税负的高低，而应着重考虑整体税负的轻重，因为纳税人的经营目标是获得最大总收益，这就要求它的整体税负最低。在考虑整体税负的同时还要着眼于生产经营业务的扩展，即使缴纳税收的绝对额增加了，甚至税负也提高了，但从长远看，资本回收率能增长，还是可取的。理想的税收筹划应是总体收益最多，或许纳税并非最少。

【例 12-3】理想的税收策划应该是（　　）。

A．偷逃税款　　B．纳税一定最少　　C．滞纳税款　　D．总体收益最多

2．税收筹划的分类及范围

税收筹划的分类见表 12-2。

表 12-2　税收筹划分类表

<table>
<tr><th>分类标准</th><th>类　别</th><th>补充说明</th></tr>
<tr><td rowspan="2">地域范围</td><td>国内税收筹划</td><td>纳税人在本国税收法规下对其国内经营活动的税收筹划</td></tr>
<tr><td>国际税收筹划</td><td>跨国纳税人从事跨国活动时的税收筹划</td></tr>
<tr><td rowspan="2">纳税人</td><td>个人为或家庭税收筹划</td><td rowspan="2">由于企业是一国税收收入的主要来源，税收对企业活动的影响也最大，因此企业税收筹划是税收筹划的主要领域，尤其是企业所得税筹划</td></tr>
<tr><td>企业税收筹划</td></tr>
<tr><td rowspan="3">税种</td><td colspan="2">所得税筹划</td></tr>
<tr><td colspan="2">流转税筹划</td></tr>
<tr><td colspan="2">财产税筹划</td></tr>
</table>

税收筹划本质上是一个方法论体系，其涉及范围很广，在我国主要是就企业税收进行筹划。

1）新建企业的税收筹划

对于新建企业来说税收筹划主要包括企业的组织形式、经营的地点以及会计核算方法的选择等。例如企业的组织形式有合伙、股份和有限责任制三类，我国的税收政策对于不同的企业组织形式是有差别的，因此在成立企业的时候选择一种合适的组建形式也是税收筹划的一项内容。

2）企业扩展、重组的税收筹划

随着企业的不断发展，为了提高企业的实力、拓展业务范围，需要组建新的分公司或子公司。子公司具有法人资格，独立核算；分公司不具有法人资格，和总公司合并纳税。由于以上的区别，在组建新的机构时要进行筹划。企业重组的税收筹划。所谓企业重组是指企业经营发展到一定时期，原有组织形式已制约了其进一步扩展，要改变原有组织形式。重组时，税收是必须考虑的一个因素。

3）企业在融资、投资及利润分配过程中的税收筹划

企业资本结构的税收筹划。企业从事经营活动所需资金主要可通过债权和股权两种形式筹集，债权和股权两种筹资方式在税收待遇上不同。债权的利息费用可在税前扣除，得到利息免税的优待；但向股东发放的股利则只能从企业税后留利中分配，从税收筹划角度，利用债权筹资越多越好，但债务过大，增加企业经营风险，因此，企业资本结构决策中要进行税收筹划。

企业投资核算的税收筹划。企业以购买股票方式对外投资，其投资核算方法有两种：成本法和权益法，运用权益法投资账户要按期调整，而成本法则不用，因而可以递延纳税。

股利决策的税收筹划。在企业股利政策理论中，有一种税负差异理论，按这种理论，股份制企业最好不发放任何一种股利，而通过股票价格升高来间接地增加股东财富，因为发放股利，股息要缴个人所得税。由此可见，企业在选择股利政策时也要进行税收筹划。

3. 税收筹划的基本方法

税收筹划的基本做法是对纳税人各种经营、投资、理财等活动应纳税的情况进行分析比较，在不受其他条件制约的情况下，选择税收负担较轻的方案。因此，税收筹划的核心是减轻税收负担，即选择合适的经营活动方式，以使当期或以后的应纳税额减少，实现直接或间接减轻税收负担的目的。税收筹划的基本方法见表12-3。

表12-3　税收筹划的基本方法

税收筹划的方法	含　义
不予征税方法	指选择国家税收法律、法规或政策规定不予征税的经营、投资、理财等活动的方案以减轻税收负担的方法
减免税方法	指选择国家税收法律、法规或政策规定的可以享受减税或免税优惠的经营、投资、理财等活动方案，以减轻税收负担的方法
税率差异方法	指根据国家税收法律、法规或政策规定的税率差异，选择税率较低的经营、投资、理财等活动的方案，以减轻税收负担的方法
分割方法	指根据国家税收法律、法规或政策规定，选择能使计税依据进行分割的经营、投资、理财等活动的方案，以实现或是不同税负、税种的计税依据相分离；或是分解为不同纳税人或征税对象，增大不同计税依据扣除的额度或频度；或是防止税率的爬升等效果，以求税收负担减轻的方法
扣除方法	指依据国家税收法律、法规或政策规定，使经营、投资、理财等活动的计税依据中尽量增多可以扣除的项目或金额，以减轻税收政策负担的方法
抵免方法	指依据国家税收法律、法规或政策规定，使经营、投资、理财等活动的已纳税额或相应支出，在其应纳税额中予以抵扣，以减轻税收负担的方法
延期纳税方法	指依据国家税收法律、法规或政策规定，将经营、投资、理财等活动的当期应纳税额延期缴纳，以实现相对减轻税收负担的方法
退税方法	指依据国家税收法律、法规或政策规定，使经营、投资、理财等活动的相关税额退还的方法

税收筹划是一项综合性的、复杂的工作，涉及面广、难度大，在运用税收筹划方法时，应充分考虑具体情况和政策规定，各种税收筹划方法也不是彼此孤立和矛盾的，有时应相互配合，综合运用，同时，随着税收筹划的层次深入和领域的拓宽，还将会有新的、科学的税收筹划技术的发展和运用。

12.2 注册税务师执业文书概述

注册税务师执业文书是注册税务师在执业活动中制作的各种书面报告，用来表达注册税务师执业主张，综合反映其执业过程或结果，起到备查、鉴证、提示及沟通等作用。执业文书一般由注册税务师的工作底稿、执业相关证明资料、依据的政策文件和执业报告等组成，其中执业报告是执业文书的核心，也是狭义的执业文书。

12.2.1 执业文书的种类

执业文书与注册税务师从事的业务密切相关，是因注册税务师执业需要逐渐形成的。目前我国注册税务师从事的业务涉及面广、内容复杂、项目多样，决定了执业文书种类较多和格式不一，而且随着注册税务师业务的拓展和服务层次的提升，执业文书还将不断发展、齐全和完善。执业文书分类见表 12-4。

表 12-4 执业文书分类表

标　准	类　别	特　点
性质	涉税鉴证类执业文书	涉税鉴证类执业文书是注册税务师进行相关涉税鉴证业务时出具的含有鉴证结论或鉴证意见的书面报告。目前常用的涉税鉴证类执业文书主要有：企业所得税汇算清缴纳税申报的鉴证报告、企业财产损失所得税税前扣除的鉴证报告、企业所得税税前弥补亏损的鉴证报告、土地增值税清算税款的鉴证报告、房地产企业涉税调整的鉴证报告等
	涉税服务类执业文书	涉税服务类执业文书是注册税务师进行相关涉税服务业务时，根据需要出具的含有专业意见的书面报告。涉税服务类执业文书因服务内容不同，有着各种不同的文种，相对于涉税鉴证类文书而言，其运用更加灵活和多样，内容和格式因服务的项目、委托方的要求、执业风险控制等需要会有相应调整。目前常用的服务类执业文书主要有：税收筹划报告、纳税审核报告、涉税咨询答复报告、纳税建议报告、办税事宜建议报告、执业活动有关问题沟通报告等
收件人	向委托人出具	向委托人出具的执业文书主要有各种鉴证类查证报告、答复咨询问题、提出纳税建议、指导办税程序和方法、指出存在的纳税问题或风险、作出整改意见、制作纳税筹划方案、说明工作情况、报告纳税审查结果等
	向相关税务机关出具	向相关税务机关出具的执业文书主要是替委托人填报各种涉税文书，又可分为填报有固定格式的文表和替委托人代为制作的向税务机关报送的有关书面报告两种，这些书面报告主要有各类申请报告、陈述或申辩材料、情况说明和问题咨询沟通等
	向其他相关单位或部门出具	向其他单位或部门出具的文书主要因在涉税鉴证或涉税服务时，委托人有关涉税事宜需要与客户或相关的机关、部门进行沟通说明，或者需要其配合支持的情况下，出具的一些书面报告，有的是提供政策依据并加以解释说明，有的是说明委托人实际情况起到旁证作用，有的则是提出操作建议等
执业主张态度	积极方式提出的执业文书	积极方式提出的执业报告是注册税务师在满足执业活动能合理保证、服务对象事实清楚、证据充分、符合相关法律、法规、规章和其他有关规定等条件下，出具的持明确态度或意见、结论的报告
	消极方式提出的执业文书	如果注册税务师执业时相应的条件不能满足，则会以否定意见或者无法表达意见方式提出消极的执业文书

在当前注册税务师执业活动中，纳税人按照国家有关税收法律、法规、规章及其他有关

规定在申报纳税或者办理涉税事宜时应向有关税务机关报送的涉税文书，因其专业性要求，经常委托注册税务师代为填写或者制作，这些由注册税务师代为填写或制作的涉税文书就成了一种特殊的服务类执业文书。

12.2.2 执业文书的基本要求

执业文书直接反映了注册税务师执业的成果和质量，必须规范严谨，避免不必要的执业风险。执业文书除与一般文书一样应做到文字清楚、准确、严密，内容齐全，结构合理外，作为专业化的文书还应做到以下几点。

1. 记录情况真实可靠

执业文书是注册税务师根据调查、掌握的情况，按照委托人的要求或者涉税鉴证、服务的需要出具的书面报告，通常情况下，报告的使用人将会根据执业文书描述的情况作出相应的处理，或者作为重要的参考因素，这就要求注册税务师对报告所要反映的情况作深入调查，在充分了解事实真相的情况下出具，执业文书反映情况的真实程度和可靠性，与其作用和执业责任是密切相关的。

2. 作出结论或提出意见、建议符合税收法规或办税程序

执业文书是注册税务师在业务开展过程中出具的专业文书，处理的是涉税事宜，必须针对所了解的情况，按照国家规定的、相应适用的税收政策或者办税制度、措施、方法等程序要求提出处理意见，任何有悖于国家税收政策法规的税务代理执业文书，都会带来执业风险。

3. 数据准确

执业文书经常会涉及税额的计算和确定问题，这往往又跟征、免、退、抵税的金额或经营决策密切相关，国家征税要求不能有丝毫偏差，也就决定了报告所涉及的数据必须准确无误。

4. 附件资料完整真实

执业文书所阐述的情况通常不能局限于文字的表达，需要有相应的附件资料，通过相应附件资料来进一步佐证报告表达事实的真实性，一般情况下，鉴证类查证报告的执业文书附件资料是必不可少的。尽管执业文书种类不同。是否有附件资料及所附资料不尽统一，但对应附的附件资料总体应满足两方面基本要求：①附件资料完整齐全，通过附件资料能反映事实的全貌；②附件资料应真实，附件资料应是注册税务师从委托人或相关部门原始资料中收集的，而不是事后捏造的；附件资料应尽量用原件，确实需要由复印替代的，应加上证明材料或签章以示负责；附件资料除用报表、凭证、单据等文字资料外，必要时，也可采用照片、录像等资料。

12.2.3 执业文书的特点

执业文书是注册税务师执业活动的综合反映，一方面应完成委托人预定的委托目标，另一方面应符合国家规定的法律、法规、规章和其他相关规定，遵循执业规程，避免执业风险。

1. 目的性

执业文书是为了解决执业中某一具体涉税问题而制作的，具有明确的目的性，如涉税鉴证类报告提出鉴证结论或鉴证意见，增加所鉴证的涉税事项可信度；服务类报告提出专业意见，或是指导委托人准确纳税、或是辅导委托人按程序办理纳税事宜、或是提示委托人潜在

的纳税风险、或是明确双方的责任等；为委托人代为制作的涉税文书，是税收征管制度和措施所要求的，是维护正常征管秩序所需求的。

2. 格式性

执业文书尽管因业务不同，种类多样，但为完成执业目标，保证执业质量，其构成内容有一定基本要求，特别是代委托人填写的许多涉税文书，通常都有固定的格声和填写要求。

3. 时效性

注册税务师出具执业文书是为了帮助纳税人解决纳税问题或者办理纳税事宜，国家税收法律、法规、规章及相关规定要求执业文书必须在一定时效内出具，否则文书的作用将削弱甚至失效；滞后于纳税人涉税情况变化和国家税收政策调整的执业文书，同样会成为无效文书。

4. 程序性

执业文书的程序性主要表现在两方面：①执业文书所涉及的办税事宜，应符合国家税收征管的程序；②执业文书的形成应按照相应执业规程，向委托方出具执业文书，还应经过必要的复核程序。

12.2.4 执业文书的作用

1. 促进注册师行业规范执业

注册税务师出具的执业文书，综合反映注册税务师完成一项或一个阶段执业活动的成果，要求注册税务师按照涉税服务或者涉税鉴证的工作规程执业，深入全面开展调查，按照国家相应税收政策进行计算，实施必要的职业判断和推断。执业文书成为衡量注册税务师及其事务所工作深度和执业质量的重要标志；同时，执业文书所主张的意见、结论、观点，注册税务师及其事务所将承担相应的责任和风险，这既是明确委托、受托双方责任的直接证据，也是规避不必要执业风险的重要手段。执业文书的使用是注册税务师行业发展到一定阶段，因规范执业要求而产生发展的；执业文书的规范、健全，也促进了注册税务师行业的不断规范和健康发展。

2. 提高税收征管信息质量

注册税务师出具的涉税鉴证类文书和代委托方制作的涉税文书，通常都以一定的方式报送税务机关，作为税收征管工作的重要信息资料。涉税鉴证类文书在注册税务师执业基础上独立、客观、公正地作出，可以作为税务机关税收管理和审核审批重要依据；由熟悉税收政策和办税流程的注册税务师代为制作的涉税文书，能够提高其专业性和符合填报要求。执业文书的使用，可以丰富税收征管信息来源渠道，保证征管信息的准确和齐全。

3. 扩大服务层面，深化服务层次

相对于口头咨询和辅导服务而言，通过出具执业文书，可以改变传统服务模式仅服务于财务人员、法定代表人或相关人员等有限对象的状况。执业文书中的注册税务师专业主张，委托方可以根据其需要使用，能够传递、传达到其内部各环节和各相关部门、人员，使更多的涉税部门和人员，共同依法准确纳税和按规定正确处理相关纳税事宜；有时候委托方还可以通过执业文书所表达的专业倾向和税收政策依据，处理内部相关部门的涉税矛盾，解决与经营对象的涉税纠纷，协调与税务机关之间的征纳分歧。

12.3 涉税服务报告和涉税鉴证报告

涉税服务报告是指注册税务师遵照税收法律、法规及其有关规定，按照涉税服务业务流程，就涉税事项向委托方提交的反映其专业意见的书面文件。涉税鉴证报告是注册税务师依据国家税收法律、法规、规章及其他有关规定，按照涉税鉴证的业务流程，遵循独立、客观、公正的原则，在实施必要的调查研究、论证和计算等审核程序基础上，进行职业推断和客观评判，出具的含有鉴证结论或鉴证意见的书面报告。

12.3.1 基本结构及操作程序

一般涉税服务报告和涉税鉴证报告由文头、正文（表 12-5）和报告日期三部分组成。

表 12-5 涉税服务和涉税鉴证报告正文

涉税服务报告正文	涉税鉴证报告正文
标题	标题
收件人	收件人
引言段	引言段
专业意见	审核过程及实施情况
报告的其他要素	提出鉴证结论或鉴证意见
	报告的其他要素

文头由出具单位名称和文号组成。涉税服务报告作为对外发生效力的文书，通常情况下使用印有单位名称的报告专用纸；报告的文号一般由年份、报告性质简称和顺序编号等要素组成。

报告日期是涉税服务报告经过草拟、复核和签发后，形成正式报告交由委托方或者其他使用人的日期。

涉税服务报告和涉税鉴证报告的基本操作程序见表 12-6。

表 12-6 涉税服务报告和涉税鉴证报告的基本操作程序

	涉税服务报告	涉税鉴证报告
依据	注册税务师实施了具体的涉税服务基础上制作的，是根据已经掌握的信息资料、收到有足够的证据数据、弄清事实真相、填写必要的工作底稿后进行的	在注册税务师实施了具体的审核鉴证基础上制作的。是根据已掌握证据资料、调查核实事实真相、填写必要的工作底稿、进行适当的职业推断和客观评判后进行的
第一步	整理报告相关信息资料	整理分析鉴证相关证据和信息资料
第二步	草拟涉税服务报告	草拟涉税鉴证报告
第三步	复核涉税服务报告	复核涉税鉴证报告
第四步	签发、编制文号，形成正式的涉税服务报告	签发、编制文号，形成正式的涉税鉴证报告
最后	交由委托人审核签收	交由委托人审核签收

【小知识】

涉税服务报告示例

关于 XXX 的纳税建议报告

× × 公司：

我们在为贵公司提供涉税服务时发现，……。为此，我们结合现行的税收政策，提出如下建议：

3. 引言段“业务性质，责任，原则，依据”

一、XXXXXXXXXXX

二、XXXXXXXXXXX 的纳税建议

以上纳税建议供贵公司参考。

中国注册税务师：（签名、盖章）

中国注册税务师：（签名、盖章）

联系地址：

× × 税务师事务所（盖章）

2012 年 × × 月 × × 日

12.3.2 涉税鉴证报告的出具规范

注册税务师应当出具真实、合法的鉴证报告。涉税鉴证报告根据审核鉴证的情况不同，分为鉴证结论和鉴证意见。

1. 提出鉴证结论的涉税鉴证报告

在鉴证业务中，注册税务师应当以适当方式提出结论，出具含有鉴证结论的书面报告。包括无保留意见的鉴证报告和有保留意见的鉴证报告。

1）无保留意见的鉴证报告

涉税鉴证事项符合下列所有条件，注册税务师应当出具无保留意见的鉴证报告：鉴证事项完全符合法定性标准，涉及的会计资料及纳税资料符合国家法律、法规及税收有关规定；注册税务师已经按照有关业务准则的规定，实施了必要的审核程序，审核过程未受到限制；注册税务师获取的鉴证对象信息充分、适当，完全可以确认涉税鉴证事项的具体金额。

【特别提示】

无保留意见的鉴证报告，应当以积极方式提出鉴证结论，对鉴证对象信息提供合理保证。

2）有保留意见的鉴证报告

涉税鉴证事项符合下列情形之一的，注册税务师应当出具保留意见的鉴证报告：涉税鉴证的部分事项因税收法律、法规及其具体政策规定或执行时间不够明确处理不当；经过咨询或询证，对鉴证事项所涉及的具体税收政策在理解上与税收执法人员存在分歧，需要提请税务机关裁定；部分涉税事项因审核范围受到限制，不能获取充分、适当的证据，虽然影响较大，但不至于出具无法表明意见的鉴证报告。

【特别提示】

有保留意见的鉴证报告，应当以适当方式提出鉴证结论，对鉴证对象信息提供合理保证，并对不能确认具体金额的部分涉税鉴证事项予以说明，以便提请使用者决策。

2. 提出鉴证意见的涉税鉴证报告

1）无法表明意见的鉴证报告

如果审核范围受到限制，对涉税鉴证事项可能产生的影响非常重大和广泛，不能获取充分、适当的证据，以至于无法对涉税事项发表审核意见。注册税务师应当出具无法表明意见的鉴证报告。

无法表明意见的鉴证报告，应当以消极方式提出鉴证意见，对鉴证对象信息提供有限保证，并说明涉税鉴证事项无法表明意见的依据。

2）否定意见的鉴证报告

如果发现涉税事项总体上没有遵从法定性标准，存在违反税收法律、法规或有关规定的情形，经与被审核方有关部门和人员沟通或磋商，在所有重大方面未能达成一致，不能真实、合法地反映鉴证结果，注册税务师应当出具否定意见的鉴证报告。

否定意见的鉴证报告，应当以消极方式提出鉴证意见，对鉴证对象信息提供有限保证，并说明持否定意见的依据。

12.4 代理填报涉税文书操作规范

注册税务师填报涉税文书是在提供与此相关的税务代理事项中进行的，它贯穿于税务代理业务范围的始终，因受托代理项目不同而内容各异。填报符合税收征管规范要求的涉税文书，是顺利完成委托代理事项必不可少的工作环节。

1. 代理填报涉税文书的种类

注册税务师代理制作的涉税文书是按照税收征管的业务流程要求确定的。主要有税务登记文书、发票管理文书、减免税文书、纳税申报文书、税款征收文书和税务行政复议文书。通常情况下，税务机关都规定有各种涉税文书的格式、填报要求和报送份数，注册税务师在代理填报时，应按要求填报使用。

2. 填报涉税文书的基本程序

涉税文书的一个显著特征是与办税有关，注册税务师代理填报涉税文书，除要有一般文书填报的知识外。还必须对文书所涉及的税收相关法律、法规有深入的了解，对实际操作的运行环节有一定的经验。

（1）根据涉税文书的内容搜集整理原始资料。例如，为纳税人制作《税务登记表》就要取得“营业执照”、“银行账号证明”、“企业法人代码证书”等证件，企业有关生产经营方面的基本情况的资料等。其次，要对搜集的资料进行整理、分析，将涉税文书所需要的数据和内容进行择录，为填报涉税文书做好准备。

（2）在搜集整理资料的基础上，根据涉税文书具体的格式要求填写各项内容，做到字迹清晰、工整、填列完整、内容不容缺漏。例如，填报属于申请类涉税文书，申请理由要符合纳税人的实际情况和政策规定，引用的法律条文要准确；属于纳税申报类涉税文书反映的数据、逻辑关系要计算无误。

（3）涉税文书制作完毕应将文书交给纳税人审验，确认文书中填报的内容和申办要求是否符合意愿，如果无异议，由纳税人签字、盖章。

（4）注册税务师应将填报完毕的涉税文书及附报的各种资料，按规定时限及时报送到主管税务机关。

【导入案例解析 2】

××税务师事务所代理填报市某公司申请自制发票的文书操作规范如下。

(1) 由公司提供税务登记证、发票领购簿、工商营业执照副本等资料，注册税务师要了解该公司生产经营的基本情况，自制发票需求的数量及内容方面的特殊要求。

(2) 代理填报企业自制发票申请审批表（表 12-7），按各栏目的要求填写有关内容，说明印制发票的理由、发票名称、数量、版本、字轨号码等。

表 12-7　企业自制发票申请审批表

纳税人识别号		
申请印制发票的理由		
印制发票要素		
份数	年号	批次号
文字版	规格	联次
财务负责人：	经办人：	申请日期：　纳税人：（签章） 年　月　日
以下由税务机关填写		
税务机关受理意见 经办人：　年　月　日		
税务机关许可意见 负责人：　年　月　日		

(3) 根据税务机关对发票格式设计的一般要求和该公司的实际业务需要，提供发票式样和其他附送资料一并报送主管税务机关。

本章小结

税务咨询是咨询服务的一种。它通过电话、信函、晤谈等方式解答纳税人、扣缴义务人有关税收方面的问题，是税务代理业务中最具普遍性的服务内容。

税务顾问是综合性的税务咨询服务，它通过上门服务的方式（每月 1～2 次），为纳税人、扣缴义务人提供税收方面的咨询服务。与税务咨询相比，税务顾问具有权威性强、咨询内容广泛、服务对象专一的特点。其主要的咨询形式是书面咨询和晤谈。

税收筹划的基本方法：不予征税方法、减免税方法、税率差异方法、分割方法、扣除方法、抵免方法、延期纳税方法和退税方法。

执业文书的特点：目的性、格式性、时效性和程序性。

填报涉税文书的基本程序：搜集整理原始资料、规范填写涉税文书、交由纳税人审验签收、按时报送主管税务机关。

职业能力训练

一、单项选择题

1. 纳税人向注册税务师咨询其所经营业务涉及的税种以及适用税目的界定的问题属于（　　）。

A．税收法律规定方面的咨询　　B．税收政策运用方面的咨询

C．办税实务方面的咨询　　D．涉税会计处理的咨询

2. 税收筹划就是通过对经营、投资、理财活动事先安排，来达到节税的目的。假如企业依据国家税收法律，使计税依据中尽量增多可扣除的项目或金额，以减轻税收政策负担，这种方法称为（　　）。

A．扣除方法　　B．税率差异方法

C．抵免方法　　D．延期纳税方法

3. 纳税人向注册税务师咨询卷烟是否征收消费税，以及适用税率的问题，属于（　　）。

A．税收法律规定方面的咨询　　B．税收政策运用方面的咨询

C．办税实务方面的咨询　　D．涉税会计处理的咨询

4. 关于企业在融资、投资及利润分配过程中的税收筹划，以下表述中错误的是（　　）。

A．A 企业缺少资金，其决定采用举债的方式进行融资，因为这样可以达到少缴所得税的目的

B．B 企业采取将销售货物时收取的价外费用计入其他应付款或营业外收入的核算方式，以达到少缴所得税的目的

C．C 企业为了融通资金，采用发行股票和债券两种方式，因为发行债券可以达到节税的目的；发行股票可以平衡企业经营风险

D．D 企业上市后第三年不发放股利，而是采用提高股票价格的方式来间接增加股东财富，因为这种方式股东不用缴纳个人所得税

5. 注册税务师建议 W 公司将销售货物的方式详细划分为赊销业务、分期收款销售业务、直接收款业务等方式，这属于（　　）税收筹划方法的运用。

A．退税　　B．减免税

C．不予征税　　D．延期纳税

6. 纳税人根据国家有关税收政策的规定，在取得相关资质后，在建设工程施工合同中单独注明建筑业劳务价款和自产货物的销售价款，以实现总收入分解为缴纳增值税的货物收入和缴纳营业税的建筑业劳务收入，这种筹划方法叫（　　）。

A．税率差异方法　　B．分割方法

C．抵免方法　　D．扣除方法

7. 税收筹划方法中的抵免方法是指（　　），以减轻税收负担的方法。

A．根据国家税收法律、法规或政策规定，选择能使计税依据进行分割的经营、投资、理财等活动的方案

B．根据国家税收法律、法规或政策规定，使经营、投资、理财等活动的计税依据中尽量增多可以扣除的项目或金额

C. 根据国家税收法律、法规或政策规定，使经营、投资、理财等活动的已纳税额或相应支出，在其应纳税额中予以抵扣
D. 根据国家税收法律，法规或政策规定的可以享受减税或免税优惠的经营、投资、理财等活动方案

8. 企业在重组时进行的税收筹划属于（　　）。
A. 新建企业的税收筹划
B. 企业在融资、投资及利润分配过程中的税收筹划
C. 企业扩展的税收筹划
D. 企业清算时的税收筹划

9. 下列不属于新建企业的税收筹划的是（　　）。
A. 企业组织形式的选择　　B. 经营地点、行业的选择
C. 企业会计方法的选择　　D. 企业资本结构的筹划

10. 某企业准备利用自有的办公楼对外投资，针对营业税来讲，属于（　　）筹划方法。
A. 减免税方法　　B. 抵免方法
C. 不予征税方法　　D. 分割方法

11. 涉税鉴证报告的结构不包括（　　）。
A. 标题　　B. 文头
C. 正文　　D. 报告日期

12. 下列不属于涉税服务类执业文书的是（　　）。
A. 办税事宜建议报告　　B. 税收筹划报告
C. 纳税审核报告　　D. 房地产涉税调整的鉴证报告

13. 执业文书对附件资料整体要求是（　　）。
A. 完整齐全、真实性　　B. 作出结论
C. 提出专业意见　　D. 记录情况真实可靠

14. 注册税务师在执业过程中，应当对涉税鉴证出具否定意见的情形有（　　）。
A. 税务师事务所因审核范围受到限制，对涉税事项可能产生的影响非常重大和广泛，不能获取充分、适当的证据
B. 部分涉税事项因税收法律、法规及其具体政策规定或执行时间不够明确
C. 如果发现涉税事项总体上没有遵从法定性标准，存在违反税收法律法规或有关规定的情形，经与被审核单位治理层、管理层沟通或磋商，在所有重大方面未能达成一致，不能真实、合法地反映鉴证结果的
D. 经过咨询或询证，对鉴证事项所涉及的具体税收政策在理解上与税收执法人员存在分歧，需要提请税务机关裁定

15. 注册税务师作出涉税鉴证时，应通过（　　）出具鉴证结论。
A. 邮件　　B. 口头
C. 书面　　D. 以上三者均可

16. 代理制作涉税文书的基本程序不包括（　　）。
A. 搜集整理原始资料　　B. 规范填写涉税文书
C. 交由税务机关审验　　D. 搜集相关税收法律规定

17. 在涉税服务报告正文中，注册税务师应当根据（　　）提出服务结果和涉税专业意见。
A. 项目负责人的意见　　B. 委托人的意见
C. 项目负责人的情况　　D. 委托人的情况
18. 下列属于涉税鉴证类执业文书的是（　　）。
A. 税收筹划报告　　B. 涉税咨询答复报告
C. 财产损失所得税税前扣除的鉴证　　D. 纳税建议报告
19. 涉税服务报告填写的报告日期应当是（　　）。
A. 开始草拟报告的日期　　B. 撰写涉税报告的日期
C. 涉税服务完结的日期　　D. 形成正式涉税服务报告书提交的日期
20. 执业文书一般由注册税务师的工作底稿、执业相关证明资料、依据的政策文件和执业报告等组成，其中（　　）是执业文书的核心，也是狭义的执业文书。
A. 工作底稿　　B. 执业相关证明资料
C. 依据的政策文件　　D. 执业报告

二、多项选择题

1. 下述注册税务师对纳税人提供的各种税务咨询服务中，理解正确的是（　　）。
A. 提供税收政策运用方面的咨询服务时，注册税务师应当通晓各种税收政策并能正确理解和综合运用
B. 提供办税实务方面的咨询服务时，要求注册税务师除对税收征管法律、法规和税务机关日常管理的具体要求有深入的研究外，还要掌握娴熟的办税技巧和具有丰富的办税经验
C. 提供涉税会计处理的咨询服务时，要以财务、会计、税收法律、法规等专业知识和操作实务为基础，在符合税法规定的前提下，做到会计科目的运用能够准确无误
D. 提供税务动态方面的咨询服务时，要求注册税务师关心国家宏观经济政策和税收理论研究，及时掌握税制改革动向；应经常与税务机关和税务人员保持联系，随时了解税务机关的工作及其人事变动
2. 税务咨询的内容较为广泛，其特点是以税收方面的疑难问题为主导，并涉及（　　）等诸多方面专业知识和操作实务。
A. 财务　　B. 投资
C. 金融　　D. 海关
E. 外汇管理
3. 可以降低税收负担的税收筹划方法，主要有（　　）。
A. 减免税方法　　B. 分割方法
C. 税率差异方法　　D. 扣除方法
E. 分期纳税方法
4. 税务咨询的内容主要包括（　　）。
A. 税收法律规定方面的咨询　　B. 税收政策运用方面的咨询
C. 涉税会计处理的咨询　　D. 税务动态方面的咨询
E. 税收筹划方面的咨询

5. 某企业拟转让原购置所得的房产一处，就此事宜向注册税务师咨询相关税收政策，注册税务师在解答企业的疑惑时，应该从（　　）税种的相关规定入手。

A. 营业税　　B. 增值税
C. 教育费附加　　D. 土地增值税
E. 企业所得税

6. 税务顾问与税务咨询相比较，具有以下特点（　　）。

A. 权威性强　　B. 咨询内容广泛
C. 服务对象专一　　D. 主要咨询形式是电话咨询和晤谈

7. 执业文书按执业主张态度不同，可以分为（　　）。

A. 积极方式提出的执业文书　　B. 消极方式提出的执业文书
C. 保留意见的执业文书　　D. 无保留意见的执业文书
E. 无法表明意见的执业文书

8. 编制涉税鉴证业务报告时，应选择发表保留意见的鉴证结论有（　　）。

A. 证据不符合充分性、适当性的要求
B. 数据审核结果与申报结果不符
C. 不符合税法规定的条件
D. 对被鉴证人编制的纳税申报表及其他纳税资料持有重大异议
E. 审核范围受限制，对涉税鉴证事项可能产生的影响非常重大和广泛，不能获取充分、适当的证据、以至于无法对涉税事项发表审核意见

9. 注册税务师代理制作的涉税文书是按照税收征管的业务流程要求确定的，主要有（　　）。

A. 税务登记文书　　B. 减免税文书
C. 纳税申报文书　　D. 税款征收文书
E. 税收行政诉讼文书

10. 下列属于涉税服务类执业文书的有（　　）。

A. 办税事宜建议报告　　B. 税收筹划报告
C. 纳税审核报告　　D. 房地产涉税调整的鉴证报告
E. 土地增值税清算税款的鉴证报告

11. 以下属于常见的涉税文件书的是（　　）。

A. 企业财产损失所得税税前扣除的鉴证报告
B. 纳税建议报告
C. 土地增值税清算税款的鉴证报告
D. 企业所得税税前弥补亏损的鉴证报告

12. 对于税收筹划报告，服务过程和实施报告内容中应描述的是（　　）。

A. 应陈述各种备选方案　　B. 适用的相关税收政策
C. 计算税负及总体利益差异　　D. 各种方案环境和条件限制

13. 注册税务师在执业过程中，应当对涉税鉴证出具保留意见的情形有（　　）。

A. 部分涉税事项因税收法律、法规及其具体政策规定或执行时间不够明确
B. 经过咨询或询证，对鉴证事项所涉及的具体税收政策在理解上与税收执法人员存在分歧，需要提请税务机关裁定

C．部分涉税事项因审核范围受到限制，不能获取充分、适当、真实的证据，虽然影响较大，但不至于出具无法表明意见的鉴证报告

D．如果发现涉税事项总体上没有遵从法定性标准，存在违反税收法律法规或有关规定的情形，经与被审核单位治理层、管理层沟通或磋商，在所有重大方面未能达成一致，不能真实、合法地反映鉴证结果的

14．以下关于涉税文书的说法，正确的是（　　）。

A．除了通常为固定格式的涉税文书以外，其余税务代理执业文书一般由文头、正文、出文单位、出具日期四部分组成

B．涉税文书是向税务机关及其他相关单位或部门出具的，不会向委托人出具

C．替委托人填报的涉税文书是目前税务代理执业文书中最常用的，通常有固定的格式和填报要求

D．涉税文书可以起到备查、鉴证、提示及沟通等作用

15．注册税务师代理填报涉税文书应当通晓和关注的知识有（　　）。

A．税收征管法　　B．税收实体法

C．税收程序法　　D．现行税收实务操作程序的规定

参 考 文 献

[1] 吴静．税务代理实务[M]．2 版．大连：东北财经大学出版社，2011．
[2] 于久洪．税务代理实务[M]．北京：中国人民大学出版社，2004．
[3] 李志慧．税务代理实务[M]．长沙：湖南大学出版社，2003．
[4] 全国注册税务师执业资格考试教材编写组．税务代理实务[M]．北京：中国税务出版社，2012．
[5] 全国注册税务师执业资格考试教材编写组．税务代理实务[M]．北京：中国税务出版社，2013．
[6] 苏春林．纳税实务教程[M]．北京：中国人民大学出版社，2003．
[7] 奚卫华．税务代理实务[M]．2 版．北京：中国人民大学出版社，2009．

北京大学出版社高职高专财经类规划教材书目

财务会计系列

序号	书　名	标准书号	主　编	定价	出版年月
1	统计学基础	978-7-81117-756-5	阮红伟	30	201101 第 2 次印刷
2	统计学原理	978-7-81117-825-8	廖江平	25	201111 第 3 次印刷
3	统计学原理	978-7-301-21924-9	吴思莹	36	201301
4	统计学原理与实务	978-7-5038-4836-0	姜长文	26	201007 第 5 次印刷
5	统计基础理论与实务	978-7-301-22862-3	康燕燕等	34	201307
6	实用统计基础与案例	978-7-301-20409-2	黄彬红	35	201204
7	经济学基础	978-7-301-21034-5	陈守强	34	201301
8	经济法实用教程	978-7-81117-675-9	胡卫东	39	201111 第 3 次印刷
9	经济法原理与实务	978-7-5038-4846-9	孙晓平	38	200905 第 3 次印刷
10	财经法规	978-7-81117-885-2	李　萍	35	201202 第 2 次印刷
11	会计基本技能	978-7-5655-0067-1	高东升	26	201211 第 3 次印刷
12	会计基础实训	978-7-301-19964-0	刘春才	29	201201
13	会计基础实务	978-7-301-21145-8	刘素菊等	27	201208
14	企业会计基础	978-7-301-20460-3	徐炳炎	33	201204
15	基础会计	978-7-5655-0062-6	常　美	28	201008
16	基础会计教程	978-7-81117-753-4	侯　颖	30	200907
17	基础会计教程与实训	978-7-5038-4845-2	李　洁	28	201008 第 5 次印刷
18	基础会计教程与实训（第 2 版）	978-7-301-16075-6	李　洁	30	201301 第 2 次印刷
19	基础会计实训教程	978-7-5038-5017-2	王桂梅	20	201106 第 3 次印刷
20	基础会计原理与实务	978-7-5038-4849-0	侯旭华	28	200908 第 3 次印刷
21	财务管理	978-7-5655-0328-3	翟其红	29	201107
22	财务活动管理	978-7-5655-0162-3	石兰东	26	201301 第 2 次印刷
23	财务管理教程与实训	978-7-5038-4837-7	张　红	37	200911 第 3 次印刷
24	财务会计	978-7-5655-0117-3	张双兰	40	201101
25	财务会计（第 2 版）	978-7-81117-975-6	李　哲	32	201003
26	财务会计	978-7-301-20951-6	张严心等	32	201208
27	财务会计实用教程	978-7-5038-5027-1	丁增稳	36	200805
28	财务会计实务	978-7-301-22005-4	管玲芳	36	201301
29	财务管理	978-7-301-17843-0	林　琳	35	201301 第 2 次印刷
30	Excel 财务管理应用	978-7-5655-0358-0	陈立稳	33	201108
31	中小企业财务管理教程	978-7-301-19936-7	周　兵	28	201201
32	财务管理实务教程	978-7-301-21945-4	包忠明等	30	201302
33	成本会计	978-7-5655-0130-2	陈东领	25	201101
34	成本会计	978-7-81117-592-9	李桂梅	28	201207 第 3 次印刷
35	成本会计实训教程	978-7-81117-542-4	贺英莲	23	201101 第 3 次印刷
36	成本费用核算	978-7-5655-0165-4	王　磊	27	201211 第 2 次印刷
37	成本会计	978-7-301-19409-6	徐亚明	24	201211 第 2 次印刷
38	成本会计实务	978-7-301-19308-2	王书果	36	201108
39	成本会计	978-7-301-21561-6	潘素琼	27	201301
40	审计业务操作	978-7-5655-0171-5	涂申清	30	201301 第 2 次印刷
41	审计业务操作全程实训教程	978-7-5655-0259-0	涂申清	26	201204 第 2 次印刷
42	审计学原理与实务	978-7-5038-4843-8	马西牛	32	201007 第 2 次印刷
43	税务会计实用教程	978-7-5038-4848-3	李克桥	37	200808 第 2 次印刷
44	涉税业务核算	978-7-301-18287-1	周常青	29	201101
45	企业纳税实务	978-7-5655-0188-3	司宇佳	25	201101
46	企业纳税与筹划实务	978-7-301-20193-0	郭武燕	38	201203
47	纳税申报与筹划	978-7-301-20921-9	李英艳等	38	201207
48	新编纳税筹划	978-7-301-22770-1	李　丹	30	201307
49	税务代理实务	978-7-301-22848-7	侯荣新等	34	201307
50	企业纳税计算与申报	978-7-301-21327-8	傅凤阳	30	201210
51	会计电算化实用教程	978-7-5038-4853-7	张耀武	28	200802

序号	书　名	标准书号	主　编	定价	出版年月
52	会计电算化实用教程（第2版）	978-7-301-09400-6	刘东辉	20	200806
53	电算会计综合实习	978-7-301-21096-3	陈立稳等	38	201208
54	会计电算化项目教程	978-7-301-22104-4	亓文会	34	201303
55	会计英语	978-7-5038-5012-7	杨　洪	28	200908 第2次印刷
56	财经英语阅读	978-7-81117-952-1	朱　琳	29	201301 第3次印刷
57	行业特殊业务核算	978-7-301-18204-8	余　浩	30	201101
58	预算会计	978-7-301-20440-5	冯　萍	39	201205
59	Excel在财务和管理中的应用	978-7-301-22264-5	陈跃安等	33	201303
60	管理会计	978-7-301-22822-7	王红珠等	34	201307

经济贸易系列

序号	书　名	标准书号	主　编	定价	出版年月
1	资产评估	978-7-81117-645-2	董亚红	40	201107 第2次印刷
2	国际结算	978-7-81117-842-5	黎国英	25	201207 第2次印刷
3	国际结算	978-7-5038-4844-5	徐新伟	32	200907 第2次印刷
4	国际贸易结算	978-7-301-20980-6	罗俊勤	31	201207
5	货币银行学	978-7-5038-4838-4	曹　艺	28	201206 第4次印刷
6	货币银行学	978-7-301-21181-6	王　菲等	37	201209
7	国际金融基础与实务	978-7-5038-4839-1	冷丽莲	33	200708
8	国际金融	978-7-301-21097-0	张艳清	26	201208
9	国际金融实务	978-7-301-21813-6	付玉丹	36	201301
10	国际贸易概论	978-7-81117-841-8	黎国英	28	201204 第4次印刷
11	国际贸易理论与实务	978-7-5038-4852-0	程敏然	40	200708
12	国际贸易实务	978-7-301-19393-8	李湘滇	34	201301 第2次印刷
13	国际贸易实务操作	978-7-301-19962-6	王言炉	37	201201
14	国际贸易实务	978-7-301-20929-5	夏新燕	30	201208
15	国际贸易实务	978-7-301-20192-3	刘　慧等	25	201305 第2次印刷
16	国际贸易实务	978-7-301-16838-7	尚　洁等	26	201208
17	国际商务谈判	978-7-81117-532-5	卞桂英	33	201001 第2次印刷
18	国际商务谈判（第2版）	978-7-301-19705-9	刘金波	35	201112
19	国际商法实用教程	978-7-5655-0060-2	聂红梅	35	201204 第2次印刷
20	进出口贸易实务	978-7-5038-4842-1	周学明	30	200805 第2次印刷
21	金融英语	978-7-81117-537-0	刘　娣	24	201009 第3次印刷
22	财政基础与实务	978-7-5038-4840-7	才凤玲	34	201001 第2次印刷
23	财政与金融	978-7-5038-4856-8	谢利人	37	200808 第2次印刷
24	外贸单证	978-7-301-17417-3	程文吉	28	201109
25	新编外贸单证实务	978-7-301-21048-2	柳国华	30	201208
26	国际商务单证	978-7-301-20974-5	刘　慧等	29	201207
27	商务英语学习情境教程	978-7-301-18626-8	孙晓娟	27	201109
28	国际投资	978-7-301-21041-3	高田歌	33	201208
29	商业银行会计实务	978-7-301-21132-8	王启姣	35	201208
30	商业银行经营管理	978-7-301-21294-3	胡良琼等	27	201209
31	保险实务	978-7-301-20952-3	朱丽莎	30	201208
32	国际市场营销项目教程	978-7-301-21724-5	李湘滇	38	201301
33	报关实务	978-7-301-21987-4	董章清等	35	201301
34	报关与报检实务	978-7-301-16612-3	农晓丹	37	201303
35	报检报关业务：认知与操作	978-7-301-21886-0	姜　维	38	201301
36	外贸英语函电	978-7-301-21847-1	倪　华	28	201301
37	经济学基础	978-7-301-22536-3	王　平	32	201306
38	国际海上货运代理实务	978-7-301-22629-2	肖　旭	27	201306
39	国际贸易实务	978-7-301-22739-8	刘笑诵	33	201307
40	国际贸易与国际金融教程	978-7-301-22738-1	蒋　晶等	31	201307

营销管理系列

序号	书　名	标准书号	主　编	定价	出版年月
1	电子商务实用教程	978-7-301-18513-1	卢忠敏	33	201211 第2次印刷

序号	书　名	标准书号	主　编	定价	出版年月
2	网络营销理论与实务	978-7-5655-0039-8	宋沛军	32	201112 第 2 次印刷
3	电子商务项目式教程	978-7-301-20976-9	胡　雷	25	201208
4	电子商务英语	978-7-301-17603-0	陈晓鸣	22	201111 第 2 次印刷
5	市场营销学	978-7-5038-4859-9	李世宗	28	200807 第 2 次印刷
6	市场营销	978-7-81117-957-6	钟立群	33	201207 第 2 次印刷
7	市场调查与预测	978-7-5655-0252-1	徐　林	27	201105
8	市场调查与预测	978-7-301-19904-6	熊衍红	31	201112
9	市场营销理论与实训	978-7-5655-0316-0	路　娟	27	201107
10	市场营销项目驱动教程	978-7-301-20750-5	肖　飞	34	201206
11	市场调查与预测情景教程	978-7-301-21510-4	王生云	36	201301
12	市场调研案例教程	978-7-81117-570-7	周宏敏	25	201101 第 2 次印刷
13	营销策划技术	978-7-81117-541-7	方志坚	26	201012 第 2 次印刷
14	营销策划	978-7-301-20608-9	许建民	37	201205
15	现代推销技术	978-7-301-20088-9	尤凤翔等	32	201202
16	推销与洽谈	978-7-301-21278-3	岳贤平	25	201009
17	商务沟通实务	978-7-301-18312-0	郑兰先	31	201112 第 2 次印刷
18	商务礼仪	978-7-5655-0176-0	金丽娟	29	201207 第 2 次印刷
19	商务礼仪	978-7-81117-831-9	李　巍	33	201205 第 3 次印刷
20	现代商务礼仪	978-7-81117-855-5	覃常员	24	201206 第 3 次印刷
21	商务谈判	978-7-5038-4850-6	范银萍	32	200908 第 2 次印刷
22	商务谈判	978-7-301-20543-3	尤凤翔等	26	201205
23	职场沟通实务	978-7-301-16175-3	吕宏程	30	201208
24	管理学基础	978-7-81117-974-3	李蔚田	34	201204 第 3 次印刷
25	管理学原理	978-7-5038-4841-4	季　辉	26	201007 第 3 次印刷
26	管理学原理与应用	978-7-5655-0065-7	秦　虹	27	201207 第 2 次印刷
27	管理学实务教程	978-7-301-21324-7	杨清华	33	201301
28	企业管理	978-7-5038-4858-2	张　亚	34	201007 第 3 次印刷
29	现代企业管理	978-7-81117-806-7	于翠华	38	200908
30	现代企业管理	978-7-301-19687-8	刘　磊	32	201301 第 3 次印刷
31	通用管理实务	978-7-81117-829-6	叶　萍	39	201101 第 2 次印刷
32	中小企业管理	978-7-81117-529-5	吕宏程	35	201108 第 4 次印刷
33	中小企业管理（第 2 版）	978-7-301-21124-3	吕宏程	39	201305 第 2 次印刷
34	企业管理实务	978-7-301-20657-7	关善勇	28	201205
35	连锁经营与管理	978-7-5655-0019-0	宋之苓	37	201208 第 3 次印刷
36	企业经营管理模拟训练（含记录手册）	978-7-301-21033-8	叶　萍等	29	201208
37	企业经营 ERP 沙盘实训教程	978-7-301-21723-8	葛颖波	29	201301
38	管理信息系统	978-7-81117-802-9	刘　宇	30	200907
39	现代公共关系原理与实务	978-7-5038-4835-3	张美清	25	201003 第 2 次印刷
40	公共关系实务	978-7-301-20096-4	李　东等	32	201202
41	人力资源管理	978-7-5038-4851-3	李蔚田	40	200802
42	人力资源管理实务	978-7-301-19096-8	赵国忻	30	201107
43	消费心理学	978-7-81117-661-2	臧良运	31	201205 第 5 次印刷
44	消费心理与行为分析	978-7-301-19887-2	王水清	30	201305 第 2 次印刷
45	广告原理与实务	978-7-5038-4847-6	郑小兰	32	201007 第 2 次印刷
46	零售学	978-7-81117-759-6	陈文汉	33	201111 第 2 次印刷
47	商品学概论	978-7-5038-4855-1	方凤玲	20	201008 第 3 次印刷
48	秘书理论与实务	978-7-81117-590-5	赵志强	26	200812
49	广告实务	978-7-301-21207-3	夏美英	29	201209
50	营销渠道开发与管理	978-7-301-21214-1	王水清	34	201209
51	商务统计实务	978-7-301-21293-6	陈晔武	29	201209
52	秘书与人力资源管理	978-7-301-21298-1	肖云林等	25	201209

序号	书　名	标准书号	主　编	定价	出版年月
53	市场营销学	978-7-301- 22046-7	饶国霞等	35	201301
54	市场营销策划	978-7-301-22384-0	冯志强	36	201305
55	商务谈判实训	978-7-301-22628-5	夏美英	23	201306
56	ERP 沙盘模拟实训教程	978-7-301-22697-1	钮立新	25	201307

物流管理系列

序号	书　名	标准书号	编著者	定价	出版时间
1	现代物流概论	978-7-81117-803-6	傅莉萍	40	201010 第 2 次印刷
2	现代物流管理	978-7-301-17374-9	申纲领	30	201205 第 2 次印刷
3	现代物流管理	978-7-5038-4854-4	沈　默	37	200908 第 3 第印刷
4	现代物流概论	978-7-301-20922-6	钮立新	38	201207
5	企业物流管理	978-7-81117-804-3	傅莉萍	32	201208 第 3 次印刷
6	物流专业英语	978-7-5655-0210-1	仲　颖	24	201205 第 2 次印刷
7	现代生产运作管理实务	978-7-301-17980-2	李陶然	39	201211 第 2 次印刷
8	物流案例与实训	978-7-301-17521-7	申纲领	28	201307 第 3 次印刷
9	物流市场调研	978-7-81117-805-0	覃　逢	22	201102 第 2 次印刷
10	物流营销管理	978-7-81117-949-1	李小叶	36	201205 第 2 次印刷
11	采购管理实务	978-7-301-17917-8	李方峻	28	201205 第 2 次印刷
12	采购实务	978-7-301-19314-3	罗振华	33	201306 第 2 次印刷
13	供应链管理	978-7-301-20639-3	杨　华	33	201205
14	采购与供应链管理实务	978-7-301-19968-8	熊　伟	36	201201
15	采购作业与管理实务	978-7-301-22035-1	李陶然	30	201301
16	仓储管理技术	978-7-301-17522-4	王　冬	26	201306 第 2 次印刷
17	仓储管理实务	978-7-301-18612-1	李怀湘	30	201209 第 2 次印刷
18	仓储与配送管理	978-7-81117-995-8	吉　亮	38	201207 第 3 次印刷
19	仓储与配送管理实训教程	978-7-81117-886-9	杨叶勇	24	201209 第 2 次印刷
20	仓储与配送管理实务	978-7-5038-4857-5	郭曙光	44	201009 第 2 次印刷
21	仓储与配送管理实务	978-7-301-20182-4	李陶然	35	201203
22	仓储与配送管理项目式教程	978-7-301-20656-0	王　瑜	38	201205
23	仓储配送技术与实务	978-7-301-22673-5	张建奇	38	201307
24	物流运输管理	978-7-301-17506-4	申纲领	29	201109 第 2 次印刷
25	物流运输实务	978-7-301-20286-9	黄　河	40	201203
26	运输管理项目式教程	978-7-301-19323-5	钮立新	30	201108
27	物流信息系统	978-7-81117-827-2	傅莉萍	40	201205 第 2 次印刷
28	物流信息系统案例与实训	978-7-81117-830-2	傅莉萍	26	200908
29	物流信息技术与应用	978-7-301-17212-4	谢金龙	30	201211 第 3 次印刷
30	物流成本管理	978-7-301-20891-5	傅莉萍	28	201207
31	第三方物流综合运营	978-7-301-21213-4	施学良	32	201209
32	物流市场营销	978-7-301-21249-3	张　勤	36	201209
33	国际货运代理实务	978-7-301-21968-3	张建奇	38	201301
34	物流经济地理	978-7-301-21963-8	葛颖波等	29	201301
35	运输组织与管理项目式教程	978-7-301-21946-1	苏玲利	26	201301
36	物流商品养护技术	978-7-301-22771-8	李燕东	25	201307
37	物流设施与设备	978-7-301-22823-4	傅莉萍等	28	201307
38	运输管理实务	978-7-301-22824-1	黄友文	32	201307
39	药品物流基础	978-7-301-22863-0	钟秀英	30	201307

相关教学资源如电子课件、电子教材、习题答案等可以登录 www.pup6.com 下载或在线阅读。

扑六知识网（www.pup6.com）有海量的相关教学资源和电子教材供阅读及下载（包括北京大学出版社第六事业部的相关资源），同时欢迎您将教学课件、视频、教案、素材、习题、试卷、辅导材料、课改成果、设计作品、论文等教学资源上传到 pup6.com，与全国高校师生分享您的教学成就与经验，并可自由设定价格，知识也能创造财富。具体情况请登录网站查询。

如您需要免费纸质样书用于教学，欢迎登录第六事业部门户网（www.pup6.com）填表申请，并欢迎在线登记选题以到北京大学出版社来出版您的大作，也可下载相关表格填写后发到我们的邮箱，我们将及时与您取得联系并做好全方位的服务。

扑六知识网将打造成全国最大的教育资源共享平台，欢迎您的加入——让知识有价值，让教学无界限，让学习更轻松。

联系方式：010-62750667，sywat716@126.com（经管），lihui851085153@163.com（物流），linzhangbo@126.com，欢迎来电来信咨询。